김동완의 사주명리학 강의 **Vol.8**

사주명리학
물상론분석

원 리 를 알 면 실 전 에 강 하 다 !

김동완의 사주명리학 강의 Vol.8

사주명리학
물상론분석

김동완
사주명리학 연구가

🐾 동학사

학문적으로 타당성 있는
물상 이론을 공부한다

『사주명리학 초보탈출』부터 시작한 사주명리학 시리즈가 어느 새 8번째인 『사주명리학 물상론분석』까지 출간되었다. 누구나 쉽게 사주를 공부할 수 있는 초급단계에서부터 이제는 전문적인 지식을 요구하는 사람들에게 필요한 심화단계까지 전문화되었다. 시리즈의 내용은 조금씩 깊어지고 있지만, 이 책에서는 사주 상담을 하는 현장에서 활용할 수 있도록 활용도 높은 이론들을 알기 쉽게 소개하려고 노력하였고 이제까지 임상을 거치면서 타당성을 검증한 사주 사례들을 추가하였다.

이제까지 출간된 사주명리학 시리즈를 꼼꼼하게 숙지하면 이해할 수 있으리라 생각한다. 혼자 시작하는 마음가짐으로 『사주명리학 초보탈출』부터 꼼꼼하게 정독하면 사주 실력을 한층 더 높일 수 있을 것이다.

현재 사주명리학이란 학문은 대학마다 학과가 신설되고 대학원이 만들어지기 시작하고 있다. 이렇게 학습 분위기는 높아져 가는데, 사주명리학 자체는 논리적이고 체계적이며 통계적인 학문으로 인정받지 못하는 것 같다. 사주명리학에 대한 사람들의 관심은 점점 높아지는데도 왜 사주명리학에 대한 비판적 시선은 사라지지 않는 것일까? 그것은 현재의 사주명리학에는 학문적 토대가 되는 통계화와 논리성이 부족하기 때문이라고 할 수 있다.

사주명리학의 학습 현장을 둘러보면 모두가 공유할 수 있는 지식이 아니라 자신만의 비법을 자랑하는 사람 또는 듣는 사람을 현혹시키거나 부정적으로 부추기는 사람들이 여전히 존재한다. 전문적인 교육기관에서조차 다양한 임상 경험을 바탕으로 체계적인 이론을 확립한 사주명리학 전문가를 찾기 힘들다. 그러나 사주명리학이 학문으로 바로서기 위해서는 반드시 다양한 임상자료를 바탕으로 사주명리학을 통계화하고 논리화해야 한다. 특히 물상론을 잘 활용하면 사주를 훨씬 쉽게 분석할 수 있는 장점이 있는데, 이 이론은 실제로 체계적인 학습서를 찾아보기 어렵고 몇몇 사람들 사이에서 비법처럼 이어지고 있다. 이 책을 통해 물상론을 체계적으로 정리하고 사주 분석에 효율적으로 적용할 수 있기를 바란다.

Thanks to

사주명리학 시리즈에 끊임없는 사랑과 관심을 기울이고 대덕 이론을 전파하고 있는 제자 여러분과 교육현장에서 강의하고 있는 제자 여러분에게 진심으로 감사의 말씀을 전한다. 더불어 사주명리학을 함께 공부하는 여러 학회의 회원분들, 그리고 한국21C정신문화원과 좋은사람들의 원장이신 홍찬혁 목사님과 사무국장 김영현 박사님, 대덕의 오랜 그림자로 평생을 같이할 친구 윤기윤 작가 등 많은 분들의 든든한 격려가 큰 힘이 되었음을 밝혀둔다. 마지막으로 어머님과 누님, 형님들 가족, 그리고 출간 작업에 큰 도움이 된 김소희 실장에게 고마운 인사를 전한다.   2010년 5월 김동완

일러두기

1 이제까지 사주명리학 시리즈가 사주명리학의 기본과 응용인 음양, 오행, 신살, 육친 등을 통한 성격, 직업, 적성, 특성, 가족관계, 사회관계 등을 설명했다면, 이 책은 사주상담 전문가들을 위한 고급 정보인 물상론을 다루고 있다.

2 이 책은 물상론 중에서 천간과 지지, 그리고 월지와 일간을 중심으로 사주 전체를 자연론에 입각하여 분석한다. 사주를 마치 한 폭의 수채화를 보는 듯 형상화하기 때문에 사주의 기본만 알고 있으면 물상론을 처음 공부하는 사람도 쉽게 사주를 분석하고 사람의 삶을 유추할 수 있다.

3 이 책은 이제까지 물상론을 전개하는 사람마다 비법처럼 전했던 내용들을 속시원하게 양지로 끌어냈다. 전면에 나서지 못하고 사주명리학을 공부하는 사람들 사이에서 조심스럽게 전해 내려온 내용들을 체계적으로 정리함으로써, 물상론에 대한 오해와 불신을 없애고 물상론의 장점을 적극적으로 활용하는 데 큰 도움이 될 것이다.

4 물상론은 쉽게 말해 화사주(畵四柱), 즉 '그림 사주'라고 할 수 있다. 기존의 물상론은 코에 걸면 코걸이, 귀에 걸면 귀걸이 식의 내용 전개와 이론적 타당성이 부족했던 점, 그리고 허무맹랑한 이론이 많아서 사주명리학에 입문한 초보자들을 혼란스럽게 하였다. 이 책은 타당성이 전혀 없는 내용들은 모두 제외하고 사주명리학 이론에 근거를 둔 이론들만을 정리하였다.

5 이 책은 물상론과 더불어 다소 어렵게 느껴질 수 있는 사주명리학 용어들을 알기 쉽게 정리하였다. 오래 전부터 사용해온 사주 용어의 의미를 정확하게 알려줄 뿐만 아니라, 과거와는 달리 현대적으로 그 의미가 어떻게 변화하였는지, 실제 사주 상담에서는 어떻게 적용하는지를 설명하였다. 특히 사주에서 오행과 육친의 구조를 나타내는 용어들을 물상론으로 설명하였기 때문에 더욱 쉽게 이해할 수 있을 것이다.

CONTENTS

2 지지의 물상 해설

4 사주명리학 용어 해설

물상론(物象論)은 사주팔자를 사물이나, 봄·여름·가을·겨울의 자연환경이나, 음양오행의 기운 등으로 변화시켜 인간 삶의 희로애락을 분석하는 사주명리학 이론의 하나다.

그런데 일부 물상이론 중에는 학문적 근거와 논리적 타당성이 부족하여 물상론뿐만 아니라 사주명리학 자체를 미신이나 사이비로 내모는 경우가 있다. 이제 물상론이 체계적이고 통계적 근거가 있는 학문으로 거듭나야 할 때이다.

여기서는 천간의 물상을 천간 열 글자가 각각 가지고 있는 기본 물상, 같은 천간 두 글자가 나란히 붙어 있는 병존 물상, 그리고 같은 천간 세 글자가 나란히 있는 삼존 물상과 같은 천간 네 글자가 나란히 있는 사존 물상으로 구분하여 설명한다.

01

천간의 물상 해설

01

천간의 물상 해설

회재했다~

1. 물상론의 이해

물상론(物象論)은 사주팔자를 사물이나, 봄·여름·가을·겨울의 자연환경이나, 음양오행의 기운 등으로 변화시켜 인간 삶의 희로애락을 분석하는 사주명리학 이론의 하나다. 사주명리학자마다 다양한 물상론을 내놓고 있는데 그 중에는 충분히 타당성이 있는 이론도 있는 반면, 자신의 생각에 몰입하여 코에 걸면 코걸이, 귀에 걸면 귀걸이 식으로 해석해 타당성이 부족한 이론들도 있다. 똑같은 글자가 점학처럼 상황에 따라, 사주명리학자의 생각이나 주관에 따라 순간순간 달라지는 경우가 많아서 사주명리학 전면에서 타당성 있는 학문으로 발전하지 못하고 은밀하게 비법처럼 배우고 가르치고 있는 실정이다.

예를 들어 사주에 유(酉)가 있으면, 유(酉)는 금속이고 금속은 소리가 나므로 종소리가 나는 직업이나 장사, 즉 두부 장사, 교사, 종교인 등의 직업을 선택한다는 물상론이 있다. 또한 사주에 묘(卯)가 있으면 콩나물처럼 생겼으므로 콩나물 장사를 한다는 물상론도 있다. 그 이론대로라면 토끼띠는 모두 콩나물 장사를 한 번은 꼭 한다는 이야기인데 얼마나 황당한가. 또한 어떤 사주명리학자는 사주에 토끼[卯]가 있는데 호랑이[寅]에 태어나면, 토끼는 깡충깡충 뛰고 밤에 깡충깡충 뛰는 곳은 나이트클럽이므로 야간업소에 근무한다는 식으로 설명한다. 그렇다면 토끼띠가 밤에 태어나면 모두 나이트클럽 등 야간업소에 근무한다는 말인가? 황당한 예를 하나 더 들어본다. 사주에 뱀[巳]이 있으면, 뱀은 꼬불꼬불 똬리를 틀고 움직일 때도 몸을 구부려 기어가므로 골목길을 상징하고 반드시 골목길에서 장사를 한다는 물상론이 있다. 이렇게 학문적 근거와 논리적 타당성이 부족한 설명이 물상론뿐만 아니라 사주명리학 자체를 미신이나 사이비로 내몰고 있다. 이제 물상론이 체계적이고 통계적 근거가 있는 학문으로 거듭나야 할 때이다.

POINT

물상론

사주팔자를 사물, 사계절의 자연환경, 음양오행의 기운 등으로 변화시켜 인간 삶의 희로애락을 분석하는 사주명리학 이론의 하나.

2. 오행의 물상

오행의 물상은 뒤에 이어지는 천간과 지지의 물상에서 자세하게 설명하므로 여기에서는 간단하게 설명한다.

목(木)

① 목(木)은 미루나무·참나무·상수리나무·소나무 같은 아름드리 나무, 토끼풀·강아지풀 같은 풀, 진달래·장미·개나리·백합 등의 화초, 복숭아나무·사과나무·배나무·포도나무와 같은 과실나무, 쌀·벼·수수·옥수수·보리·밀과 같은 곡식을 상징하고, 목(木)이 많으면 숲을 상징한다.

② 나무[木]는 늘 성장하고 뻗어가고 있으므로 사주에 나무가 많을수록 성장하고 성공할 수 있

는 원동력이 있고, 또한 꽃을 피울 수 있으므로 사람들에게 인기를 얻을 수 있으며, 열매를 맺을 수 있으므로 재물을 얻을 수 있다.

화(火)

① 화(火)는 태양, 달빛, 별빛, 용광로불, 화산, 전깃불, 가스불, 화롯불 등 모든 종류의 불을 상징한다. 또한 화(火)는 장미꽃, 진달래, 코스모스, 들국화, 백합, 난, 개나리 등 화려하고 아름다운 꽃에서부터 작고 소박한 들꽃에 이르기까지 다양한 꽃들을 상징한다.

② 화(火)가 상징하는 불은 뜨겁기 때문에 열정이 넘치고, 꽃이 상징하듯 표현력이 뛰어나 자신을 꾸밀 줄 알며, 시선을 집중시키는 매력이 있다.

　다만, 화(火)는 나무가 없으면 금세 꺼져버리는 불처럼 겉으로는 화려해도 쉽게 좌절하기도 하고, 아무리 아름다워도 벌과 나비가 없으면 열매를 맺을 수 없는 꽃처럼 주위의 도움이 간절히 필요하다. 또한 꽃이 아름다우면 벌과 나비만 오는 게 아니라 진드기나 해충이 날아드는 것처럼 화(火)가 너무 많으면 자칫 인덕이 부족할 수도 있다.

토(土)

① 토(土)는 산, 넓은 들판, 평야, 논, 밭 등의 토지나 부동산, 늪, 정원, 화단, 화분, 둑, 오솔길, 도로 등을 상징한다.

② 토(土)는 나무도 심고, 물도 가두고, 바위나 광석도 캐고, 불도 잘 다루어서 타고 남은 재가 흙으로 돌아오게 하므로 포용력이 있고 여유롭다.

　다만, 흙이 너무 많으면 나무, 물, 바위, 불을 모두 덮어버리는 것처럼 토(土)가 너무 많으면 자신감이 넘치고 자만심이 지나치게 강하다.

POINT

오행 물상

목(木) - 풀, 화초, 과실나무, 곡식

화(火) - 모든 종류의 불, 다양한 꽃

토(土) - 토지, 부동산, 도로, 늪, 정원, 화단, 화분, 둑

금(金) - 바위, 광석, 철광, 금속 제품, 생활용품, 액세서리, 금은보석

수(水) - 비, 흐르거나 움직이는 물, 고여 있는 물, 생활하수 등

금(金)

① 금(金)은 바위산, 바윗덩어리, 광석, 광산, 철광, 금속으로 만든 유조선 · 선박 · 기차 · 항공모함, 가위 · 바늘 · 칼 등의 생활용품, 도끼 · 낫 · 톱, 안경 · 반지 · 목걸이 · 머리핀 등과 같은 액세서리와 금은보석 등을 상징한다.

② 금(金)은 광석이나 바위산일 때는 아무 쓸모도 없고 투박하지만, 가공하고 잘 다듬으면 금은보석으로 탈바꿈하여 다이아몬드 반지나 금반지 등 아름다운 장신구를 만들 수 있다. 이와 같이 금(金)은 잘못 다루면 최악의 상태가 되지만, 잘 다듬으면 최고가 될 수 있다. 자칫 자폐증이나 사이코패스 같은 정신병도 올 수 있지만, 잘 이끌어주면 최고로 높은 자리에 오르거나 자신이 하고자 하는 일로 성공할 수 있다.

　다만, 바위산에 나무가 자라기 위해서는 먼저 물이 있어야 하고, 다음에 흙이 있어야 한다.

金 →

수(水)

① 수(水)는 장맛비 · 이슬비 · 가랑비 · 소낙비 · 안개비 등 하늘에서 내리는 비, 바닷물 · 강물 · 시냇물 · 계곡물 등과 같은 흐르거나 움직이는 물, 호수 · 저수지 · 샘물 등과 같은 고여 있는 물, 국 · 찌개 · 밥 짓는 물, 설거지물 · 화장실물과 같은 생활하수 등 다양한 물이 있다.

② 물은 가만히 있지 않고 늘 움직이고 흘러가려는 속성이 있다. 그래서 수(水)는 꿈과 생각과 욕망이 강하다. 무엇인가 계속 일을 만들고 싶고 성공하고 싶은 생각이 많다.

　　다만, 물이 아래로 흘러가듯이 머릿속이나 마음 속으로만 간직하고 실천이 늦는 것이 단점이다.

水 →

3. 천간의 기본 물상

천간의 물상은 일간을 중심으로 하는 기본 물상과, 천간과 천간이 나란히 결합한 병존(竝存) 물상·삼존(三存) 물상·사존(四存) 물상이 있다. 또한 월지와 일간을 중심으로 사주 구성을 살피는 물상도 있다. 물상론은 사주명리학자에 따라 자신이 보는 형상이나 사물의 변형을 통해 만들어가는 이론인데, 그 중에는 허무맹랑한 내용이 많아서 오히려 물상론이 학문적으로 제대로 된 평가를 받지 못하고 있는 실정이다. 지금부터라도 누구나 공감할 수 있는 타당성이 있는 물상론을 연구해야 할 것이다.

여기서는 10천간을 목(木), 화(火), 토(土), 금(金), 수(水) 오행으로 구분하고, 각각의 오행이 가지고 있는 물상을 사물과 자연환경에 비유하여 설명한다.

1 갑목

갑목(甲木)은 양목(陽木)이고, 크고 곧게 뻗은 나무를 상징한다.

❶ 기본 물상
① 큰 나무, 아름드리 나무, 대림목(大林木), 산림.
② 풀.
③ 꽃나무와 열매. 단, 갑목의 꽃과 열매는 나무 크기에 비해 작다.
④ 감나무, 배나무, 밤나무, 복숭아나무, 사과나무 등 과실나무.
⑤ 목재, 원목, 건축자재, 가구, 장작, 땔감, 신문, 책, 옷(의류), 과수원, 농장, 수목원.

❷ 성격
의욕적, 정신적, 의지적, 어질다, 자상하다, 성장, 약진, 꾸준함, 자부심.

❸ 속성

갑목(甲木)은 성장해서 꽃피우고 열매를 맺어서 종자(씨앗)을 남기며, 성장을 마친 후에는 낙엽이 되어 땅에 거름을 주고, 잘 다듬어져 재목으로 쓰인다.

갑목의 물상								
계절	방위	인체	맛	색상	숫자	하루	인생 주기	신체
봄	동쪽	간, 담, 뼈, 수술	신맛	청색	3, 8 특히 3	새벽 아침	영유아기 청소년기	머리

❹ 의미

갑목(甲木)의 갑(甲)은 거북의 등딱지를 형상화한 글자로 첫째천간 갑(甲), 첫째 갑(甲), 시작할 갑(甲)이다. 또한 씨앗의 껍질 갑(甲), 떡잎 날 갑(甲)이다. 만물의 씨앗이 처음으로 껍질을 벗고 탄생하는 상태처럼 맨 처음, 첫 번째를 상징한다. 오행상으로 목기(木氣)이고, 강목(剛木)이며, 양목(陽木)이다.

2 을목

을목(乙木)은 음목(陰木)이고, 작은 나무 또는 덩굴식물을 상징한다.

❶ 기본 물상

① 나무와 풀. 즉, 진달래, 개나리, 철쭉, 해바라기, 난초, 백합 등의 화초와 수박, 오이, 가지, 토마토, 참외, 호박 등의 채소와 덩굴식물. 갑목에 비해 크기가 작다.

② 꽃나무와 열매. 다만, 을목의 꽃과 열매는 식물체의 크기에 비해 크다.

③ 작은 나무, 정원수, 풀잎, 잎사귀, 잔디, 원예, 꽃, 풀, 채소, 잡초, 섬유, 의류(의복), 책, 꽃집, 서점, 신문사.

❷ 성격

어짊, 성실함, 신경질적, 의존적, 현실적, 생활력, 인내심, 의지, 끈기, 고집, 적응,

내실, 의타심.

❸ 속성

을목(乙木) 역시 싹이 튼 후 성장하여 꽃을 피우고, 아름다운 열매를 맺고, 씨앗을 남긴다.

● 을목의 물상

계절	방위	인체	맛	색상	숫자	하루	인생 주기	신체
봄	동쪽	간, 담, 뼈, 수술	신맛	청색	3, 8 특히 8	새벽 아침	영유아기 청소년기	머리

❹ 의미

을목(乙木)의 을(乙)은 구부러진 모양을 본뜬 글자로 둘째천간 을(乙), 굽을 을(乙)이다. 씨앗이 싹트거나 초목이 싹트기 시작하여 아직 잎을 펴지 못하고 구부러져 있는 모습, 아직 이른 봄이라 추위에 웅크리고 있는 모습을 나타낸다. 또한 살아있는 나무인 생목(生木), 활목(活木), 유목(柔木), 양류목(楊柳木), 습목(濕木), 초근목(草根木), 덩굴식물, 어린 나무, 풀 등을 상징한다.

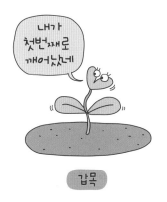

갑목

을목

POINT

을목(乙木)

- 음목(陰木)
- 작은 나무, 덩굴식물 상징
- 씨앗이 잎을 펴지 못하고 구부러져 있는 모습
- 생목(生木), 활목(活木), 유목(柔木), 양류목(楊柳木), 습목(濕木), 초근목(草根木), 덩굴식물, 어린 나무, 풀 등을 상징

③ 병화(丙火)

병화(丙火)는 양화(陽火)이고, 태양이나 용광로 같은 큰 불과 큰 꽃을 상징한다.

POINT

병화(丙火)

• 양화(陽火)
• 태양이나 용광로 같은
  큰 불과 큰 꽃을 상징
• 밝게 빛나는 불과 태양
  상징
• 용광로의 불, 땅 속의 화
  산불, 핵폭탄, 광선

❶ 기본 물상

태양, 용광로, 전기, 광선, 방사선, 원자핵, 화력발전, 화약, 전쟁, 무기, 큰 꽃, 휘발유, 도시가스.

❷ 성격

밝음, 명랑함, 긍정적, 적극적, 열정적, 표현, 화끈함, 직선적, 감정 변화가 심함, 솔직담백함, 예의, 욱하는 성격, 자기 주장, 화술, 산만함, 침착성 부족, 끈기 부족, 참을성 부족, 고독, 독선, 변덕.

❸ 속성

병화(丙火)는 불로 세상을 밝히고, 흙에게 온기와 열기를 주어서 초목이나 수목을 자라게 하고 결실을 맺게 한다.

● 병화의 물상

계절	방위	인체	맛	색상	숫자	하루	인생 주기	신체
여름	남쪽	소장, 심장 혈관, 안과	쓴맛	적색	2, 7	낮	청년기	심장 뇌

❹ 의미

병화(丙火)의 병(丙)은 다리가 내뻗친 상의 모양을 본뜬 글자로 셋째천간 병(丙), 남녘 병(丙), 굳셀 병(丙)이다. 강렬지화(强烈之火)이고 노치지화(爐治之火)로서 밝게 빛나는 불과 태양을 상징한다. 또한 용광로의 불, 땅 속의 화산불이고, 핵폭탄, 광선 등도 포함한다.

4 정화

정화(丁火)는 음화(陰火)이고, 형광등이나 촛불처럼 작은 불을 상징한다.

❶ 기본 물상

전등, 조명, 등불, 가로등, 불, 별, 달, 광선, 빛, 네온사인, 불꽃놀이, 작은 꽃, 컴퓨터, 카메라, 전자제품.

❷ 성격

밝다, 환하다, 사교적, 현실적, 긍정적, 활달, 화술, 표현, 실속, 온화, 예의바르다(평상시), 타인 배려, 끈기, 사치, 허영심, 집중력 부족, 참을성 부족, 무례하다(화났을 때), 변덕, 감정 변화, 이중성, 양면성.

❸ 속성

정화(丁火)는 갑목(甲木)이나 인목(寅木), 을목(乙木)이나 묘목(卯木)을 태워 불을 피우고, 경금(庚金)을 녹이고 제련하여 보석과 가전제품 등의 금(金)으로 만들어 직접 활용할 수 있게 한다.

계절	방위	인체	맛	색상	숫자	하루	인생 주기	신체
여름	남쪽	소장, 심장 혈관, 안과	쓴맛	적색	2, 7	낮	청년기	심장 뇌

● 정화의 물상

❹ 의미

정화(丁火)의 정(丁)은 못의 모양을 본뜬 글자로 넷째천간 정(丁), 성할 정(丁), 장정 정(丁), 왕성할 정(丁)이다. 촛불처럼 작은 불을 상징하며, 성냥불, 별빛, 형광등 불빛, 전등불빛 역시 포함한다. 등촉지화(燈燭之火)로서 생화(生火)이고, 활화(活火)이며, 음화(陰火)이다.

병화

정화

5 무토

무토(戊土)는 양토(陽土)이고, 넓은 대지와 들판 등 넓은 땅을 상징한다.

❶ 기본 물상

부동산, 산, 논밭, 들판, 벌판, 황야, 황무지, 평야, 초원, 공원, 울타리, 바람을 막아주는 언덕, 넓은 땅이나 높은 산, 높은 언덕.

❷ 성격

믿음, 중후함, 여유, 수용, 리더십, 과묵함, 주관이 뚜렷함, 책임감, 중재, 무뚝뚝함, 고집, 고지식함, 융통성·눈치 부족, 무관심, 이중적, 교만, 속을 알 수 없음.

❸ 속성

무토(戊土)는 먼저 갑인을묘(甲寅乙卯)의 목(木)이 성장하여 꽃을 피우고 열매를 맺을 수 있게 도와준다. 또한 금속이나 광석을 만들어내고, 물을 가두어 다양하게 사용할 수 있게 하거나 물 때문에 피해가 나지 않게 한다.

● 무토의 물상

계절	방위	인체	맛	색상	숫자	하루	인생 주기	신체
환절기	중앙	비장, 위장 자궁, 난소	단맛	황색	5, 10	사이 (새참)	사춘기	배, 등

❹ 의미

무토(戊土)는 도끼 같은 날이 달린 창 모양을 본뜬 글자로 다섯째천간 무(戊)이다. 넓은 땅, 넓은 들판, 넓은 논밭과 흙산을 상징한다. 물이 많으면 늪이나 습지가 되고, 겨울에 춥고 물이 맑으면 꽁꽁 언 넓은 들판이 된다. 반면에 불이 많으면 사막이나 황무지 같은 메마른 땅이 된다.

⑥ 기토

기토(己土)는 음토(陰土)이고, 정원이나 화분 등의 작은 땅을 상징한다.

❶ 기본 물상

정원, 화분, 흙, 모래, 마당, 화단, 작은 텃밭, 기름진 땅, 오솔길, 작은 논밭, 도로, 흙먼지.

❷ 성격

중심, 사교성, 포용, 안정, 평화, 겸손, 은근, 끈기, 게으름, 우유부단, 질투심, 의심, 속을 알 수 없음, 이중적, 이기적, 보수적, 시야가 좁음, 배신, 결단력 부족, 자기주장 부족.

❸ 속성

기토(己土)는 초목 특히 화초가 울창하게 성장하여 꽃을 피우고 열매를 맺을 수 있게 하고, 음수(陰水)인 계수(癸水)의 작은 물을 가두고 흡수하거나 저장하는 역할을 한다.

POINT

기토(己土)

- 음토(陰土)
- 정원이나 화분 등의 작은 땅을 상징
- 작은 흙으로 작은 식물이 자랄 수 있는 화분의 흙, 정원의 흙, 부드러운 흙을 상징

● **기토의 물상**

계절	방위	인체	맛	색상	숫자	하루	인생 주기	신체
환절기	중앙	비장, 위장 자궁, 난소	단맛	황색	5, 10	사이 (새참)	사춘기	배, 등

❹ 의미

기토(己土)의 기(己)는 사람이 상체를 구부리고 꿇어 앉아 있는 모습을 본뜬 글자로 여섯째천간 기(己), 몸 기(己), 다스릴 기(己)다. 기토는 작은 흙으로 작은 식물이 자랄 수 있는 화분의 흙, 정원의 흙, 부드러운 흙을 상징한다.

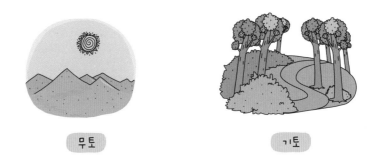

무토   기토

7 경금

경금(庚金)은 양금(陽金)이고, 바위산이나 비행기 등의 큰 바윗덩이나 쇳덩이를 상징한다.

❶ 기본 물상

바위산, 암석, 철강, 기차, 비행기, 버스, 선박, 탱크, 기계, 중장비, 소방차, 공장.

❷ 성격

의리, 계획, 원칙, 완벽, 구조화, 의협심, 순진함, 천진난만함, 실질적, 실리적, 끝마무리, 과감, 냉철, 냉정, 강적, 고집, 결단력, 의지, 자기 절제, 자기 주장, 폭력적, 공격적, 비계산적, 융통성 부족, 순발력 부족, 무모함, 상사의 눈치, 자기중심적.

❸ 속성

경금(庚金)은 먼저 맑고 깨끗한 물을 만들 수 있게 해서 동식물의 생산과 성장을 돕는다. 바위는 물을 생성한다. 그리고 풀과 나무를 자르고 베고 벌목하거나 수

POINT

경금(庚金)

- 양금(陽金)
- 큰 바윗덩이나 쇳덩이를 상징
- 만물이 결실 · 수확 · 수축 · 응고되어 내적으로 완성되는 단계를 의미

확하여 식량, 생필품, 건축자재 등을 만들고, 불의 힘을 빌려서 보석을 가공하고 칼이나 가위 등의 생필품을 만들 수 있다.

● 경금의 물상

계절	방위	인체	맛	색상	숫자	하루	인생 주기	신체
가을	서쪽	대장 폐, 뼈	매운맛	백색	4, 9	저녁	중년	배

❹ 의미

경금(庚金)의 경(庚)은 절굿공이를 두 손으로 들어 올리는 모양을 형상화한 글자로 일곱째천간 경(庚), 고칠 경(庚), 갚을 경(庚), 단단할 경(庚)이다. 무겁고 큰 금속이나 바위산을 상징하고, 만물이 결실·수확·수축·응고되어 내적으로 완성되는 단계를 의미한다.

8 신금

신금(辛金)은 음금(陰金)이고, 보석이나 칼 등의 귀금속이나 쇠로 만든 생활도구 등을 상징한다.

❶ 기본 물상

금은 장신구, 보석, 다이아몬드, 패물, 자갈, 돌, 금고, 동전, 구슬, 칼, 가위, 창, 송곳, 작두, 시계, 목걸이, 안경, 주사기, 침, 수저, 열쇠, 그 밖에 금속으로 만든 무기와 생활용품.

❷ 성격

계획, 원칙, 구조화, 완벽, 깔끔, 지혜, 현명, 섬세, 냉정, 외유내강, 의리, 의협심, 날카로움, 이해타산적, 자기 감정 절제, 자기 감정 감춤, 굳은 마음, 단호한 행동, 억압, 냉철, 배신, 위선, 집요함, 보복, 이기적, 잘난 척, 자만심, 집착, 사교성 부족.

POINT

신금(辛金)

• 음금(陰金)
• 귀금속이나 쇠로 만든 생활도구 등을 상징
• 결실을 완성시키는 단계를 의미

❸ 속성

신금(辛金)은 이미 제련되고 다듬어진 반지, 시계, 목걸이와 같은 보석 또는 칼, 수저, 낫, 도끼, 바늘, 주사기, 송곳과 같은 생필품을 상징한다. 늘 깨끗하고 녹슬지 않게 관리해야 하고 그러기 위해서는 임수(壬水)나 자수(子水)가 필요하다. 또한 작은 나무를 자르거나, 큰 불인 병화(丙火)에게 녹아 물을 만들어낸다.

계절	방위	인체	맛	색상	숫자	하루	인생 주기	신체
가을	서쪽	대장 폐, 뼈	매운맛	백색	4, 9	저녁	중년	배

신금의 물상

❹ 의미

신금(辛金)의 신(辛)은 문신을 하기 위한 바늘을 본뜬 글자로 여덟째천간 신(辛), 매울 신(辛), 독할 신(辛), 괴로울 신(辛), 새로울 신(辛)이다. 신금은 음금(陰金)의 결정체로서 귀금속, 보석, 패물, 가공한 금속, 제련한 금속 등을 상징하며, 만물이 성장하여 응축, 응고되고 만물이 결실을 맺고 낫, 도끼, 농기계 등으로 수확하듯 결실을 완성시키는 단계를 의미하기도 한다.

경금   신금

9 임수

임수(壬水)는 양수(陽水)이고, 바닷물이나 강물 등의 큰 물을 상징한다.

❶ 기본 물상

바다, 강, 장마, 폭풍우, 홍수, 구름, 해일, 태풍, 저수지, 호수, 사우나, 자궁.

❷ 성격

생각, 계산, 총명함, 아이디어, 창조, 유연함, 침착함, 차분함, 저장, 암기, 포용, 적극적, 예술적, 사색적, 수학적, 수리적, 기계적, 냉정, 냉철, 음란, 음흉, 비밀, 변덕, 다혈질, 비현실적, 감정 조절 미숙, 화나면 통제 불능.

❸ 속성

임수(壬水)는 꽃과 풀과 나무 등에게 물을 주고 성장할 수 있도록 도와주며, 뜨거운 열기를 식혀주거나 불을 꺼주는 역할을 한다. 또한 금은보석 등을 씻고 다듬어서 더욱 빛날 수 있게 도와주는 역할을 한다.

임수의 물상

계절	방위	인체	맛	색상	숫자	하루	인생 주기	신체
겨울	북쪽	신장, 방광 자궁, 난소	짠맛	흑색	1, 6	밤	말년	하체

❹ 의미

임수(壬水)의 임(壬)은 베 짜는 실을 감은 모양을 본뜬 글자로 아홉째천간 임(壬), 간사할 임(壬), 북방 임(壬), 클 임(壬)이다. 형이상학적으로는 정신세계, 이상세계, 꿈, 희망, 망상을 상징하고, 형이하학적으로는 바닷물, 호수, 장맛비, 태풍, 폭풍우, 눈보라, 폭설을 의미한다.

🔟 계수

계수(癸水)는 음수(陰水)이고, 안개나 이슬 등의 작은 물을 상징한다.

❶ 기본 물상

가랑비, 이슬비, 안개, 계곡물, 시냇물, 약수, 샘물, 수증기, 눈, 눈물, 정액, 음료수, 그릇에 담긴 물, 보일러 물.

POINT

계수(癸水)

• 음수(陰水)
• 안개나 이슬 등의 작은 물을 상징
• 형이상학적으로 꿈, 이상, 생각, 아이디어, 망상, 상상 등을 상징
• 형이하학적으로 이슬비, 가랑비, 그릇에 담긴 물, 음료수,샘물, 생명수, 약수를 상징

❷ 성격

총명, 수리, 수학, 숫자, 이과, 계산, 저장, 암기, 섬세, 내성적, 부드러움, 온순, 순종, 변화, 변덕, 감정 기복, 주변을 의식, 환경에 민감, 고독, 정신이 산만, 집중력 부족, 비관적, 음란, 음흉, 실천력 부족, 타인을 이용, 비인간적.

❸ 속성

계수(癸水)는 화초나 초목이 성장할 수 있게 도와주고, 불을 꺼주고 더위를 식혀주며, 금은보석을 빛나게 하고, 흙의 영양분이 많아지도록 습도를 조절해준다.

계절	방위	인체	맛	색상	숫자	하루	인생 주기	신체
겨울	북쪽	신장, 방광 자궁, 난소	짠맛	흑색	1, 6	밤	말년	하체

● 계수의 물상

❹ 의미

계수(癸水)의 계(癸)는 2개의 나무를 열십자로 맞춰서, 해돋이와 일몰을 관측하여 동서남북의 방위를 알아내는 기구를 본뜬 글자다. 열째천간 계(癸), 경도 계(癸)이며, 얼레가 규칙적으로 돌아가듯이 하늘에서 정한 법칙에 따라 규칙적으로 돌아오는 여자의 생리현상인 월경을 의미한다. 형이상학적으로는 꿈, 이상, 생각, 아이디어, 망상, 상상 등을 상징하며, 형이상학적으로는 이슬비, 가랑비, 그릇에

담긴 물, 음료수, 샘물, 생명수, 약수를 상징한다.

임수

계수

4. 천간의 병존 물상

병존(竝存)은 말 그대로 붙어서 나란히 있다는 뜻이며, 천간의 연월일시 모두에 해당하지만 일간과 월간 그리고 일간과 시간이 가장 중요하다.

천간 병존의 물상은 『난강망(欄江網)』과 『궁통보감(窮通寶鑑)』에서 강조되어 유행하다가 투파(透派) 이론으로 전래되어왔지만, 많은 학자들에게 비판받으면서 학문적으로 자리잡지 못하고 있다. 하지만 물상론을 무조건 배척하기보다는 그 득실을 따져서 타당성이 있는 내용은 취하고, 타당성이 없는 내용은 버리는 것이 합리적인 태도라고 생각한다. 학문적으로 검증하려는 노력이 계속되어야 사주명리학이 앞으로 더욱 발전할 수 있을 것이다.

POINT

천간의 병존

병존은 붙어서 나란히 있다는 뜻으로 천간 두 글자가 나란히 붙어 있는 것을 말한다.

1 갑목

갑목(甲木) 병존에는 갑갑(甲甲)·갑을(甲乙)·갑병(甲丙)·갑정(甲丁)·갑무(甲戊)·갑기(甲己)·갑경(甲庚)·갑신(甲辛)·갑임(甲壬)·갑계(甲癸) 병존이 있다.

POINT

갑목의 병존

갑목 병존에는 갑갑(甲甲) · 갑을(甲乙) · 갑병(甲丙) · 갑정(甲丁) · 갑무(甲戊) · 갑기(甲己) · 갑경(甲庚) · 갑신(甲辛) · 갑임(甲壬) · 갑계(甲癸) 병존이 있다.

갑갑(甲甲) 병존

① 쌍목위림(雙木爲林) : 2개의 나무가 숲을 이룬 형상이다.

② 형제, 친구, 선후배와 경쟁하고, 매우 활동적이며, 경쟁심이 있고 더불어 경쟁력도 있다. 지지에 토(土)의 영양분이 없거나, 수(水)의 수분이 전혀 없거나, 금(金)의 가지치기가 너무 강하면 갑목(甲木)이 뿌리를 내리기 어렵다. 그러므로 부모와 인연이 박하거나 인생에서 한번 정도 어려움을 겪게 된다.

③ 목(木)이 1~2개 이상 있으면 친구복이나 선후배복이 매우 좋고, 수(水) 또한 고립되지 않고 2~3개 이상 있으면 부모복이 있다. 화(火)가 발달하면 미래가 매우 밝으며, 언어능력이 뛰어나고, 창조력이 있고 아이디어가 뛰어나다.

④ 갑갑 병존 사주일 때는 첫 번째로 화(火)가 가장 좋으며, 화(火)가 발달하면 창조성, 아이디어, 언어감각이 뛰어나다. 두 번째는 목(木)이 발달하면 좋고, 세 번째는 수(水)가 좋으며, 다음으로 토(土)와 금(金) 순으로 좋다.

예) 1924년 1월 6일(양) 유(酉)시생

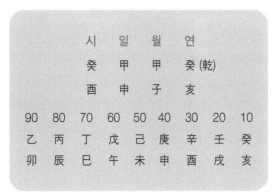

시	일	월	연
癸	甲	甲	癸 (乾)
酉	申	子	亥

90	80	70	60	50	40	30	20	10
乙	丙	丁	戊	己	庚	辛	壬	癸
卯	辰	巳	午	未	申	酉	戌	亥

월간과 일간이 갑갑(甲甲) 병존으로, 사주의 주인공은 고 김대중 전 대통령이다.

갑을(甲乙) 병존

① 등라계갑(藤蘿繫甲) : 담쟁이덩굴이 큰 나무를 휘감은 형상이다.

② 사주를 제대로 발휘하면 인덕이 매우 좋고, 사람들이 도와주며, 어려운 상황이 금방 해결된다. 그러나 사주를 제대로 발휘하지 못하면 보증문제 또는 서류상 문제가 발생할 수 있다.

예) 1963년 12월 12일(음) 축(丑)시생

시	일	월	연
乙	甲	乙	癸 (乾)
丑	戌	丑	卯

76	66	56	46	36	26	16	6
丁	戊	己	庚	辛	壬	癸	甲
巳	午	未	申	酉	戌	亥	子

일간과 월간, 일간과 시간이 갑을(甲乙) 병존으로, 사주의 주인공은 일간지 기자다.

① 목화통명(木火通明)·거목유화(巨木有花) : 나무와 불이 장작에 불이 붙듯이 서로 소통하여 빛을 밝혀주는 형상 또는 나무에 큰 꽃이 피어 있는 형상이다.

② 금수쌍청(金水雙淸)과 더불어 총명함과 지혜로움을 겸비한 사람으로, 새로운 계획이나 아이디어를 만들어내는 데 탁월한 능력을 보인다.

예) 1964년 1월 3일(음) 묘(卯)시생

시	일	월	연
丁	甲	丙	甲 (乾)
卯	午	寅	辰

77	67	57	47	37	27	17	7
甲	癸	壬	辛	庚	己	戊	丁
戌	酉	申	未	午	巳	辰	卯

일간과 월간, 연간과 월간이 갑병(甲丙) 병존으로, 사주의 주인공은 국회의원 원희룡이다.

① 유신유화(有薪有火)·초목유화(草木有花) : 장작에 불이 붙은 형상 또는 초목에 꽃이 핀 형상이다.

② 목화통명(木火通明)의 일종으로 학문이나 예술적 재능이 뛰어나고, 지혜롭고 총명한 것이 장점이다.

예) 1963년 4월 28일(음) 인(寅)시생

	시	일	월	연
	丙	甲	丁	癸 (乾)
	寅	子	巳	卯

75	65	55	45	35	25	15	5
己	庚	辛	壬	癸	甲	乙	丙
酉	戌	亥	子	丑	寅	卯	辰

일간과 월간이 갑정(甲丁) 병존으로, 사주의 주인공은 중소기업 사장이다.

갑무(甲戊) 병존

① 독산고목(禿山孤木) · 광야고목(廣野孤木) : 높은 산의 한 그루 나무 또는 넓은 들판의 한 그루 나무의 형상이다.

② 사람들에게 인기를 얻거나 인정받는 경우가 많고, 본인이 인기를 얻고 싶어하거나 인정받고 싶어한다. 그러나 사주에서 주변 환경이 뒷받침되지 않고 갑목(甲木)과 무토(戊土)가 외로우면 실제 삶도 인덕이 없고 외로운 타입이다.

그러므로 갑목(甲木)에게 힘이 되어주는 목(木)들이 일간 주변에 무리지어 있어야 하고, 넓은 땅에 해당하는 토(土)가 좀 더 있으면 안정적이고 인덕이 있는 삶을 누릴 수 있다. 쭉쭉 뻗어 올라갈 수 있는 명예를 얻고 성공하며, 포용력까지 두루 갖추고 있는 인물이다.

예) 1971년 8월 18일(음) 진(辰)시생

일간과 시간이 갑무(甲戊) 병존으로, 사주의 주인공은 탤런트 유혜정이다.

갑기(甲己) 병존

① 양토유목(壤土有木) : 양분이 많은 땅에서 잘 자라는 나무의 형상이다. 잘못 자라면 고목이 모두 썩어 흙이 되어버리는 형상이다.

② 사주에 발달한 오행이 많고 합충이 적당하면 부동산이 많고, 남자는 여자에게 여자는 어른들에게 인기가 많은 사람이다. 그러나 고립된 오행이 많고 합충이 많으면 지나치게 돈을 추구하거나 이성문제로 고생하게 된다.

예) 1971년 11월 25일(양) 유(酉)시생

일간과 월간이 갑기(甲己) 병존으로, 사주의 주인공은 판사이다.

갑경(甲庚) 병존

① 동량지목(棟梁之木) · 벽갑지목(劈甲之木) : 큰 나무를 도끼로 자르는 벽갑(劈甲)의 형상 또는 집의 대들보로 사용하므로 동량지목(棟梁之木)이 될 수 있는 형상이다.

② 사주를 잘 살리면 추진력이 있고 적극적이므로 리더십을 발휘하고 한 분야의 책임자가 될 수 있다. 그러나 사주를 제대로 살리지 못하면 사람들과 부딪치고 다툼이 크며, 인덕이 떨어질 수 있다.

예) 1980년 8월 9일(양) 오(午)시생

시	일	월	연
庚	甲	甲	庚 (乾)
午	寅	申	申

80	70	60	50	40	30	20	10
壬	辛	庚	己	戊	丁	丙	乙
辰	卯	寅	丑	子	亥	戌	酉

일간과 시간 그리고 월간과 연간이 갑경(甲庚) 병존으로, 사주의 주인공은 바둑학과 대학원에 재학중이며, 아마 바둑 6단이다.

① 목곤쇄편(木棍碎片) : 작은 쇠붙이로 큰 나무를 베는 형상이므로 작은 가지들을 잘라내면 매우 좋지만, 기둥을 베면 쇠붙이가 부러진다.

② 사주에 발달한 오행이 많고 합충이 적당해서 사주를 잘 발휘하면 안정된 직장생활이나 단계적이고 체계적인 직업이 어울린다.

　그러나 사주에 고립이나 합충이 많아 사주를 잘 발휘하지 못하면 직업이 안정적이지 않고, 여성의 경우 남편복이 부족하다.

예) 1967년 11월 5일(음) 오(午)시생

일간과 월간이 갑신(甲辛) 병존으로, 사주의 주인공은 흉부외과 의사이다.

① 횡당유영(橫塘柳影) : 넓은 연못에 수양버드나무 그림자가 드리운 형상이다.

② 사주에 발달한 오행이 많고 합충이 적당하면 연못가에 버드나무 그림자가 드리운 듯 멋진 형상으로 연예, 예술, 문학 분야의 재능이 뛰어나다.

예) 1947년 1월 24일(음) 묘(卯)시생

시	일	월	연
丁	甲	壬	丁 (乾)
卯	子	寅	亥

73	63	53	43	33	23	13	3
甲	乙	丙	丁	戊	己	庚	辛
午	未	申	酉	戌	亥	子	丑

일간과 월간이 갑임(甲壬) 병존으로, 사주의 주인공은 전 국회의원 김근태이다.

갑계(甲癸) 병존

① 수근로수(樹根露水) : 나무들이 가랑비를 맞아 생기 있는 형상이다.
② 사주에 발달한 오행이 많고 합충이 적당하면 크게 나서지도 않고 크게 움츠러들지도 않으며 적당한 거리를 두며 사람들과의 관계를 유지해 나가는 타입이다.

예) 1945년 6월 26일(음) 자(子)시생

시	일	월	연
甲	甲	癸	乙 (乾)
子	辰	未	酉

79	69	59	49	39	29	19	9
乙	丙	丁	戊	己	庚	辛	壬
亥	子	丑	寅	卯	辰	巳	午

일간과 월간이 갑계(甲癸) 병존으로, 사주의 주인공은 공무원교육원 원장이다.

POINT

을목의 병존

을목 병존에는 을갑(乙甲)·
을을(乙乙)·을병(乙丙)·
을정(乙丁)·을무(乙戊)·
을기(乙己)·을경(乙庚)·
을신(乙辛)·을임(乙壬)·
을계(乙癸) 병존이 있다.

② 을목

을목(乙木) 병존에는 을갑(乙甲)·을을(乙乙)·을병(乙丙)·을정(乙丁)·을무(乙戊)·을기(乙己)·을경(乙庚)·을신(乙辛)·을임(乙壬)·을계(乙癸) 병존이 있다.

을갑(乙甲) 병존

① 등라계갑(藤蘿繫甲) : 담쟁이덩굴이 나무를 휘감은 형상이다.

② 형제자매나 주위 사람들에게 도움을 받는 사람으로, 특히 어려움이 생기면 누군가의 도움이 반드시 나타나는 유형이다.

예) 1968년 10월 22일(음) 신(申)시생

	시	일	월	연
	甲	乙	甲	戊 (坤)
	申	卯	子	申

71	61	51	41	31	21	11	1
丙	丁	戊	己	庚	辛	壬	癸
辰	巳	午	未	申	酉	戌	亥

일간과 시간, 일간과 월간이 을갑(乙甲) 병존으로, 사주의 주인공은 사회단체의 대표이다.

을을(乙乙) 병존

① 복음잡초(伏吟雜草)·잡초혼잡(雜草混雜) : 잡초들이 우후죽순으로 나 있는 형상이다.

② 형제자매의 도움이나 주위 사람들의 도움이 없고, 늘 외롭다고 느끼며, 마음 속으로 인덕이 부족하다고 느끼는 타입이다.

예) 1965년 8월 23일(음) 사(巳)시생

시	일	월	연
辛	乙	乙	乙 (坤)
巳	亥	酉	巳

77	67	57	47	37	27	17	7
癸	壬	辛	庚	己	戊	丁	丙
巳	辰	卯	寅	丑	子	亥	戌

일간과 월간 그리고 월간과 연간이 을을(乙乙) 병존으로, 사주의 주인공은 스포츠신문 국장이다.

을병(乙丙) 병존

① 염양려화(艶陽麗花) : 아름다운 꽃이 찬란하게 빛나고 있는 형상이다.

② 감각이 있고 감수성이 뛰어나며, 총명하고, 평생 의식주가 풍족하고 재물을 얻는 상이다.

예) 1972년 1월 20일(음) 술(戌)시생

		시	일	월	연		
		丙	乙	壬	壬 (坤)		
		戌	未	寅	子		
80	70	60	50	40	30	20	10
甲	乙	丙	丁	戊	己	庚	辛
午	未	申	酉	戌	亥	子	丑

일간과 시간이 을병(乙丙) 병존으로, 사주의 주인공은 가수 소찬휘다.

을정(乙丁) 병존

① 화소초원(火燒草原) · 고화초원(孤花草原) : 초원이 불타고 있는 형상 또는 초원에 꽃이 피어 있는 형상이다.

② 재능과 재주가 있고 감각이 발달했지만, 배짱이나 추진력이 약하고, 자신이 노력한 만큼 인 정받지 못하는 상이다.

예) 1962년 6월 15일(음) 유(酉)시생

		시	일	월	연		
		乙	乙	丁	壬 (乾)		
		酉	卯	未	寅		
78	68	58	48	38	28	18	8
乙	甲	癸	壬	辛	庚	己	戊
卯	寅	丑	子	亥	戌	酉	申

일간과 월간이 을정(乙丁) 병존으로, 사주의 주인공은 〈충청인뉴스〉 이사이다.

① 선화명병(鮮花名甁)·고초평원(孤草平原) : 청초하고 싱싱한 꽃이 그려진 화병 또는 넓은 들 판에 청초한 꽃이 피어 있는 형상이다.

② 지지에 토(土)가 많으면 아버지와 인연이 약하고, 지지에 화(火)가 많으면 입을 가지고 돈을 버는 직업에서 능력을 발휘하며, 지지에 금(金)이 많으면 리더십이 뛰어나고 배짱이 있으며 일에서 능력을 발휘한다.

다만, 뼈와 관련된 건강문제를 조심한다. 수(水)가 많으면 부모복은 있지만 자립정신이 부족할 수 있다.

예) 1966년 8월 29일(음) 사(巳)시생

시	일	월	연
辛	乙	戊	丙 (乾)
巳	巳	戌	午

79	69	59	49	39	29	19	9
丙	乙	甲	癸	壬	辛	庚	己
午	巳	辰	卯	寅	丑	子	亥

일간과 월간이 을무(乙戊) 병존으로, 사주의 주인공은 KBS 보도국 팀장이다.

① 지란정원(芝蘭庭園) : 정원에 핀 난꽃, 화분에 심은 꽃나무나 정원에 심은 꽃나무의 형상이다.

② 안정적이고 편안한 삶을 추구하며, 꾸준한 삶을 이끌어 가면 좋은 사주이다. 욕심을 부리지 않고 계획적인 직업을 가지면 능력을 인정받을 수 있다.

예) 1959년 6월 17일(음) 묘(卯)시생

일간과 시간이 을기(乙己) 병존으로, 사주의 주인공은 SBS 아나운서 윤영미다.

을경(乙庚) 병존

① 금파화초(金破花草) : 금(金)이 화초를 자르는 형상 또는 백호랑이가 미쳐 날뛰는 형상이다.

② 사주에 고립된 오행이 많고 합충이 많으면 갑작스러운 사건사고나 변화변동이 따르는 유형으로, 지지에 금(金)이 많으면 건강문제를 조심해야 하고, 지지에 목(木)이 많거나 수(水)가 많으면 인덕이 많은 사람이다.

예) 1958년 11월 24일(음) 진(辰)시생

시	일	월	연
庚	乙	甲	戊 (乾)
辰	酉	子	戌

80	70	60	50	40	30	20	10
壬	辛	庚	己	戊	丁	丙	乙
申	未	午	巳	辰	卯	寅	丑

일간과 시간이 을경(乙庚) 병존으로, 사주의 주인공은 출판사 사장이다.

을신(乙辛) 병존

① 화초전지(花草剪枝) : 날카로운 가위로 화초를 자르는 형상이다.
② 안정적이고 꾸준하면서도 자신이 하고자 하는 일을 완수하고 싶은 욕망이 강하다. 계획적이고 구조화된 일을 하면 크게 성공할 수 있을 것이다.

예) 1969년 12월 8일(음) 사(巳)시생

시	일	월	연
辛	乙	丁	己 (乾)
巳	未	丑	酉

73	63	53	43	33	23	13	3
己	庚	辛	壬	癸	甲	乙	丙
巳	午	未	申	酉	戌	亥	子

일간과 시간이 을신(乙辛) 병존으로, 사주의 주인공은 정치학 교수이다.

① 연화호수(蓮花湖水) : 물 위에 떠 있는 연꽃의 형상이다.

② 외로이 피어 있는 난초 위에 굵은 빗줄기가 쏟아져 내리는 형상이므로 본인의 크기에 비해 받는 것이 많아 주위 사람의 인덕이 있고 사람들에게 사랑받는다. 본인이 노력하면 어느 순간 갑작스런 신분 상승이 따르거나 상류사회에 진입하는 유형이다.

예) 1967년 1월 12일(음) 진(辰)시생

	시	일	월	연	
	庚	乙	壬	丁 (坤)	
	辰	卯	寅	未	

75	65	55	45	35	25	15	5
庚	己	戊	丁	丙	乙	甲	癸
戌	酉	申	未	午	巳	辰	卯

일간과 월간이 을임(乙壬) 병존으로, 사주의 주인공은 가수 노영심이다.

① 지란재로(芝蘭再露) : 푸른 풀이 아침 이슬을 머금고 있는 형상이다.

② 난초 위에 이슬이 내리는 형상으로 조용한 느낌 또는 외로운 느낌을 준다. 직업으로 혼자서 하는 연구직이나 일대일로 만나는 상담 등이 어울린다.

다만, 주변에 목(木)의 나무가 많거나 태양이 떠 있어 난초나 나무가 쑥쑥 자랄 수 있다면 활발하고 적극적인 물상으로서 대인관계가 무난하며, 주위 사람들의 도움이 크고 그들의 도움으로 꾸준하게 성장하는 유형이다.

이 경우 예술, 연예, 방송 분야의 끼나 연구, 개발 분야의 끼가 뛰어나므로 잘 발달시켜 나가면 크게 인정받을 수 있을 것이다.

예) 1972년 12월 15일(음) 인(寅)시생

	시	일	월	연
	戊	乙	癸	壬 (乾)
	寅	卯	丑	子

75	65	55	45	35	25	15	5
辛	庚	己	戊	丁	丙	乙	甲
酉	申	未	午	巳	辰	卯	寅

일간과 월간이 을계(乙癸) 병존으로, 사주의 주인공은 아나운서 신영일이다.

3 병화

병화(丙火) 병존에는 병갑(丙甲)·병을(丙乙)·병병(丙丙)·병정(丙丁)·병무(丙戊)·병기(丙己)·병경(丙庚)·병신(丙辛)·병임(丙壬)·병계(丙癸) 병존이 있다.

병갑(丙甲) 병존

① 비조부혈(飛鳥趺穴)·거목조양(巨木照陽) : 나는 새가 새끼 둥지를 찾는 형상 또는 큰 나무에 태양이 비추는 형상이다.

② 감각과 감수성이 발달하고 센스가 있다. 적극적인 표현으로 주위 사람들에게 다가서고, 역마살과 예술적 끼가 있어서 일찍 고향을 떠나거나 부모에게서 독립하여 자신의 끼를 발휘한다.

POINT

병화의 병존

병화 병존에는 병갑(丙甲)·병을(丙乙)·병병(丙丙)·병정(丙丁)·병무(丙戊)·병기(丙己)·병경(丙庚)·병신(丙辛)·병임(丙壬)·병계(丙癸) 병존이 있다.

예) 1963년 1월 27일(음) 인(寅)시생

일간과 시간이 병갑(丙甲) 병존으로, 사주의 주인공은 정보과 형사이다.

병을(丙乙) 병존

① 염양려화(艶陽麗花) : 아름다운 꽃이 찬란한 햇살을 받아 화려하게 빛나는 형상이다.

② 찬란한 태양빛이 꽃을 비추듯 화려한 형상으로 감수성이 발달되어 있고, 타인이 우러러보고
   인덕이 있다.

예) 1960년 7월 24일(음) 술(戌)시생

시간과 일간이 병을(丙乙) 병존으로, 사주의 주인공은 건설회사 사장이다.

① 태양병존(太陽竝存) · 복음홍광(伏吟洪光) : 세상에 2개의 태양이 떠 있어 뜨거운 열기가 가득
　하고 햇살이 뜨거운 형상이다.

② 한 하늘에 2개의 태양이 비추면 온 세상이 뜨겁듯이, 열정이 넘치고 자신감이 강하며 자신의
　생각이나 감정을 감추지 않고 표현하며 활동적이고 적극적인 타입이다. 또한 하늘에 2개의
　태양이 있어서 많은 사람들이 잘 볼 수 있는 물상이므로 사람들에게 인기 있는 연예, 예술, 방
　송, 문학 등의 직업에 잘 어울린다.

예) 1971년 6월 29일(음력 윤달) 신(申)시생

			시	일	월	연
			丙	丙	丙	辛 (坤)
			申	子	申	亥
77	67	57	47	37	27	17	7
甲	癸	壬	辛	庚	己	戊	丁
辰	卯	寅	丑	子	亥	戌	酉

일간과 시간, 일간과 월간이 병병(丙丙) 병존으로, 사주의 주인공은 알코올센터
심리학 박사이다.

병정(丙丁) 병존

① 일월재회(日月再會) : 태양과 달이 만나거나, 삼기(三奇) 을병정(乙丙丁)이 따르는 형상이다.

② 온 세상에 태양과 달이 환하게 비추거나 꽃들이 가득한 형상으로, 화려함을 추구하거나 자신의 감정을 시원스럽게 표현하는 타입이다.

　　밝은 빛을 활용할 토(土)나 나무의 목(木)이 있으면 좋고, 화(火)로 제련하고 물로 씻어 보석을 만드는 금(金)과 수(水)가 있어도 좋다.

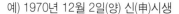

예) 1970년 12월 2일(양) 신(申)시생

시	일	월	연
丙	丙	丁	庚 (坤)
申	辰	亥	戌

79	69	59	49	39	29	19	9
己	庚	辛	壬	癸	甲	乙	丙
卯	辰	巳	午	未	申	酉	戌

일간과 월간이 병정(丙丁) 병존으로, 사주의 주인공은 심리학 박사이다.

병무(丙戊) 병존

① 대야양영(大野陽暎) : 넓은 들판에 태양이 비추는 형상이다.

② 넓은 들판에 햇살이 두루 비추는 형상이므로 천간에 비 내리는 임수(壬水)나, 지지에 시냇물이나 강물에 해당하는 수(水)가 있으면 매우 좋은 물상이다.

　　더불어 갑을인묘(甲乙寅卯)의 곡식이나 나무들이 적당히 간지에 뿌리를 내리고 있으면 최고의 사주라고 할 수 있다.

　　해외에 자주 왕래하고, 표현력이 필요한 직업에 어울리는 사람이다.

예) 1976년 8월 18일(음력 윤달) 축(丑)시생

시	일	월	연
己	丙	戊	丙 (乾)
丑	申	戌	辰

79	69	59	49	39	29	19	9
丙	乙	甲	癸	壬	辛	庚	己
午	巳	辰	卯	寅	丑	子	亥

연간과 월간, 일간과 월간이 병무(丙戊) 병존으로, 사주의 주인공은 야구선수 이승엽이다.

① 정원보조(庭園普照) : 정원에 햇살이 두루 비추는 형상이다.

② 작은 정원에 햇살이 따뜻하게 내리쬐므로 사주에 을묘(乙卯)의 곡식이나 꽃나무가 있으면 가장 좋고, 무(戊)나 기(己)나 축미(丑未)의 토(土)가 있으면 갑인(甲寅) 과실나무나 큰 정원수도 필요하다. 이들이 있으면 최상의 사주가 될 것이다. 더불어 임자계해(壬子癸亥)의 수(水)가 적당히 있으면 이 또한 사주를 돋보이게 할 것이다.

예) 1949년 4월 29일(음) 인(寅)시생

	시	일	월	연
	庚	丙	己	己 (乾)
	寅	辰	巳	丑

77	67	57	47	37	27	17	7
辛	壬	癸	甲	乙	丙	丁	戊
酉	戌	亥	子	丑	寅	卯	辰

일간과 월간이 병기(丙己) 병존으로, 사주의 주인공은 갤러리 관장이다.

병경(丙庚) 병존

① 금철화소(金鐵火燒) · 석산화영(石山火映) : 커다란 쇠막대기나 광석을 큰 불로 녹이는 형상 또는 커다란 바위산에 햇살이 비추는 형상이다.

② 커다란 광물을 큰 불로 제련하는 형상이므로 병화(丙火)와 경금(庚金)을 모두 조절할 수 있는 임자(壬子)가 가장 좋고, 계해(癸亥)도 좋으며, 다음으로 지지의 수국(水局)도 좋다. 더불어 땔감인 목(木)과 화력이 더 센 화(火)와 금(金)이 동시에 있으면 더할 나위 없이 좋으며, 이것을 모두 갖추고 있으면 최상의 사주라고 할 수 있다.

　　독재욕과 자제력이 동시에 있으며, 자신을 관리하면서 맡겨진 일들을 추진하는 리더십이 뛰어나다. 간혹 급한 기질이 단점이다.

예) 1936년 11월 7일(음) 사(巳)시생

일간과 월간, 연간과 월간이 병경(丙庚) 병존으로, 사주의 주인공은 기업인이다.

병신(丙辛) 병존

① 주옥화훼(珠玉火毀) : 크고 뜨거운 불이 보석이나 작은 금속을 녹이는 형상이다.

② 보석이나 작은 쇠붙이들이 커다란 용광로불에 녹아 쇳물이 되어 있는 상태이므로 가장 먼저 금속을 보강해주는 것이 우선이다. 따라서 사주에 신(辛)이나 유(酉)의 금(金)이 있으면 쇳물로 더 큰 보석을 만들 수 있을 것이다. 두 번째는 토(土)가 필요한데 쇳물을 막아줄 수 있어 좋다.

예) 1951년 12월 25일(음) 술(戌)시생

일간과 월간이 병신(丙辛) 병존으로, 사주의 주인공은 〈한겨레신문〉 고문이다.

① 강휘상영(江暉相暎) : 강가에 태양이 비추는 형상이다.

② 강에 태양이 비추고 있으므로 강가에 버드나무가 하늘하늘 늘어지면 매우 아름다울 것이다.
그러므로 갑(甲)이나 인(寅)처럼 목(木)의 큰 나무가 있으면 좋고, 을(乙)이나 묘(卯)의 작은 화
초들은 군락으로 여러 그루 있으면 좋을 것이다. 더불어 신금(辛金)이나 유금(酉金)의 보석이
강에 있으면 강물로 인해 빛날 것이다.

예) 1965년 6월 3일(음) 묘(卯)시생

시	일	월	연
辛	丙	壬	乙 (乾)
卯	辰	午	巳

79	69	59	49	39	29	19	9
甲	乙	丙	丁	戊	己	庚	辛
戌	亥	子	丑	寅	卯	辰	巳

일간과 월간이 병임(丙壬) 병존으로, 사주의 주인공은 호텔 주방장이다.

병계(丙癸) 병존

① 일광흑운(日光黑雲) : 밝은 태양에 검은 구름이 머무는 형상이다.

② 밝은 태양이 비추는데 제대로 비를 내리지 못하고 검은 구름만 몇 조각 떠 다니는 형상이다. 따라서 임(壬)이나 자(子)나 계(癸)나 해(亥)가 있어서 임계(壬癸)의 빗줄기나 해자(亥子)의 시냇물이나 강물을 만들 수 있으면 최고의 물상이 될 것이다. 수(水) 다음으로는 갑인을묘(甲寅乙卯)의 나무를 심거나, 무기진술축미(戊己辰戌丑未) 토(土)로 물을 가둘 수 있으면 좋다. 많은 사람들에게 인기를 얻을 수 있고 시선을 집중적으로 받을 수 있다. 예술, 연예, 방송의 끼도 강한 타입이다.

예) 1964년 8월 19일(음) 자(子)시생

시	일	월	연
戊	丙	癸	甲 (乾)
子	子	酉	辰

75	65	55	45	35	25	15	5
辛	庚	己	戊	丁	丙	乙	甲
巳	辰	卯	寅	丑	子	亥	戌

일간과 월간이 병계(丙癸) 병존으로, 사주의 주인공은 탤런트 이재룡이다.

POINT

정화의 병존

정화 병존에는 정갑(丁甲)·
정을(丁乙)·정병(丁丙)·
정정(丁丁)·정무(丁戊)·
정기(丁己)·정경(丁庚)·
정신(丁辛)·정임(丁壬)·
정계(丁癸) 병존이 있다.

④ 정화

정화(丁火) 병존에는 정갑(丁甲)·정을(丁乙)·정병(丁丙)·정정(丁丁)·정무(丁戊)·정기(丁己)·정경(丁庚)·정신(丁辛)·정임(丁壬)·정계(丁癸) 병존이 있다.

정갑(丁甲) 병존

① 유신유화(有薪有火)·유신유화(有薪有華) : 큰 나무에 꽃이 피어 있는 형상 또는 마른 나무에 성냥불을 붙이는 현상이다.

② 나무에 꽃이 핀 형상이므로 비가 오면 꽃이 떨어져 열매를 맺지 못하게 된다.

　　그러므로 천간에 임수(壬水)가 있으면 불리하지만, 지지에는 해수(亥水)나 자수(子水)가 필요하다. 더불어 나무가 잘 자랄 수 있는 무기토(戊己土)나 진술축미토(辰戌丑未土) 역시 필요하다.

예) 1963년 11월 5일(음) 묘(卯)시생

	시	일	월	연
	癸	丁	甲	癸 (坤)
	卯	酉	子	卯

76	66	56	46	36	26	16	6
壬	辛	庚	己	戊	丁	丙	乙
申	未	午	巳	辰	卯	寅	丑

일간과 월간이 정갑(丁甲) 병존으로, 사주의 주인공은 여성노조 서울지부장이다.

정을(丁乙) 병존

① 화초개화(花草介花) : 화초에 꽃이 피어 있는 형상이다.

② 화초에 꽃이 피어 있으므로 식물을 키우기 적당한 영양분이 있는 기토(己土) 또는 진술축미토 (辰戌丑未土)가 필요하다.

더불어 적당한 물인 임자계해수(壬子癸亥水)가 조금 필요하다. 이렇게 갖추어진 사주는 인덕도 있고 부모복도 있고 재물복도 있다.

예) 1969년 11월 28일(양) 인(寅)시생

시	일	월	연
壬	丁	乙	己 (乾)
寅	未	亥	酉

77	67	57	47	37	27	17	7
丁	戊	己	庚	辛	壬	癸	甲
卯	辰	巳	午	未	申	酉	戌

일간과 월간이 정을(丁乙) 병존으로, 사주의 주인공은 탤런트 유준상이다.

① 화화분분(花華奔奔)·화염분분(火炎奔奔) : 크고 작은 꽃들이 만발한 형상 또는 화염이 솟구치는 형상 또는 뜨거운 한여름 같은 햇살의 형상이다.

② 천간에 화(火)의 꽃이나 태양이나 달, 또는 지지에 적당한 화(火)의 열기나 꽃이 피어 있으면 인덕이 매우 좋고 예술적 감각이나 표현력이 뛰어나다.

　수(水)가 적당하게 있거나 축축한 습기를 가진 토(土)가 있으면 꽃이 잘 핀다. 다만, 수(水)가 많으면 여자는 조울증이 생길 수 있어 감정 기복이 매우 심하다.

예) 1969년 10월 29일(음) 술(戌)시생

시	일	월	연
庚	丁	丙	己 (坤)
戌	巳	子	酉

79	69	59	49	39	29	19	9
甲	癸	壬	辛	庚	己	戊	丁
申	未	午	巳	辰	卯	寅	丑

일간과 월간이 정병(丁丙) 병존으로, 사주의 주인공은 탤런트 하희라다.

정정(丁丁) 병존

① 양화위염(兩火爲炎)·소화개병(小花介瓶) : 2개의 불이 타오르는 형상, 2개의 별이 떠 있는 형상, 2개의 작은 꽃이 꽃병에 피어 있는 형상을 말한다.

② 2개의 달이나 별이 하늘에서 빛나는 형상 또는 꽃이 피어 있는 형상이다. 3개 이상 있어야 하는데 2개는 외롭기 때문에 목(木)이 발달하여 나무가 무성해야 한다.

　　또는 천간이나 지지에 또 다른 화(火)가 고립 없이 1~2개 있으면 금상첨화로 인덕이 많고 부모복도 크다.

예) 1956년 8월 13일(음) 묘(卯)시생

시	일	월	연				
癸	丁	丁	丙 (乾)				
卯	亥	酉	申				
77	67	57	47	37	27	17	7
乙	甲	癸	壬	辛	庚	己	戊
巳	辰	卯	寅	丑	子	亥	戌

일간과 월간이 정정(丁丁) 병존으로, 사주의 주인공은 국회의원 박진이다.

① 유화유로(有火有爐) · 광야유화(廣野有火) : 화로 속의 불 또는 넓은 들판의 불빛 형상이다.

② 넓은 들판에 홀로 피어 있는 꽃 또는 넓은 들판 위에 떠 있는 달이나 별의 모습이므로 다소 인덕이 부족하고 외로운 타입이다.

다른 간지에 화(火)가 있어 사주 전체로 보아 발달이면 넓은 들판의 화려한 꽃무리이므로 인덕도 좋고, 하고자 하는 일에서 큰 능력을 발휘한다.

예) 1961년 1월 4일(양) 자(子)시생

시	일	월	연
庚	丁	戊	庚 (乾)
子	酉	子	子

80	70	60	50	40	30	20	10
丙	乙	甲	癸	壬	辛	庚	己
申	未	午	巳	辰	卯	寅	丑

일간과 월간이 정무(丁戊) 병존으로, 사주의 주인공은 서울시장 오세훈이다.

① 성타구진(星墮句陳) · 정원유화(庭園有火) : 구진은 별자리의 하나이므로 별이 땅에 떨어진 형상 또는 정원의 햇살, 달빛, 불빛의 형상이다.

② 작은 정원에 피어 있는 한 송이 꽃의 형상이므로 이 상태로는 외로움이 가득하다. 인덕이 부족하고 늘 허전한 마음뿐이다.

사주 내에 또 다른 화(火)가 발달되어 있고 토(土)도 발달되어 있으면 의식주도 충족하고 재물도 크게 들어오며 인덕이 있다.

부동산으로 잘 묶어두면 큰 재물을 얻고 행복을 느낄 것이다.

예) 1952년 7월 29일(음력 윤달) 신(申)시생

시	일	월	연
戊	丁	己	壬 (乾)
申	卯	酉	辰

77	67	57	47	37	27	17	7
丁	丙	乙	甲	癸	壬	辛	庚
巳	辰	卯	寅	丑	子	亥	戌

일간과 월간이 정기(丁己) 병존으로, 사주의 주인공은 스포츠신문 (전) 광고국장이다.

① 화련진금(火鍊眞金) · 화련광석(火鍊廣石) : 불로 제련하여 보석을 만드는 형상 또는 광석을 불로 제련하는 형상이다.

② 금(金)이 발달되어 있으면 광석이나 광산을 발견한 형상이므로 재물이 따라온다. 제대로 제련 하여 보석으로 만들 수 있는 화(火)가 1~2개만 더 있으면 최고로 가치 있는 사주가 될 수 있다. 발달한 목(木)이 적당히 있으면 나무가 화(火)의 땔감이 되므로 언제나 먹을 복과 부동산 복이나 윗사람의 인덕이 있다.

예) 1956년 11월 25일(음) 사(巳)시생

시	일	월	연
乙	丁	庚	丙 (乾)
巳	卯	子	申

73	63	53	43	33	23	13	3
戊	丁	丙	乙	甲	癸	壬	辛
申	未	午	巳	辰	卯	寅	丑

일간과 월간이 정경(丁庚) 병존으로, 사주의 주인공은 사업가이다.

① 소훼주옥(燒毀珠玉) · 화련주옥(火鍊珠玉) : 보석을 불로 녹이는 형상 또는 보석을 불로 세공 하는 형상이다.

② 예쁜 꽃 또는 달빛이나 별빛에 해당하는 정화(丁火)와 보석에 해당하는 신금(辛金)이 있으므 로 미남미녀가 많은 사주다.

　여기에 임수(壬水)나 계수(癸水)가 있어서 신금(辛金) 보석을 물로 씻어내면 보석이 더욱 빛 나므로 인기, 연예, 예술, 문학에서 큰 능력을 발휘할 수 있다.

예) 1974년 4월 16일(양) 해(亥)시생

시	일	월	연
辛	丁	戊	甲 (坤)
亥	亥	辰	寅

74	64	54	44	34	24	14	4
庚	辛	壬	癸	甲	乙	丙	丁
申	酉	戌	亥	子	丑	寅	卯

일간과 시간이 정신(丁辛) 병존으로, 사주의 주인공은 모델 겸 탤런트 변정수 이다.

① 성기득사(星奇得使) · 호수화조(胡水火照) : 달이 물을 비추는 형상이다.

② 호수 위에 떠 있는 달빛이나 별빛, 또는 호수 위에 떠 있는 작은 꽃의 물상이다. 사람들의 시선이 머무는 연예, 예술, 방송, 문학 분야에서 끼를 발휘하는 직업이 좋다.

　　외롭고 인덕이 부족하므로 병(丙)의 태양 또는 정(丁)의 달이나 별이 1~2개 더 있으면 좋다.

　　임자계해(壬子癸亥)의 수(水)가 있으면 큰 강물처럼 시원하게 밀고 나가는 추진력이 있다.

예) 1972년 1월 22일(음) 인(寅)시생

시	일	월	연
壬	丁	癸	壬 (乾)
寅	酉	卯	子

80	70	60	50	40	30	20	10
辛	庚	己	戊	丁	丙	乙	甲
亥	戌	酉	申	未	午	巳	辰

일간과 시간이 정임(丁壬) 병존으로, 사주의 주인공은 영화배우 장동건이다.

정계(丁癸) 병존

① 주작투강(朱雀投江) · 성영투운(星影投雲) : 주작이 강에 뛰어든 형상 또는 별빛이 구름에 가려진 형상이다.

② 작은 샘물에 떠 있는 달빛이나 별빛 또는 연꽃 한 송이의 모습으로 예쁘지만 외로움이 가득하다. 곁에 사람들이 많이 있어도 인덕이 부족하고 외로운 형상이다.

사주에 화(火)와 수(水)가 더 있어 물과 햇살을 가지면 인덕과 재물복과 명예운이 따른다. 목(木)의 나무가 있으면 부동산복이 넘쳐난다.

예) 1962년 2월 15일(음) 사(巳)시생

시	일	월	연
乙	丁	癸	壬 (乾)
巳	巳	卯	寅

75	65	55	45	35	25	15	5
辛	庚	己	戊	丁	丙	乙	甲
亥	戌	酉	申	未	午	巳	辰

일간과 월간이 정계(丁癸) 병존으로, 사주의 주인공은 전 국회의원 윤경식이다.

POINT

무토의 병존

무토 병존에는 무갑(戊甲)·
무을(戊乙)·무병(戊丙)·
무정(戊丁)·무무(戊戊)·
무기(戊己)·무경(戊庚)·
무신(戊辛)·무임(戊壬)·
무계(戊癸) 병존이 있다.

5 무토

무토(戊土) 병존에는 무갑(戊甲)·무을(戊乙)·무병(戊丙)·무정(戊丁)·무무(戊戊)·무기(戊己)·무경(戊庚)·무신(戊辛)·무임(戊壬)·무계(戊癸) 병존이 있다.

무갑(戊甲) 병존

① 거석압목(巨石壓木)·광야고목(廣野孤木) : 큰 돌로 나무를 누르는 형상 또는 넓은 들에 홀로 서 있는 나무의 형상이다.

② 넓은 들판에 우뚝 솟은 미루나무의 기상처럼 자신감 있고 적극적이다. 들판이 좀더 넓은 토(土)가 있거나, 나무나 화초 등이 들판에 있으면 부동산복이나 재물복이 좋으며, 자신이 하고자 하는 일에 반드시 결과가 있으므로 명예도 원하는 만큼 얻는다. 단시간에 이루려 하지 말고 크고 길게 목표를 잡고 밀고 나가는 것이 좋다.

예) 1970년 9월 5일(양) 진(辰)시생

시	일	월	연				
丙	戊	甲	庚 (坤)				
辰	子	申	戌				
79	69	59	49	39	29	19	9
丙	丁	戊	己	庚	辛	壬	癸
子	丑	寅	卯	辰	巳	午	未

일간과 월갑이 무갑(戊甲) 병존으로, 사주의 주인공은 영화배우 김혜수이다.

① 청룡합령(靑龍合靈)·광야독란(廣野獨蘭) : 청룡이 신령스럽게 짝을 짓는 형상 또는 넓은 들판에 홀로 핀 난초의 형상이다.

② 넓은 들판에 홀로 있는 한 그루 작은 나무의 형상인데 이 자체로는 인덕이 부족하다. 여기에 갑인을묘(甲寅乙卯)의 목(木)이 발달하면 인덕이 있고, 사람을 너그럽게 감싸주는 여유로움과 배짱이 있다.

또한 무기진술축미(戊己辰戌丑未)의 토(土)가 발달 이상이면 부동산복이 커서 부동산 투자에서 능력을 발휘할 수 있다.

예) 1980년 9월 12일(양) 오(午)시생

시	일	월	연
戊	戊	乙	庚 (乾)
午	子	酉	申

79	69	59	49	39	29	19	9
癸	壬	辛	庚	己	戊	丁	丙
巳	辰	卯	寅	丑	子	亥	戌

일간과 월간이 무을(戊乙) 병존으로, 사주의 주인공은 개그맨 유세윤이다.

① 일출동산(日出東山) · 일출광야(日出廣野) : 동산이나 넓은 들판에 태양이 떠오르는 형상이다.

② 넓은 들판에 태양이 떠 있는 형상이므로 성격이 매우 밝고 명랑하다.

　　다만, 사주에 목(木)이나 금(金)이 있어서 나무를 자라게 하거나 금은광석을 캐낼 수 있어야 재물이나 리더십을 발휘할 수 있다.

　　수(水)가 있어서 논밭을 기름지게 하면 나무가 자랄 수 있는 것처럼 누군가의 참모가 될 수 있다.

예) 1955년 8월 29일(음) 유(酉)시생

시	일	월	연
辛	戊	丙	乙 (乾)
酉	申	戌	未

72	62	52	42	32	22	12	2
戊	己	庚	辛	壬	癸	甲	乙
寅	卯	辰	巳	午	未	申	酉

일간과 월간이 무병(戊丙) 병존으로, 사주의 주인공은 은행 부행장이다.

① 광야요명(廣野耀明)·유화유호(有火有虎) : 넓은 들판을 비추는 빛이나 화롯불의 형상이다.

② 넓은 들판에 달빛이나 별빛이 외로이 떠 있는 형상 또는 넓은 들판에 외로이 피어 있는 꽃의 형상이므로 인덕이 부족하고, 늘 허전함이 가득할 수 있다.

　　사주에 화(火)가 더 있어서 발달의 형태면 인덕이 있고, 토(土)가 발달되어 있으면 어떤 곡식이나 어떤 물이나 어떤 광석이나 모두 쓰임이 있듯이 사람도 타인을 감싸주고 여유로우며, 리더십이 있어서 다른 사람이 따르게 된다.

예) 1970년 11월 14일(양) 해(亥)시생

시	일	월	연
癸	戊	丁	庚 (乾)
亥	戌	亥	戌

78	68	58	48	38	28	18	8
乙	甲	癸	壬	辛	庚	己	戊
未	午	巳	辰	卯	寅	丑	子

일간과 월간이 무정(戊丁) 병존으로, 사주의 주인공은 KBS 아나운서 한상권이다.

① 복음준산(伏吟峻山)·대야광전(大野廣田) : 첩첩이 쌓인 흙산의 형상 또는 크고 넓은 들판과 논밭의 형상이다.

② 넓은 들판이 펼쳐진 형상 또는 커다란 흙산이 겹쳐 있는 형상이므로 넓은 땅을 돌아다니는 역마살의 기운과 부동산복이 있다. 일단 넓은 땅이 있으므로 나무를 심을 수도 있고, 물을 가둘 수도 있고, 광석을 품을 수도 있고, 뜨거운 태양빛을 받을 여유도 있다. 그러므로 포용력이 있고 여유로운 성격의 소유자라고 할 수 있다.

이런 물상은 어떤 오행이든 혼자 고립되지 않고 발달의 형태로 2~3개가 함께 붙어 있으면 좋다. 목(木)이 발달하면 충분한 수확을 얻고, 금(金)이 발달하면 충분한 광석을 얻으며, 화(火)가 발달하면 땅의 미생물을 발효시켜 땅을 기름지게 하고, 수(水)가 발달하면 땅이 메마르지 않게 해준다.

예) 1910년 1월 3일(음) 술(戌)시생

시	일	월	연
壬	戊	戊	庚 (乾)
戌	申	寅	戌

97	87	77	67	57	47	37	27	17	7
戊	丁	丙	乙	甲	癸	壬	辛	庚	己
子	亥	戌	酉	申	未	午	巳	辰	卯

일간과 월간이 무무(戊戊) 병존으로, 사주의 주인공은 삼성그룹 창업주 이병철이다.

① 물이유취(物以類聚) : 비슷한 것들이 모여 있는 형상, 즉 넓은 땅이나 좁은 땅들이 어울려 모여 있는 형상이다.

② 무무(戊戊) 병존에 비해 역마살의 기운은 작지만, 넓은 논밭과 작은 정원을 가지고 있으므로 어느 정도 부동산복이 있다.

　　무엇보다 사주 내에 고립 없이 토(土)가 1~2개 더 있으면 부동산복이 넘치고, 포용력과 여유로운 성격의 소유자라고 할 수 있다. 다음으로, 땅이 기름지려면 나무나 풀이 있어야 한다. 나무나 풀 같은 식물이 있으면 가을에 낙엽이 지고 풀이 죽어서 땅의 거름이 되기 때문이다.

　　나무가 성장하듯이 성공과 명예를 얻을 수 있고, 땅을 기름지게 하는 것과 같이 사람을 지름지게 하는 교육자, 의사, 법조인, 사회사업가가 어울린다. 다음으로 물이 필요하고, 그 다음으로 화(火)가 필요하다.

예) 1971년 1월 7일(음) 술(戊)시생

시	일	월	연
壬	戊	己	庚 (坤)
戊	午	丑	戊

79	69	59	49	39	29	19	9
辛	壬	癸	甲	乙	丙	丁	戊
巳	午	未	申	酉	戌	亥	子

일간과 월간이 무기(戊己) 병존으로, 사주의 주인공은 KBS 아나운서 황수경이다.

① 조주위학(助紂爲虐)·토산석산(土山石山) : 나쁜 사람을 도와 나쁜 짓을 저지르는 상황(참견이 극심하여 손해를 보는 상황) 또는 흙산과 바위산이 나란히 있는 형상이다.

② 흙산과 바위산이 겹쳐 있는 형상 또는 넓은 들판과 바위산이 있는 형상으로 대단히 넓은 공간이다. 그러므로 역마살의 기운이 강하여 활동을 많이 하고, 움직임이 큰 직업이 좋다.

먼저 넓은 땅과 광석 둘 다 만족시키는 것은 물인 수(水)이다. 비나 강물이 땅을 메마르지 않게 해주고 광석을 더욱 빛나게 해주기 때문이다.

이런 사주는 인기를 얻거나 사람들에게 공헌할 수 있는 일이 어울린다. 다음으로는 화(火)이다. 태양이나 불이 땅의 미생물을 번식시키고 광석을 제련시킬 수 있기 때문이다.

누군가를 만들고 키우고 부리는 일을 하기 때문에 교육자, 정치인, 사업가의 기질이 있다고 본다.

예) 1957년 8월 20일(음력 윤달) 사(巳)시생

시	일	월	연
丁	戊	庚	丁(乾)
巳	午	戌	酉

72	62	52	42	32	22	12	2
壬	癸	甲	乙	丙	丁	戊	己
寅	卯	辰	巳	午	未	申	酉

일간과 월간이 무경(戊庚) 병존으로, 사주의 주인공은 물리학 박사이다.

① 전답주옥(田畓珠玉) : 논과 밭에서 발견한 금은보석의 형상이다.

② 흙산 또는 넓은 들판에 보석이 있는 형상이므로 보석을 찾기가 매우 힘들다. 이 자체로는 고되고 힘들고 인덕이 부족하다.

　이런 물상은 보석이나 광석이 2개 이상 있어 금(金)이 발달되어 있으면 광산으로 개발할 수 있다.

　다만, 광산이 있어도 화(火)로 제련하고 물인 수(水)로 씻어내지 않으면 보석이 될 수 없듯이, 금(金) 자체만 발달하여 원석으로 존재하면 다듬기 이전이므로 계획하고 아이디어를 생각해내는 상태, 즉 일을 실행하는 데 도움을 주는 참모격이라고 할 수 있다.

　따라서 이런 사주는 상담가, 카운슬러, 교육자가 잘 어울린다. 여기에 화(火)로 제련하고 수(水)로 씻어내면 자신이 실행하고 돌파하는 사업가, 정치가, 전문가가 어울린다.

예) 1957년 9월 21일(음) 미(未)시생

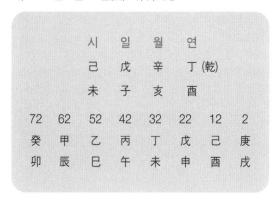

일간과 월간이 무신(戊辛) 병존으로, 사주의 주인공은 전국지역신문협회 중앙회장이다.

무임(戊壬) 병존

① 산명수수(山明水秀) : 아름다운 들판을 가로지르는 큰 강물의 형상 또는 흙산 계곡에서 흘러 나오는 큰 계곡물의 형상이다.

② 넓은 들판의 강물이므로 포용력이 크고, 힘차게 흐르는 강물처럼 막힘 없이 밀고 나가며, 자연에 물을 주듯이 사람들의 관계를 부드럽게 조율한다. 논밭이 넓으면 충분한 곡식을 얻듯이 재물을 얻고, 강물인 수(水)가 발달하면 땅이 풍요로워지듯이 부동산이 넓어진다.

예) 1977년 9월 28일(양) 술(戌)시생

시	일	월	연
壬	戊	己	丁 (坤)
戌	子	酉	巳

73	63	53	43	33	23	13	3
丁	丙	乙	甲	癸	壬	辛	庚
巳	辰	卯	寅	丑	子	亥	戌

일간과 시간이 무임(戊壬) 병존으로, 사주의 주인은 골프선수 박세리다.

① 암석침식(岩石侵蝕) · 절벽낙로(絕碧落露) : 암석이 서서히 침식되는 형상 또는 절벽이나 넓은 들판에 내리는 이슬의 형상이다.

② 넓은 들판에 아침 이슬이 내리는 형상이다. 아침에 안개나 이슬이 내리면 그 날은 하루 종일 화창하게 햇살이 대지를 비춘다.

그러므로 무계(戊癸) 병존은 시간이 지나면서 화(火)의 기운이 점차 강해진다고 본다. 열성적이고 적극적인 성향이 많아지고, 사주가 조열해서 무언가를 확장하고 싶어진다.

임수(壬水)나 자수(子水)가 사주 내에 발달되어 있으면 재물도 풍족하고 삶이 윤택해질 것이다.

예) 1954년 8월 23일(음) 인(寅)시생

시	일	월	연
甲	戊	癸	甲 (坤)
寅	寅	酉	午

74	64	54	44	34	24	14	4
乙	丙	丁	戊	己	庚	辛	壬
丑	寅	卯	辰	巳	午	未	申

일간과 월간이 무계(戊癸) 병존으로, 사주의 주인공은 화가이자 대학교수이다.

기토(己土) 병존에는 기갑(己甲)·기을(己乙)·기병(己丙)·기정(己丁)·기무(己戊)·기기(己己)·기경(己庚)·기신(己辛)·기임(己壬)·기계(己癸) 병존이 있다.

기갑(己甲) 병존

① 목강토산(木强土山)·거목소정(巨木小庭) : 작은 언덕이나 정원에 있는 큰 나무의 형상이다.

② 작은 정원에 큰 나무가 서 있는 형상이므로 자칫하면 나무가 영양분이 부족해 죽어버릴 수 있다.

　다만, 수(水)가 있거나 나무가 썩어버리면 정원은 매우 비옥할 가능성이 높다. 인덕이 많고, 나무가 쭉쭉 뻗어가는 형상으로 명예나 관직복이 따른다.

예) 1963년 2월 2일(음) 유(酉)시생

시	일	월	연
癸	己	甲	癸 (乾)
酉	亥	寅	卯

77	67	57	47	37	27	17	7
丙	丁	戊	己	庚	辛	壬	癸
午	未	申	酉	戌	亥	子	丑

일간과 월간이 기갑(己甲) 병존으로, 사주의 주인공은 자동차학원을 운영하고 있다.

POINT

기토의 병존

기토 병존에는 기갑(己甲)·기을(己乙)·기병(己丙)·기정(己丁)·기무(己戊)·기기(己己)·기경(己庚)·기신(己辛)·기임(己壬)·기계(己癸) 병존이 있다.

① 야초난생(野草亂生)·정원고난(庭園孤蘭) : 들꽃이 흩어져 피어 있는 형상 또는 정원에 홀로
   핀 난초꽃의 형상이다.

② 정원에 자라는 작은 나무 한 그루의 형상이므로 안정적이고 편안한 삶을 살 수는 있다.

   다만, 외로움을 느끼게 되고, 화려함이 없고 인덕도 부족하다.

   이 경우 사주에 기토(己土)보다는 무토(戊土)나 진술축미토(辰戌丑未土)가 2개 이상 있으면
   인덕도 있고 포용력도 있다.

   목(木)이 2개 이상 있으면 어떤 것이든 결실을 맺게 되고, 수(水)가 3개 이상 있으면 자연에
   게 가장 필요한 수분을 얻게 되므로 살아가는 데 가장 필요한 재물이 풍족해진다.

예) 1968년 12월 7일(음) 인(寅)시생

시	일	월	연
丙	己	乙	戊 (坤)
寅	亥	丑	申

76	66	56	46	36	26	16	6
丁	戊	己	庚	辛	壬	癸	甲
巳	午	未	申	酉	戌	亥	子

일간과 월간이 기을(己乙) 병존으로, 사주의 주인공은 탤런트 유호정이다.

기병(己丙) 병존

① 대지보조(大地普照)·정원조일(庭園照日) : 대지가 빛나는 형상 또는 태양이 정원을 비추는 형상이다.

② 태양이 정원을 비추는 형상이므로 정원의 흙이 메마를 가능성이 높다. 태양의 기운을 모두 받을 수 있는 넓은 토(土)가 있으면 좋고, 그 다음으로는 목(木)의 나무와 물의 수(水)가 있으면 사주 구성이 뛰어날 것이다.

태양인 화(火)가 2개 이상 있으면 사람들에게 인기가 넘쳐나고, 토(土)가 2개 이상 있으면 부동산복이 있고 포용력이 있으며, 수(水)가 2개 이상 있으면 살아가는 데 필요한 재물을 얻을 수 있다.

예) 1962년 5월 9일(음) 인(寅)시생

시	일	월	연
丙	己	丙	壬 (坤)
寅	卯	午	寅

71	61	51	41	31	21	11	1
戊	己	庚	辛	壬	癸	甲	乙
戌	亥	子	丑	寅	卯	辰	巳

일간과 시간, 일간과 월간이 기병(己丙) 병존으로, 사주의 주인공은 피아노를 전공하였다.

기정(己丁) 병존

① 주작입묘(朱雀入墓)·습토조양(濕土照陽) : 주작이 묘지에 들어간 형상 또는 토질이 습한 땅에 햇살이 비치는 형상이다.

② 정원에 비치는 달빛의 형상이므로 감수성이나 정서가 발달했지만, 외로움이나 쓸쓸함이 따를 수 있다. 인덕이 없이 외로운 달밤에 홀로 서 있는 느낌이다. 혼자 빛나는 형상이므로 재주나 끼를 발휘하여 자신을 내세우는 직업이 좋다.

예) 1964년 3월 31일(양) 미(未)시생

시	일	월	연
辛	己	丁	甲 (乾)
未	卯	卯	辰

71	61	51	41	31	21	11	1
乙	甲	癸	壬	辛	庚	己	戊
亥	戌	酉	申	未	午	巳	辰

일간과 월간이 기정(己丁) 병존으로, 사주의 주인공은 알라딘커뮤니케이션 대표이사이다.

① 소산대산(小山大山) · 경연상배(硬軟相配) : 작은 흙산과 큰 흙산이 함께 있는 형상 또는 강함과 부드러움이 함께 있는 형상이다.

② 정원과 들판의 논밭이 모두 있어 꽃과 곡식을 동시에 얻을 수 있는 형상이다. 먹을 복과 여가 활동을 할 수 있는 환경이 조성되어 있고, 부동산복도 어느 정도 있는 편이다.

여기에는 나무나 꽃을 심는 것이 우선이므로 적당한 목(木)이 있으면 하는 일의 결실이나 성공이 반드시 따르게 되고, 적당한 수(水)가 있어서 땅을 메마르게 하지 않고 나무나 꽃에 수분을 줄 수 있으면 재물도 얻고 평생 먹을 복이 있고 윤택한 삶을 산다.

예) 1974년 12월 22일(음) 진(辰)시생

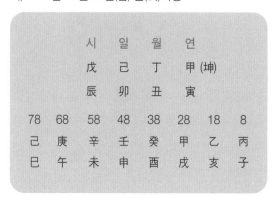

시	일	월	연
戊	己	丁	甲 (坤)
辰	卯	丑	寅

78	68	58	48	38	28	18	8
己	庚	辛	壬	癸	甲	乙	丙
巳	午	未	申	酉	戌	亥	子

일간과 시간이 기무(己戊) 병존으로, 사주의 주인공은 아나운서 지승현이다.

기기(己己) 병존

① 복음연약(伏吟軟弱)·연토복음(軟土伏吟) : 부드러운 흙무더기가 여러 개 있는 형상 또는 부드러운 흙이 여러 개 겹쳐 있는 형상이다.

② 정원이 조금 넓을 운이므로 정원수나 꽃만 자라고, 사람에게 실제로 필요한 곡식이나 채소를 키우기에는 좁은 땅이다.

그러므로 좀더 넓은 토(土)가 있으면 좋고, 그 곳에 목(木)이 있으면 좋을 것이다. 기토(己土)가 겹쳐 있는 작은 정원 형상은 포용력이 부족하지만, 자기 것을 관리하는 능력은 뛰어나므로 다른 곳에 토(土)가 있으면 포용력도 있고 인덕도 있다.

더불어 금(金)이 있으면 땅에서 캔 원석 형태이므로 조언자 역할을 해줄 수(水)가 함께 있으면 땅에 실제로 도움이 되고 실용성이 높다.

예) 1973년 6월 2일(양) 사(巳)시생

시	일	월	연
己	己	丁	癸 (乾)
巳	巳	巳	丑

79	69	59	49	39	29	19	9
己	庚	辛	壬	癸	甲	乙	丙
酉	戌	亥	子	丑	寅	卯	辰

시간과 일간이 기기(己己) 병존으로, 사주의 주인공은 리포터 김생민이다.

① 전도형격(顚倒刑格) · 옥토광석(沃土廣石) : 하는 일이 엎어지고 뒤집어지는 형상 또는 기름진 흙 속에 있는 광석(바위산)의 형상이다.

② 좁은 정원에서 광석을 발견한 상황 또는 좁은 정원이 돌로 이루어져 나무나 화초 등을 심을 수 없는 형상이다.

　　이 경우 흙이 좀더 있으려면 토(土)가 2개 이상 필요하고, 물에 해당하는 수(水)가 있으면 좋다. 물만 있으면 바위산에서도 화초들이 살 수 있기 때문이다.

예) 1957년 9월 2일(음) 자(子)시생

시	일	월	연
甲	己	庚	丁 (乾)
子	巳	戌	酉

75	65	55	45	35	25	15	5
壬	癸	甲	乙	丙	丁	戊	己
寅	卯	辰	巳	午	未	申	酉

일간과 월간이 기경(己庚) 병존으로, 사주의 주인공은 건설전문업체 대표이사다.

① 습니오옥(濕泥汚玉)·옥토주옥(沃土珠玉) : 진흙 속에 오염된 옥이 파묻힌 형상 또는 기름진 흙 속에 보석이 파묻힌 현상이다.

② 화분에서 보석을 발견한 형상이므로 재물복이나 의식주가 풍족하다.

이 물상은 신금(辛金)이 하나뿐이지만, 사주에 2개 이상 있으면 보석이 빛나는 형상이므로 더욱 좋을 것이다.

더불어 화분의 흙 정도로 작은 땅이므로 좀더 기름진 흙으로 토(土)가 2개 이상 더 있으면 넓은 논밭을 가질 수 있고, 노력하면 보석도 충분히 생산할 수 있다.

예) 1986년 2월 7일(음) 오(午)시생

시	일	월	연
庚	己	辛	丙 (乾)
午	未	卯	寅

77	67	57	47	37	27	17	7
己	戊	丁	丙	乙	甲	癸	壬
亥	戌	酉	申	未	午	巳	辰

일간과 월간이 기신(己辛) 병존으로, 사주의 주인공은 천재로 불리던 사람이다.

① 기토탁임(己土濁壬)·옥토탁강(沃土濁江) : 작은 흙이 큰 강물이나 바다에 뿌려진 형상 또는 기름진 흙이 강을 흐려놓은 형상이다.

② 작은 정원에 쏟아붓는 빗줄기의 모습으로 정원의 흙이 모두 떠내려가는 형상이다. 먼저 토(土)가 2~3개 이상 있어서 시원한 빗줄기를 모두 윤택하게 만들 수 있으면 재물을 얻고, 포용력과 여유로운 리더십을 만들어갈 수 있다.

　　다음으로, 목(木)이 2~3개 이상 있어서 나무나 곡식이 정원에 뿌리를 내리면 그로 인해 결실이나 성공을 얻을 수 있어서 좋다. 그 다음으로는 햇살이나 온도를 맞추어주는 화(火)가 필요하다.

예) 1982년 6월 25일(양) 신(申)시생

시	일	월	연
壬	己	丙	壬 (乾)
申	卯	午	戌

74	64	54	44	34	24	14	4
甲	癸	壬	辛	庚	己	戊	丁
寅	丑	子	亥	戌	酉	申	未

일간과 시간이 기임(己壬) 병존으로, 사주의 주인공은 가수 비(정지훈)다.

기계(己癸) 병존

① 옥토위생(沃土爲生)·옥토로우(沃土露雨) : 기름진 흙이 더욱 윤택해지는 형상 또는 기름진 흙에 이슬비가 내리는 형상이다.

② 정원에 내리는 이슬비로 정원이 늘 촉촉하게 젖어 있는 형상이다. 작은 정원에 윤택한 땅이므로 남을 포용하는 마음이나 배짱이나 추진력은 부족하지만, 섬세하고 안정적이며 내성적인 타입이다.

가장 우선적으로 필요한 것은 토(土)로, 토(土)가 2~3개 이상 있어야 좀더 안정감 있게 자신과 가족에게 필요한 재물을 모으고 여유를 누릴 수 있을 것이다.

토(土)가 아니라면, 금(金)의 돌산이나 바위산에 물인 수(水)가 동시에 있으면 충분히 아름다운 풍란이나 야생난이 자랄 수 있다.

이렇듯 금수(金水)가 있으면 사람들이 산에 피어 있는 꽃이나 난을 바라보듯이 사람들의 주목을 많이 받는 예술, 연예, 방송, 교육 등의 직업이 어울린다.

예) 1965년 7월 7일(음) 자(子)시생

시	일	월	연
甲	己	癸	乙 (乾)
子	丑	未	巳

79	69	59	49	39	29	19	9
乙	丙	丁	戊	己	庚	辛	壬
亥	子	丑	寅	卯	辰	巳	午

일간과 월간이 기계(己癸) 병존으로, 사주의 주인공은 외국에서 유학중인 공무원이다.

POINT

경금의 병존

경금 병존에는 경갑(庚甲)·
경을(庚乙)·경병(庚丙)·
경정(庚丁)·경무(庚戊)·
경기(庚己)·경경(庚庚)·
경신(庚辛)·경임(庚壬)·
경계(庚癸) 병존이 있다.

7 경금

경금(庚金) 병존에는 경갑(庚甲)·경을(庚乙)·경병(庚丙)·경정(庚丁)·경무(庚戊)·경기(庚己)·경경(庚庚)·경신(庚辛)·경임(庚壬)·경계(庚癸) 병존이 있다.

경갑(庚甲) 병존

① 흔목위재(欣木爲才)·벽갑지상(劈甲之相) : 나무를 쪼개어 재목을 만드는 형상 또는 나무를 쪼개는 형상이다.

② 도끼로 큰 나무를 쪼개는 형상 또는 도끼로 큰 나무를 가지치기 하는 형상이다. 이 물상은 목(木)의 땔감이 충분하면 좋으므로 목(木)이 2~3개 이상 있으면 좋다.

　다음으로, 화(火)가 있어서 목(木)을 태우면 좋다. 가지치기 형태라면, 목(木)이 2~3개 있는 상태에서 수(水)가 있어서 목(木)을 성장시키면 좋다.

　목(木)을 불의 땔감으로 삼으면 열정적이고 행동적인 성격이고, 목(木)을 물로 도와주면 꾸준한 성장과 조용한 성격으로 자신의 삶을 이끌어간다.

예) 1950년 8월 13일(양) 사(巳)시생

	시	일	월	연
	辛	庚	甲	庚 (乾)
	巳	辰	申	寅

79	69	59	49	39	29	19	9
壬	辛	庚	己	戊	丁	丙	乙
辰	卯	寅	丑	子	亥	戌	酉

일간과 월간, 연간과 월간이 경갑(庚甲) 병존으로, 사주의 주인공은 권투선수로 전 세계챔피언에 올랐던 홍수환이다.

경을(庚乙) 병존

① 석산합화(石山合花) · 상합유정(相合有情) : 커다란 바위산에 난초꽃이 피어 있는 형상 또는 난초꽃이 바위산에 붙어 피어 정이 있는 형상이다.

② 커다란 바위산 위에 석란이 고고하게 피어 있거나 말라버리는 형상이므로 잘하면 세상에 이름을 날리겠지만, 잘못하면 육체적 · 정신적으로 어려운 일을 겪는 것을 의미한다. 재물을 탐하는 사업보다는 연구, 체육, 운동, 법조, 교육 등의 직업에 적성이 있다.

    홀로 우뚝 서 있는 바위산에 을목(乙木)인 난 한 그루가 있으므로 자존감이 강하고 자신을 내세우는 직업이나 연예, 예술, 방송 분야도 어울린다.

예) 1967년 4월 28일(음) 오(午)시생

시	일	월	연
壬	庚	乙	丁 (乾)
午	子	巳	未

80	70	60	50	40	30	20	10
丁	戊	己	庚	辛	壬	癸	甲
酉	戌	亥	子	丑	寅	卯	辰

일간과 월간이 경을(庚乙) 병존으로, 사주의 주인공은 정형외과 의사이다.

① 거산태양(巨山太陽)·태백입형(太白入熒) : 거대한 바위산에 빛나는 태양의 형상 또는 태백성
   (太白星)이 형성(熒星, 화성)에 들어간 형상이다.

② 바위산에 태양이 비치는 형상 또는 큰 광석을 용광로에서 제련하는 형상이다.

  먼저 충분히 제련할 수 있도록 2~3개의 적당한 금(金), 특히 경금(庚金)이나 신유금(申酉金)
이 있으면 좋다.

  다음으로는 화(火)가 충분히 있어서 금(金)을 제련한 후, 수(水)로 제련된 금속을 씻어주고
불 기운을 식혀주면 최상의 물상이다.

  이 세 가지를 갖추면 최고의 다이아몬드, 최고의 보석을 얻는 물상이므로 재물도 많고, 인
기도 많고, 명예도 크게 얻을 수 있다.

예) 1949년 9월 26일(음) 술(戌)시생

시	일	월	연
丙	庚	乙	己 (乾)
戌	戌	亥	丑

73	63	53	43	33	23	13	3
丁	戊	己	庚	辛	壬	癸	甲
卯	辰	巳	午	未	申	酉	戌

일간과 시간이 경병(庚丙) 병존으로, 사주의 주인공은 국회의원 정세균이다.

① 득화이예(得火而銳)·화련진금(火煉眞金) : 불을 얻어 예리하게 변하는 형상 또는 불로 제련 하여 보석을 만드는 형상이다.

② 커다란 광석을 작은 불로 제련하는 형상이므로 화(火) 기운이 너무 약하다. 먼저 화(火)의 약한 기운을 강하게 보강해야 하므로 화(火)가 2~3개 이상 더 있어야 한다. 다음으로, 금(金)이 있으면 좋다.

또는 바위산을 비추는 달빛의 형태이므로 먼저 수(水)가 필요하고, 그 다음에 목(木)의 소나무나 풍란이나 철쭉을 바위산에 심는 것이 좋다.

금(金)을 녹이면 적극적으로 생산하거나 통솔하는 형태로 사장, 정치인, 경영인, 전문가가 적성에 맞고, 수(水)가 있은 후 나무를 심는 형상이면 바위산의 고고한 소나무나 풍란처럼 연예, 예술, 문학, 방송, 교육자로 능력을 발휘하는 것이 좋다.

예) 1915년 11월 25일(양) 축(丑)시생

시	일	월	연
丁	庚	丁	乙 (乾)
丑	申	亥	卯

95	85	75	65	55	45	35	25	15	5
丁	戊	己	庚	辛	壬	癸	甲	乙	丙
丑	寅	卯	辰	巳	午	未	申	酉	戌

일간과 월간, 일간과 시간이 경정(庚丁) 병존으로, 사주의 주인공은 현대그룹 창업자인 고 정주영 명예회장이다.

경무(庚戌) 병존

① 토석중산(土石重山) · 석산토야(石山土野) : 흙산과 돌산이 겹쳐 있는 형상 또는 바위산과 넓은 들판의 형상이다.

② 커다란 바위산 또는 넓은 바위 사막과 넓은 들판을 상징한다. 이렇게 사주에 경무(庚戌) 병존이 있으면 역마살의 기운이 매우 강하다.

해외의 넓은 땅을 왕래할 정도가 되려면 무토(戊土)나 경금(庚金)이나 술토(戌土)가 하나 이상 더 있으면 좋고, 역마살에 해당하는 인신사해(寅申巳亥)가 있어도 좋다.

커다란 광석 또는 바위산을 화(火)로 제련하여 수(水)로 씻어내어 보석을 만드는 방법이 있고, 수(水)의 물이 있는 다음에 나무가 여러 그루 집단으로 있어도 매우 좋은 물상이다.

예) 1971년 1월 5일(양) 인(寅)시생

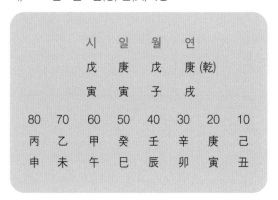

연간과 월간, 일간과 월간, 일간과 시간이 경무(庚戌) 병존으로, 사주의 주인공은 변호사로 고려대 법학과 교수를 겸하고 있다.

① 금실무성(金實無聲)·석산소토(石山小土) : 금(金)이 꽉 차서 소리가 나지 않는 형상 또는 돌산 위에 있는 작은 흙의 형상이다.

② 커다란 바위산에 흙이 덮인 형상이므로 나무를 심으려면 수(水)와 토(土)가 더 필요하다. 그러므로 수(水)와 토(土)가 어느 정도 갖추어진 다음에 목(木)이 있는 것이 좋다.

한편 나무를 심지 않고 금속을 보석으로 제련하려면 화(火)와 수(水)가 필요하다. 화(火)로 제련하고 수(水)로 씻어내야 한다.

나무를 심으면 충분한 결실을 얻을 수 있으므로 재물을 얻거나 결과를 얻을 수 있고 승진을 하는 직장생활이 적성에 맞고, 보석을 만들면 보석이 빛나는 것처럼 인기를 얻는 연예, 예술, 방송, 교육, 언론 분야의 직업이 좋다.

예) 1959년 4월 11일(음) 자(子)시생

시	일	월	연
丙	庚	己	己 (乾)
子	子	巳	亥

74	64	54	44	34	24	14	4
辛	壬	癸	甲	乙	丙	丁	戊
酉	戌	亥	子	丑	寅	卯	辰

일간과 월간이 경기(庚己) 병존으로, 사주의 주인공은 가수 김홍국이다.

경경(庚庚) 병존

① 반음중금(反吟重金)·양금상살(兩金相殺) : 바위산이 겹쳐 있는 형상 또는 2개의 금(金)이 서로 싸우는 형상이다.

② 금강산처럼 큰 바위산이 겹쳐 있는 형상 또는 바위 사막이 끝없이 펼쳐진 형상이다. 이런 물상은 역마살을 상징한다. 움직임이 크면서도 자신을 잘 관리하지 않으면 사막에서 살아가기 힘들기 때문에 계획적이고 철저하게 구조화되어 있는 사람이다.

금(金)을 제련하려면 화(火) 기운이 2~3개 이상 있어야 하고, 수(水)도 있어야 한다. 철쭉, 풍란, 소나무가 자라려면 먼저 수(水)나 토(土)가 2~3개 갖추어진 다음에 목(木)이 있어야 한다.

예) 1963년 4월 4일(음) 진(辰)시생

	시	일	월	연
	庚	庚	丙	癸 (乾)
	辰	子	辰	卯

77	67	57	47	37	27	17	7
戊	己	庚	辛	壬	癸	甲	乙
申	酉	戌	亥	子	丑	寅	卯

일간과 시간이 경경(庚庚) 병존으로, 사주의 주인공은 변호사이다.

경신(庚辛) 병존

① 철추쇄옥(鐵錐碎玉) · 철옥금실(鐵玉金實) : 큰 도끼로 보석을 깨뜨리는 형상 또는 철과 보석과 금(金)이 가득한 형상이다.

② 바위산에 저장되어 있는 보석의 형상이다. 자칫 병화(丙火)로 제련하면 보석이 녹을 수 있으므로 정화(丁火)로 제련하는 것이 좋다.

지지에서 화(火)로 경금(庚金)을 녹여주고, 천간에서 정화(丁火)로 신금(辛金)을 분리하고 다시 한번 제련하면 1차 완성이 되는 물상이다.

그 다음에 수(水)로 이물질을 씻어내면 화려하고 아름다운 보석이 되므로, 보석처럼 빛나는 인기를 가지고 가는 직업인 연예, 예술, 방송, 문학, 교육, 정치 등에 어울린다.

예) 1967년 10월 21일(음) 진(辰)시생

시	일	월	연
庚	庚	辛	丁 (乾)
辰	寅	亥	未

75	65	55	45	35	25	15	5
癸	甲	乙	丙	丁	戊	己	庚
卯	辰	巳	午	未	申	酉	戌

일간과 월간이 경신(庚辛) 병존으로, 사주의 주인공은 한국청년기업협회 회장이다.

① 득수이청(得水而淸)·금수쌍청(金水雙淸) : 물을 얻어 맑아지는 형상 또는 바위산(쇳덩어리)과 강물이 만나 서로가 빛나는 형상이다.

② 바위산에 커다란 계곡물이 흐르는 형상 또는 넓은 바위 사막에 큰 오아시스가 흐르는 형상이므로 최고의 물상이라고 할 수 있다. 있어야 할 공간에 있을 것이 있는 물상이므로 자기 것을 잘 관리하고, 머리도 총명하고, 의식주도 풍족하다. 물에 떠내려 가거나 물에 잠겨버리지 않게 토(土)나 금(金)이 좀더 있으면 좋겠고, 메마르지 않게 수(水)도 좀더 있으면 좋을 것이다. 그 다음에 목(木)의 나무를 심거나, 화(火)로 바위를 제련하여 보석을 얻으면 금상첨화다.

예) 1945년 5월 1일(음) 술(戌)시생

	시	일	월	연
	丙	庚	壬	乙 (乾)
	戌	戌	午	酉

71	61	51	41	31	21	11	1
甲	乙	丙	丁	戊	己	庚	辛
戌	亥	子	丑	寅	卯	辰	巳

일간과 월간이 경임(庚壬) 병존으로, 사주의 주인공은 〈동양일보〉 사장이다.

① 보도이로(寶刀已老)·석산접로(石山接露) : 보검이 이미 녹슬어버린 형상 또는 바위산에 이슬이 내리는 형상이다.

② 바위산 또는 넓은 바위 사막에 이슬이 내리는 형상이므로 무엇보다 갈증을 해소할 수 있게 수(水)가 2~3개 이상 있는 것이 우선이다. 바위산 또는 사막에서 살아 남으려면 자기 관리가 철저해야 하므로 계획적이고 원칙적이며 단계적인 타입이다.

  수(水)가 2~3개 이상 있으면 사막에서 오아시스를 만난 형상이므로 여유로운 삶을 누리고, 평생 의식주가 풍족할 것이다.

  또한 나무를 심어 그늘을 만들고 곡식이나 과일을 얻을 수 있으면 더욱 풍성한 결실을 얻으므로 재물까지 풍족해질 수 있다.

  바위산에 먼저 물을 보충하고 불을 얻으면 보석을 얻을 수 있다. 이 때는 먼저 수(水)를 얻고, 다음으로 화(火)로 제련해주는 것이 우선이다.

예) 1958년 9월 28일(음) 신(申)시생

시	일	월	연
甲	庚	癸	戊 (坤)
申	寅	亥	戌

71	61	51	41	31	21	11	1
乙	丙	丁	戊	己	庚	辛	壬
卯	辰	巳	午	未	申	酉	戌

일간과 월간이 경계(庚癸) 병존으로, 사주의 주인공은 〈동양일보〉 국장이다.

POINT

신금의 병존

신금 병존에는 신갑(辛甲)·
신을(辛乙)·신병(辛丙)·
신정(辛丁)·신무(辛戊)·
신기(辛己)·신경(辛庚)·
신신(辛辛)·신임(辛壬)·
신계(辛癸) 병존이 있다.

8 신금

신금(辛金) 병존에는 신갑(辛甲)·신을(辛乙)·신병(辛丙)·신정(辛丁)·신무(辛戊)·신기(辛己)·신경(辛庚)·신신(辛辛)·신임(辛壬)·신계(辛癸) 병존이 있다. 다른 천간과 마찬가지로 신금(辛金)이 일간일 때 강하고, 다른 천간에 있을 때는 작용이 약하다.

신갑(辛甲) 병존

① 단도목편(短刀木片)·월하송영(月下松影) : 작은 칼로 나무를 베는 형상 또는 달 아래 소나무 그림자의 형상이다.

② 나무를 가지치기하여 결실을 잘 맺게 할 것인가 아니면 장작을 만들어 훌륭한 땔감으로 쓸 것인가. 이 둘 중에 무엇이 먼저인지를 판단해야 한다.

먼저 가지치기의 물상이라면 나무 한 그루가 혼자 꽃가루를 주고받고 열매를 맺을 수는 없으므로 나무가 몇 그루 더 있어야 꽃가루받이를 하여 좋은 열매를 맺을 수 있다. 다음으로, 적당한 가지치기를 위해 적당한 금(金)이 필요하고, 그 다음에 물이 있거나 흙의 영양분이 있어도 좋고, 태양빛이 있어도 무방하다. 그러나 땔감의 형태라면 먼저 땔감의 목(木)과 도끼의 금(金)이 적당히 갖추어진 후에, 불로 지펴야 하므로 화(火)가 필요하다.

예) 1959년 9월 25일(음) 술(戌)시생

시	일	월	연
戊	辛	甲	己 (乾)
戌	巳	戌	亥

76	66	56	46	36	26	16	6
丙	丁	戊	己	庚	辛	壬	癸
寅	卯	辰	巳	午	未	申	酉

일간과 월간이 신갑(辛甲) 병존으로, 사주의 주인공은 화가 이수동이다.

① 이전최화(利剪摧花) : 전지가위로 꽃을 꺾는 형상이다.

② 화초나 식물을 가지치기하는 형상이므로 을목(乙木)의 화초나 식물이 잘 자라서 씨앗을 잘 맺을 수 있는 기초가 되는 물상이다.

　다만, 한 포기의 화초나 식물로는 꽃가루를 주고받거나 충분히 생산하기 어려우므로 목(木)의 식물이나 화초가 몇 포기 더 필요하다.

　한편 여러 포기의 식물이나 화초가 있으면 그만큼의 전지가위가 있어야 하므로 금(金)이 필요하다.

　이후에 적당한 토(土)의 흙이 있어서 영양을 주거나, 적당한 수(水)의 물이 있어서 화초나 식물이 잘 자라게 하면 더욱 좋다.

　토(土)나 수(水)가 없는 경우에 햇살이나 적당한 온도가 필요하므로 화(火)도 무난하다.

예) 1969년 5월 21일(음) 미(未)시생

시	일	월	연
乙	辛	庚	己 (坤)
未	巳	午	酉

71	61	51	41	31	21	11	1
戊	丁	丙	乙	甲	癸	壬	辛
寅	丑	子	亥	戌	酉	申	未

일간과 시간이 신을(辛乙) 병존으로, 사주의 주인공은 박물관장이다.

① 간합패사(干合覇師) : 천간이 합해서 스승의 자리에 오르는 형상 또는 보석을 불로 녹여 물로 만드는 형상이다.

② 보석을 제련할 때 약간의 불로 조심스럽게 해야 하는데 용광로에 던져 넣는 형상이므로 먼저 금(金)이 녹지 않도록 금(金)을 보강하는 것이 우선이다.

다음으로, 토(土)의 흙에서 금(金)을 더 많이 생산하여 충분히 제련할 수 있게 해야 한다.

예) 1961년 8월 26일(양) 인(寅)시생

시	일	월	연
庚	辛	丙	辛 (乾)
寅	卯	申	丑

76	66	56	46	36	26	16	6
戊	己	庚	辛	壬	癸	甲	乙
子	丑	寅	卯	辰	巳	午	未

연간과 월간, 일간과 월간이 신병(辛丙) 병존으로, 사주의 주인공은 스포츠신문 국장이다.

① 화소주옥(火燒珠玉) : 제련되어 완성된 보석을 또 다시 다듬는 형상이다.

② 보석을 더욱 섬세하게 다듬어 능력을 최대한 발휘할 수 있다. 보석이 빛나는 것처럼 섬세함이 필요한 직업 또는 사람들에게 인기를 얻는 직업이 잘 어울린다.

다만, 보석 하나에 제련하는 작은 불뿐이므로, 자칫 보석 하나를 가지겠다고 덤벼드는 사람들이 많아 재물이 새 나가거나 인덕이 없을 수 있다.

이런 경우 먼저 보석이 몇 개 더 있거나 보석의 재료가 될 수 있는 양금(陽金)의 바위산 또는 토(土)의 땅이 있으면 좋다.

어느 정도 광석이 발견된 다음에는 화(火)가 좀더 있어서 충분히 제련하면 좋고, 제련한 후에는 반드시 물로 씻어내야 하므로 수(水)의 물이 필요하다.

예) 1969년 1월 19일(음) 진(辰)시생

시	일	월	연
壬	辛	丁	己 (乾)
辰	巳	卯	酉

71	61	51	41	31	21	11	1
己	庚	辛	壬	癸	甲	乙	丙
未	申	酉	戌	亥	子	丑	寅

일간과 월간이 신정(辛丁) 병존으로, 사주의 주인공은 아나운서 성기영이다.

① 반음피상(反吟被傷) · 전답주옥(田畓珠玉) : 논과 밭에 있는 보석의 형상이다.

② 커다란 흙산 또는 넓은 들판의 흙 속에 있는 보석의 형상이다. 이 경우 보석을 제대로 활용하려면 먼저 보석을 캘 수 있는 금(金)의 삽, 곡괭이, 호미 등이 필요하므로 금(金)이 2~3개 이상 더 있으면 좋고, 또한 흙 속에 파묻혀 있던 보석이므로 수(水)의 물로 깨끗이 씻어내면 더욱 좋다.

금(金)을 보석으로 활용하지 않고 생활도구로 활용한다면 나무를 심어야 하므로 목(木)이 2~3개 이상 있으면 좋고, 나무의 가지를 정리하는 금(金)이 2~3개 더 필요하며, 다음으로 물의 수(水)나 태양의 화(火)가 있으면 더욱 좋다.

예) 1985년 2월 11일(양) 진(辰)시생

시	일	월	연
壬	辛	戊	乙 (乾)
辰	巳	寅	丑

72	62	52	42	32	22	12	2
庚	辛	壬	癸	甲	乙	丙	丁
午	未	申	酉	戌	亥	子	丑

일간과 월간이 신무(辛戊) 병존으로, 사주의 주인공은 하버드대학교에서 생물학을 전공한 첼리스트 고봉인이다.

① 입옥자형(入獄自刑) · 토출주옥(土出珠玉) : 스스로 죄를 저지르고 감옥에 들어가는 형상 또는 흙 속에서 보석을 캐내는 형상이다.

② 전원의 흙 속에 파묻혀 있는 보석 또는 생활도구의 형상이다. 먼저 보석은 물로 씻어내야 하는데, 금(金)이 약하면 물로 씻어내면서 모두 떠내려갈 수 있으므로 먼저 금(金)의 보석이 더 있으면 좋다. 그 다음에는 수(水)의 물로 씻어내면 좋다.

　　또한 생활도구로 본다면, 나무를 자르는 도구로 활용할 때는 먼저 토(土)의 땅이 있어야 하고, 다음으로 나무 목(木)이 있은 후에 금(金)으로 가지치기를 하면 최상의 물상이 될 것이다.

예) 1967년 8월 11일(음) 신(申)시생

시	일	월	연
丙	辛	己	丁 (乾)
申	巳	酉	未

72	62	52	42	32	22	12	2
辛	壬	癸	甲	乙	丙	丁	戊
丑	寅	卯	辰	巳	午	未	申

일간과 월간이 신기(辛己) 병존으로, 사주의 주인공은 한국외대 교수이다.

① 백호출력(白虎出力) · 금성옥진(金聲玉振) : 백호가 용맹스럽게 뛰어나오는 형상 또는 금과 옥이 넘쳐나는 형상이다.

② 경신(庚辛) 병존과 비슷한 물상이다. 바위산에 저장되어 있는 보석으로, 보석이 녹지 않게 병화(丙火)의 강력한 불보다는 약한 불인 정화(丁火)로 제련하여 수(水)의 물로 씻어내면 가장 좋은 물상이다.

　사주에 토(土)가 있으면 화초나 나무 등을 심어 결실을 맺게 하거나 꽃을 감상할 수 있는데, 이렇게 목(木)이 있으면 금(金)을 톱, 낫, 전지가위 등의 생활도구로 활용하여 나무가 웃자라지 않고 꽃이나 열매로 양양분이 고루 갈 수 있도록 가지치기를 해주는 것도 매우 좋다.

예) 1967년 2월 18일(음) 인(寅)시생

	시	일	월	연
	庚	辛	癸	丁 (乾)
	寅	卯	卯	未

77	67	57	47	37	27	17	7
乙	丙	丁	戊	己	庚	辛	壬
未	申	酉	戌	亥	子	丑	寅

일간과 시간이 신경(辛庚) 병존으로, 사주의 주인공은 서울포럼 사무총장이다.

① 복음상극(伏吟相剋)·보석진기(寶石眞氣) : 금(金)이 너무 겹쳐 서로 극하는 형상 또는 보석이 빛을 발하는 형상이다.

② 날카로운 생활도구 또는 보석만 둥그러니 있는 물상이다. 이들을 활용하기 위한 방법은 다음과 같다.

먼저 생활도구로 활용할 때는 나무를 잘라주는 전지가위로 보아서 목(木)이 있으면 좋고, 목(木)의 나무가 갖추어진 다음에는 수(水) 또는 화(火)가 있어 나무를 잘 자라게 해주면 더욱 좋다.

또한 보석의 물상으로 보면, 물의 수(水)로 이물질을 씻어주는 것이 좋다. 자칫 금(金)의 보석이 떠내려갈 수 있으므로 흙으로 물을 가두어주면 금상첨화다.

예) 1971년 2월 21일(음) 유(酉)시생

시	일	월	연
丁	辛	辛	辛 (乾)
酉	丑	卯	亥

74	64	54	44	34	24	14	4
癸	甲	乙	丙	丁	戊	己	庚
未	申	酉	戌	亥	子	丑	寅

일간과 월간, 월간과 연간이 신신(辛辛) 병존으로, 사주의 주인공은 알코올센터 소장이다.

① 도세주옥(淘洗珠玉) · 주옥강출(珠玉江出) : 보석을 물로 씻어내는 형상 또는 보석을 강에서 꺼내는 형상이다.

② 보석을 강물로 씻어내므로 보석이 더욱 빛나는 형상이다. 그러므로 사람들에게 더욱 아름답게 보이고, 반짝거릴 것이다.

이들은 연예, 방송, 문학 방면의 인기를 얻는 직업이 어울린다. 다만, 강물이라서 보석이 떠내려갈 수 있으므로 금(金)이 좀더 있어서 충분히 물을 극복하면 좋을 것이다.

또한 물을 잘 가둘 수 있는 토(土)가 있어도 매우 좋은 물상이다. 재산이 잘 새 나가지 않고 부동산 등 고정자산을 늘려가는 데 능력을 발휘하게 된다.

예) 1965년 6월 16일(양) 해(亥)시생

	시	일	월	연
	己	辛	壬	乙 (乾)
	亥	丑	午	巳

74	64	54	44	34	24	14	4
甲	乙	丙	丁	戊	己	庚	辛
戌	亥	子	丑	寅	卯	辰	巳

일간과 월간이 신임(辛壬) 병존으로, 사주의 주인공은 자유선진당 대변인 지상욱이다.

① 천뢰화개(天牢華蓋) · 금수쌍청(金水雙淸) : 천둥번개가 세상을 뒤흔드는 형상 또는 보석이 물에 씻겨 더욱 빛을 발하는 형상이다.

② 보석에 아침 이슬이 내린 형상이므로 보석이 더욱 반짝이고 빛날 것이다.

다만, 너무 작아서 몇 사람밖에 쳐다보지 않기 때문에 금(金)의 보석 그리고 이슬이나 물의 수(水)가 사주 내에 더 있으면 최고의 물상이라고 할 수 있다.

물이 너무 많으면 토(土)가 있어서 물을 가두어주는 것이 좋고, 화(火)가 너무 많아 금(金)을 지나치게 녹이면 물이 있어 수(水)로 불을 줄여주는 것이 좋다.

토(土)가 너무 많으면 광산으로 묵히기에는 너무 많은 논밭이므로 나무를 심는 것이 좋은 물상이다.

예) 1963년 10월 9일(음) 해(亥)시생

시	일	월	연
己	辛	癸	癸 (乾)
亥	未	亥	卯

75	65	55	45	35	25	15	5
乙	丙	丁	戊	己	庚	辛	壬
卯	辰	巳	午	未	申	酉	戌

일간과 월간이 신계(辛癸) 병존으로, 사주의 주인공은 〈한우리신문〉 고문이다.

POINT

임수의 병존

임수 병존에는 임갑(壬甲)·
임을(壬乙)·임병(壬丙)·
임정(壬丁)·임무(壬戊)·
임기(壬己)·임경(壬庚)·
임신(壬辛)·임임(壬壬)·
임계(壬癸) 병존이 있다.

⑨ 임수

임수(壬水) 병존에는 임갑(壬甲)·임을(壬乙)·임병(壬丙)·임정(壬丁)·임무(壬戊)·임기(壬己)·임경(壬庚)·임신(壬辛)·임임(壬壬)·임계(壬癸) 병존이 있다.

임갑(壬甲) 병존

① 수중유영(水中柳影)·우중수목(雨中樹木) : 물 속에 비친 버드나무 그림자 또는 비 내리는 가운데 서 있는 나무 한 그루의 형상이다.

② 강가에 서 있는 버드나무 또는 미루나무에 비가 내리는 형상으로, 나무가 자라기에 매우 좋은 환경이라고 할 수 있다.

　　다만, 나무가 외로울 수 있으므로 목(木)이 2~3개 더 있으면 좋을 것이다. 그리고 비가 지나치게 많이 내리면 나무가 썩을 수 있으므로 화(火)의 태양빛이 어느 정도 있으면 최상이 될 것이다.

예) 1979년 10월 22일(양) 묘(卯)시생

시	일	월	연
癸	壬	甲	己 (乾)
卯	戌	戌	未

74	64	54	44	34	24	14	4
丙	丁	戊	己	庚	辛	壬	癸
寅	卯	辰	巳	午	未	申	酉

일간과 월간이 임갑(壬甲) 병존으로, 사주의 주인공은 혼성그룹 〈코요테〉의 매니저이다.

임을(壬乙) 병존

① 출수홍련(出水紅蓮)·우중지란(雨中芝蘭) : 물 속에서 피어난 연꽃 또는 빗속에 핀 난초의 형
   상이다.

② 난초 하나 외로이 있는데 비가 쏟아지는 형상 또는 호수 위에 외로이 떠 있는 한 송이 연꽃의
   형상이므로 외롭고 인덕이 부족하다.

   이 때는 반드시 나무나 화초 등의 목(木)이 2~3개 이상 모여 있어야 생명력도 길고 보기에
도 아름답다.

   이 물상은 인덕이 있고 사람들에게 지식이나 끼로 즐거움을 주는 직업에 적성이 있다.

   직접 결실을 맺기보다는 누군가의 조언자가 되는 교육자, 상담가, 카운슬러, 기획가도 좋
은 직업이다.

예) 1961년 6월 26일(음) 진(辰)시생

시	일	월	연
甲	壬	乙	辛 (坤)
辰	申	未	丑

71	61	51	41	31	21	11	1
癸	壬	辛	庚	己	戊	丁	丙
卯	寅	丑	子	亥	戌	酉	申

일간과 월간이 임을(壬乙) 병존으로, 사주의 주인공은 여성노동조합 위원장이다.

① 강휘상영(江暉相暎) · 수중일조(水中日照) : 태양이 강을 비추고 있는 형상 또는 물 속에 비친 태양의 형상이다.

② 태양이 호수나 강물 위에 비치는 형상이므로 물이 더욱 맑고 태양이 더욱 빛난다. 하늘에도 태양이 떠 있고 물 속에도 태양이 떠 있어 윗사람들이 바라보며 감탄하는 형상이므로 연예, 예술, 방송, 문학, 교육 등의 분야에 적성이 있다. 물가에 버드나무가 2~3그루 이상 있으면 편히 쉬면서 호수도 구경하고 하늘도 구경할 수 있는 물상이다. 물을 가둘 수 있는 토(土)가 있어서 호수가 넘치거나 강물이 넘치지 않도록 막아주는 것도 매우 좋다.

예) 1979년 10월 22일(음) 술(戌)시생

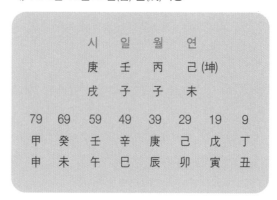

	시	일	월	연			
	庚	壬	丙	己 (坤)			
	戊	子	子	未			
79	69	59	49	39	29	19	9
甲	癸	壬	辛	庚	己	戊	丁
申	未	午	巳	辰	卯	寅	丑

일간과 월간이 임병(壬丙) 병존으로, 사주의 주인공은 유치원 교사이다.

① 간합성기(干合星奇)·수중월조(水中月照) : 천간이 합을 이룬 기이한 별의 형상 또는 물 속에 비친 달빛의 형상이다.

② 호수 위에 떠 있는 달빛의 형상 또는 비 내리는 날 가로등 불빛의 형상으로, 약간은 쌀쌀하고 외로워 보이면서도 아름다운 경치다.

　사람들에게 받는 인덕은 없지만, 사람들이 바라보아주는 인기나 명예를 얻는 직업에 적성이 맞는다.

　다만, 언제 꺼질지 모르는 작은 불빛이라서 화(火)의 불빛이 좀더 있으면 좋고, 물이 넘치지 않도록 토(土)가 있어도 좋을 것이다.

　사주에 금(金)이 있으면 화(火)로 제련하여 물로 씻어내면 더욱 빛나는 보석이 되므로 이 또한 멋진 물상이다.

예) 1957년 6월 22일(음) 해(亥)시생

시	일	월	연
辛	壬	丁	丁 (乾)
亥	辰	未	酉

74	64	54	44	34	24	14	4
己	庚	辛	壬	癸	甲	乙	丙
亥	子	丑	寅	卯	辰	巳	午

일간과 월간이 임정(壬丁) 병존으로, 사주의 주인공은 변호사이다.

① 산명수수(山明水秀) · 우수대지(雨水大地) : 산은 밝고 물은 빼어난 형상 또는 대지에 비가 내리는 형상을 말한다.

② 호수의 물을 가득 가두고 있는 제방의 모습 또는 넓은 들판에 내리는 빗물의 형상이므로, 물을 마음대로 잘 관리하고 저장하거나 흡수하여 활용할 수 있는 여유와 적극성이 있다. 인덕도 있고 배짱도 있다.

충분한 비나 물을 얻는 수(水)가 있으면 좋은 물상이고, 물이 더 있고 제방이나 들판이 더 넓으면 좋다.

다음으로, 기름진 땅에 나무나 화초를 심는 것이 좋고, 목(木)이 있으면 결실을 맺을 수 있으므로 재물복이 크거나 명예가 크다.

예) 1973년 7월 5일(양) 미(未)시생

시	일	월	연
丁	壬	戊	癸 (乾)
未	寅	午	丑

80	70	60	50	40	30	20	10
庚	辛	壬	癸	甲	乙	丙	丁
戌	亥	子	丑	寅	卯	辰	巳

일간과 월간이 임무(壬戊) 병존으로, 사주의 주인공은 개그맨 이혁재이다.

① 기토택임(己土澤壬) : 호수에 흙탕물이 흘러들어오는 형상 또는 강물에 물고기가 살 수 있는 적당한 영양분이 있는 형상이다. (너무 맑은 물에는 물고기가 살 수 없다)

② 비가 쏟아지는데 화단이나 정원의 흙이 떠내려가는 형상이므로 먼저 토(土)가 있어야 한다.

　다음으로, 토(土)가 물에 떠내려가지 않게 목(木)의 나무, 화초, 식물 등을 심을 수 있으면 최고의 물상이 된다.

　토(土)가 있지만 물을 막는 정도만 있어서 결실이 없으므로 참모, 연구, 교육 등의 분야가 어울리고, 나무를 심을 수 있으면 사업, 책임자, 리더 역할도 충분히 해낸다.

예) 1972년 10월 8일(양) 자(子)시생

시	일	월	연
庚	壬	己	壬 (乾)
子	申	酉	子

71	61	51	41	31	21	11	1
丁	丙	乙	甲	癸	壬	辛	庚
巳	辰	卯	寅	丑	子	亥	戌

일간과 월간, 연간과 월간이 임기(壬己) 병존으로, 사주의 주인공은 탤런트 김명민이다.

① 경발수원(庚發水源) · 금수쌍청(金水雙淸) : 바위산에서 맑고 큰 계곡물이 시작되는 형상 또는 강물 속에 잠겨 있는 커다란 광석의 형상이다.

② 커다란 바위산에 비가 내리는 형상 또는 호수에 잠겨 있는 광석의 형상이므로 바위산 위에 나무를 심는 것이 좋고, 화(火)로 경금(庚金)을 제련하는 것도 좋다. 바위산의 계곡에 넘치는 물을 막기 위해 토(土)가 있으면 가장 좋은 물상이 될 것이다.

　나무의 결실을 얻거나 금(金)을 제련하여 보석을 만들 수 있으면 충분히 리더나 책임자가 될 수 있고, 재물도 풍족할 것이다.

예) 1974년 8월 23일(음) 자(子)시생

시	일	월	연
庚	壬	癸	甲 (坤)
子	午	酉	寅

80	70	60	50	40	30	20	10
乙	丙	丁	戊	己	庚	辛	壬
丑	寅	卯	辰	巳	午	未	申

일간과 시간이 임경(壬庚) 병존으로, 사주의 주인공은 작가이다.

① 도세주옥(陶洗珠玉) : 강물 또는 시냇물에 씻기고 닦여서 빛나는 보석의 형상이다.

② 강물이나 호수에 빠진 보석 또는 보석 위에 쏟아지는 빗줄기의 형상이므로 보석이 물에 휩쓸
려 사라질 위기에 처해 있다.

이 때는 금(金)의 보석이나 광석이 힘이 되어주거나, 토(土)로 물을 막아주는 것도 좋다.

또한 화(火)가 있어 밝게 비추면 강물이나 호수가 더욱 빛나고, 물은 썩지 않을 것이다.

예) 1971년 3월 2일(음) 술(戌)시생

시	일	월	연
庚	壬	辛	辛 (坤)
戌	子	卯	亥

73	63	53	43	33	23	13	3
己	戊	丁	丙	乙	甲	癸	壬
亥	戌	酉	申	未	午	巳	辰

일간과 월간이 임신(壬辛) 병존으로, 사주의 주인공은 가수 김혜연이다.

① 왕양대해(汪洋大海)·강중강우(江中强雨) : 바다나 강이나 호수에 내리는 장대비의 형상이다.

② 넓은 바다나 호수의 형상으로, 욕망과 열정이 있고, 대범하고 힘이 있다. 탁 트인 광경이 많은 사람들에게 바라보는 즐거움을 주듯이 사람들에게 인기가 많다.

　　사주에 어떤 오행이 있는가에 따라 물상이 달라지는데, 금(金)의 금속이나 보석이 있으면 기계를 만지거나 보석을 만지는 일 또는 연구가 어울린다.

예) 1947년 3월 23일(음) 인(寅)시생

시	일	월	연
壬	壬	乙	丁 (坤)
寅	辰	巳	亥

78	68	58	48	38	28	18	8
癸	壬	辛	庚	己	戊	丁	丙
丑	子	亥	戌	酉	申	未	午

일간과 시간이 임임(壬壬) 병존으로, 사주의 주인공은 궁중음식연구원장 한복려이다.

임계(壬癸) 병존

① 강중세우(江中細雨) : 강에 내리는 가는 빗줄기의 형상이다.

② 커다란 호수, 강, 바다에 이슬비나 가랑비가 내리는 형상이므로 약간은 쓸쓸해 보이고, 우수에 잠긴 듯 조용한 경치다.

연구나 사색이 필요한 문학, 연구, 개발 분야의 직업이 어울린다.

꽃이 피어 있는 형상으로 을목(乙木)이나 묘목(卯木)이 있으면 예술, 연예, 방송 분야가 어울리고, 보석이나 금속에 해당하는 금(金)이 있으면 금을 닦는 일이나 기계적인 일 즉 기계공학, 반도체공학, 전기공학, 보석공예 등이 어울린다.

예) 1947년 8월 26일(음) 묘(卯)시생

시	일	월	연
癸	壬	庚	丁 (乾)
卯	戌	戌	亥

71	61	51	41	31	21	11	1
壬	癸	甲	乙	丙	丁	戊	己
寅	卯	辰	巳	午	未	申	酉

일간과 시간이 임계(壬癸) 병존으로, 사주의 주인공은 MC 이상벽이다.

⑩ 계수

POINT

계수의 병존

계수 병존에는 계갑(癸甲) · 계을(癸乙) · 계병(癸丙) · 계정(癸丁) · 계무(癸戊) · 계기(癸己) · 계경(癸庚) · 계신(癸辛) · 계임(癸壬) · 계계(癸癸) 병존이 있다.

계수(癸水) 병존에는 계갑(癸甲) · 계을(癸乙) · 계병(癸丙) · 계정(癸丁) · 계무(癸戊) · 계기(癸己) · 계경(癸庚) · 계신(癸辛) · 계임(癸壬) · 계계(癸癸) 병존이 있다.

계갑(癸甲) 병존

① 양류감로(楊柳甘露) : 버드나무에 이슬이 내리는 형상이다.

② 홀로 서 있는 나무 위에 이슬비가 내리는 형상이다. 큰 나무 한 그루가 이슬비를 맞고 있는 형상이므로 나무가 조금은 갈증을 느낄 수 있는 상태이다.

충분한 양의 물이 필요하므로 수(水)가 있어야 하고, 한 그루 나무는 외롭고 비바람에 노출되어 언제든지 뽑힐 수 있으므로 나무가 2~3그루 더 있어 의지할 수 있어야 인덕도 있고 하는 일에 결실도 크다. 나무가 잘 자라도록 영양을 주는 토(土)도 필요하고, 햇빛이 내리쬐는 화(火)도 필요하다.

예) 1939년 9월 1일(음) 묘(卯)시생

시	일	월	연
乙	癸	甲	己 (乾)
卯	未	戌	卯

71	61	51	41	31	21	11	1
丙	丁	戊	己	庚	辛	壬	癸
寅	卯	辰	巳	午	未	申	酉

일간과 월간이 계갑(癸甲) 병존으로, 사주의 주인공은 관상가 신기원이다.

① 이화춘우(梨花春雨) : 배꽃이 봄비를 만나는 형상이다.

② 홀로 핀 꽃(난초) 위에 이슬이 내리는 형상이므로 사람의 마음을 흔드는 을씨년스러우면서 쓸쓸함이 묻어나는 물상이다. 따라서 성격이 조용하고 내성적이며 감수성이 발달되어 있고, 소수의 사람들과 친하고 그들과 일하는 것을 좋아한다. 화초나 나무와 같은 목(木)과, 충분한 수분을 보충할 수 있는 수(水)가 동시에 2~3개 이상 있으면 만족스러운 물상이다. 화초나 나무가 자랄 수 있는 토(土)가 있으면 금상첨화이고, 실제로 자기의 이익을 스스로 창출해낸다.

예) 1963년 2월 26일(음) 자(子)시생

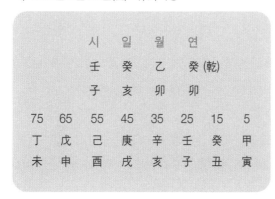

시	일	월	연
壬	癸	乙	癸 (乾)
子	亥	卯	卯

75	65	55	45	35	25	15	5
丁	戊	己	庚	辛	壬	癸	甲
未	申	酉	戌	亥	子	丑	寅

일간과 월간이 계을(癸乙) 병존으로, 사주의 주인공은 국회의원 송영길이다.

계병(癸丙) 병존

① 개화감로(開花甘露) : 활짝 핀 꽃이 이슬비를 만난 형상이다.

② 태양이 세상을 비추는데 계수(癸水)의 이슬비나 가랑비가 내리는 형상 또는 도랑에 고여 있는 아주 작은 물의 형상이므로 금세 뜨거운 태양의 열기에 메마를 위기에 처해 있다. 먼저 수(水)를 충분히 가리는 것이 우선이고, 다음으로는 따뜻한 태양빛이 필요하다.

예) 1953년 2월 29일(음) 진(辰)시생

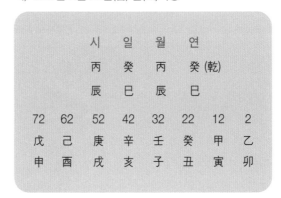

연간과 월간, 일간과 월간, 일간과 시간이 계병(癸丙) 병존으로, 사주의 주인공은 대법관이다.

계정(癸丁) 병존

① 등사요교(螣蛇妖嬌) : 뱀이 미소를 짓는 형상 또는 달빛 하늘에 내리는 이슬의 형상이다.

② 달이 뜬 하늘에서 내리는 이슬비 또는 작은 샘을 비추는 달빛 또는 작은 우물물에 피어 있는 수선화의 형상이다.

　　내성적이고 외로움을 잘 타며, 감수성이 발달하여 예술적·문학적 감각이 있다. 아이디어나 창조성도 뛰어나서 기술개발, 연구 등의 분야에 적성이 있다. 다만, 금방 말라버릴 수 있는 이슬이나 물이므로 끈기가 부족하고, 매사에 소심해질 수 있다. 따라서 수(水)가 좀더 강하고, 화(火)도 좀더 강하면 좋을 것이다.

예) 1956년 6월 18일(음) 사(巳)시생

일간과 시간이 계정(癸丁) 병존으로, 사주의 주인공은 (전) 방송국 국장이다.

계무(癸戊) 병존

① 천을회합(天乙會合) · 전답세로(田沓細露) : 천간이 무계화합(戊癸火合)을 하는 형상 또는 넓은 논밭에 내리는 이슬비를 말한다.

② 넓은 들판에 내리는 이슬비이므로 식물을 심기에는 땅이 메마르다. 먼저 수(水)로 물을 보충해주고, 다음으로 좀더 넓은 들판 위에 나무를 심으면 최상의 결실을 얻을 수 있다.

예) 1950년 11월 6일(음) 묘(卯)시생

일간과 월간이 계무(癸戊) 병존으로, 사주의 주인공은 (전) 〈한겨레신문〉 이사이다.

① 습윤옥토(濕潤沃土) : 기름진 정원의 흙을 상징한다.

② 정원에 촉촉하게 내리는 이슬비 또는 가랑비의 형상이므로 작은 나무나 꽃이 자라기에는 괜찮은 조건이다. 다만, 여러 그루의 나무를 심기에는 땅과 물이 부족하므로 좀더 넓은 땅과 물이 필요하다.

　성격은 안정적이고, 가까운 사람과 친밀도는 매우 높지만 새로운 공간에서 새로운 사람과의 만남을 어색해한다. 안정적인 직장이 어울리며, 전문직이 무난하다. 그러나 독립적인 사업이나 정치처럼 리더십을 발휘하는 일은 굴곡이 심하다.

예) 1979년 5월 16일(양) 진(辰)시생

시	일	월	연
丙	癸	己	己(乾)
辰	未	巳	未

73	63	53	43	33	23	13	3
辛	壬	癸	甲	乙	丙	丁	戊
酉	戌	亥	子	丑	寅	卯	辰

일간과 월간이 계기(癸己) 병존으로, 사주의 주인공은 어릴 적 컴퓨터를 매우 잘 다루어서 컴퓨터 신동으로 불린 사람이다.

① 암산세로(岩山細露) : 바위산에 내리는 가랑비나 이슬의 형상이다.

② 바위산에 내리는 이슬비의 형상이므로 작은 나무라도 바위틈에서 살아가기 힘들다. 먼저 수(水)의 기운이 더 강해서 비를 내려주거나 계곡물이 갖추어진 다음에 나무가 필요하다. 뿌리가 튼튼한 나무여야 하므로 인묘목(寅卯木)이 유리하다.

예) 1971년 2월 17일(양) 인(寅)시생

일간과 월간이 계경(癸庚) 병존으로, 사주의 주인공은 MC 신동엽이다.

계신(癸辛) 병존

① 양쇠음성(陽衰陰盛) · 금수쌍청(金水雙淸) : 양의 기운은 쇠퇴하고 음의 기운은 무성해지는 형상 또는 금수(金水)가 나란히 맑게 빛나는 형상이다.

② 보석과 물방울이 반짝이는 형상이므로 총명하고 감각이 발달하여 연구나 이과 또는 수리적 능력이 뛰어나고, 음악이나 연기와 같은 암기력과 모방능력이 필요한 일에 유리하다.

예) 1926년 10월 26일(음) 유(酉)시생

일간과 시간이 계신(癸辛) 병존으로, 사주의 주인공은 작가 박경리다.

① 천진지양(天津之洋)·강중세로(江中細露) : 하늘과 땅을 잇는 나루터의 형상 또는 강에 내리는 이슬이나 가랑비의 형상이다.

② 커다란 호수에 추적추적 내리는 가랑비의 모습이므로 스산하고 조용한 기운이 가득하다.

　　감각이 예민하고 감수성이 발달하여 자연의 작은 변화에도 민감하게 반응하는 타입이므로 섬세하고 미세한 부분까지 파악해야 하는 수리, 수학, 미생물, 생명공학, 반도체, 컴퓨터 공학 등이 어울리고, 예술, 연예, 문학 등에도 어울린다.

　　스산하고 을씨년스러운 기운이 있는 물상이므로 태양의 화(火) 또는 물을 가둘 수 있는 토(土)가 있으면 매우 좋을 것이다.

예) 1957년 2월 10일(양) 유(酉)시생

일간과 월간이 계임(癸壬) 병존으로, 사주의 주인공은 〈국제섬유신문〉 편집국장이다.

① 세로중우(細露中雨) : 이슬이 내려 비가 되는 형상이다.

② 하염없이 내리는 이슬비의 형상이므로 사람 또한 스산하고 조용하며 우울해지거나 감수성이 발달하게 된다.

　민감하고 예리한 감수성을 바탕으로 하는 수리, 수학, 미생물, 생물공학, 반도체, 컴퓨터 또는 예술, 연예, 문학 등에 어울리는 타입이다.

　충분한 햇살과 논밭이 있으면 좋고, 서로 의지할 수 있고 충분히 수확이 가능한 나무도 필요하다.

예) 1970년 6월 29일(음) 묘(卯)시생

시	일	월	연
乙	癸	癸	庚 (乾)
卯	丑	未	戌

72	62	52	42	32	22	12	2
辛	庚	己	戊	丁	丙	乙	甲
卯	寅	丑	子	亥	戌	酉	申

일간과 월간이 계계(癸癸) 병존으로, 사주의 주인공은 탤런트 이병헌이다.

5. 천간의 삼존 물상과 사존 물상

POINT

천간의 삼존과 사존

천간 세 글자가 나란히 있으면 삼존, 천간 네 글자가 나란히 있으면 사존이다.

삼존 물상은 같은 천간 세 글자가 나란히 있는 것이고, 사존 물상은 같은 천간 네 글자가 나란히 있는 것이다. 천간 삼존과 천간 사존은 흔한 경우가 아니므로 해당하는 사주가 있는 경우에만 사주 예를 설명한다.

갑갑갑(甲甲甲) 삼존 또는 갑갑갑갑(甲甲甲甲) 사존

① 삼목위삼(三木爲森) : 나무가 숲을 이루고 있는 형상이다.

② 나무가 빽빽하게 들어서 있으므로 꽃이 충분히 피어 있다고 볼 수 있고, 과일이나 열매도 충분하게 수확할 수 있다.

　다만, 나무가 숲을 이루고 있으므로 햇살이나 따뜻한 온도를 유지해주는 화(火)가 충분히 있거나, 목(木)에게 영양분을 주는 토(土)가 충분히 있어야 좋다.

　금(金)은 무성한 나무를 가지치기해줄 정도로 적당히 있어야 좋다. 과도한 금(金)은 나무의 무성한 밑동을 모두 잘라버리는 형상이므로 매우 불리하다.

　수(水)는 충분히 있으면 꽃이 아름다우므로 관상용으로 좋지만, 열매는 기대하기 어렵다. 그러므로 사업을 해서 큰 결실을 기대하는 직업은 선택하지 않는 것이 좋다.

을을을(乙乙乙) 삼존 또는 을을을을(乙乙乙乙) 사존

① 난초군락(蘭草群落) : 난초가 집단을 이루고 있는 형상이다.

② 을목(乙木)은 난, 진달래, 채소와 같은 작은 나무나 풀이나 채소를 상징한다. 따라서 을목(乙木)이 집단을 이루면 뿌리와 뿌리가 서로 붙어서 수북하게 자라고 있는 형상이므로 매우 긍정적이고 희망적이다.

　　이런 물상은 금(金)이 많아 바위산의 형상이 되거나 바위나 사막의 형상이 되어도 바위산의 난이나 철쭉 또는 바위산과 사막의 선인장처럼 충분히 살아갈 수 있다. 다음으로는, 수(水)가 충분하면 수분으로 화초나 채소를 생산할 수 있으니 좋고, 흙의 토(土)도 정원이 되어 화초와 같은 식물을 잘 성장시킬 수 있다.

병병병(丙丙丙) 삼존 또는 병병병병(丙丙丙丙) 사존

① 태양조열(太陽照熱) : 태양이 높이 떠 있고 세상이 뜨거운 형상이다.

② 태양이 하늘에 3~4개가 떠 있는 것처럼 밝게 빛나고, 뜨거운 열기가 가득한 형상이다.

　　지지에 물인 수(水)가 있어 바다나 강이 되면 커다란 호수나 바다에 태양이 떠 있는 형상이므로 멋진 경치가 되고, 바다나 호수에 물고기나 미생물 또한 풍족할 것이다. 토(土)가 많아 넓은 들판이 있으면 이 또한 논밭으로 사용하여 수확이 많을 것이다. 금(金)은 바위산 또는 광석, 광산, 쇳덩어리이므로 뜨거운 화(火)를 제련하여 훌륭한 비행기나 선박 같은 것을 만들 수 있다. 그러나 나무인 목(木)은 화(火)의 땔감이 되어 목(木)이 모두 타고 불이 너무 뜨거워지므로 불리하다.

정정정(丁丁丁) 삼존 또는 정정정정(丁丁丁丁) 사존

① 성진월영(星辰月影) : 별들이 반짝이고 달이 빛나는 형상이다.

② 별이나 달이 여럿 떠 있는 형상 또는 작은 불이 여러 개 모여 있는 형상이다. 금속을 제련하는 불빛 또는 세상을 밝혀주는 전깃불로, 지지에 금(金)이 있으면 정화(丁火)로 충분히 제련하여 비행기, 선박, 컴퓨터, 보석 등을 만들 수 있고, 수(水)가 많아 바다와 강 또는 호수를 이루면 호수에 달빛을 비추어 아름다운 경치를 만들어낸다. 토(土)가 있어 넓은 들판이나 논밭이 있으면 곡식들과 나무들을 잘 자랄 수 있는 영양분이 충분하고, 목(木)이 있으면 나무의 성장을 도와줄 수 있다. 그러나 화(火)가 있으면 온 세상이 불이라서 불리하다.

무무무(戊戊戊) 삼존 또는 무무무무(戊戊戊戊) 사존

① 광야광전(廣野廣田) : 끝없이 펼쳐진 들판과 논밭의 형상이다.

② 끝없이 펼쳐진 평야, 넓고 넓은 논밭이나 들판의 모습이다. 넓은 들판에 나무 목(木)을 심으면 결실을 맺을 수 있으므로 사업가, 경영인, 정치인, 전문가, 공무원 등의 직업이 어울린다.

　넓은 들판에 물인 수(水)를 가두면 호수가 되어 유유자적하며 구경할 수 있으므로 연예, 예술, 방송 분야의 직업이 어울린다.

　또한 넓은 들판에 광물인 금(金)이 매장되어 있으면 캐내서 제련하고 씻어내야 하므로 꾸준히 하는 직업, 평생 변화 없이 가는 직업인 직장인, 교육자, 공무원, 회사원 등이 어울린다.

　그리고 햇살의 화(火)가 있으면 토(土)의 영양분이 생기므로 참모 역할이 어울린다.

기기기(己己己) 삼존 또는 기기기기(己己己己) 사존

① 광정윤토(廣庭潤土) : 넓은 정원에 기름진 흙의 형상이다.

② 기름져서 식물이나 화초가 잘 자랄 수 있는 정원이나 논밭의 형상이다. 윤택하고 기름진 정원이나 텃밭에는 나무 목(木)을 먼저 심는 것이 매우 좋다.

　채소와 같은 식물들이 잘 자랄 수 있어 수확이 넘치고, 경영, 정치, 사업 등의 분야에 어울린다. 또한 화(火)의 꽃을 심어 관상용으로 키울 수도 있으므로 연예, 예술, 방송 분야도 어울린다.

경경경(庚庚庚) 삼존 또는 경경경경(庚庚庚庚) 사존

① 무종광산(無終鑛山)·거석고산(巨石高山) : 끝없이 펼쳐진 광산, 크고 높은 돌산의 형상이다.

② 여러 개 겹쳐 있는 바위산 또는 매장량이 무궁무진한 광산의 형상이다.

　바위산에는 나무 목(木)이 있으면 좋고, 금광이 풍부한 광산에는 불 화(火)나 물 수(水)가 필요하다.

　그 중에서 먼저 불이 필요하다. 왜냐하면 불이 풍족하면 금광석을 충분히 제련할 수 있기 때문이다.

예1) 김유신 장군(생월일시 미상)

시	일	월	연
庚	庚	庚	庚 (乾)
辰	辰	辰	辰

예2) 전 국회의원 구천서(1950년 2월 28일 음력)

시	일	월	연
庚	庚	庚	庚 (乾)
辰	辰	辰	寅

위의 두 사주 모두 천간이 경경경경(庚庚庚庚) 사존이다.

신신신(辛辛辛) 삼존 또는 신신신신(辛辛辛辛) 사존

① 첩첩보석(疊疊寶石) : 보석이 가득 가득 쌓여 있는 형상이다.

② 보석과 식생활에 활용하는 생활도구나 전자제품을 상징하므로 누군가에게 보여주거나 직접 도움을 주는 직업이 좋으며, 이런 물상을 가진 사주는 인덕이 있고 참모 기질이 매우 강하다.

화(火)가 있어서 좀더 제련할 수 있으면 좋고, 물 수(水)로 깨끗하게 씻어서 더욱 빛나게 해도 좋다.

나무 목(木)이 있으면 낫이나 도끼가 되어 가지치기를 하거나 수확을 하는 형상이므로 수확량이 많아서 재물복이 넘친다.

임임임(壬壬壬) 삼존 또는 임임임임(壬壬壬壬) 사존

① 강류대해(江流大海) : 강이 흘러서 바다를 이룬 형상이다.

② 강물이 흘러 바다를 이루듯이 끊임없이 노력하고 열정적으로 밀고 나가면 커다란 결과를 얻게 된다.

강물이 흘러갈 때는 힘들고 고생스럽지만 반드시 바다에 이르는 성공을 이룰 것이다.

강물과 바닷물에 햇살이 반짝이고 별빛과 달빛이 비추어 반짝이므로 병정(丙丁)이나 사오(巳午) 등의 화(火)가 있으면 예술, 연예, 방송 분야에서 크게 인정받는 인물이 될 것이다.

예) 1972년 2월 21일(양) 진(辰)시생

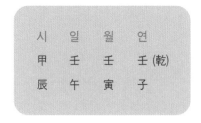

시	일	월	연
甲	壬	壬	壬(乾)
辰	午	寅	子

가수 서태지의 사주로, 일간과 월간과 연간이 임임임(壬壬壬) 삼존이다.

① 천운노로(天雲路露) : 하늘의 흰 구름과 길가의 이슬처럼 맑고 투명하게 빛나는 형상이다.

② 이슬이 투명하게 비추고 있는 형상 또는 이슬비나 가랑비가 온 세상에 촉촉하게 내리는 형상
이다.

안개가 자욱한 날에 가늘고 조용한 비가 내리니 추억에 잠기고 마음이 설레고 가라앉듯이,
사색적이 되거나 감상적이 되어 문학적, 연예적인 기질을 발휘하게 된다.

또한 생각을 많이 하고 감상에 젖고, 수학적 기질도 강하다. 다만, 지나치게 사색과 감상에
빠져 우울해지기 쉬우니 조심한다.

예) 1972년 2월 9일(음) 해(亥)시생

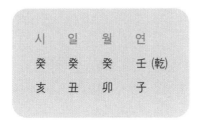

시	일	월	연
癸	癸	癸	壬 (乾)
亥	丑	卯	子

탤런트 김민종의 사주로, 시간과 일간과 월간이 계계계(癸癸癸) 삼존이다.

KEY POINT

실전문제

→ 꽃나무가 목(木)에 해당하고, 꽃은 화(火)에 속한다.

1 다음 중 목(木)의 물상에 속하지 않는 것은?

① 나무   ② 화초
③ 곡식   ④ 덩굴식물
⑤ 꽃

→ 보석은 금(金)에 해당한다.

2 다음 오행 중 화(火)의 물상에 속하지 않는 것은?

① 태양   ② 달
③ 가로등   ④ 용광로
⑤ 보석

→ 바위산은 금(金)에 해당한다.

3 다음 중 토(土)의 물상에 속하지 않는 것은?

① 바위산   ② 논밭
③ 정원   ④ 들판
⑤ 흙산

→ 용광로는 화(火)에 해당한다.

4 다음 중 금(金)의 물상에 속하지 않는 것은?

① 바위산   ② 금광석
③ 용광로   ④ 보석
⑤ 가위

→ 모래는 토(土)에 해당한다.

5 다음 중 수(水)의 물상에 속하지 않는 것은?

① 비   ② 모래
③ 눈   ④ 강물
⑤ 바다

6 다음 중 물상론에 대한 설명으로 옳지 않은 것은?

① 물상론은 사주를 그림으로 형상화한 이론이다.
② 물상론은 오행과 계절을 자연현상으로 형상화한다.
③ 물상론은 누구나 공감할 수 있는 내용이어야 한다.
④ 물상론은 자기만 알 수 있는 독특한 방법도 포함된다.
⑤ 물상론에서 사주팔자의 물상은 다양하게 형상화된다.

→ 물상론은 누구나 공감할 수 있어야 한다. 자신만 알 수 있는 방법은 과학적·통계적이라고 할 수 없다.

7 다음 중 갑목(甲木)의 물상에 속하지 않는 것은?

① 거목　　　　② 화초
③ 대들보　　　④ 목재
⑤ 삼림

→ 화초는 을목(乙木)의 물상에 해당한다.

8 다음 중 을목(乙木)의 물상에 속하지 않는 것은?

① 소나무　　　② 보리
③ 벼　　　　　④ 풀
⑤ 잔디

→ 소나무는 갑목(甲木)의 물상에 해당한다.

9 다음 중 병화(丙火)의 물상에 속하지 않는 것은?

① 태양　　　　② 용광로
③ 석탄　　　　④ 화산
⑤ 무더위

→ 석탄에 불이 붙으면 화(火)이지만, 석탄 자체는 금(金)에 해당한다.

10 다음 중 정화(丁火)의 물상에 속하지 않는 것은?

① 촛불　　　　② 전등불
③ 가로등 불빛　④ 달빛
⑤ 햇볕

→ 햇볕과 태양은 병화(丙火)의 물상에 해당한다.

11 다음 중 무토(戊土)의 물상에 속하지 않는 것은?

① 화단　　　　　② 넓은 들판
③ 평야　　　　　④ 논밭
⑤ 흙둔덕

12 다음 중 기토(己土)의 물상에 속하지 않는 것은?

① 화분의 흙　　　② 화단의 흙
③ 정원의 흙　　　④ 벽돌
⑤ 진흙과 모래

13 다음 중 경금(庚金)의 물상에 속하지 않는 것은?

① 금광　　　　　② 바위산
③ 열차　　　　　④ 중공업
⑤ 다이아몬드

14 다음 중 신금(辛金)의 물상에 속하지 않는 것은?

① 시계와 반지　　② 다이아몬드
③ 탄광　　　　　④ 벽돌
⑤ 낫과 도끼

15 다음 중 임수(壬水)의 물상에 속하지 않는 것은?

① 음료수　　　　② 호수
③ 바다　　　　　④ 강물
⑤ 장맛비

16 다음 중 계수(癸水)의 물상에 속하지 않는 것은?

① 이슬　　　　　　② 안개
③ 우물물　　　　　④ 물고기
⑤ 아이스크림

물고기는 목(木)의 물상에 해당한다.

17 다음 중 경금(庚金) 일간의 물상에 해당하지 않는 것은?

① 제련하지 않은 원석　② 커다란 바위산
③ 금광석　　　　　　　④ 바위사막
⑤ 넓은 들판

넓은 들판은 토(土)이다.

18 다음 중 갑목(甲木) 일간이 사업가와 관련된 물상은 무엇인가?

① 잎이 무성해야 한다.　② 꽃이 활짝 피어야 한다.
③ 열매가 맺혀야 한다.　④ 싹이 돋아야 한다.
⑤ 뿌리가 튼튼해야 한다.

열매를 맺어야 재물을 직접 만지는 사업가의 물상이다.

19 다음 중 신금(辛金) 일간의 물상이 아닌 것은?

① 금반지 등의 장신구　② 바위산
③ 핸드폰 등의 완제품　④ 바늘, 주사기 등의 뾰족한 도구
⑤ 전지가위

바위산은 경금(庚金)의 물상이다.

여기 정답! 1) 5　2) 5　3) 1　4) 3　5) 2　6) 4　7) 2　8) 1　9) 3　10) 5　11) 1　12) 4　13) 5　14) 3　15) 1　16) 4　17) 5　18) 3　19) 2

대덕 한마디

세상이 밝으면 별을 볼 수 없다

인공위성에서 한반도를 보면 가장 어두운 마을이 있다. 가장 어둡기 때문에 별을 보기에 가장 좋다고 한다. 그 마을은 바로 강원도 영월군이다. 이 이야기를 듣고 절로 미소가 떠올랐다. 마음 속 보석을 캐낸 느낌이었다.

　이렇게 생각해보았다. '세상이 밝으면 별을 볼 수 없다.' 이 땅에서 하늘을 바라보는 것이 꿈이고 이상이라면, 땅은 우리가 머무는 세상이다. 우리가 발 딛고 서 있는 이 땅이 온통 어둠뿐일지라도 그 어둠 속에서 별은 더 환하게 빛난다. 역설적이게도, 현실의 고통 속에서 미래를 향한 희망은 더욱 환하게 타오르는 것이다.

이와 비슷한 의미의 명언을 남긴 사람이 있다. 미국의 수필가이자 소설가인 워싱턴 어빙(Washington Irving, 1783~1859)은 "세상에서 화려하게 성공한 사람은 하늘을 바라볼 수 없다"고 말했다.

　내 육신이 지나치게 밝아서 편안함에 안주하고 있다면, 정작 내 육신에 깃든 영혼은 그 빛으로 인해 하늘에 빛나는 별을 결코 보지 못할 것이다. 세상에 드러난 이기(利己)의 빛을 모두 끄고 겸손하게 어둠의 불을 켤 때 비로소 하늘의 별이 환하게 우리 앞에 모습을 드러낼 것이다.

소설가 최인호는 수필집 『산중일기』에서 "육신의 옷이 두툼하고 무거워질수록 우리의 영혼은 점점 야위어져만 갈 것"이라고 했다.

불교에서는 육신을 지(地)·수(水)·화(火)·풍(風)의 네 요소가 합쳐져서 만들어진 티끌이라고 설명한다. 그러므로 사람이 죽으면 땅에서 난 것은 땅으로 돌아가고, 물에서 난 것은 물로 돌아가며, 불에서 난 것은 불로 돌아가고, 바람에서 난 것은 바람으로 돌아간다고 설명한다.

위의 이야기들은 무엇을 말하고 있는가. 우리의 육신은 단지 영혼을 감싸는 옷에 지나지 않으며, 죽으면 우리는 허물을 벗듯 그 옷을 벗는다는 것, 탐욕과 욕망은 옷에 매달린 주머니를 채우는 일에 지나지 않고 명예와 권력은 옷에 계급장과 훈장을 붙이는 일에 불과하고 쾌락과 애욕은 옷에 물감을 들이고 단추를 매어 다는 일에 지나지 않는다는 것이다.

사주명리학이란 학문을 처음 시작하면서 독자 여러분들은 어떤 마음가짐을 가졌는지 궁금하다. 열심히 공부하여 족집게가 되겠다고 결심했는가 아니면 이름 높은 도사가 되어 돈을 많이 벌겠다고 결심했는가? 그게 아니면 진정으로 어렵고 힘든 사람들에게 희망과 행복을 주는 가슴 따뜻한 상담가가 되겠다고 결심했는가?

각자가 처한 현실에 따라 답은 달라지겠지만, 반드시 후자의 모습으로 사주명리학을 시작해야 한다고 생각한다. 지금이라도 그런 마음으로 다시 사주명리학을 공부해 나가길 바란다.

사주를 공부하는 사람은 어두운 세상에 대한 사랑이 있어야 한다. 사주를 공부하는 사람들은 힘든 사주팔자에 대한 사랑이 있어야 한다. 어두운 세상에 빛을 밝혀주어야 할 의무가 있다. 힘든 사주팔자에 빛을 밝혀주어야 할 의무가 있다.

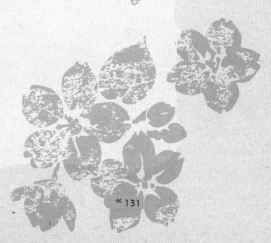

지지의 물상은 기본적으로는 자연환경이나 사물의 모습으로 보는 물상, 봄·여름·가을·겨울 등 계절로 보는 물상이 있고, 독특하게 띠 동물로 보는 물상 등 다양한 물상이 있다.

여기서 자(子)의 띠 동물인 쥐에 대해 알아보자. 일반 물상론에서는 쥐가 한겨울 한밤중에 태어나면 가을에 추수한 온갖 먹을거리가 창고에 가득 쌓여 있고, 쥐는 야행성 동물이므로 어두운 밤에 창고 안의 곡식들을 마음껏 훔쳐 먹을 수 있으므로 평생 의식주가 풍족하다고 설명한다.

그러나 사주 자체를 보면 한겨울 한밤중에 태어난 쥐는 수(水) 기운이 지나치게 강해서 우울증이나 불면증 또는 신장, 방광, 자궁 등의 기능에 심각한 문제가 발생할 수 있다.

02

지지의 물상해설

02

지지의
물상 해설

앞서 천간의 물상에서 살펴본 것처럼 지지의 물상 역시 기본적으로는 자연환경이나 사물의 모습으로 보는 물상, 봄·여름·가을·겨울 등 계절로 보는 물상이 있고, 독특하게 띠 동물로 보는 물상 등 다양한 물상이 있다.

일부 사주명리학자들이 지지의 물상을 활용하고 있지만 책으로 정리된 경우가 많지 않고, 그마저도 대부분은 엉뚱한 물상으로 변환시켰기 때문에 타당성을 갖기 어렵다. 책으로 나와 있지 않고 사주명리학의 스승과 제자 사이에 비법으로 전수되는 물상론 중에도 황당한 이론들이 많기 때문에 배우는 입장에서 시간만 허비하는 꼴이 된다. 따라서 여기서는 어려운 물상론으로 접근하지 않고, 사주명리학의 기초 이론만 알면 누구나 쉽게 물상론을 이해하고 사주 분석에 응용할 수 있도록 쉽게 설명하려고 한다.

1. 지지의 기본 물상

1 자수

자수(子水)는 근본은 양수(陽水)이지만, 응용은 음수(陰水)이다. 맑고 깨끗한 물, 찬 물, 이슬을 상징한다.

❶ 기본 물상

자수(子水)는 물이다. 근본은 양수(陽水)이지만 응용은 음수(陰水)이며, 띠 동물로는 쥐다. 월지에 있을 때는 꽁꽁 언 추위, 온 세상을 가득 덮은 한겨울의 설경이고, 연지나 일지나 시지에 있을 때는 시냇물, 계곡물, 강물을 상징한다. 일반적으로 맑고 깨끗한 물, 찬물, 이슬의 형상이다.

❷ 속성

오행으로는 수(水)이고, 방향은 북쪽이며, 색상은 흑색이고, 동물로는 쥐다. 절기로는 대설에 해당하며, 시간으로는 오후 11시 30분~새벽 1시 30분이고, 숫자로는 1이며, 건강으로는 신장과 방광, 자궁, 난소, 불면증, 우울증을 상징한다.

❸ 성격

지혜, 생각, 총명, 저장, 재능, 끼, 인기, 수리, 눈치, 침착함, 예민함, 변화, 감정 기복, 의심, 비밀.

2 축토

축토(丑土)는 음토(陰土)이고, 좁은 땅의 흙과 축축한 토(土)를 상징한다.

❶ 기본 물상

축토(丑土)는 흙이다. 음의 토(土)이고, 좁은 땅의 토(土)와 습하고 축축한 토(土)

를 상징한다. 월지에 있을 때는 한겨울에 꽁꽁 언 땅, 눈보라에 뒤덮인 빙판의 형상으로 수(水) 기운이 강하다.

❷ 속성

오행으로는 토(土)이고, 음양으로는 음이며, 월지에 있을 때는 꽁꽁 얼어붙은 한겨울의 한랭지토(寒冷之土)이다. 방위로는 동북쪽이고, 색깔로는 황색이며, 동물로는 소다. 절기로는 소한이고, 시간으로는 새벽 1시 30분~새벽 3시 30분이다. 숫자로는 10이고, 건강으로는 위장, 비장, 자궁, 신장, 난소 등을 상징한다.

❸ 성격

우직함, 근면, 성실, 고집, 끈기, 노력, 명예욕, 내성적, 인내심, 조직에 적응, 적극성 부족, 보수적, 수학, 수리, 계산, 저장, 기억, 암기, 성질.

| 계절 | 시간 | 월지의 오행 |

③ 인목

인목(寅木)은 양목(陽木)이고, 큰 나무, 장작, 땔감 등을 상징한다.

❶ 기본 물상

월지의 인목(寅木)은 양력 2월에 해당하므로 아직 추위가 끝나지 않아 눈보라에 벌거벗은 겨울 나무의 형상이다. 일반적으로 큰 나무, 거목(巨木), 사목(死木), 땔감, 장작 등을 상징한다.

② 속성

오행으로는 목(木)이고, 음양으로는 양이며, 월지에 있을 때는 한겨울 추위가 한창인 벌거벗은 나무다. 방위로는 동북쪽이고, 색깔로는 청색이며, 동물로는 호랑이다. 절기로는 입춘이고, 시간으로는 새벽 3시 30분~새벽 5시 30분이고, 숫자로는 3이며, 건강으로는 간장, 담(쓸개), 뼈, 수술을 상징한다.

③ 성격

인정, 의욕, 성장, 성공, 명예, 자존심, 사랑, 베풂, 자유로움, 인간 중심.

4 묘목

묘목(卯木)은 음목(陰木)이고, 작은 나무, 화초, 씨앗 등을 상징한다.

① 기본 물상

작은 나무 또는 화초, 생목(生木), 습목(濕木), 덩굴식물의 형상이다.

② 속성

오행으로는 목(木)이고, 음양으로는 음이다. 일반적으로 지지의 묘목(卯木)은 화초 등의 식물에 해당하며, 월지에 있으면 봄의 한가운데에 해당한다. 방위로는 동쪽이고, 색깔로는 청색이며, 동물로는 토끼다. 절기로는 경칩이고, 시간으로는 오전 5시 30분~오전 7시 30분이며, 숫자로는 8이고, 건강으로는 간, 암, 뼈, 수술 등을 상징한다.

③ 성격

인정, 은근함, 끈기, 명예, 자존감, 온순함, 양순함.

5 진토

진토(辰土)는 양토(陽土)이고, 넓은 논이나 평야 등을 상징한다.

❶ 기본 물상
습한 토(土), 넓은 논이나 평야, 생토(生土), 초목이 잘 자랄 수 있는 토(土)를 상징한다.

❷ 속성
오행으로는 토(土)이고, 음양으로는 양이다. 월지에 있으면 목(木)의 기운 또는 봄의 기운이 가득한 토(土)이고, 다른 지지에 있을 때는 습한 토(土)이다. 방위로는 동남쪽이고, 색깔로는 황색이며, 숫자로는 5이다. 절기로는 청명이고, 시간으로는 오전 7시 30분~오전 9시 30분이며, 동물로는 용이고, 건강으로는 위장, 비장, 여성기, 비뇨기를 상징한다.

❸ 성격
끈기, 고집, 은근함, 근면, 성실, 명예, 생각, 이상(理想).

辰 → 계절 → 시간 → 월지의 오행

6 사화

사화(巳火)는 근본은 음화(陰火)이지만, 응용은 양화(陽火)이다. 뜨거운 열기와 화산, 큰 불 등을 상징한다.

❶ 기본 물상

뜨거운 열기, 화산, 용광로, 큰 불, 폭발물, 적외선. 월지에 있을 때는 뜨겁기보다는 따뜻한 열기를 상징한다.

❷ 속성

오행으로는 화(火)이고, 음양을 보면 실제로는 음화(陰火)이지만 응용은 양화(陽火)이다. 월지에 있을 때는 음화의 기운을 가지고 있어서 오(午)월이나 미(未)월보다 덜 뜨겁다. 방위로는 동남쪽이고, 색깔은 적색이며, 숫자로는 2다. 절기로는 입하이고, 시간으로는 오전 9시 30분~오전 11시 30분이며, 동물로는 뱀이다. 건강으로는 혈관, 심장, 안과 등을 상징한다.

❸ 성격

은근함, 열정, 정열, 표현, 외골수, 변덕, 감각, 감수성.

7 오화

오화(午火)는 근본은 양화(陽火)이지만, 응용은 음화(陰火)이다. 촛불이나 전등과 같은 작은 불을 상징한다.

❶ 기본 물상

월지에 있을 때는 큰 불 또는 태양, 화산, 용광로의 형상이고, 다른 지지에 있을 때는 밝고 온화한 불, 따뜻한 불, 촛불, 난롯불, 가로등, 등불, 형광등, 전등의 형상이다.

❷ 속성

오행으로는 화(火)이고, 음양을 보면 실제로는 양화(陽火)이지만 응용할 때는 음화(陰火)이다. 월지에 있으면 양화(陽火)의 기질이 강하다. 방위로는 남쪽이고, 색깔은 적색이다. 숫자로는 7이고, 절기로는 망종이며, 시간으로는 낮 11시 30분 ~오후 1시 30분이다. 동물로는 말이고, 건강으로는 혈관, 심장, 안과를 상징한다.

❸ 성격

열정, 행동, 활동, 표현, 예술성, 감각, 감수성, 변화, 변동, 이중성, 밝음, 기쁨, 어둠, 우울.

8 미토

미토(未土)는 음토(陰土)이고, 사막의 모래처럼 건조한 흙과 화분이나 정원 등의 작은 흙을 상징한다.

| 계절 | 시간 | 월지의 오행 |

❶ 기본 물상

월지에 있을 때는 사막의 토(土), 용광로의 토(土), 가마 속 도자기의 형상이고, 월지 아닌 다른 지지에 있을 때는 메마른 토(土), 푸석푸석한 토(土), 물기 없는 토(土), 모래 같은 토(土)이다.

❷ 속성

오행으로는 토(土)이고, 음양으로는 음이다. 월지에 있으면 뜨거운 한여름이므로 화(火) 기운이 강하다. 방위로는 남서쪽이고, 색깔로는 황색이며, 숫자로는 10이고, 절기로는 소서이며, 시간으로는 오후 1시 30분~오후 3시 30분이다. 동물로는 양이고, 건강으로는 위장, 비장, 여성기질환을 상징한다.

❸ 성격

은근, 끈기, 정복, 욕망, 온순, 희망, 부드러움, 밝음, 고집.

9 신금

신금(申金)은 양금(陽金)이고, 바위산이나 거대한 무쇳덩어리를 상징한다.

❶ 기본 물상

월지에 있을 때는 열기가 있는 금(金), 용광로 속에 들어 있는 금(金)의 형상이고, 월지 아닌 지지에 있을 때는 바위산, 가공하지 않은 무쇳덩어리, 단단한 금속, 거대한 금(金)의 형상이다.

❷ 속성

오행으로는 금(金)이고, 음양으로는 양이다. 월지에 있을 때는 양력 8월의 매우 뜨거운 열기가 가득하므로 펄펄 끓는 용광로 속의 금(金)이다. 방위로는 남서쪽이고, 색깔로는 백색이다. 숫자로는 9이고, 절기로는 입추이며, 시간으로는 오후 3시 30분~오후 5시 30분이다. 동물로는 원숭이이며, 건강으로는 대장, 폐, 뼈, 자폐중을 상징한다.

❸ 성격

재주, 총명, 꿈, 이상, 영리함, 우울, 허황함, 역마살.

⑩ 유금

유금(酉金)은 음금(陰金)이고, 금은보석이나 금속으로 만든 생활도구를 상징한다.

❶ 기본 물상

금, 은, 주옥, 보석 등의 장신구와 반지, 침, 가위, 낫, 도끼, 칼, 시계, 반도체, 핸드폰 등 가공된 금속을 상징한다.

❷ 속성

오행으로는 금(金)이고, 음양으로는 음이다. 방위로는 서쪽이고, 색깔로는 백색이다. 숫자로는 4이고, 절기로는 백로이며, 시간으로는 오후 5시 30분~오후 7시 30분이다. 띠 동물로는 닭이고, 건강으로는 대장, 폐, 뼈, 자폐증 등을 상징한다.

❸ 성격

원칙, 계획, 청렴, 순수, 부지런함, 완벽, 구체적, 확인, 희생.

⑪ 술토

술토(戌土)는 양토(陽土)이고, 넓은 들판이나 사막 등 건조한 땅을 상징한다.

❶ 기본 물상

월지에 있을 때는 금(金) 기운이 가득한 토(土), 저장하고 수확하는 땅, 바위나 금광석이 가득한 산의 형상이고, 다른 지지에 있을 때는 메마른 땅, 열기가 있는 땅, 푸석푸석 물기가 없는 땅, 넓은 땅, 논밭, 들판, 평야, 사막의 형상이다.

❷ 속성

오행으로는 토(土)이고, 음양으로는 양이다. 월지에 있을 때는 금(金) 기운이 강한 토(土)이고, 다른 지지에 있을 때는 건조한 토(土)이다. 방위로는 서북쪽이고,

색깔로는 황색이며, 숫자로는 5이고, 절기로는 한로이며, 시간으로는 오후 7시 30분~오후 9시 30분이다. 동물로는 개다. 건강으로는 위장, 비장, 여성기질환을 상징한다.

❸ 성격
고집, 여유, 은근, 끈기, 활동, 행동, 역마살, 총명, 아이디어, 성공, 명예, 완벽, 계획, 원칙.

계절	시간	월지의 오행

12 해수

해수(亥水)는 근본은 음수(陰水)이지만, 응용은 양수(陽水)이다. 바닷물이나 강물처럼 큰 물을 상징한다.

❶ 기본 물상
월지에 있을 때는 작은 물의 형상이고, 다른 지지에 있을 때는 차가운 눈보라, 매우 차가운 바닷물 또는 강물, 호수, 큰 물의 형상이다.

❷ 속성
오행으로는 수(水)이고, 음양을 보면 실제로는 음수(陰水)이지만 응용은 양수(陽水)이다. 방위로는 서북쪽이고, 색깔로는 흑색이며, 숫자로는 6이고, 절기로는 입동이며, 시간으로는 오후 9시 30분~오후 11시 30분이다. 동물로는 돼지이고, 건강으로는 신장, 방광, 자궁, 우울, 불면증 등을 상징한다.

❸ 성격

지혜, 인정, 예지력, 아이디어, 총명함, 수학적, 수리, 생각, 망상, 몽상, 사고(思考), 창조, 저장, 암기, 연구, 걱정.

2. 띠 동물의 물상

12개의 지지는 각각 띠 동물을 가지고 있다. 십이지지의 띠 동물은 사주팔자나 사주명리학을 잘 모르는 사람도 잘 알고 있을 만큼 우리에게 익숙하므로 쉽게 그 물상을 이해할 수 있을 것이다.

1 자(子)

자(子)는 쥐다. 쥐는 설치류에 속하는 포유동물로, 지금으로부터 약 3,600만년 전에 지구상에 출현하여 남극과 뉴질랜드를 제외한 세계 모든 지역에 서식하고 있고, 포유류의 1/3을 차지하고 있을 만큼 흔한 동물이다.

일반적으로 쥐는 몸집이 작아 민첩하고 야행성이며, 낮에는 땅 속 또는 나무숲에 살며, 가족 단위로 서식한다. 다닐 때는 일정한 통로가 있고, 후각과 수염의 촉각을 활용하여 먹이를 찾으며, 잎이나 줄기, 과일 등 식물질을 주식으로 하되 새의 알이나 어류 등도 먹는 잡식성 동물이다.

쥐는 12가지 띠 동물 중에서 자식이란 뜻의 자(子)로 표시되어 첫 번째에 자리한다. 임신 기간이 짧고 한번에 6마리에서 9마리까지 출산하는 등 번식력이 왕성하여 다산(多産)을 상징한다. 속담, 신화, 설화에서 쥐는 수탈자, 도둑, 부정한 사람을 상징하기도 한다.

일반 물상론에서는 쥐가 한겨울 한밤중에 태어나면 가을에 추수한 온갖 먹을거리가 창고에 가득 쌓여 있고, 쥐는 밤에 활동하는 야행성 동물이므로 어두운 밤에 창고 안을 제 집처럼 돌아다니면서 곡식들을 먹고 다니니 평생 의식주가 풍족하고, 경제적으로 안정적인 삶을 산다고 설명한다.

예1) 1960년 8월 1일(음) 묘(卯)시생

시	일	월	연
癸	壬	乙	庚(乾)
卯	子	酉	子

76	66	56	46	36	26	16	6
癸	壬	辛	庚	己	戊	丁	丙
巳	辰	卯	寅	丑	子	亥	戌

위 사주는 개그맨 이경규의 사주로, 쥐가 두 마리 있고, 닭과 토끼가 한 마리씩 있다. 쥐는 머리가 명석하고 평생 먹을거리가 풍족하다. 끊임없이 먹이를 주워 먹는 닭의 부지런함과 쥐의 명석함 덕분에 개그계의 황제로서 오랜 세월 자신의 영역을 지켜올 수 있었다고 본다.

그러나 사주 자체를 보면 한겨울 한밤중에 태어난 쥐는 수(水) 기운이 지나치게 강하다. 예를 들어, 다음 사주와 같이 겨울밤에 태어난 임자(壬子)년생은 오행 중에서 수(水)가 다른 오행에 비해 너무 많을 가능성이 크다.

예2) 1972년 11월 17일(양) 자(子)시생

시	일	월	연
庚	壬	辛	壬(坤)
子	子	亥	子

73	63	53	43	33	23	13	3
癸	甲	乙	丙	丁	戊	己	庚
卯	辰	巳	午	未	申	酉	戌

앞의 사주를 보면 쥐띠가 한겨울 한밤중에 태어났으므로 금(金) 20점, 수(水) 90점으로 금수(金水)가 110점이나 된다. 따라서 우울증이나 불면증 또는 신장, 방광, 자궁 등의 기능에 심각한 문제가 발생할 수 있다.

2 축(丑)

축(丑)은 소다. 되새김질을 하는 반추동물이며, 8,000년 전부터 인간에게 가축으로 길들여져왔다. 그에 따라 개체수가 늘어나고 다양한 종으로 나누어졌는데, 큰 포유류들 중에 인간 다음으로 가장 많은 동물이 바로 소라고 한다.

소는 덩치가 크고 건강하며, 암수 모두 뿔이 있지만 수놈은 크고 길며 암놈은 짧다. 위는 4개가 있는데, 먹이는 제1위와 제2위에 들어가 저장되고 이 저장된 음식물을 입으로 되돌려 되새김질을 한 다음에 제3위와 제4위로 보낸다. 제1위에는 세균이 있어서 섬유를 소화하기 쉽게 만들고, 제4위에서 소화된다.

소는 고대에 제물의 희생(犧牲)으로 많이 쓰이던 신성한 동물이다. 소는 평생 인간을 위해 논밭을 갈고, 죽으면서는 고기로 인간의 먹을거리가 되며, 성실하고 근면하며 충실하고 우직한 동물로 상징된다. 죽고 사는 일과 이별 등을 인내하고 말없이 눈물만 흘리는 동물이다.

예) 1952년 1월 7일(음) 축(丑)시생

시	일	월	연
癸	戊	辛	辛 (坤)
丑	寅	丑	卯

71	61	51	41	31	21	11	1
己	戊	丁	丙	乙	甲	癸	壬
酉	申	未	午	巳	辰	卯	寅

위 사주는 국회의원 박근혜의 사주로, 소가 두 마리다. 아집과 끈기가 있고, 크게 말이 없이 묵묵하게 밀고 나가는 특징이 있다.

③ 인(寅)

인(寅)은 호랑이다. 고양잇과의 포유류로 사자와 더불어 지구상에서 가장 힘이 센 동물이며, 검은 가로 줄무늬가 있는 것이 특징이다. 호랑이의 검은 줄무늬는 생후부터 성장 후까지 계속 존재하며, 수컷은 암컷보다 크지만 사자와 같은 갈기는 없어서 구별이 쉽지 않다.

사자는 힘이 센 턱과 긴 송곳니가 있고, 발과 발톱이 매우 튼튼하고 강력하며, 엄지발톱은 웬만한 동물은 한번에 기절시킬 수 있을 만큼 힘이 있다.

호랑이는 주로 혼자서 생활하지만 번식기에는 암수가 짝을 지어 함께 생활하며, 새끼도 독립하기 전까지는 어미에게서 생존에 필요한 사냥기술 등을 배우며 함께 생활한다. 무리생활을 하지는 않지만 혈연관계의 개체들끼리는 가까운 곳에 거주하는 경향이 있다. 보통 개체들끼리는 서로 2~5km 정도 거리를 두고 생활한다. 수명은 야생에서 15~20년 정도이고, 보금자리는 바위 그늘이나 바위 동굴 또는 나무 구멍 같은 곳에 만든다.

호랑이는 우리의 단군신화에도 등장하듯 신화와 전설에 많이 등장하고, 인간의 효행(孝行)을 돕거나 성묘하는 효자를 등에 실어 나르거나 시묘살이를 하는 효자를 지키거나 인간의 도움을 받으며 은혜를 갚는 등 친근하게 알려져왔고, 신령스러운 신(神)을 상징하기도 한다. 또한 호랑이의 용맹성은 군대를 상징하며, 무반(武班)은 호반(虎班)이라고도 하였고, 병귀나 사귀(邪鬼)를 물리치는 힘이 있다고 여겨졌으며, 그로 인해 호랑이 그림이나 호(虎)자 부적을 붙이면 악귀를 물리친다는 속설이 있다. 문학작품 속에서는 호랑이가 인간사회를 질타하거나 풍자하는 심판자로 등장하기도 한다.

예) 1942년 1월 9일(음) 인(寅)시생

시	일	월	연
壬	丁	壬	壬(乾)
寅	未	寅	午

74	64	54	44	34	24	14	4
庚	己	戊	丁	丙	乙	甲	癸
戌	酉	申	未	午	巳	辰	卯

위 사주는 삼성전자 회장 이건희의 사주로, 호랑이 두 마리가 있다. 적극적이고 배짱이 있으며, 위험이 닥칠수록 뚫고 나가는 경향이 있다.

4 묘(卯)

묘(卯)는 토끼다. 토끼과의 포유류로, 몸통에 비해 귀가 길고 크며, 꼬리는 짧다. 토끼류는 야생하는 멧토끼와 굴토끼류로 나뉜다. 야생의 멧토끼류는 구멍을 파지 않고, 새끼는 지상에 낳으며, 새끼는 털이 있고 눈을 뜨고 있으며 태어나자마자 걸어 다닐 수 있다. 야생의 굴토끼류는 땅에 굴을 파고 살며, 굴 속이나 바위 밑에 마른 잎을 깔아 보금자리를 만들고 그 속에서 새끼를 낳는다. 새끼는 눈을 감고 태어나고, 털이 없다.

토끼 역시 설화나 속담에 많이 등장하는 익숙한 동물이다. 〈수궁가(水宮歌)〉에서처럼 지혜롭고 총명하며, 빠르고 날쌔며, 현실적이고 긍정적이며, 위기극복을 잘하고, 해학적이다.

일반 물상론에서는 토끼를 의미하는 한자 卯가 마치 콩나물처럼 생겼으므로 사주에 묘(卯)가 있는 사람은 평생 살면서 반드시 한번쯤은 콩나물 장사를 하게 되거나 콩나물을 무척 좋아한다고 설명한다. 일반 물상론의 또 다른 설명을 보자. 토끼는 깡충깡충 뛰는 동물이므로 토끼띠가 밤에 태어나면 밤에 깡충깡충 뛰는 직업, 즉 야간업소에서 춤을 추는 직업을 가지게 된다고 한다. 그러나 이러한 설명들은 전혀 타당성이 없다.

예) 1967년 2월 18일(음) 인(寅)시생

	시	일	월	연
	庚	辛	癸	丁 (乾)
	寅	卯	卯	未

77	67	57	47	37	27	17	7
乙	丙	丁	戊	己	庚	辛	壬
未	申	酉	戌	亥	子	丑	寅

위 사주의 주인공은 서울포럼 사무총장으로, 사주에 토끼가 두 마리 있다. 끈기가 있고, 외골수 기질과 온순함이 동시에 있다.

5 진(辰)

진(辰)은 용이다. 용은 머리에 뿔이 있고, 몸통은 뱀과 같으며, 비늘이 있고, 4개의 다리를 가지고 있으며, 날카로운 발톱이 있고, 춘분에는 하늘로 올라가고 추분에는 연못에 잠겨 있다는 상상 속의 동물이다.

신령스럽고 신묘한 용은 십이지지 중에서 용을 제외한 11가지 띠 동물의 특징을 고루 섞어서 그렸다고 한다. 즉, 돼지의 코를 얼굴 중앙에 넣었고, 발굽과 뱃살도 돼지를 닮았다. 또한 개의 이빨, 닭의 발부리와 뼈, 원숭이의 두개골과 재주, 양의 뿔, 말의 갈기와 입 모양, 뱀의 길고 가는 형상, 토끼의 앞가슴, 호랑이의 눈, 소의 우직함과 둔중함, 쥐의 민첩성과 은밀함을 그려넣었다고 한다. 한편 발가락을 보면 중국은 5개, 한국은 4개, 일본은 3개를 그려넣는 경우가 많다.

용은 설화나 속담 속에서 왕이나 왕자나 위인과 같은 위대하고 훌륭한 존재에 비유되곤 한다. 그래서 예전에는 임금의 의상에 용(龍)을 그려넣었다. 마찬가지로 임금의 얼굴은 용안(龍顔), 임금의 덕을 용덕(龍德), 임금의 지위를 용위(龍位), 임금의 의복을 용포(龍袍)라고 하였다. 중국 황하강 중 산서성(山西省)에 용문(龍門)이 있는데, 잉어가 이 용문폭포를 거슬러 오르면 용이 된다고 하여 용문(龍門)이란 이름이 붙었다고 한다. 사람이 입신출세하는 관문을 등용문(登龍門)이라 한 것도 여기에서 비롯하였다.

중요한 일을 성취하는 것을 화룡점정(畵龍點睛)이라고 하는데, 이 말은 옛날 중국의 유명한 화가 장승요(張僧繇)가 용을 그린 후 눈동자를 그려넣자 갑자기 용이 살아서 하늘로 올라갔다는 전설에서 비롯되었다. 또한 용에게 아홉 가지 이름이 있었는데 그 중 첫 번째인 포뢰(蒲牢)의 울음소리가 매우 우렁차서 용트림이란 말이 생겼다.

예) 1932년 3월 20일(음) 축(丑)시생

시	일	월	연
己	丙	甲	壬 (坤)
丑	辰	辰	申

77	67	57	47	37	27	17	7
丙	丁	戊	己	庚	辛	壬	癸
申	酉	戌	亥	子	丑	寅	卯

위 사주는 30억 원을 기부한 어느 부동산 재벌의 사주이다. 사주에 용이 두 마리 있다. 적극적이고 배짱이 있으며, 하늘로 승천하듯이 사업가로서 능력을 발휘하여 많은 재산을 모았다.

6 사(巳)

사(巳)는 뱀이다. 뱀아목에 속하는 파충류의 총칭으로 다리가 퇴화한 것이 특징
이다. 현재 남극을 제외한 세계의 각 대륙에 널리 분포하며, 일부는 북극권 부근
까지 서식하고 있다. 한반도에는 16종이 서식하고 있다.

몸은 가늘고 길며, 혀가 가늘고 두 가닥으로 갈라져 있으며, 피부는 비늘로 싸
여 있다. 네 다리가 없기 때문에 몸을 구부려 곡선의 정점에서 힘을 주고 끌어당
기면서 앞으로 나아간다. 귀가 퇴화되어 겉귀가 없고 가운데 귀도 1개의 뼈만 있
어서 소리를 들을 수 없지만, 진동에는 매우 민감하며 후각이 발달하였다. 성장하
면서 몸의 전체 비늘을 벗고, 식성은 육식이며 곤충이나 척추동물을 먹는다.

뱀은 신화나 설화의 주인공으로 자주 등장하며, 허물을 벗는 특징 때문에 죽음
으로부터 재생하는 생명으로 인식되어 불사(不死)의 존재로 인식되기도 하였다.
더불어 뱀은 많은 알을 낳거나 새끼를 낳으므로 다산의 상징으로 무속신화에 등
장하기도 한다. 구렁이는 집의 복을 지키는 소중한 동물로 집의 수호신처럼 여겨
지지만, 탐욕이 많고 사악하며 주색을 좋아하는 인간은 죽으면 뱀으로 환생한다
고 묘사되기도 한다.

일반 물상론에서는 뱀이 똑바로 가지 않고 몸을 구불구불 구부려서 앞으로 나
아가는 모습이 골목길과 비슷하므로 사주에 사(巳)가 있으면 골목길에서 장사를
하게 된다고 설명한다. 또는 뱀은 굴에서 살기 때문에 어두운 공간에서 하는 직업

이 어울린다고 한다. 그러나 이러한 설명은 전혀 타당성이 없다.

예) 1973년 6월 2일(양) 사(巳)시생

시	일	월	연
己	己	丁	癸 (乾)
巳	巳	巳	丑

79	69	59	49	39	29	19	9
己	庚	辛	壬	癸	甲	乙	丙
酉	戌	亥	子	丑	寅	卯	辰

위 사주는 방송인 김생민의 사주로, 뱀이 세 마리 있다. 한눈팔지 않고 앞으로만 가는 외골수 기질 때문인지 십수년째 인기 리포터로 활동하고 있다.

⑦ 오(午)

오(午)는 말이다. 말은 말과의 포유류로 인간과 친숙하게 지내온 동물이다. 대개의 초식동물이 그러하듯이 말도 군집성을 가지고 있다. 보통 1마리의 수말이 우두머리가 되어 20~25마리 정도의 암말을 거느리면서 무리를 지어 생활한다.

말은 네 다리와 목과 얼굴과 치열이 길고, 윗입술을 움직여 풀을 입 안으로 밀어 넣는다. 장이 대단히 길어 25m나 되고 맹장도 길고 크며 담낭은 없다. 발굽은 하나이고 넓이가 넓고 튼튼하며, 달리기에 적합하다. 망아지는 태어나자마자 4~5시간 후 걷기 시작하고, 5~6개월이면 독립하기 시작한다. 2년 정도면 발육이 끝나고 3년이 지나면 어미가 된다. 수명은 50년 정도이다.

말은 신화와 설화에 자주 등장하는데 특히 제왕(帝王)의 출현을 예시한다. 예를 들어, 신라의 시조 박혁거세는 말이 전해준 알에서 태어났고, 고구려 시조 주몽은 말을 타고 땅 속을 통하여 조천석(朝天石)으로 나아가 승천했다는 설화가 있다. 또한 말은 태양과 남성을 상징하기도 하여 혼인시 신랑이 백마를 타고 가는 풍속이 있다.

말은 넓은 초원을 여유롭게 걷거나 달리며 풀을 먹고 살아간다. 일반 물상론에서는 말띠가 풀이 무성한 한여름 한낮에 태어나면 풀을 마음껏 뜯어 먹을 수 있고, 초원이나 들판을 시원하게 달릴 수 있다고 설명한다.

예1) 1982년 11월 7일(양) 오(午)시생

시	일	월	연
庚	甲	庚	壬 (坤)
午	午	戌	戌

80	70	60	50	40	30	20	10
壬	癸	甲	乙	丙	丁	戊	己
寅	卯	辰	巳	午	未	申	酉

위 사주는 가수 아이비의 사주로, 말이 두 마리 있다. 활발하고 적극적이며, 멋진 말의 모습처럼 외부에 보여주는 연예, 방송, 예술 방면의 끼가 강하다.

앞서 일반 물상론에서 한여름 한낮에 태어난 말띠는 풀을 마음껏 뜯어 먹을 수 있고 초원과 들판을 시원하게 달릴 수 있다고 하였다. 말로서는 그야말로 최상의 삶일 것이다. 이러한 주장은 앞서 설명한 쥐띠의 논리와 비슷하다.

그러나 실제로는 사주에 화(火) 기운이 너무 강하면 오히려 건강을 해치거나 위험한 상황에 빠질 가능성이 높다. 특히 남자는 혈압, 중풍, 뇌출혈을 주의해야 하고, 여자는 화병, 갑상선 등이 우려된다.

예2) 1966년 6월 27일(양) 오(午)시생

	시	일	월	연
	丙	丁	甲	丙 (乾)
	午	巳	午	午

73	63	53	43	33	23	13	3
壬	辛	庚	己	戊	丁	丙	乙
寅	丑	子	亥	戌	酉	申	未

위 남성의 사주를 보면 말띠가 한여름 한낮에 태어나 목(木)이 10점, 화(火)가 100점이다. 오행 중에서 화(火) 기운이 너무 강하다. 이렇게 사주에 특정 오행이 지나치게 많으면 건강문제가 생기기 쉽다. 이 사주는 화(火)가 과다하므로 혈압, 중풍, 뇌출혈을 주의해야 한다.

일반 물상론과 더불어 백말띠에 대해서 잘못 알려진 점들을 설명한다. 백말띠에 대한 가장 큰 오해는 두 가지가 있는데, 첫째는 과연 몇 년생이 백말띠인가 하는 점이다. 자신이 말띠거나 말띠 가족이 있는 사람들 중에 백말띠로 알고 있는 경우가 많다. 문제는 출생년도가 서로 다른데 모두 백말띠로 알고 있다는 점이다. 즉, 갑오생(甲午生), 병오생(丙午生), 무오생(戊午生), 경오생(庚午生), 임오생(壬午生) 모두가 백말띠로 알고 있다는 것이다. 이 중에서 진짜 백말띠는 몇 년생일까?

이것은 천간을 보고 알 수 있다. 10개의 천간이 각각 어떤 오행에 속하는가에 따라 말의 색깔이 달라지기 때문인데, 그 내용은 다음과 같다. 첫째, 갑오생(甲午生)에서 갑(甲)은 목(木)이고 청색 즉 파랑이다. 그러므로 파란 말 즉 청마(靑馬)다. 둘째, 병오생(丙午生)의 병(丙)은 화(火)이고 적색 즉 빨강이다. 그러므로 빨간 색 말 즉 적마(赤馬)다. 셋째, 무오생(戊午生)의 무(戊)는 토(土)이고 황색 즉 노랑이다. 그러므로 노란 말 즉 황마(黃馬)다. 넷째, 경오생(庚午生)의 경(庚)은 금(金)이고 백색 즉 하양이다. 그러므로 하얀 말 즉 백마(白馬)다. 예를 들어,

1930년생 경오생(庚午生)과 1990년생 경오생(庚午生)이 바로 백말띠다. 다섯째, 임오생(壬午生)의 임(壬)은 수(水)이고 흑색 즉 검정이다. 그러므로 검은 말 즉 흑마(黑馬)다.

두 번째로 잘못 알려진 것은 백말띠 여자는 성격이 드세다거나 팔자가 세다는 속설이다. 특히 예로부터 백말띠 며느리가 들어오면 집안이 망한다고 해서 백말띠 여자를 매우 꺼렸다. 백말띠 여자는 기가 너무 세서 남편의 기를 죽이고 남편을 일찍 죽게 해서 청상과부가 된다고 여겼기 때문이었다. 그래서 백말띠 여성은 사주를 속여서 한 살을 낮추거나, 반대로 한 살을 올려서 맞선을 보는 경우까지 생겨났다.

그러나 이 말은 사주명리학상 전혀 근거가 없고, 남녀가 평등하게 경쟁하고 사회에 진출하는 현대에서는 전혀 통하지 않는 옛날 이론이다. 대덕이 역학의 길에 들어서서 약 40년 동안 수없이 많은 백말띠 여성을 만나보고 상담해보았지만, 팔자가 너무 세서 남편을 요절하게 만드는 백말띠 여성은 없었다. 대덕이 만난 백말띠 여성들은 자신감 있게 자신의 일을 찾아 나서는 활동가였다.

안타깝게도 이런 편견은 적극적인 여성을 부정적으로 여겼던 유교 문화의 잔재라고 본다. 우리 전래의 가부장적인 풍습과 남성 위주의 문화 속에서 여성이 철저한 약자가 되어 남성에게 억압당하던 시대에 자기 목소리를 내는 백말띠 여성은 사회의 기득권자인 남성들 입장에서 볼 때 매우 위험하고 껄끄러운 존재였을 것이 뻔하다. 그러다 보니 백말띠 여성에 대한 여러 가지 안 좋은 속설들을 퍼뜨려 박해해온 것이다.

하지만 갈수록 경쟁이 치열해지는 현대사회에서 남녀를 불문하고 개개인의 능력은 곧 성공적인 삶으로 나아가는 열쇠가 되고 있다. 그야말로 백말띠 여성의 진취적인 기질이 큰 장점으로 평가받는 세상이 된 것이다.

8 미(未)

미(未)는 양이다. 소과에 속하는 포유류로, 기원전 8,000~6,000년경 서아시아에서 가축화가 시작되어 현재는 품종이 1,000여 종에 이른다. 현재까지 전세계적으로 총 백만 마리가 가축으로 사육되고 있다. 성질은 온화하고 풀, 나뭇잎, 나무껍질 등을 먹는 초식동물이다. 양은 생김새가 염소와 비슷하지만 실은 염소와 다른 점이 많다. 양은 숫염소처럼 수염이 없고, 독특한 냄새도 나지 않는다. 양은 발가락 사이에 분비선이 있는데, 염소는 없다.

뿔은 암수 모두 있는 것, 수컷에만 있는 것, 암수 모두 없는 것 등으로 다양하며, 암컷보다는 수컷의 뿔이 크고, 몸의 크기 역시 수컷이 더 크다. 다른 반추동물과 마찬가지로 먹이를 되새김질한다. 양은 떼를 지어서 살며, 높은 곳에 올라가기를 좋아하고, 한번 왔던 길을 다니는 습성이 있다. 개 다음으로 인간에게 가축이 된 동물이며, 고대로부터 신에게 바치는 제물로 쓰였다.

예) 1967년 5월 5일(음) 오(午)시생

	시	일	월	연
	丙	丁	丙	丁 (乾)
	午	未	午	未

72	62	52	42	32	22	12	2
戊	己	庚	辛	壬	癸	甲	乙
戌	亥	子	丑	寅	卯	辰	巳

위 사주의 주인공은 정치학 교수로, 사주에 양이 두 마리 있다. 양이 한 길로 꾸준히 가듯, 고집이 있고 끈기가 있어서 학자로 능력을 발휘한다.

⑨ 신(申)

신(申)은 원숭이다. 원숭이는 원숭이하목에 속하는 영장류 중에서 유인원을 제외한 나머지를 부르는 이름이다. 동물계에서 가장 진화한 동물군에 속하며, 크게 원원류(原猿類)와 진원류(眞遠類)로, 약 50속 200여 종으로 분류된다.

원숭이는 사람을 제외하고는 다른 포유류보다 오래 산다. 침팬지는 60년까지 살며, 꼬리감는원숭이는 40년을 산다. 식성은 잡식성으로 주로 새, 새알, 꽃, 개구리, 과일, 풀, 곤충, 나뭇잎, 도마뱀, 견과, 식물의 뿌리 등을 먹는다. 땅 위에서 생활하는 원숭이들은 일반적으로 잡식의 경향이 있다. 긴팔원숭이는 비교적 잡식성이며, 오랑우탄은 과일만을 먹는다. 고릴라는 완전한 식물성이지만, 침팬지는 잡식성이다. 또 개코원숭이, 즉 비비는 육식성으로 긴꼬리원숭이나 어린 산양을 잡아 날 것으로 먹기도 한다. 원숭이류는 주로 무리를 지어 사회생활을 한다.

원숭이는 후각이 퇴화하고 시간과 청각이 좋은 편이며, 두뇌회전이 빠르고 운동신경이 발달하였다. 원숭이가 등장하는 문학작품으로는 오승은(吳承恩)의 『서유기(西遊記)』가 있다. 원숭이가 총명하고 재주가 좋듯이, 사주에 원숭이가 있으면 재주가 좋고 총명하다는 속설이 있다.

예1) 1980년 2월 17일(양) 진(辰)시생

시	일	월	연
庚	庚	戊	庚(坤)
辰	申	寅	申

74	64	54	44	34	24	14	4
庚	辛	壬	癸	甲	乙	丙	丁
午	未	申	酉	戌	亥	子	丑

위 사주의 주인공은 탤런트 홍은희다. 위 사주는 원숭이가 두 마리 있다. 재주가

있고 총명하며, 끼가 넘치는 타입이다.

예2) 1920년 7월 17일(음) 신(申)시생

시	일	월	연
甲	庚	甲	庚 (坤)
申	申	申	申

97	87	77	67	57	47	37	27	17	7
甲	乙	丙	丁	戊	己	庚	辛	壬	癸
戌	亥	子	丑	寅	卯	辰	巳	午	未

위 사주의 주인공은 궁중요리연구가로 인간문화재에 지정된 고 황혜성이다. 위 사주는 원숭이가 네 마리 있다. 재주가 있고 총명하여, 끼가 넘치는 성향이 있다.

🔟 유(酉)

유(酉)는 닭이다. 닭목 꿩과의 새로, 고기와 알을 얻기 위해 사육하는 가축에 속한다. 2003년 현재 지구상에 240억 마리 이상의 닭이 존재하며 다른 어떤 조류보다 더 수효가 많다. 현재의 닭은 3,000~4,000년 전 미얀마, 말레이시아, 인도 등에서 들에서 야생하는 닭을 가축화했다고 추측하고 있다.

닭은 새벽에 우는 습관이 있는데, 여기서 닭이 새벽을 알리는 동물로 귀신을 쫓는 역할을 한다는 믿음이 생겨났다. 닭은 끊임없이 땅을 헤집고 먹이를 쪼아 먹는데 간혹 모래도 먹기 때문에 모래만 별도로 저장하는 모래주머니가 있다. 날개는 있지만 날아서 먼 곳을 갈 수는 없고, 집밖에 나가도 다시 들어오는 귀소본능이 있다.

우리나라에서 닭은 신화와 설화에 많이 등장하고, 특히 신라의 건국신화가 유명하다. 『동국세시기(東國歲時記)』에는 정월 첫날에 벽 위에 닭과 호랑이를 그려

붙이고 액이 사라지도록 비는 풍속이 있다는 기록이 전한다. 수탉의 정수리에 돋은 벼슬이 마치 관을 쓴 것 같다고 하여 동양화 속의 수탉은 공명을 얻거나 높은 벼슬에 오른다고 생각하였다. 그래서 수탉을 관계 혹은 공계(公鷄)등으로 부른다. 특히 닭은 오덕(五德)이 있는데, 싸움을 할 때 적극적이므로 용(勇), 먹이가 있으면 불러대므로 인(仁), 새벽을 꼬박꼬박 알려주므로 신(信), 머리에 벼슬이 있으니 학식이 높다고 해서 문(文), 마지막으로 발가락이 삼지창과 닮았다고 하여 무(武)다.

예1) 1981년 10월 2일(양) 유(酉)시생

시	일	월	연
辛	癸	丁	辛 (乾)
酉	丑	酉	酉

79	69	59	49	39	29	19	9
己	庚	辛	壬	癸	甲	乙	丙
丑	寅	卯	辰	巳	午	未	申

위 사주는 마술사 이은결의 사주이다. 위 사주는 닭이 세 마리 있다. 부지런하며 재주가 있다.

예) 1971년 2월 17일(양) 인(寅)시생

시	일	월	연
丁	丁	乙	乙(坤)
未	酉	酉	未

72	62	52	42	32	22	12	2
癸	壬	辛	庚	己	戊	丁	丙
巳	辰	卯	寅	丑	子	亥	戌

위 사주의 주인공은 문화센터와 대학 평생교육원의 강사이다. 위 사주는 닭이 두 마리 있다. 부지런하고 재주가 있다.

11 술(戌)

술(戌)은 개다. 개는 개과의 포유류로서 가장 오래된 가축의 하나다. 집을 지키거나 고기를 얻기 위하여 가축으로 기르기 시작했지만, 요즘에는 개를 반려동물로 기르는 사람이 많다. 유전자 연구에 따르면 개는 늑대로부터 약 10만 년 전에 분리된 것으로 추측되며, 개가 인간에게 길들여진 시기는 약 1만 5천 년 전~1만 2천 년 전으로 추정되며, 최소한 9천 년 전에는 길들여졌다고 한다. 야생종이 세계 각 지역에서 가축화되고 교배되어 내려와 현재와 같은 다수의 품종이 생겨난 것으로 여겨진다.

개는 대뇌가 발달되어 있고, 청각과 후각이 뛰어나다. 특히 후각은 사람의 10만 배에서 10억 배 발달되었다고 하고, 먹이를 찾거나 수놈과 암놈 등은 모두 냄새로 분별한다. 청각은 인간의 4배 먼 거리의 소리를 들을 수 있다.

민속신앙에서 누런 개는 풍요와 다산을 상징하고, 하얀 개는 병마와 재앙을 막는 벽사(辟邪)의 능력이 있다고 전해져온다. 신화와 전설에서 개는 용맹스럽고 충성스러운 충견의 모습으로 그려지며, 개의 충성심을 기려서 동상까지 세운 경우도 있다. 개띠 여자는 집안에 붙어 있지 못한다는 속설이 있지만, 현대에는 전혀 통하지 않는 말이다.

예1) 1970년 10월 27일(양) 유(酉)시생

			시	일	월	연	
			乙	庚	丙	庚 (乾)	
			酉	辰	戌	戌	
74	64	54	44	34	24	14	4
甲	癸	壬	辛	庚	己	戊	丁
午	巳	辰	卯	寅	丑	子	亥

위 사주의 주인공은 방송인 박수홍이다. 위 사주는 개가 두 마리 있다. 명석하고 충성심이 있다.

예2) 1932년 7월 16일(음) 술(戌)시생

			시	일	월	연	
			丙	庚	戊	壬 (乾)	
			戌	戌	申	申	
77	67	57	47	37	27	17	7
丙	乙	甲	癸	壬	辛	庚	己
辰	卯	寅	丑	子	亥	戌	酉

위 사주는 전 대통령 노태우의 사주이다. 위 사주는 개가 두 마리 있다. 명석하고 충성심이 있다.

12 해(亥)

해(亥)는 돼지다. 돼지 또는 집돼지는 멧돼지과의 포유류로, 대부분 식용을 목적으로 사육된다. 돼지는 약 9,000년 전에 중국과 근동 지역에서 가축화되었다고 여겨진다. 게으르고 먹는 것을 좋아하는 사람을 가리켜 돼지라고 하지만, 사실 돼지는 개와 돌고래에 견줄 만큼 매우 영리하고 깔끔한 것을 좋아한다.

이슬람과 유대교 같은 종교에서는 돼지를 부정한 짐승으로 보아 금기시하여 돼지고기를 식용하지 않는데, 이는 돼지가 중동지방에서 사육하기 적합하지 않은 가축이기 때문이라는 문화, 지리적인 이유를 담고 있다.

우리나라는 약 2,000년 전부터 사육했다고 전해지는데, 『삼국지(三國志)』위서(魏書) 동이전(東夷傳)에 우리 민족이 돼지 기르기를 좋아하고, 그 고기를 먹고 가죽은 옷을 해 입고 돼지기름을 몸에 바른다는 기록이 있다.

예로부터 돼지는 신에게 바치는 제사의 제물로써 매우 신성하게 여겼다. 고구려 시대에는 음력 3월 3일 사냥을 시작할 때 돼지와 사슴을 잡아 제사를 지냈고, 『삼국사기』고구려 본기에도 하늘과 땅에 제사를 지낼 때 제물로 돼지를 바친다는 기록이 여러 번 나온다.

오늘날도 개업식을 할 때면 돼지머리를 올려놓고 고사를 지낸다. 또한 돼지가 꿈에 나타나면 큰 재물이 들어온다고 하였고, 정월달 돼지날에 개업을 하면 돈을 많이 번다는 속설이 있다.

중국에서는 정해(丁亥)년을 최고로 좋은 해라고 해서 자녀를 많이 낳는다. 정해(丁亥)는 빨간 돼지해로, 빨강을 선호하는 중국의 풍속이 담겨 있다.

예) 1947년 10월 10일(음) 해(亥)시생

	시	일	월	연
	丁	乙	辛	丁 (乾)
	亥	巳	亥	亥

75	65	55	45	35	25	15	5
癸	甲	乙	丙	丁	戊	己	庚
卯	辰	巳	午	未	申	酉	戌

위 사주의 주인공은 정치인 손학규이다. 위 사주는 돼지가 세 마리 있다. 부지런하고 머리가 좋으며 학자적 성향이 있다.

실전문제

→ 바닷물보다는 작은 계곡물이나 시냇물로 보아야 한다.

1 다음 중 자(子)의 물상에 해당하지 않는 것은?

① 쥐   ② 월지에 있을 때는 한겨울
③ 연지에 있을 때는 작은 시냇물   ④ 맑은 물
⑤ 일지에 있을 때는 바닷물

→ 월지에 있을 때는 토(土)로 보지 않고 수(水)로 본다.

2 다음 중 축(丑)의 물상에 해당하지 않은 것은?

① 소   ② 월지에 있을 때는 수(水)로 본다.
③ 월지에 있을 때는 토(土)로 본다.
④ 월지에 있을 때는 한겨울의 꽁꽁 언 땅이다.
⑤ 연지에 있을 때는 토(土)로 본다.

→ 화초는 묘(卯)나 을(乙)의 목(木)이다.

3 다음 중 인(寅)의 물상에 해당하지 않은 것은?

① 월지에 있을 때는 날씨가 추울 가능성이 높기에 꽁꽁 언 겨울나무이다.
② 호랑이   ③ 큰 나무
④ 화초   ⑤ 소나무

→ 지지에 토끼가 많으면 성공하고 싶은 욕망이 크다.

4 다음 중 묘(卯)의 물상에 해당하지 않은 것은?

① 시지에 묘(卯)가 많으면 안정적이고 보수적이다.
② 토끼로서 자기 주관이 확실하다.
③ 토끼로서 끈기 있게 밀고 나간다.
④ 화가 나면 새끼도 물어 죽이는 토끼의 습성처럼 욱하는 기질이 있다.
⑤ 월지에 있을 때는 완연한 봄의 모습이다.

→ 월지에 있을 때는 토(土)보다 화(火)의 기운이 강하다.

5 다음 중 미(未)의 물상이 아닌 것은?

① 양으로서 외골수적인 기질이 강하다.
② 양으로서 고집도 있고 끈기도 있다.
③ 월지에 있을 때는 토(土)의 기운이 강하다.

④ 월지에 있을 때는 한여름의 무더위다.

⑤ 일지에 있을 때는 토(土)로서 정원의 모습이다.

6 다음 중 신(申)의 물상이 아닌 것은?

① 원숭이로 재주가 많다.

② 월지에 있을 때는 금(金)이므로 바위산의 기운이 가장 강하다.

③ 월지에 있을 때는 양력 8월이므로 뜨거운 늦여름에 해당한다.

④ 신(申)이 많으면 손재주가 있다.

⑤ 신(申)이 연지에 있으면 커다란 바위산이다.

➡️ 신(申)이 월지에 있으면 용광로에 녹는 광석의 물상이다.

7 다음 중 유(酉)의 물상이 아닌 것은?

① 유(酉)는 닭으로서 인덕이 넘친다.

② 유(酉)는 모이를 부지런하게 먹듯이 부지런하다.

③ 유(酉)는 가공된 금속이다.

④ 유(酉)는 가공된 생활용품이다.

⑤ 유(酉)는 닭이 새벽에 우는 것처럼 부지런하다.

➡️ 닭은 노력하는 것에 비해 인덕이 부족하다.

8 다음 중 해(亥)의 물상에 해당하는 것은?

① 해(亥)는 연지에 있을 때가 가장 큰 바닷물이다.

② 해(亥)는 월지에 있을 때가 가장 큰 바닷물이다.

③ 해(亥)는 일지에 있을 때가 가장 큰 바닷물이다.

④ 해(亥)는 시지에 있을 때가 가장 큰 바닷물이다.

⑤ 해(亥)는 연지에 있을 때가 한겨울이다.

➡️ 월지에 있을 때 가장 큰 바닷물이자 한겨울이다.

⏺ **여기 정답!** 1) 5 2) 3 3) 4 4) 1 5) 3 6) 2 7) 1 8) 2

더불어 함께하는 행복한 세상

테레사 수녀는 세상에 대해, 나눔에 대해 다음 시로써 표현하였다.

난 결코 대중을 구원하려고 하지 않는다.
난 다만 한 개인을 바라볼 뿐이다.
난 한번에 단지 한 사람만을 사랑할 수 있다.
한번에 단지 한 사람만을 껴안을 수 있다.
단지 한 사람, 한 사람, 한 사람씩만……
따라서 당신도 시작하고 나도 시작하는 것이다.
나도 시작하는 것이다.
난 한 사람을 붙잡는다.
만일 내가 그 사람을 붙잡지 않았다면
난 4만 2천 명을 붙잡지 못했을 것이다.
모든 노력은 단지 바다에 붓는 한 방울 물과 같다.
하지만 만일 내가 그 한 방울의 물을 붓지 않았다면
바다는 그 한 방울만큼 줄어들 것이다.
당신에게도 마찬가지다.

당신 가족에게도,
당신이 다니는 교회에서도 마찬가지다.
단지 시작하는 것이다.
한 번에 한 사람씩.

인생을 살면서, 그리고 이렇게 전문적으로 다른 사람의 인생을 상담하면서 느끼는 것이 있다. 바로 어느 누구도 자신의 삶에 100% 만족하면서 살아가는 것 같지는 않다는 생각이다.

그러나 부정적이고 절망적인 생각을 하고 살아가기보다는, 희망적이고 적극적으로 살아가려는 자세가 반드시 필요하다고 생각한다. 똑같은 사주팔자를 타고났지만, 세상과 더불어 나보다 못한 사람들과 더불어 살아갈 수 있고 그들의 손을 잡아줄 수 있다면 얼마나 좋을까 늘 바란다. 그런 마음에서 집필하기 시작한 사주명리학 시리즈가 어느 새 성숙의 단계에서 결실의 단계로 다가가고 있다.

비틀즈의 멤버였던 존 레논의 부인 오노요코는 "세상일이란 것이 혼자서 하면 영원히 꿈이 되지만 여럿이 함께 하면 현실이 되고 행복이 된다"고 하였다.

사주명리학을 공부하는 여러분과 이 봄을 '함께' 하고 싶다. 그 '함께' 한 힘으로, 좋은 깨달음으로 이 깊어가는 봄을 함께 맞이하고 싶다. 더불어 함께하는 행복한 세상을 만들고 싶다. 나누며 살아가는 아름다운 세상을 만들고 싶다.

대덕 이론은 월지로 봄·여름·가을·겨울 사계절의 자연을 분석하고, 시지로 하루의 아침·점심·저녁·밤의 자연을 분석하며, 더불어 오행과 육친의 고립, 발달, 과다를 분석한다. 특히 물상론에서는 월지를 제외한 모든 오행을 자연의 물상으로 바꾸어 설명한다.

여기서 한 가지 주의할 점이 있다. 진술축미(辰戌丑未) 네 가지 토(土)는 계절과 계절 사이의 환절기로, 이들이 월지에 있을 때는 따뜻한가 차가운가에 따라 오행의 기운이 결정된다는 것이다. 즉, 월지 축토(丑土)는 수(水), 월지 술토(戌土)는 금(金)으로 차가운 기운을 갖게 되고, 반대로 월지 미토(未土)는 화(火), 월지 진토(辰土)는 목(木)의 따뜻한 기운을 갖게 된다.

월지와 일간의 물상 해설

기분이
너무 우울해

나도 바꿔
봐야지

남편사주에
木이 좋다고
해서 바꿨어

03

월지와 일간의
물상 해설

앞에서 천간과 지지의 물상을 나누어 설명했다면, 여기서는 천간과 지지를 관련 지어 설명한다. 즉, 월지와 일간을 보고 계절에 따라 변화하는 사주의 물상에 대해 설명한다.

자연은 봄·여름·가을·겨울의 모습이 다르다. 예를 들어, 추운 겨울이 지나 봄이 오면 씨앗이나 나무는 새로운 싹을 틔우고 꽃을 피우며 잎이 무성해지기 시작하고, 여름에는 풍성하고 푸른 나뭇잎으로 넘쳐났다가, 가을에는 열매를 맺고 나뭇잎들이 낙엽이 되어 떨어지고, 겨울에는 다음 봄을 기약하며 동면에 들어간다. 이러한 자연의 모습에 비유하여, 월지와 일간의 물상론은 사주에 나타난 사람이나 동물이나 식물 등이 계절에 따라 무엇을 필요로 하는지를 분석하고, 사주에 필요한 오행을 물상론적으로 변화시켜 사주의 부귀빈천을 구분한다.

대덕 이론은 월지로 봄·여름·가을·겨울 사계절의 자연을 분석하고, 시지로 하루의 아침·점심·저녁·밤의 자연을 분석하며, 더불어 오행과 육친의 고립, 발달, 과다를 분석한다. 특히 물상론에서는 월지를 제외한 모든 오행을 자연의 물상으로 바꾸어 설명한다.

여기서 한 가지 주의할 점이 있다. 진술축미(辰戌丑未) 네 가지 토(土)는 계절과 계절 사이의 환절기로, 이들이 월지에 있을 때는 따뜻한가 차가운가에 따라 오행의 기운이 결정된다는 것이다. 즉, 월지 축토(丑土)는 수(水), 월지 술토(戌土)는 금(金)으로 차가운 기운을 갖게 되고, 반대로 월지 미토(未土)는 화(火), 월지 진토(辰土)는 목(木)의 따뜻한 기운을 갖게 된다. 이것은 월지가 나타내는 계절을 떠올리면 쉽게 이해할 수 있다. 축(丑)월은 한겨울 추위가 한창이므로 가장 차가운 수(水)이고, 술(戌)월은 가을이 깊어가는 때이므로 금(金)이다. 반대로 봄 기운이 더해가는 진(辰)월은 목(木)이고, 한여름 더위가 한창인 미(未)월은 가장 뜨거운 화(火)이다.

　월지가 아닌 다른 지지에 존재할 때는 축(丑)과 진(辰)은 습한 토(土), 미(未)와 술(戌)은 건조한 토(土)로 구분한다.

| 辰월 | 未월 | 戌월 | 丑월 |

1. 갑목과 을목 일간

일간이 갑목(甲木)과 을목(乙木)으로 목(木)일 때 월지에 따른 물상의 변화를 알아본다.

1 인묘진월

인묘진(寅卯辰)월은 봄의 계절이다.

갑목(甲木) 일간

갑목(甲木)은 크고 무성한 나무를 상징하는데, 나무 크기에 비해 열매와 꽃이 작은 경우가 많다. 예를 들어 복숭아나무, 사과나무, 앵두나무, 잣나무 등이 있다.

　초봄의 갑목(甲木)은 서서히 새싹이 돋아나고 꽃을 피우며, 늦봄에는 잎이 무성해지고 커진다. 봄의 나무는 꽃과 열매에 영양분이 가도록 적당한 가지치기를 하는 것이 좋으며, 적당한 비와 햇살이 필요하고, 비옥한 토양도 필요하다.

❶ 인묘진(寅卯辰)월의 갑목(甲木) 일간이 목(木)의 발달·과다를 만날 경우

일간이 갑목(甲木)인데 사주의 목(木)이 발달·과다이면 금(金)으로 무성한 나무의 가지를 정리해주어야 한다.

또한 영양분을 받을 수 있는 토(土)도 필요하다. 다만, 목(木) 기운이 지나치게 무성하므로 적당한 금(金)보다는 확실한 가지치기를 할 수 있는 발달한 금(金)과 넓은 땅에 해당하는 토(土)가 있어야 한다.

결론적으로, 봄의 갑목(甲木) 일간인데 사주의 목(木)이 발달이나 과다면 경신신유(庚辛申酉)의 금(金)이나 무기진술축미(戊己辰戌丑未)의 토(土)가 있어야 자연이 균형과 조화를 이룰 수 있다.

❷ 인묘진(寅卯辰)월의 갑목(甲木) 일간이 화(火)의 발달·과다를 만날 경우

천간에 병화(丙火)가 있고 지지에 오화(午火)가 있으면 따뜻한 태양이나 따뜻한 온도의 영향으로 자칫 숲이 무성해질 수 있다. 이 때는 가지치기를 해주는 것이 우선이다.

그러나 병오(丙午)와 정사(丁巳)의 화기(火氣)가 너무 강하면 나무가 말라 시들어질 수 있으므로 비를 내려주거나, 시냇물이나 강물로 식혀주는 것이 먼저다. 그러므로 이럴 때는 임계수(壬癸水)인 비를 내려주거나, 해자수(亥子水)인 시냇물이나 강물로 흠뻑 물을 주는 것이 좋다. 다만, 계수(癸水)는 아주 가는 빗줄기이므로 지지에 시냇물에 해당하는 해자수(亥子水)가 더 있어야 하고, 임수(壬水)는 그것만으로도 충분하다.

❸ 인묘진(寅卯辰)월의 갑목(甲木) 일간이 토(土)의 발달 · 과다를 만날 경우

토(土)를 많이 만나면 목(木)인 나무가 넓은 땅에서 충분한 영양을 얻고 무성하게 쑥쑥 자랄 수 있을 것이다. 더불어 충분한 햇살이나 따뜻한 온기의 화(火)가 있으면 더욱 좋다.

또한 봄의 나무는 가을과 겨울의 건조함이 남아 있으므로 충분한 수(水)로 수분을 보충할 수 있게 임자계해(壬子癸亥)가 있어도 좋다. 그 다음에 여력이 있으면 가지치기를 할 수 있는 금(金)이 필요하다.

❹ 인묘진(寅卯辰)월의 갑목(甲木) 일간이 금(金)의 발달 · 과다를 만날 경우

금(金)을 많이 만나면 목(木)인 나무가 가지치기를 한 상태이므로 가장 먼저 충분한 수(水)가 필요하고, 다음으로 따뜻한 태양이나 봄 햇살인 화(火)가 필요하며, 마지막으로 흙의 영양분인 토(土)가 필요하다.

❺ 인묘진(寅卯辰)월의 갑목(甲木) 일간이 수(水)의 발달 · 과다를 만날 경우

수(水)를 많이 만나면 목(木)인 나무가 홍수를 만난 것이므로 가장 먼저 토(土)로 물을 막거나 가두어야 한다. 그 다음으로 화(火)의 따뜻한 햇살로 가득한 물을 증발시켜주어야 한다.

금(金)인 가위로 가지치기를 해주거나, 바위산으로 물을 막아주는 것도 괜찮다. 다만, 바위산에서 물이 솟아나는 신(申)은 물이 더 많아지기 때문에 위험할 수 있다.

예) 1957년 2월 12일(음) 사(巳)시생

시	일	월	연
己	甲	癸	丁 (坤)
巳	申	卯	酉

78	68	58	48	38	28	18	8
辛	庚	己	戊	丁	丙	乙	甲
亥	戌	酉	申	未	午	巳	辰

묘(卯)월 갑목(甲木) 일간으로, 사주의 주인공은 전 법무장관 강금실이다.

을목(乙木) 일간

초봄의 을목(乙木)인 작은 식물이나 풀 등이 새싹이 피어나고 꽃이 피어나는 시기이므로 비가 오는 것보다는 햇살이 더욱 필요하다. 을목(乙木)은 식물체의 크기에 비해 꽃이 매우 크고 열매도 크다. 예를 들어 호박, 수박, 참외, 오이 등의 과일이나 채소 등은 꽃이 식물체에 비해 크다.

그러나 봄이 한창일 때의 을목(乙木)과 늦봄의 을목(乙木)은 물이 충분해야 한다. 을목(乙木)은 갑목(甲木)에 비해 습한 곳에서 잘 자란다. 갑목(甲木)의 큰 나무는 산 특히 산등성이에서 자라지만, 을목(乙木)은 계곡의 습지나 논밭처럼 습한 땅, 수분이 충분한 곳에서 자라기 때문에 수(水)가 가장 필요하다.

결론적으로 인(寅)월의 을목(乙木)은 화(火)가 1순위로 필요하고, 묘(卯)월이나 진(辰)월의 을목(乙木)은 수(水)가 필요하다.

한편, 봄의 을목(乙木)은 금(金)으로 함부로 가지치기를 해주면 좋지 않다. 연약한 싹을 모두 잘라버릴 수 있기 때문이다.

❶ 인묘진(寅卯辰)월의 을목(乙木) 일간이 목(木)의 발달·과다를 만날 경우

목(木)을 많이 만나면, 을목(乙木)은 그 자체로 충분히 습한 나무이므로 자신을 뽑낼 수 있는 직업만 선택하면 금상첨화다. 병오(丙午)의 햇살이나 사오(巳午)의 따뜻한 온기가 있으면 좋고, 더불어 임계(壬癸)로 비를 충분히 내리거나 해자(亥子)로 물을 주는 것도 좋다. 논은 벼나 수경재배를 하는 식물처럼 충분한 물이 필요하기 때문이다. 그런 다음, 토(土)의 영양분이 필요하고, 지나치게 무성한 을목(乙木)은 적당한 금(金)으로 솎아내주는 것도 괜찮다.

❷ 인묘진(寅卯辰)월의 을목(乙木) 일간이 화(火)의 발달·과다를 만날 경우

봄의 화초와 작은 수목에 햇살이 내리쬐는 물상이므로 매우 이상적인 형태라고 할 수 있다. 이럴 때는 충분한 수(水)가 1순위로 필요하고, 그 다음에 토(土)가 있어서 식물이 잘 자랄 수 있는 영양분과 장소를 만들어주는 것이 좋다. 그러나 금(金)은 을목(乙木)에게 불리하다.

❸ 인묘진(寅卯辰)월의 을목(乙木) 일간이 토(土)의 발달·과다를 만날 경우

토(土)를 많이 만나면 영양분과 넓은 땅과 균형이 잘 잡혀 있다고 보아 매우 좋은 물상이다. 넓고 영양분이 풍부한 땅에서 자란 나무와 꽃들이 존재하므로 넓은 주택이나 논밭에서 살며, 삶이 매우 윤택하고 행복한 삶을 누릴 수 있다. 이 자체로 가장 좋으며, 수(水)나 화(火)가 있어도 좋지만 적당해야 한다.

다만, 넓은 들판에 과실나무와 식물 등이 있는 경우에 비도 오고 태양도 떠 있는 것보다는, 수(水)만 있어서 비가 내려주거나 태양이 떠 있는 화(火)만 있는 것이 더욱 좋다.

❹ 인묘진(寅卯辰)월의 을목(乙木) 일간이 금(金)의 발달·과다를 만날 경우

봄의 을목(乙木)이 금(金)을 많이 만나면 풍성하고 무성한 과실나무나 식물에 적당한 가지치기를 한 형태이다. 다만, 목(木) 나무와 금(金)의 가지치기만 있으면 수확이 많지 않을 수 있다. 이 때는 적당한 햇살이 있으면 가장 좋고, 아니면 수(水)의 비를 만나서 잘려진 나무와 식물에 충분한 수분을 주는 것도 좋다.

무기(戊己)와 진술축미(辰戌丑未)의 토(土)를 만나면 가지치기를 한 나무들에게 유리할 수도 있지만, 사주는 금(金)이 많고 돌이 많은 논밭이 되므로 자칫 나무와 식물의 성장에 장애가 올 수 있다. 이러한 장애를 제대로 극복해내면 아주 맛있는 열매나 곡식을 얻을 수 있으며, 성공하는 사람은 아주 크게 성공하고 실패하는 사람은 굴곡이 많은 삶을 살게 된다.

❺ 인묘진(寅卯辰)월의 을목(乙木) 일간이 수(水)의 발달·과다를 만날 경우

봄의 나무가 무성한데 수(水)의 비가 내리는 형상이므로 나뭇잎이 무성하고 꽃이 활짝 피지만, 암술과 수술이 결합하기 힘들다. 열매의 결실보다는 초록빛 나뭇잎과 아름다운 꽃이 돋보이는 물상이므로 직업으로 연예, 예술, 방송 분야나 조언자의 역할인 교사, 상담가, 사회복지사가 어울린다.

예) 1950년 3월 21일(양) 인(寅)시생

시	일	월	연
戊	乙	己	庚 (乾)
寅	卯	卯	寅

75	65	55	45	35	25	15	5
丁	丙	乙	甲	癸	壬	辛	庚
亥	戌	酉	申	未	午	巳	辰

묘(卯)월 을목(乙木) 일간으로, 가수 조용필의 사주이다.

2 사오미월

사오미(巳午未)월은 여름의 계절이다.

갑목(甲木) 일간

한여름의 갑목(甲木)은 큰 나무로, 무성하고 푸른 나뭇잎으로 자신을 최대한 뽐낼 수 있는 계절이다. 그래서 목화통명(木火通明)이라고 한다. 총명하고, 아이디어와 기획력이 뛰어나며, 이해력과 응용력이 발달하였다. 그러나 암기력이나 구조적·체계적인 면은 부족한 편이다.

한여름 갑목(甲木)의 무성한 초록색 나무는 목(木)이 있으면 가장 좋고, 비가 오는 임계수(壬癸水) 또는 시냇물이나 강물의 해자수(亥子水)도 좋다. 그러나 사오미(巳午未)월의 갑목(甲木)은 주변에 목(木)이 없고 금(金)이 있으면 매우 위험하다. 뜨거운 태양빛을 받아 메마른 땅 위에서 갑목(甲木)이 말라가고 있는데 금(金)으로 가지치기를 하는 형상이기 때문이다.

POINT

사오미월의 갑목 일간

한여름의 무성한 나무는 가장 먼저 목(木), 다음으로 물인 수(水)가 필요하다. 그러나 금(金)은 뜨겁고 메마른 나무를 가지치기하는 물상이므로 매우 위험하다.

❶ 사오미(巳午未)월의 갑목(甲木) 일간이 목(木)의 발달·과다를 만날 경우

목(木)이 많으면 한여름에 무성하고 푸르른 나무가 되므로 최고의 물상이다. 한여름에 나무 한 그루만 서 있으면 너무 무더울 수 있고 쉽게 메말라버릴 수 있지만, 목(木)이 많으면 한여름에 목(木) 나무들이 숲을 이루고 있는 형상이므로 매우 좋다. 더운 여름에 충분한 그늘을 만들어 나무는 더욱 무성해질 수 있기 때문이다.

여기에 적당한 수(水), 즉 비나 물이 있으면 좋고, 천간에 무(戊)나 기(己)의 토(土)처럼 넓은 들판 또는 지지에 진(辰)이나 축(丑)의 토(土)처럼 습기가 남아 있는 흙이 있어도 좋다.

❷ 사오미(巳午未)월의 갑목(甲木) 일간이 화(火)의 발달·과다를 만날 경우

화(火)가 많으면 무더운 날씨에 뜨거운 태양 아래 홀로 서 있는 나무가 축축 늘어져 힘이 없는 형상이다. 이럴 때는 먼저 비나 물이 필요하므로 임계(壬癸)의 비와 해자(亥子)의 시냇물 또는 강물이 필요하다. 그래야 시들어가는 큰 나무에게 물을 줄 수 있다.

비나 물이 갖추어진 후에는, 혼자 있는 나무이므로 또 다른 나무가 있어 숲을 이루면 좋으니 갑을인묘(甲乙寅卯)가 어느 정도 있으면 좋다. 수(水)나 목(木)보다 삶이 편안하지는 않지만 토(土)가 있어도 좋고, 다음은 금(金)이다.

그러나 한여름 갑목(甲木)은 더위에 지친 나무이므로 금(金)은 불리하다.

❸ 사오미(巳午未)월의 갑목(甲木) 일간이 토(土)의 발달·과다를 만날 경우

토(土)가 많을 때 역시 나무를 무성하게 해주는 갑인을묘(甲寅乙卯)의 목(木)이 있으면 가장 좋고, 다음으로는 수(水)가 있으면 좋다. 즉, 임계수(壬癸水)의 비가 내리거나 해자수(亥子水)의 물길을 얻으면 매우 좋다.

❹ 사오미(巳午未)월의 갑목(甲木) 일간이 금(金)의 발달·과다를 만날 경우

금(金)이 많으면 무더운 날씨에 갑목(甲木) 나무가 축축 늘어져 있는데 톱과 도끼로 가지치기까지 하는 형상이므로 매우 불안해 보인다.

이 때는 임계수(壬癸水)로 비를 얻거나 해자수(亥子水)로 물길을 얻으면 갑목(甲木)에게 힘을 줄 수 있어 매우 좋다. 이를 육친관계로 설명하면, 식상인 화(火)와 관성인 금(金)이 발달한 사주에 인성인 수(水)를 더하여 완성시킨다고 볼 수 있다.

비나 물길 다음으로는 나무에 해당하는 갑인(甲寅) 또는 화초, 잡초, 덩굴나무 등의 을묘(乙卯)를 심어 그늘을 만들면 더위도 이길 수 있고 금속의 날카로운 가지치기를 이겨낼 수 있어 좋다.

❺ 사오미(巳午未)월의 갑목(甲木) 일간이 수(水)의 발달·과다를 만날 경우

수(水)가 많으면 한여름 뜨거운 햇살을 받아 무성한 나무가 비나 물길을 얻은 형상이므로 매우 좋다. 이 자체로 자연의 균형이 잡혀 있다고 할 수 있다.

여기에 나무에 해당하는 갑인(甲寅)이나 화초, 잡초, 덩굴나무에 해당하는 을묘(乙卯)가 적당히 있으면 물과 태양빛으로 나무를 성장시켜 좋은 수확을 보장할 수 있다.

평생 먹고사는 걱정이 없고 수확이 많아 판매할 수도 있으니 재물이 풍족하다.

예) 1974년 6월 4일(음) 해(亥)시생

시	일	월	연
乙	甲	辛	甲 (坤)
亥	子	未	寅

75	65	55	45	35	25	15	5
癸	甲	乙	丙	丁	戊	己	庚
亥	子	丑	寅	卯	辰	巳	午

미(未)월 갑목(甲木) 일간으로, 사주의 주인공은 탤런트 김지호다.

을목(乙木) 일간

여름의 계절인 사오미(巳午未)월의 을목(乙木) 일간은 갑목(甲木)에 비해 더위에 약하다. 을목(乙木)은 습한 것이 더 좋고, 다음으로는 태양의 햇살이 필요하다.

❶ 사오미(巳午未)월의 을목(乙木) 일간이 목(木)의 발달 · 과다를 만날 경우

여름의 화초, 잡초, 덩굴식물 등이 무리를 짓고 있으므로 생명력이 충분하다고 할 수 있다.

❷ 사오미(巳午未)월의 을목(乙木) 일간이 화(火)의 발달 · 과다를 만날 경우

한여름의 작은 나무나 화초 위에 뜨거운 태양이 빛나는 형상이다. 태양이 너무 뜨거우면 작은 식물들은 말라 죽을 수 있다. 다만, 화초나 작은 나무가 몇 그루 더 있어 무리를 이루면 뜨거운 태양빛을 이겨내고 열매를 맺을 수 있으므로 조언자, 상담자, 카운슬러, 컨설턴트, 교육자 등의 직업이 적성에 맞는다.

❸ 사오미(巳午未)월의 을목(乙木) 일간이 토(土)의 발달 · 과다를 만날 경우

한여름의 작은 나무나 화초가 넓은 논밭이나 들판에서 자라고 있는 형상이다. 넓

POINT

사오미월의 을목 일간

갑목에 비해 을목은 더위에 약하므로 먼저 수(水)가 필요하고, 다음으로 태양인 화(火)가 필요하다.

은 논밭과 들판에 햇살이 비추므로 땅이 기름지고 윤택하지만, 작은 나무나 화초가 한 그루밖에 없으면 자라기 힘들다. 몇 그루 더 있으면 햇살의 열정과 들판의 포용력 그리고 작은 나무나 화초의 뻗어가는 기질이 있으므로 금융, 관직, 명예, 사업 등의 분야가 적성에 맞는다.

❹ 사오미(巳午未)월의 을목(乙木) 일간이 금(金)의 발달 · 과다를 만날 경우

한여름의 바위산에 작은 나무나 화초 한 그루가 자라는 형상이다. 바위산의 식물은 무엇보다 습기가 가장 필요하다. 또한 한 그루만 있으면 말라죽는다.

이러한 사주는 인덕, 재물복, 명예복에 굴곡이 있고 파란만장한 삶을 살게 된다. 다만, 사주나 대운에 물이 있거나, 작은 나무나 화초 등이 풍족하면 인덕, 재물복, 명예복이 넘쳐난다.

❺ 사오미(巳午未)월의 을목(乙木) 일간이 수(水)의 발달 · 과다를 만날 경우

여름의 비는 화초 등의 식물에게 매우 이롭다. 다만, 한 그루만 있으면 열매도 적고 꽃도 외롭다. 몇 그루 더 있으면 재물복과 부동산복이 크다.

이런 물상은 문과 기질과 이과 기질이 함께 있는 금융, 회계, 경제, 회화, 건축 등의 직업 적성이 어울린다.

예) 1973년 6월 29일(음) 신(申)시생

시	일	월	연
甲	乙	己	癸 (乾)
申	丑	未	丑

77	67	57	47	37	27	17	7
辛	壬	癸	甲	乙	丙	丁	戊
亥	子	丑	寅	卯	辰	巳	午

미(未)월 을목(乙木) 일간으로, 사주의 주인공은 메이저리거 박찬호다.

③ 신유술월

신유술(申酉戌)월은 가을의 계절이다.

갑목(甲木) 일간

가을의 갑목(甲木)은 낙엽이 떨어지기 시작하고 열매를 맺는다. 이 시기에는 따뜻한 햇살이 가장 우선적으로 필요하다. 햇살이 따스할수록 열매가 튼실하고 맛있게 익기 때문이다. 또한 적당한 비나 물을 만나도 좋다. 그러나 너무 강한 비나 물은 좋지 않다.

❶ 신유술(申酉戌)월의 갑목(甲木) 일간이 목(木)의 발달·과다를 만날 경우

가을의 갑목(甲木)인데 사주에 목(木)이 많으면 충분한 열매가 달려 있으므로 풍성한 수확을 거둘 수 있다. 다만, 물이나 햇살이 없이 목(木)만 많으면 가을철 수확과 결실의 기운 그리고 갑목(甲木)의 계속 성장하고 싶은 기질은 있는데, 정작 결실을 맺는 데 필요한 물이나 햇살이 없는 상황이다. 또한 사주에 똑같이 많은 나무와 바위산이 대립하여 다툼이 생길 수 있다. 나뭇잎만 무성하고 열매 등의 결

POINT

신유술월의 갑목 일간

가을의 큰 나무이므로 열매가 잘 익으려면 화(火)가 필요하고, 적당한 수(水)가 있어도 좋다.

실은 맺지 못하는 물상이므로 태양의 햇살이 필요하고, 여기에 적당한 비와 물을 얻으면 금상첨화라고 할 수 있다.

❷ 신유술(申酉戌)월의 갑목(甲木) 일간이 화(火)의 발달 · 과다를 만날 경우

가을 갑목(甲木)에 화(火)가 많으면 가을의 과실나무가 태양의 햇살을 만나 훌륭한 열매를 맺고 풍성한 수확을 얻을 수 있다. 다만, 가을이 들어오고 햇살은 따뜻한데 과실나무가 한 그루뿐이면 수확량이 적으므로 목(木)이 있으면 가장 좋고, 다음으로 수(水)가 있어도 좋다.

❸ 신유술(申酉戌)월의 갑목(甲木) 일간이 토(土)의 발달 · 과다를 만날 경우

가을의 토(土)는 메마른 토(土)이다. 1년 동안 나무나 식물들에게 모든 영양분을 빼앗겨 메마른 토(土)이므로 가을을 지나 겨울의 동면기간에 낙엽을 통해 영양분을 보충해야 한다. 이 경우는 부족한 토(土)의 영양분을 수(水)로 보충하는 것이 우선이고, 다음으로 나무가 있으면 좋다. 흙에 수분을 충분히 보충하여 갑목(甲木) 나무를 도와주므로 가을 수확이 늘어나고, 한 그루의 나무보다 몇 그루의 나무가 있으면 더 좋기 때문이다.

❹ 신유술(申酉戌)월의 갑목(甲木) 일간이 금(金)의 발달 · 과다를 만날 경우

가을의 금(金)은 수확과 결실을 위해 온갖 나무들을 베고 꺾고 자르고 열매를 따기 때문에 매우 불리하다. 나무는 한 그루인데 풍성한 수확을 기대하는 사람이 많은 상태로, 욕망은 커지고 인덕은 없어지며, 일은 많고 몸은 축나게 된다. 이런 경우는 목(木)만 있는 것보다는 수(水)와 목(木) 또는 목(木)과 화(火)가 동시에 있어서 물을 주어 나무를 살려주거나 햇살로 나무를 살려주면 더욱 좋다.

❺ 신유술(申酉戌)월의 갑목(甲木) 일간이 수(水)의 발달 · 과다를 만날 경우

가을의 목(木)이 수(水)를 많이 만나면 과실을 맺고 수확해야 하는데 태양의 햇살은 없고 비만 계속 내리는 형상이므로 매우 불리하다. 노력을 많이 하지만 맛 없는 과일만 수확하듯이, 결과는 있지만 그 결과를 인정받지 못하는 상황이 될 수도 있다. 그러므로 반드시 태양의 햇살이나 온기가 있어야 하고, 그 다음으로 목(木)들이 수(水)의 기운을 충분히 받아들일 수 있어야 한다.

예) 1979년 9월 24일(양) 진(辰)시생

시	일	월	연
戊	甲	癸	己 (乾)
辰	午	酉	未

75	65	55	45	35	25	15	5
乙	丙	丁	戊	己	庚	辛	壬
丑	寅	卯	辰	巳	午	未	申

유(酉)월 갑목(甲木)으로, 사주의 주인공은 〈코요테〉의 멤버인 김종민이다.

을목(乙木) 일간

가을의 을목(乙木) 또한 벼나 옥수수, 호박, 코스모스처럼 곡식을 얻거나 씨앗을 얻어야 한다. 다만, 갑목(甲木)에 비해서 수(水)가 있어도 괜찮고, 햇살이 좀더 적어도 무방하다.

❶ 신유술(申酉戌)월의 을목(乙木) 일간이 목(木)의 발달·과다를 만날 경우

가을의 계절인 신유술(申酉戌)월의 을목(乙木)이 목(木)을 많이 만나면, 가을에 수확을 해야 하는데 목(木)이 지나치게 무성하여 가을이 아닌 봄과 여름 같은 모습을 보인다. 이 때는 충분한 비나 물 그리고 태양의 햇살을 주어야 빨리 수확할 수 있다. 가을에 나무나 화초가 너무 무성하면 결실은 없고 계절 감각을 놓치게 된다.

POINT

신유술월의 을목 일간

가을에 곡식과 씨앗을 수확하는 형상이므로 갑목에 비해 수(水)가 있어도 무방하고, 화(火)가 적어도 무방하다.

❷ 신유술(申酉戌)월의 을목(乙木) 일간이 화(火)의 발달·과다를 만날 경우

가을에 을목(乙木)인 화초나 작은 수목이 충분한 햇살과 따뜻한 온기를 얻으면 많은 결실을 맺고 수확을 많이 할 수 있다. 다만, 을목(乙木) 한 그루만 있으면 수확량이 적으므로 사주나 대운에 다른 목(木)이 있으면 최상의 물상이 될 것이다.

❸ 신유술(申酉戌)월의 을목(乙木) 일간이 토(土)의 발달·과다를 만날 경우

가을의 계절인 신유술(申酉戌)월에 을목(乙木)이 토(土)를 많이 만나면 작은 수목이나 화초 등이 흙에 덮여서 식물체가 꺾이고 부러져서 제대로 수확하기 어렵다. 그러므로 을목(乙木)을 도와줄 수 있는 목(木)들이 더 있으면 좋다. 먼저 목(木)이 갖추어진 다음에 비가 오거나 물을 주면 좋다.

❹ 신유술(申酉戌)월의 을목(乙木) 일간이 금(金)의 발달·과다를 만날 경우

금(金)이 많으면 작은 수목과 화초는 한 그루인데 수확하려는 사람은 너무 많아 수목과 화초가 견디기 힘들다. 따라서 무엇보다 목(木)이 있는 것이 가장 좋다. 더불어 태양의 햇살이나 따뜻한 기운을 조금 더 주어서 열매가 더 많이 열리고 마지막 결실을 잘 맺을 수 있게 도와주어야 한다.

❺ 신유술(申酉戌)월의 을목(乙木) 일간이 수(水)의 발달·과다를 만날 경우

가을의 계절인 신유술(申酉戌)월의 을목(乙木)이 수(水)를 많이 만나면 열매가 많이 열리기 전에 잎만 무성해지거나, 비를 맞고 열매를 모두 잃어버릴 수 있다. 즉, 노력한 만큼 소득이 적을 수 있다.

이 때는 어느 정도의 목(木)이 있으면 충분한 수분을 바탕으로 열매를 풍성하게 수확할 수 있다.

또한 햇살의 병정(丙丁)이나 따뜻한 기운의 사오(巳午)가 있으면 열매의 당도가 높아져 더욱 맛있는 열매를 얻을 수 있다.

예) 1944년 8월 22일(음) 진(辰)시생

	시	일	월	연
	庚	乙	癸	甲 (乾)
	辰	巳	酉	申

71	61	51	41	31	21	11	1
辛	庚	己	戊	丁	丙	乙	甲
巳	辰	卯	寅	丑	子	亥	戌

유(酉)월 을목(乙木) 일간으로, 사주의 주인공은 두산그룹 부회장이다.

④ 해자축월

해자축(亥子丑)월은 한겨울이다.

갑목(甲木) 일간

갑목(甲木)은 봄, 여름, 가을을 지나는 동안 봄에는 새싹이 나오고 꽃이 피며, 여름에는 충분한 수분과 햇살을 받고 나뭇잎이 무성해지며, 가을에는 열매나 씨앗 등 결실을 맺는다. 겨울의 계절인 해자축(亥子丑)월에는 지난 계절 동안 열심히 살아온 나무가 휴식하는 시기로, 가을에 떨어진 나뭇잎이 썩어서 겨울나무의 영양분이 되고 그 영양분을 바탕으로 겨울 동면기를 휴식 삼아 지낸다. 따라서 이때는 따뜻한 기운의 화(火)와, 가을에 떨어진 낙엽을 지니고 있는 토(土)가 가장 필요하다.

❶ 해자축(亥子丑)월의 갑목(甲木) 일간이 목(木)의 발달·과다를 만날 경우

겨울의 계절인 해자축(亥子丑)월의 갑목(甲木)이 목(木)을 많이 만나면 서로 의지하여 한겨울 추위를 이겨 나갈 수 있기 때문에 매우 좋다. 다만, 나무만으로는 긴

> **POINT**
>
> **해자축월의 갑목 일간**
> 나무가 결실을 맺고 겨울 동면에 들어가므로 따뜻한 화(火)와 낙엽이 깔린 토(土)가 필요하다.

겨울 추위를 이겨나갈 수 없으므로 태양의 햇살이나 땅의 온도가 높아지는 온열을 얻을 수 있게 천간과 지지에 화(火)가 있으면 좋다. 다음으로, 흙으로 뿌리를 충분히 덮어 추위를 이길 수 있으면 좋다.

❷ 해자축(亥子丑)월의 갑목(甲木) 일간이 화(火)의 발달·과다를 만날 경우

겨울의 계절인 해자축(亥子丑)월의 갑목(甲木)이 화(火)를 많이 만나면 최고의 환경으로, 갑목(甲木)이 편안하게 동면하며 휴식기를 지내고 봄을 기다릴 수 있다. 더불어 토(土)의 영양분이 조금 있으면 금상첨화다. 여기에 갑목(甲木)의 숲을 만나면 겨울을 이겨내기가 더욱 쉬울 것이다.

❸ 해자축(亥子丑)월의 갑목(甲木) 일간이 토(土)의 발달·과다를 만날 경우

겨울의 계절인 해자축(亥子丑)월의 갑목(甲木)이 토(土)를 많이 만나면 가을에 낙엽의 영양을 듬뿍 받은 흙 덕분에 추운 겨울을 잘 이겨 나갈 수 있다. 다만, 겨울의 추위와 넘쳐나는 수분 그리고 영양분이 넘쳐나는 땅의 기를 갑목(甲木) 하나가 받기보다는 여러 나무가 동시에 나누어 받으면 더욱 좋을 것이다. 여기에 사주나 대운에서 태양의 햇살이나 온열을 만나면 더할 나위 없이 좋다.

❹ 해자축(亥子丑)월의 갑목(甲木) 일간이 금(金)의 발달·과다를 만날 경우

겨울의 계절인 해자축(亥子丑)월의 갑목(甲木)이 금(金)을 많이 만나면 낙엽이 한겨울 추위로 모두 떨어지고 벌거숭이로 서 있는 나무에게 또 다시 가지치기를 하는 형상이므로 매우 불리하다. 자칫 얼어 죽을 수도 있다. 이 때는 먼저 나무가 많이 있어서 가지치기를 당할 때 서로 힘이 되어주면 좋고, 햇살이나 온열이 있어서 나무를 따뜻하게 도와주면 좋다.

❺ 해자축(亥子丑)월의 갑목(甲木) 일간이 수(水)의 발달·과다를 만날 경우

겨울의 계절인 해자축(亥子丑)월의 갑목(甲木)이 수(水)를 많이 만나면 추운 한겨울에 또 다시 눈이 내려 나뭇가지가 꺾이고 꽁꽁 얼어붙는 형상이다. 따라서 이 때는 따뜻한 햇살이나 온열이 필요하고, 나무가 눈과 비에 꺾이고 떠내려가지 않게 토(土)의 흙으로 나무 뿌리를 튼튼하게 붙잡아주면 좋다.

예) 1962년 11월 16일(음) 축(丑)시생

		시	일	월	연		
		乙	甲	壬	壬 (乾)		
		丑	申	子	寅		
78	68	58	48	38	28	18	8
庚	己	戊	丁	丙	乙	甲	癸
申	未	午	巳	辰	卯	寅	丑

자(子)월 갑목(甲木) 일간으로, 사주의 주인공은 민주당 대변인 우상호다.

을목(乙木) 일간

한겨울인 해자축(亥子丑)월의 을목(乙木)은 씨앗의 형태로 봄을 기다리면 충분히 겨울을 이겨나갈 수 있다.

POINT

해자축월의 을목 일간

씨앗의 형태로 충분히 추운 겨울을 이겨나갈 수 있다.

❶ 해자축(亥子丑)월의 을목(乙木) 일간이 목(木)의 발달 · 과다를 만날 경우

겨울의 계절인 해자축(亥子丑)월의 을목(乙木)이 목(木)을 많이 만나면 겨울 동면기처럼 나무들은 봄을 준비하게 된다. 따라서 새로운 생산을 준비하는 연구, 연습, 공부, 학습 등의 직업이 어울린다. 이 때는 가장 먼저 태양의 햇살이나 온열을 상징하는 화(火)가 있으면 씨앗이 새싹으로 자랄 수 있고, 서서히 자신을 드러내 보일 수 있다. 또한 토(土)의 땅이 있으면 한겨울의 을목(乙木)이 봄을 기다리는 흙을 영양분으로 삼을 수 있다.

❷ 해자축(亥子丑)월의 을목(乙木) 일간이 화(火)의 발달 · 과다를 만날 경우

겨울의 계절인 해자축(亥子丑)월의 을목(乙木)이 화(火)를 많이 만나면 씨앗이 햇살이나 따뜻한 열기를 받고 싹을 틔우게 된다. 다만, 화(火)가 지나치게 강하면 을목(乙木)의 씨앗을 너무 빨리 싹트게 하므로 오히려 싹이 제 구실을 못하게 될 수도 있다. 따라서 이 시기의 을목(乙木)은 적당한 화(火)와 적당한 목(木)이 동시에 있는 것이 좋다. 아니면 화(火)와 토(土)가 있어 화기(火氣)가 적당한 햇살이나 온열을 주고, 토(土)가 씨앗을 잘 덮어주면 더욱 좋다.

❸ 해자축(亥子丑)월의 을목(乙木) 일간이 토(土)의 발달 · 과다를 만날 경우

겨울의 계절인 해자축(亥子丑)월의 을목(乙木) 일간이 토(土)를 많이 만나면 겨울의 을목 씨앗이 토(土)의 흙으로 덮여 추위를 이겨 나갈 수 있으므로 매우 좋다. 다만, 토(土)를 너무 많이 덮어버리면 을목(乙木) 씨앗이 봄에 싹을 틔우기 어려우므로 목(木)이 어느 정도 있으면 매우 좋다. 목(木) 다음으로는 화(火)의 햇살이나 온열이 있으면 좋다.

❹ 해자축(亥子丑)월의 을목(乙木) 일간이 금(金)의 발달·과다를 만날 경우

겨울의 계절인 해자축(亥子丑)월의 을목(乙木) 일간이 금(金)을 많이 만나면 겨울에 씨앗을 수확하는 형상이므로 욕심이 지나치게 많고 너무 성급한 모습이다. 자칫 씨앗을 봄까지 기다리지 않고 먹어버리는 상황이다. 이 때는 먼저 목(木)으로 을목(乙木) 씨앗을 보강해주고, 다음으로는 화(火)로 빨리 싹을 틔워 씨앗을 먹어버리지 않게 한다.

❺ 해자축(亥子丑)월의 을목(乙木) 일간이 수(水)의 발달·과다를 만날 경우

겨울의 계절인 해자축(亥子丑)월의 을목(乙木) 일간이 수(水)를 많이 만나면 한겨울에 폭설이 내리거나 겨울비가 끊임없이 내리는 형상이다. 따라서 씨앗에 해당하는 을목(乙木)은 충분한 추위와 습한 기운을 받아 봄에 새로운 새싹을 틔울 수 있다. 이 자체로도 좋은 물상이지만, 여기에 화(火)의 햇살까지 있으면 한겨울 눈보라 속에서 따뜻하게 견딜 수 있어서 좋다.

예) 1971년 10월 9일(음) 미(未)시생

시	일	월	연
癸	乙	己	辛 (乾)
未	卯	亥	亥

76	66	56	46	36	26	16	6
辛	壬	癸	甲	乙	丙	丁	戊
卯	辰	巳	午	未	申	酉	戌

해(亥)월 을목(乙木) 일간으로, 사주의 주인공은 중소기업 사장이다.

2. 병화와 정화 일간

일간이 병화(丙火)와 정화(丁火)일 때 월지에 따른 물상의 변화를 알아본다.

1 인묘진월

인묘진(寅卯辰)월은 봄의 계절이다.

병화(丙火) 일간

봄의 계절인 인묘진(寅卯辰)월의 병화(丙火) 일간은 물상으로 태양에 해당하므로 만물에 햇살을 비추고, 만물의 곡식이나 과실나무의 새싹을 틔우고 꽃을 피우는 역할을 한다. 또한 병화(丙火)는 물상으로 꽃에도 해당하므로 봄을 맞아 큰 꽃을 피운다.

POINT

인묘진월의 병화 일간

봄의 태양을 상징하므로 만물에 따뜻한 햇볕을 내리쬐고, 곡식이나 과실나무의 싹을 틔운다. 또한 병화는 꽃을 상징하므로 봄에 핀 큰 꽃의 물상이다.

❶ **인묘진(寅卯辰)월의 병화(丙火) 일간이 목(木)의 발달·과다를 만날 경우**

봄의 계절인 인묘진(寅卯辰)월의 병화(丙火) 일간이 목(木)을 많이 만나면 태양이 너무 많은 식물들을 비추고 보살피느라 매우 힘들다. 이 때는 화(火)의 햇살이나 따뜻한 기운이 더 있어서 무성한 목(木)을 돌볼 수 있게 도와주어야 한다. 또한 무성한 나무숲에 큰 꽃이 한 송이밖에 피어 있지 않으므로 가을에 수확을 기대할 수 없다. 꽃이 열매를 맺는 기초가 되므로 꽃을 더 피게 해주는 화(火)가 가장 필요하다. 더불어 금(金)으로 무성한 나무를 가지치기 해주는 것도 필요하다.

❷ **인묘진(寅卯辰)월의 병화(丙火) 일간이 화(火)의 발달·과다를 만날 경우**

봄에 뜨거운 태양빛을 만나거나 온열로 따뜻해지므로 나무가 매우 잘 자랄 수 있다. 다만, 화(火)가 지나치게 뜨거우면 나무나 화초가 메마르거나 시들어버리므로 수(水)의 비나 물길이 반드시 필요하다. 화(火)가 적당하면 토(土)의 영양분과 금(金)의 가지치기와 수(水)의 물길이 모두 어울린다.

❸ 인묘진(寅卯辰)월의 병화(丙火) 일간이 토(土)의 발달·과다를 만날 경우

봄의 계절인 인묘진(寅卯辰)월의 병화(丙火) 일간이 토(土)를 많이 만나면 봄에 태양이 떠 있고 땅의 영양분도 충분한 형상이다.

토(土)의 들판이나 논밭이 지나치게 넓으면 태양 하나가 넓은 세상을 고루 비출 수 없으므로 가장 먼저 화(火)가 필요하다. 화(火)의 태양이 적당하면 물상론의 입장에서 최상의 사주가 될 것이다.

화(火)를 꽃으로 보면 봄에 활짝 핀 꽃이 넓은 정원이나 들판을 만났으므로 매우 아름다운 물상이다.

❹ 인묘진(寅卯辰)월의 병화(丙火) 일간이 금(金)의 발달·과다를 만날 경우

봄의 계절인 인묘진(寅卯辰)월의 병화(丙火) 일간이 금(金)을 많이 만나면 봄에 태양빛을 받아 무성해진 봄 나무들 또는 봄을 맞아 활짝 핀 꽃이 계절 감각을 잃고 결실을 맺으려 하거나 가지치기를 하는 형상이다.

따라서 먼저 약한 봄 햇살을 도와주는 화(火), 또는 가을에 수확할 수 있게 꽃을 피우는 화(火)가 필요하다. 또한 토(土)의 영양분이나 수(水)의 수분이 있어도 매우 좋다.

❺ 인묘진(寅卯辰)월의 병화(丙火) 일간이 수(水)의 발달·과다를 만날 경우

봄의 계절인 인묘진(寅卯辰)월의 병화(丙火) 일간이 수(水)를 많이 만나면 봄에 태양빛을 받은 자연이 비와 물길을 얻어 온갖 식물이 무성하게 잘 자란 형상이다. 다만, 너무 강한 비는 구름으로 태양을 가리기 때문에 반드시 화(火)가 가장 우선적으로 필요하다.

또한 봄에 너무 강한 비나 물길은 화(火)의 꽃가루를 모두 떨어뜨려 번식을 막으므로 매우 불리한 물상이다. 꽃들이 적당하게 만발해야 서로 꽃가루를 주고받을 수 있고 가을에 풍족하게 수확을 할 수 있을 것이다. 다음으로는, 땅의 영양분인 토(土)가 필요하다. 그러나 과도한 수(水)의 비와 물길 속에서 몇 개 없는 꽃을 잘라버리는 금(金)은 좋지 않다.

예) 1965년 3월 3일(양) 축(丑)시생

시	일	월	연
己	丙	戊	乙 (坤)
丑	辰	寅	巳

71	61	51	41	31	21	11	1
丙	乙	甲	癸	壬	辛	庚	己
戌	酉	申	未	午	巳	辰	卯

인(寅)월 병화(丙火) 일간으로, 사주의 주인공은 아나운서 김성은이다.

정화(丁火) 일간

POINT

인묘진월의 정화 일간

병화보다 약한 불빛이므로 새싹을 틔우거나 꽃을 피우기는 어렵고, 작은 꽃의 물상으로 보아도 된다.

봄의 계절인 인묘진(寅卯辰)월의 정화(丁火) 일간은 달빛 또는 반쯤 가려진 햇살의 물상이므로 만물에 약한 햇살을 내리쬔다. 그러나 햇살이 약하기 때문에 새싹을 틔우거나 꽃을 피우기는 힘들다. 또한 정화는 작은 꽃을 상징하기도 하므로 작은 꽃송이의 형상으로 볼 수도 있다.

❶ 인묘진(寅卯辰)월의 정화(丁火) 일간이 목(木)의 발달 · 과다를 만날 경우

봄에 나무는 무성한데 화(火)가 정화(丁火) 일간밖에 없으면 온기가 부족한 상황이다. 나무는 태양빛을 받아야 영양분을 충분히 만들 수 있는데 지금 물상으로는 화(火)가 부족하다. 목(木) 나무만 과다하면 속이 허약한 나무가 되어 욕망은 큰데 쓸모가 없는 나무 또는 영양분이 없는 나무처럼 실속이 부족하게 된다.

따라서 이 때는 화(火)가 적당히 있어야 인덕도 있고 일을 끌고 가는 힘도 있다. 다만, 봄에 햇살만 있으면 물이 부족하여 나무가 메마를 수 있다. 적당한 수(水)가 있으면 꽃과 열매가 더욱 풍성해질 것이다.

❷ 인묘진(寅卯辰)월의 정화(丁火) 일간이 화(火)의 발달·과다를 만날 경우

봄에 나무는 무성한데 화(火)가 발달하면 화(火) 태양이 충분히 비추고 있는 형상이다. 그러나 화(火) 태양이 과다하면 나무는 말라버리거나 타버릴 수도 있다. 화(火) 태양이 충분하면 나무는 쑥쑥 자라고 무성해져서 열정도 크고 욕망도 크며, 자신감 있게 밀고 나가는 성격이 될 것이다. 그러나 화(火)가 과다하면 나무가 장작이 되어 불타는 형상으로, 불처럼 열정과 모험성이 크고 적극적인 성향이 될 것이다. 이런 사람은 자신감 있게 밀고 나가는 직업 적성 또는 자신의 화려한 모습을 타인에게 보여주는 직업 적성이 어울리고, 꼼꼼함과 세밀함이 필요한 직업 적성은 어울리지 않는다.

❸ 인묘진(寅卯辰)월의 정화(丁火) 일간이 토(土)의 발달·과다를 만날 경우

봄의 계절에 토(土)의 들판과 논밭이 드넓게 펼쳐 있으면 매우 좋은 형상이다. 땅이 있어서 나무가 자라고 화초와 수목이 자랄 수 있기 때문이다. 수확을 위한 기본이 갖추어져 있으므로 의식주가 풍족하고 부모복, 재물복, 부동산복이 있다. 이런 물상은 인문학, 교육학, 사회과학, 건축학, 기초과학 등 기초학문과 관련된 직업 적성이 잘 어울린다.

❹ 인묘진(寅卯辰)월의 정화(丁火) 일간이 금(金)의 발달·과다를 만날 경우

봄의 계절에 금(金)의 바위산이 솟아 있거나 또는 금광석이 있는 형상이다. 나무는 흙에서 자라는 것보다 바위산에서 자라는 것이 힘들고 어렵다. 그러므로 넓은 논밭과 들판보다는 인덕이 부족하고 부모복도 부족하지만, 자신의 관리능력이 있어서 손해 보는 일을 함부로 하지 않으므로 꾸준히 발전한다. 이런 물상에는 금(金)의 금광석을 제련하거나, 봄의 나무나 식물이 더 잘 자랄 수 있게 화(火)의 태양빛이 있으면 더욱 좋을 것이다.

❺ 인묘진(寅卯辰)월의 정화(丁火) 일간이 수(水)의 발달·과다를 만날 경우
봄의 계절에 수(水)의 비가 내리거나 강물이 세게 흐르면 나무가 쑥쑥 자라기는 하지만 잎만 많아져서 꽃이나 열매에게 가는 영양분이 부족해지므로 실속이 부족할 수 있다. 화(火)의 햇살이 좀더 있어서 나무의 수분 균형을 맞추어주면 인덕, 부동산복, 재물복이 많을 것이다.

예) 1972년 1월 2일(음) 묘(卯)시생

시	일	월	연
癸	丁	壬	壬(乾)
卯	丑	寅	子

76	66	56	46	36	26	16	6
庚	己	戊	丁	丙	乙	甲	癸
戌	酉	申	未	午	巳	辰	卯

인(寅)월 정화(丁火)로, 사주의 주인공은 프로야구 코치 서용빈이다.

② 사오미월

사오미(巳午未)월은 여름의 계절이다.

병화(丙火) 일간

여름의 계절인 사오미(巳午未)월의 병화(丙火) 일간은 한여름 뜨거운 날씨에 태양이 밝게 떠 있는 형상이므로 매우 더운 물상이다. 또한 화(火)는 꽃을 상징하기도 하므로 무더운 여름에 큰 꽃이 피어 있는 물상으로도 볼 수 있다.

사오미월의 병화 일간

한여름 뜨거운 날씨에 태양이 밝게 떠 있는 형상으로 매우 더운 사주다. 또는 무더운 여름에 큰 꽃이 피어 있는 형상이다.

❶ 사오미(巳午未)월의 병화(丙火) 일간이 목(木)의 발달·과다를 만날 경우

여름의 계절인 사오미(巳午未)월의 병화(丙火) 일간이 목(木)을 만나면 한여름에 태양이 뜨거운데 가지가 쭉쭉 뻗고 잎사귀가 무성하고 짙푸른 여름 나무의 모습이다. 이 때 지나치게 무성한 나무는 영양분과 수분을 잎사귀에 모두 빼앗겨 열매를 맺지 못할 수도 있다. 이럴 때는 적당한 가지치기를 할 수 있게 금(金)이 반드시 필요하다.

또한 영양분과 논밭을 상징하는 토(土)도 반드시 필요하다. 다만, 무더운 날씨이므로 건조한 토(土)보다 축축한 토(土)인 진토(辰土)와 축토(丑土)가 유리하다. 여기에 비나 물길로 뜨거운 열기를 식혀주는 것도 나무의 성장에 큰 도움이 된다.

❷ 사오미(巳午未)월의 병화(丙火) 일간이 화(火)의 발달·과다를 만날 경우

여름의 계절인 사오미(巳午未)월의 병화(丙火) 일간이 화(火)를 만나면 여름에 무더위로 지쳐 있는데 또 다시 태양이 떠 있는 형상, 또는 온 세상이 꽃으로 둘러싸인 형상이다. 이 때는 가장 먼저 수(水)의 비를 내려주거나 물길을 내주는 것이 좋다. 또한 토(土)의 논밭도 필요하고, 금(金)의 가지치기와 솎아내기 또한 필요하다. 다만, 비가 오려면 확실하게 많이 와야지 오다 말면 갈증만 더 깊어지고 꽃만 무성하질 뿐이며 결실은 맺지 못한다.

❸ 사오미(巳午未)월의 병화(丙火) 일간이 토(土)의 발달·과다를 만날 경우

토(土)가 많을 때는 넓은 논밭과 들판 위에 뜨거운 태양의 햇살과 열기가 가득한 형상이다. 건조한 토(土)인 술토(戌土)와 미토(未土)만 가득하지 않으면 수목이 잘 자라고 곡식을 맺을 수 있다.

❹ 사오미(巳午未)월의 병화(丙火) 일간이 금(金)의 발달 · 과다를 만날 경우

금(金)이 많으면 큰 바위산에 뜨거운 태양빛이 내리쬐고 지면이 뜨거워 바위산이 펄펄 끓고 있는 형상이다. 시원한 비가 내리거나 계곡에 시원한 물길이 있으면 좋다. 또한 토(土)가 있어서 논밭이 넓거나 정원이 있거나 커다란 바위산을 흙이 덮어버리면 수목이 잘 자랄 수 있다. 그 다음으로는 목(木)이 있으면 좋다. 태양과 뜨거운 바위산과 목(木)이 있는 형상이지만, 물길 없는 바위산에서도 나무는 자랄 수 있다.

❺ 사오미(巳午未)월의 병화(丙火) 일간이 수(水)의 발달 · 과다를 만날 경우

수(水)를 만나면 여름 무더위에 태양이 떠 있는데 소나기를 만나는 형상으로 매우 좋은 물상이다. 꽃이 넓은 들판에 피어 있는데 비가 내리므로 꽃이 더욱 만발할 것이다. 여기에 수목이나 화초에 해당하는 목(木)이 있거나, 넓은 논밭이나 들판에 해당하는 토(土)가 있으면 최고의 물상이 된다.

예) 1975년 8월 8일(양) 진(辰)시생

시	일	월	연
壬	丙	癸	乙 (坤)
辰	戌	未	卯

71	61	51	41	31	21	11	1
辛	庚	己	戊	丁	丙	乙	甲
卯	寅	丑	子	亥	戌	酉	申

미(未)월 병화(丙火)로, 사주의 주인공은 아나운서 이지원이다.

정화(丁火) 일간

여름의 계절인 사오미(巳午未)월의 정화(丁火) 일간은 뜨거운 여름에 또 다시 불을 만난 형상이다. 따라서 비를 내려줄 수(水)나, 그늘이 진 바위산인 금(金)이나 흙산인 토(土)가 있는 것이 좋다.

POINT

사오미월의 정화 일간

뜨거운 여름에 또 다시 불을 만난 형상이므로 물을 상징하는 수(水) 또는 그늘이 진 바위산인 금(金) 또는 흙산인 토(土)가 필요하다.

❶ 사오미(巳午未)월의 정화(丁火) 일간이 목(木)의 발달 · 과다를 만날 경우

한여름에 태양이 뜨거운데 나무와 식물이 적당히 있으면 그 나무와 식물들은 쑥쑥 뻗어 나가는 형상이다. 햇살을 충분히 받아 광합성을 하므로 나무가 자라기 매우 좋은 환경이다. 이런 사주는 인덕이 있고 적극성과 추진력이 있으므로 활동적이고 행동하는 직업이 좋다. 또한 여름에 태양이 뜨거운데 나무가 과다한 경우 역시 여름 나무와 식물은 자라기 좋으므로 크게 걱정할 것이 없다.

다만, 나무가 말라 장작이 되어 불로 변화하는 경우는 온 세상이 화(火)로 변하는 형상으로, 열정과 모험심은 강하지만 다혈질이고 욱하는 불의 기운 때문에 자신을 통제하지 못하고 타인과 갈등이 생기기 쉽다.

❷ 사오미(巳午未)월의 정화(丁火) 일간이 화(火)의 발달 · 과다를 만날 경우

한여름에 태양이 무섭게 타오르는 형상이므로 비가 내리거나 바위산으로 그늘을 만들어주면 좋지만, 그렇지 못하면 화(火)만 가득하여 아무 것도 살지 못하게 된다. 물도 말라버리고, 나무는 장작으로 땔감이 되어 불타서 흔적 없이 사라지고, 금속이 녹아버리고, 땅은 바짝 말라 갈라진다. 불이 타오르듯 열정과 배짱과 모험심이 가득하고 자신을 보여주고 싶은 마음은 가득한데, 다혈질적인 성향과 욱하는 기질 때문에 일을 거스르는 경향이 심하다.

❸ 사오미(巳午未)월의 정화(丁火) 일간이 토(土)의 발달 · 과다를 만날 경우

한여름의 논밭이나 넓은 들판의 형상으로, 땅은 태양의 햇살을 받아야 윤택해질 수 있는데 이 물상은 햇살을 충분히 받기 때문에 매우 긍정적이다. 기름진 땅은 어느 것이든 수용할 수 있다. 나무도 잘 자라고 물도 잘 가둘 수 있으며 금광석도 생산할 수 있으므로 포용력도 있고 여유롭고 적극적이다. 합(合)으로 인해 화(火)가 너무 강해져서 땅이 너무 뜨거워지거나 메마르지만 않으면 의식주복과 인덕이 있어서 평생 안정된 삶을 살 수 있다.

❹ 사오미(巳午未)월의 정화(丁火) 일간이 금(金)의 발달·과다를 만날 경우

한여름 바위산의 형상 또는 금광석을 불로 녹여 제련하는 형상이다. 금(金)의 기운이 발달하면 보석이나 생활용품을 만들어낼 수 있어서 좋다. 이 경우 사람들에게 보여주는 직업이나 직접 활용할 수 있는 현실적이고 실질적인 직업 적성이 모두 어울린다.

금(金)이 과다해도 제련할 수 있는 화(火)가 충분하므로 보석이나 생활용품을 풍족하게 만들 수 있다. 재물복도 있고 윗사람의 인덕도 있다.

❺ 사오미(巳午未)월의 정화(丁火) 일간이 수(水)의 발달·과다를 만날 경우

한여름에 꽃들이 시원한 빗줄기를 만나는 형상 또는 한여름에 강물이 시원하게 흘러가는 형상이다. 한여름의 시원한 빗줄기나 강물처럼 성격이 시원시원하고 적극적이며, 대인관계가 원만하다. 맡겨주고 인정해주면 능력을 발휘하고, 적성은 이과나 문과 모두 어울린다.

예1) 1952년 5월 19일(음) 인(寅)시생

	시	일	월	연
	壬	丁	丁	壬 (乾)
	寅	巳	未	辰

80	70	60	50	40	30	20	10
乙	甲	癸	壬	辛	庚	己	戊
卯	寅	丑	子	亥	戌	酉	申

미(未)월 정화(丁火)로, 사주의 주인공은 전 국회의원 이해찬이다.

예2) 1962년 6월 17일(음) 오(午)시생

	시	일	월	연
	丙	丁	丁	壬 (乾)
	午	巳	未	寅

77	67	57	47	37	27	17	7
乙	甲	癸	壬	辛	庚	己	戊
卯	寅	丑	子	亥	戌	酉	申

미(未)월 정화(丁火) 일간으로, 정신병을 앓고 있는 사람의 사주다. 월지와 일간의 물상이 앞의 사주와 같지만, 사주에 화(火)가 과다한데 가장 우선적으로 필요한 수(水)가 약해서 건강문제가 생겼다.

③ 신유술월

신유술(申酉戌)월은 가을의 계절이다.

병화(丙火) 일간

가을의 계절인 신유술(申酉戌)월의 병화(丙火) 일간은 병화(丙火)가 태양 또는 큰 꽃을 상징하므로 바위산 위에 큰 꽃이 피어 있거나, 바위산 위에 태양이 떠 있는 형상이다.

❶ 신유술(申酉戌)월의 병화(丙火) 일간이 목(木)의 발달 · 과다를 만날 경우

가을은 수확의 계절, 결실의 계절이다. 이 사주는 태양이 떠 있고 많은 나무들이 있는 형상이다. 다만, 태양의 힘은 조금 약하다. 가을 햇살은 과일이나 열매가 익을 때 큰 도움이 되므로 화(火)가 있으면 매우 좋다. 다음으로, 땅의 영양분이나 물의 수분이 필요하다.

POINT

신유술월의 병화 일간

바위산 위에 큰 꽃이 피어 있거나 바위산 위에 태양이 떠 있는 형상이다.

❷ 신유술(申酉戌)월의 병화(丙火) 일간이 화(火)의 발달·과다를 만날 경우

화(火)를 만나면 가을에 햇살이 적당하게 내리쬐는 물상이므로 아름다운 가을 풍경이 된다. 낙엽이 곱게 물들고, 곡식이나 과일은 맛있고 풍성하게 열린다.

다만, 화(火)가 너무 강하면 가을에 햇살만 강하여 곡식이나 과일이 제 시기를 못 찾는 경우가 많다. 너무 빨리 여문 과일처럼 사람도 너무 빨리 조숙해지거나 성격이 급해질 수 있다.

❸ 신유술(申酉戌)월의 병화(丙火) 일간이 토(土)의 발달·과다를 만날 경우

토(土)를 만나면 가을 들판과 정원에 태양의 햇살이 내리쬐는 형상으로 최고의 수확을 할 수 있다. 이 때 이왕에 있을 태양이라면 가을 햇살은 짧은 시간이라도 강한 것이 좋으므로 태양이 좀더 강하거나 온열이 더 있으면 좋다. 다음으로, 나무나 화초나 곡식들이 있으면 금상첨화다. 사주 내에 건조한 토(土)만 가득하고 태양의 햇살이 뜨거우면 수(水)가 있어서 빗줄기가 시원하게 내리고 물길을 내주어야 가장 좋은 물상이 된다.

❹ 신유술(申酉戌)월의 병화(丙火) 일간이 금(金)의 발달·과다를 만날 경우

금(金)을 만나면 가을의 바위산이 자태를 뽐내고 있는 형상으로 태양의 햇살이 가득하면 매우 좋다. 더불어 너무 단단한 바위산보다는 흙이 덮여 있는 바위산이 영양분을 충분히 얻을 수 있으므로 토(土)가 있으면 금상첨화다.

금(金)이 너무 과다하면 화(火)의 태양이 강하게 내리쬐거나, 수(水)가 강하여 바위산에 계곡물을 만들면 좋다.

❺ 신유술(申酉戌)월의 병화(丙火) 일간이 수(水)의 발달·과다를 만날 경우

수(水)를 만나면 가을에 비가 적당히 내려 곡식이나 과일들이 빠르게 익는다. 태양의 햇살은 적고 비가 내리니 과일과 곡식들이 서둘러 익는 것처럼, 사람도 마음이 급하고 무언가 빨리 성공하고 싶고 일을 빨리 마무리하고 싶어진다. 가을에 수분이 충분하므로 이 때는 태양의 햇살이 적당하면 가을의 곡식이나 과일들이 적당한 물과 적당한 햇살로 잘 익을 것이다.

다만, 수(水)가 너무 과다하면 가을비가 장마같이 쏟아지고 물길은 넘쳐나므로, 너무 많은 욕심으로 가을 수확을 많이 얻으려고 하다가 오히려 일을 그르치는 결과가 나올 수 있다.

예) 1970년 10월 3일(양) 신(申)시생

시	일	월	연
丙	丙	乙	庚 (乾)
申	辰	酉	戌

72	62	52	42	32	22	12	2
癸	壬	辛	庚	己	戊	丁	丙
巳	辰	卯	寅	丑	子	亥	戌

유(酉)월 병화(丙火) 일간으로, 사주의 주인공은 MC 김구라다.

정화(丁火) 일간

가을의 계절인 신유술(申酉戌)월의 정화(丁火) 일간은 정화(丁火)가 작은 꽃 또는 달빛 또는 제련하는 불에 해당하므로 바위산 위에 핀 난초꽃, 가을 들판에 핀 코스모스나 국화꽃, 광석을 제련하는 불의 형상이다.

❶ 신유술(申酉戌)월의 정화(丁火) 일간이 목(木)의 발달·과다를 만날 경우

가을 바위산에 핀 가을꽃은 한 송이보다 여러 송이가 있어야 가을 바람을 이길 수 있으므로 화(火)가 더 있으면 좋다. 월지를 광석이나 쇳덩어리로 보면, 정화(丁火)는 금속을 제련하는 불이므로 화(火)가 좀더 있어서 멋진 보석이나 실용성 있는 생활도구를 만든 다음 물로 씻어 금속이 더욱 빛날 수 있게 하면 좋다.

보석이나 생활도구가 만들어졌다면 인기, 연예, 예술 분야처럼 사람의 시선이 필요한 직업이 어울리고, 꽃이 피었다면 이 역시 인기, 연예, 예술 방면에 적성이 있으며, 금속의 금(金)과 나무가 있으면 결실을 얻을 수 있으므로 사업이나 정치 또는 제조업, 기술자, 발명가 등이 어울린다.

❷ 신유술(申酉戌)월의 정화(丁火) 일간이 화(火)의 발달·과다를 만날 경우

가을 들판에 가을꽃이 무리지어 피어 있는 형상 또는 가을 들판에 뜨거운 햇살이 내리쬐는 형상 또는 금광에 가득한 금속을 불로 제련하고 있는 형상이다.

가을 들판 또는 바위산 위에 가득한 들꽃의 모습이라면 곡식을 수확하기 전 단계이므로 보고 즐기는 직업인 연예, 예술, 방송 분야나 참모 역할을 하는 직업이 어울린다. 다만, 이 때는 토(土)의 들판이나 금(金)의 바위산이 넓어야 한다.

가을 들판에 뜨거운 햇살이 내리쬐는데 목(木)이 발달이면 곡식을 생산할 수 있어 직접 재물을 만지는 사업이나 전문가가 어울린다.

금광을 불로 제련하는 형상이라면 물로 씻어내야 보석이나 생활도구가 될 수 있으므로 반드시 수(水)가 있어야 한다. 이 때는 금속이 보석이나 생활도구로 변화하는 형상이므로 기술자, 연구원, 의사 등이 좋다. 빈틈이 없어야 금속을 제련할 수 있으므로 계획적이고 구조적이고 수학적인 직업 적성이 어울린다. 또한 보석은 사람들에게 보여주는 것이므로 연예, 예술, 방송 분야처럼 인기를 가져가는 직업에도 적성이 있다.

❸ 신유술(申酉戌)월의 정화(丁火) 일간이 토(土)의 발달·과다를 만날 경우

넓은 가을 들판에 햇살이 아주 약하게 내리쬐는 형상이다. 이렇게 햇살이 약하면 들판이 제 구실을 하기 어려우므로 먼저 화(火)가 있어야 하고, 다음으로 나무 목(木)이 있어야 충분한 가을걷이를 하고 수확을 얻을 수 있다.

만약 신유술(申酉戌)을 바위산의 광석으로 보는 경우, 충분한 화(火)를 제련한 뒤 물인 수(水)로 씻어내면 최고의 가치를 지닌 보석이나 생활도구를 만들 수 있다. 다만, 이 때는 토(土)가 많아서 물로 씻어내는 데 한계가 있으므로 나무를 심어 가을걷이를 하는 것보다는 사주의 물상이 좋지 않다.

❹ 신유술(申酉戌)월의 정화(丁火) 일간이 금(金)의 발달·과다를 만날 경우

커다란 바위산이나 넓고 메마른 들판에 홀로 핀 야생화의 형상이므로 보기에는 예쁘고 청초하지만 본인은 외롭다. 연예, 예술, 방송, 혼자서 연구하고 개발하는 직업, 혼자서 모든 것을 해야 하는 직업 등이 어울린다. 쌓여 있는 많은 금속과 광석을 아주 작은 불 하나로 제련하지 못하니 원석으로밖에 사용할 수 없다.

또는 커다란 바위산에 달이 떠 있는 형상이므로 처연하고 외롭다. 부모복도 부족하고 인덕도 부족하고 인덕도 부족하다. 반드시 먼저 화(火)의 발달이 있어야 하고, 그 다음으로는 나무 목(木)이 집단으로 있거나 수(水)가 있어도 무방하다. 화(火) 다음에 나무가 있으면 가을 나무에 햇살이 가득하므로 충분한 수확을 얻고 재물과 의식주가 풍족하다.

❺ 신유술(申酉戌)월의 정화(丁火) 일간이 수(水)의 발달·과다를 만날 경우

커다란 바위산에 계곡물이 흐르고 정화(丁火) 달빛이 비추는 형상 또는 커다란 바위산에 계곡물이 흐르고 정화(丁火) 난초가 홀로 피어 있는 형상이다. 또는 광석을 정화(丁火)로 제련하여 물로 씻어 반짝이는 보석이나 생활도구를 만드는 형상이다. 다만, 제련하는 불이 너무 약하다.

외로운 난초나 제련할 불이 적은 것 모두 화(火)가 필요하다. 자칫 나무 한 그루가 계곡물에 썩어버리거나 제련할 불이 꺼져버릴 수 있다. 난초가 여러 그루 있으면 풍부한 물과 넓은 바위산에 기대어 화려한 난 군락지를 형성할 수 있다.

광석의 경우 충분한 불이 있으면 제련하여 다시 물로 씻어 보석이나 생활도구를 만들 수 있다. 이렇게 되면 사람들에게 아름다움을 보여주는 난초나 보석 또는 실생활에 도움을 주는 도구 역할을 하듯이, 예술, 연예, 방송의 직업이나 생활에 실질적으로 활용하는 물건을 만드는 기술자, 공학자, 사업가, 발명가, 과학자 등이 적성에 맞는다.

예1) 1972년 9월 23일(양) 묘(卯)시생

시	일	월	연				
癸	丁	己	壬 (坤)				
卯	巳	酉	子				
75	65	55	45	35	25	15	5
辛	壬	癸	甲	乙	丙	丁	戊
丑	寅	卯	辰	巳	午	未	申

유(酉)월 정화(丁火)로, 사주의 주인공은 은퇴했지만 여전히 품위 있고 고상한 이미지를 갖고 있는 여배우 심은하이다. 수(水)가 발달한 사주로 금속을 정사(丁巳)화(火)로 제련하여 임자계(壬子癸)의 수(水)로 씻어낸 형상이므로 아름다운 보석이 탄생하였다.

예2) 1961년 8월 12일(음) 진(辰)시생

시	일	월	연				
甲	丁	丁	辛 (乾)				
辰	巳	酉	丑				
74	64	54	44	34	24	14	4
己	庚	辛	壬	癸	甲	乙	丙
丑	寅	卯	辰	巳	午	未	申

유(酉)월 정화(丁火) 일간으로, 사주의 주인공은 '펀드전도사'로 유명한 전 한국
펀드평가 대표이사다.

④ 해자축월

해자축(亥子丑)월은 겨울의 계절이다.

병화(丙火) 일간

겨울의 계절인 해자축(亥子丑)월의 병화(丙火) 일간은 초겨울에 병화(丙火) 태양
이 홀로 떠 있는 형상이므로 춥고 외롭다. 먼저 천간이나 지지에서 태양을 도와주
거나 따뜻한 기운이 있으면 좋다. 더불어 허허벌판에 눈보라만 가득한 것보다는
바위산이 있으면 겨울의 매서운 바람과 추위를 어느 정도 막아줄 수 있을 것이다.
자연의 나무와 식물과 화초들은 동면에 들어가고 짐승들은 바위산의 바위틈 속
에서 겨울 햇살을 받으면서 살아가는 좋은 물상이 될 것이다.

POINT

해자축월의 병화 일간

초겨울에 태양이 홀로 떠
있어 춥고 외로운 형상이므
로 화(火)가 가장 필요하고,
다음으로 바위산인 금(金)이
있으면 좋다.

❶ 해자축(亥子丑)월의 병화(丙火) 일간이 목(木)의 발달·과다를 만날 경우
목(木)이 적당히 있으면 한겨울에 수목과 화초가 무리지어 있는 형상으로 이 자
체만으로도 아름답다. 다만, 모든 것이 꽁꽁 언 한겨울 추위에 태양의 햇살이 너
무 적으면 나무가 얼어 죽을 수 있다. 이 때는 화(火)의 태양이나 온열이 가장 우
선적으로 필요하다. 적당한 화(火)가 있으면 최고의 물상이 된다. 한편 목(木)이
과다하면 겨울 눈보라 속에 수목이 빽빽하게 숲을 이룬 형상으로, 비록 태양의 힘
은 약하지만 충분히 겨울을 이겨낼 수 있을 것이다.

❷ 해자축(亥子丑)월의 병화(丙火) 일간이 화(火)의 발달·과다를 만날 경우
화(火)가 적당히 있으면 한겨울 눈보라에도 태양의 햇살이 내리쬐고 있는 형상으
로, 겨울을 무사히 지내고 봄을 맞이할 수 있다. 더불어 목(木) 나무가 발달하거
나 넓은 들판과 정원이 있는 토(土)가 발달하면 최상의 물상이다. 봄이 되어 나무
들이 새싹을 틔우거나 넓은 들판에 곡식을 뿌릴 수 있기 때문이다. 수(水)를 과다

하게 만나 세상이 온통 눈보라에 꽁꽁 얼어 있으면 우선 화(火)의 태양이나 온열을 더해주는 것이 필요하다.

❸ 해자축(亥子丑)월의 병화(丙火) 일간이 토(土)의 발달·과다를 만날 경우

드넓게 펼쳐진 들판 가운데 강물이 흐르고 그 위에 태양이 떠 있는 매우 아름다운 형상이다. 또는 한겨울에 꽁꽁 언 넓은 들판 위에 태양이 떠 있는 형상이다. 겨울 들판에 햇살이 있으므로 겨울보리 등의 식물이나 나무가 얼어 죽지 않고 무사히 겨울을 넘긴 뒤 봄이 되어 수확을 거두거나, 강인한 생명력으로 새싹을 틔울 수 있는 힘을 얻을 수 있다. 이 사주는 좀더 따뜻한 햇살인 화(火)가 필요하고, 다음으로 나무 목(木)이 있으면 넓은 들판을 최대한 활용할 수 있을 것이다.

❹ 해자축(亥子丑)월의 병화(丙火) 일간이 금(金)의 발달·과다를 만날 경우

한겨울에 모든 것이 꽁꽁 얼어붙었는데 바위산이 우뚝 솟아 있는 형상으로 매우 춥다. 병화(丙火) 태양이 있으므로 눈 덮인 겨울 바위산을 충분하지는 않지만 조금은 따뜻하게 내리쬘 수 있다. 눈보라가 몰아치는 곳에 바위산이 우뚝 솟은 형상이라서 바위산의 광석을 화(火)로 제련하거나, 바위산에 나무를 심어야 사주의 물상이 안정적이고 긍정적으로 변한다.

❺ 해자축(亥子丑)월의 병화(丙火) 일간이 수(水)의 발달·과다를 만날 경우

한겨울에 눈보라가 몰아치고 강물이 사납게 흘러가는데 태양이 환하게 떠오른 장관을 연출한다. 이런 사주를 가진 사람은 실제로도 적극적이고 역동적이며, 행동적이고 열정적이다.

그러나 리더십이 있는 반면 삶에 굴곡이 있는 편이다. 눈보라가 치고 강물이 바다로 흘러가면서 여기저기 바위에 부딪치고 절벽으로 떨어지듯 인생의 흐름이 파란만장하다. 이 때 추운 겨울의 눈보라를 잠재울 수 있는 것은 바로 먼저 화(火)의 태양빛으로, 화(火)가 더 있어야 안정된 리더십을 발휘할 수 있다. 사업가, 정치가, 책임자, 전문가, 법조인, 의료인, 군인, 경찰, 운동선수 등 자유롭고 독립적인 직업이 어울린다.

예) 1962년 11월 18일(음) 묘(卯)시생

	시	일	월	연
	辛	丙	壬	壬 (乾)
	卯	戌	子	寅

78	68	58	48	38	28	18	8
庚	己	戊	丁	丙	乙	甲	癸
申	未	午	巳	辰	卯	寅	丑

자(子)월 병화(丙火)로, 사주의 주인공은 변호사이다.

정화(丁火) 일간

겨울의 계절인 해자축(亥子丑)월의 정화(丁火) 일간은 한겨울에 눈보라가 치는데 촛불이 켜 있는 형상이다. 따라서 촛불을 지킬 화(火)가 필요하고, 추위를 막아줄 나무 목(木)도 필요하다.

❶ 해자축(亥子丑)월의 정화(丁火) 일간이 목(木)의 발달·과다를 만날 경우

한겨울에 나무가 빽빽하게 모여 있으므로 추위를 충분히 이겨나갈 수 있다. 다만, 희미한 달빛만 있으니 외롭고 인덕이 부족하며, 추위를 극복하기에는 햇살이 약하다.

이 때는 화(火)의 햇살이 가장 먼저 필요하다. 햇살의 화(火)가 대운에서 들어오면 최상이고, 봄에 화려한 꽃을 만나게 될 것이다. 다음으로, 넓은 들판이 필요하다. 다만, 아직 꽃이 피기 전이라서 결실을 맺거나 수확하기에는 이르므로 금(金)의 낫이나 도끼나 트랙터 같은 농기구는 필요 없다.

겨울의 목(木)에 해당하는 보리, 마늘과 같은 농작물은 봄에 결실을 거두므로 사업가나 전문가처럼 직접 소득을 얻는 직업도 어울리지만, 아직은 겨울이고 봄이 온다 해도 꽃이 피고 나무에 새싹이 돋는 것이 우선이므로 생산을 도와주는 역

POINT

해자축월의 정화 일간

한겨울에 눈보라가 치는데 촛불이 켜 있는 형상이므로 촛불을 지킬 화(火)와 추위를 막아줄 나무 목(木)이 필요하다.

할인 교육자, 상담가, 카운슬러, 연예, 예술, 방송인, 기술자, 개발자, 연구자 등의 직업이 어울린다.

❷ 해자축(亥子丑)월의 정화(丁火) 일간이 화(火)의 발달·과다를 만날 경우

한겨울에 따뜻한 햇살이 넘쳐나는 형상이므로 겨울을 편안하게 지낼 수 있다. 그러므로 안정된 삶을 누리고 소득도 풍족하다. 안정적인 직장생활이나 계획적인 금융, 교육, 공무원, 회사원 등의 직업이 좋다.

균형이 매우 잘 잡혀 있는 물상이므로 금속이 있어서 불로 제련한 뒤 물로 씻어내도 좋고, 나무가 있어서 봄에 꽃을 피워도 좋고, 땅이 있어서 햇살과 물의 영양분을 얻을 수 있으면 좋을 것이다. 다만, 금속이나 광물, 나무, 넓은 논밭이나 들판 중에 어느 하나가 뚜렷하게 있어야 사주가 더욱 안정된다.

❸ 해자축(亥子丑)월의 정화(丁火) 일간이 토(土)의 발달·과다를 만날 경우

한겨울에 넘쳐나는 물을 토(土)의 흙으로 가두어 호수를 이룬 형상이다. 들판 가운데 호수가 있고 호수에 달빛이 비추니 달빛이 처량하고 처연하다. 참모 역할이나, 힘들 때 호숫가에 나와 달빛을 바라보듯이 타인의 피로를 풀어주는 직업이 어울리지만 본인은 매우 외롭다.

그러므로 화(火)의 기운이 더 있으면 한겨울 추위를 이겨내고, 달빛이나 태양으로 겨울 들판과 겨울 호수를 비추어 미생물이 살게 하고 들녘을 살려서 봄의 꽃과 새싹을 준비할 수 있다. 다음으로 나무가 필요하고, 봄을 준비하는 괭이, 삽, 낫, 호미 등의 금(金)이 필요하다.

❹ 해자축(亥子丑)월의 정화(丁火) 일간이 금(金)의 발달·과다를 만날 경우

한겨울 바위산에 계곡물이 흐르는데 달빛만 외로이 비추는 형상이다. 이런 물상은 자신이 직접 끌고 가기보다는 사람들에게 도움이 되고 사람들이 필요로 하는 물건을 개발하는 일, 즉 개발, 연구, 기술 분야가 어울린다. 또한 겨울 바위산을 보면서 생각하고 상상하는 형상이므로 상상력을 발휘하거나 수리능력을 발휘하는 직업도 좋다.

다만, 화(火)의 달빛 하나로는 인덕이 없고 외롭다. 그러므로 화(火)가 좀더 있어서 발달의 형태로 있으면 바위산의 눈을 녹여 다가오는 봄의 나무를 살펴줄 수 있으니 인덕도 있고 재물복도 있을 것이다.

❺ 해자축(亥子丑)월의 정화(丁火) 일간이 수(水)의 발달·과다를 만날 경우

한겨울에 눈보라는 몰아치고 세상은 물로 넘치는데 달 하나 외로이 떠 있는 형상이다. 그 달빛마저 눈보라에 가려 잘 보이지 않는다. 이런 사주는 적극적이고 저돌적으로 몰아치는 눈보라처럼 실제로도 거칠 것 없이 세상으로 나아가지만, 파란만장한 삶의 굴곡이 따를 수 있다. 사업가, 정치인, 전문직 등 자신에게 맡겨주고 자신이 리더가 되는 직업이 어울리지만, 지나친 욕망이 발동해 실제 삶에도 눈보라가 칠 수 있다.

화(火)가 꺼질 수 있으므로 사주에 화(火)가 발달하거나 대운에서 들어오면 매우 좋을 것이다. 먼저 화(火)가 있는지를 보고, 그 다음으로 목(木)이나 토(土)나 금(金)의 존재 여부를 따진다.

예) 1970년 11월 13일(양) 진(辰)시생

시	일	월	연
甲	丁	丁	庚 (乾)
辰	酉	亥	戌

78	68	58	48	38	28	18	8
乙	甲	癸	壬	辛	庚	己	戊
未	午	巳	辰	卯	寅	丑	子

해(亥)월 정화(丁火) 일간으로, 사주의 주인공은 개그맨 김경식이다.

3. 무토와 기토 일간

일간이 무토(戊土)와 기토(己土)일 때 월지에 따른 물상의 변화를 알아본다.

1 인묘진월

인묘진(寅卯辰)월은 봄의 계절이다.

무토(戊土) 일간

봄의 계절에 무토(戊土) 일간은 넓은 들판에 봄이 온 상황으로, 자연의 생명력이 살아 숨쉬고 무엇이든 받아들일 준비가 되어 있다. 특히 나무를 심고 물을 받을 준비가 되어 있다.

❶ 인묘진(寅卯辰)월의 무토(戊土) 일간이 목(木)의 발달ㆍ과다를 만날 경우

넓은 봄 들판에 나무가 빽빽하게 자라는 형상으로 매우 이상적인 물상이다. 봄의 계절은 새로운 생명이 탄생하는 목(木)의 세상인데 여기에 토(土)의 논밭이 있으므로 재물이나 명예가 드높을 가능성이 높다.

다만, 목(木)이 과다하면 토(土)가 그만큼 넓어야 하고, 목(木)이 적당하면 논밭도 적당한 크기면 괜찮다. 다음으로, 봄에는 촉촉한 봄비나 햇살이 필요하다. 나무가 무성하여 과다하면 금(金)의 제련이 필요하고, 나무가 적당하면 수(水)의 비가 적당히 내려주거나 화(火)의 햇살이 적당하게 내리쬐는 것이 좋다.

봄의 나무는 잎을 틔우고 꽃을 피우는 동시에 가을 수확을 위해 준비하는 단계다. 그러므로 교육, 상담, 사회복지, 법조인 등의 직업처럼 장기적으로 타인의 삶에 도움을 주는 직업 적성이 어울린다.

❷ 인묘진(寅卯辰)월의 무토(戊土) 일간이 화(火)의 발달ㆍ과다를 만날 경우

넓은 봄 들판에 햇살이 가득하므로 나무가 무럭무럭 쑥쑥 잘 자라는 형상이다. 다

만, 봄에는 물이 반드시 필요하므로 사주원국에 수(水)가 있어서 들판에 물을 댈수 있거나 비가 내리는 형상이면 더욱 좋을 것이다. 봄의 계절에 무토(戊土) 일간이 발달한 화(火)를 만나면 안정적이면서도 꾸준하게 발전해 나가는 공무원, 교육자, 상담가 등의 직업이 어울린다. 수(水)가 있으면 금융인이나 직장인, 연구원도 적합하다.

단, 화(火)가 지나치게 많으면 날이 너무 뜨거워 새싹들이 말라버릴 수 있으므로 반드시 수(水)가 필요하다. 화(火)가 발달하면 어느 오행이든 발달로 들어오면 살면서 굴곡이 없다.

❸ 인묘진(寅卯辰)월의 무토(戊土) 일간이 토(土)의 발달·과다를 만날 경우

봄의 계절에 매우 넓은 들판을 만나므로 아주 좋다. 먼저 나무나 곡식을 심을 수 있게 목(木)의 나무가 있으면 매우 아름다울 것이다. 넓은 들판 또는 논밭에서 곡식과 나무가 쑥쑥 자라듯이 리더십이 뛰어나고 사람들과의 관계도 여유롭고 활기차다. 안정된 직장에서 리더십을 발휘해서 책임자가 되고, 독립적으로 자신의 일을 하면서도 꾸준히 발전하고 주위 사람을 감싸주고 능력을 발휘한다. 대인관계가 좋고 포용력이 뛰어나며 관리능력도 있다.

다만, 토(土)가 지나치게 많으면 나무가 파묻히고 가지가 꺾이듯 삶에 굴곡이 생길 수 있다. 이렇게 토(土)가 과다할 때는 대운에 목(木)이 들어오거나, 목(木)을 활용하는 실내 인테리어 또는 코디가 필요하다.

❹ 인묘진(寅卯辰)월의 무토(戊土) 일간이 금(金)의 발달 · 과다를 만날 경우

봄의 계절에 넓은 들판 한가운데 바위산이 높이 솟아 있는 형상이다. 또는 넓은 들판과 전원 그리고 바위산에 나무가 몇 그루 있는 형상이다.

금(金)이 발달하면 논밭의 나무를 적당히 가지치기 하는 형상으로 매우 긍정적이지만, 금(金)이 지나치게 과다하면 나무 밑동을 과감하게 잘라버리는 형상이므로 부정적이다.

또한 들판이나 논밭이 부족하고 나무와 쇠만 있으면 나무 밑동을 잘라 장작을 쪼개는 형상이므로 불이 없으면 아무 쓸모가 없다. 사주 내에 화(火)가 없이 장작과 도끼만 있으면 사주가 금목상쟁(金木相爭)의 형태로 실용성이 부족하다. 땅에 뿌리를 내려 생명력을 갖추거나, 장작이 되어 화(火)의 땔감으로 사용되는 것이 나무인 목(木)의 역할이다.

❺ 인묘진(寅卯辰)월의 무토(戊土) 일간이 수(水)의 발달 · 과다를 만날 경우

봄의 계절에 넓은 들판이 있고 들판 가운데 큰 강물이 흐르고 있는 형상이다. 봄 들판에 물은 매우 중요한 요소이다.

봄에는 발달한 수(水)가 들판과 논밭을 기름지게 할 수 있고, 곡식이나 수목들이 잘 자랄 수 있기 때문이다. 적당한 물이 있으면 매우 좋은 물상으로 돈과 명예를 얻을 수 있다.

다만, 물이 과다하면 이른 봄부터 홍수와 장마가 와서 사방에 물이 가득해 곡식이나 수목이 떠내려갈 수 있으므로 위험한 물상이다.

곡식이나 수목이 물에 잠겨서 썩거나 떠내려가면 수확을 기대할 수 없기 때문에 재물 손실이나 명예 훼손이 생기고, 나무가 썩어가므로 간과 뼈의 건강에 문제가 생기거나 수술을 하는 어려움을 겪게 될 수 있다.

예) 1971년 1월 17일(음) 사(巳)시생

시	일	월	연
丁	戊	庚	辛 (坤)
巳	辰	寅	亥

78	68	58	48	38	28	18	8
戊	丁	丙	乙	甲	癸	壬	辛
戌	酉	申	未	午	巳	辰	卯

인(寅)월 무토(戊土) 일간으로, 사주의 주인공은 탤런트 오지영이다.

기토(己土) 일간

봄의 계절인 인묘진(寅卯辰)월의 기토(己土) 일간은 봄을 맞은 작은 땅이므로 가장 먼저 토(土)가 더 있으면 좋다. 더불어 태양의 화(火)가 있으면 좋다.

POINT

인묘진월의 기토 일간

봄을 맞은 작은 땅의 형상이므로 토(土)가 더 있어야 하고, 더불어 태양의 화(火)가 필요하다.

❶ **인묘진(寅卯辰)월의 기토(己土) 일간이 목(木)의 발달 · 과다를 만날 경우**

봄을 맞아 작은 정원에 나무가 빽빽하게 자라고 있는 형상이므로 욕심이 너무 과다하다. 영양분은 부족한데 나무만 빽빽하게 많으므로 욕망은 크고 실속은 적다.

이 때는 먼저 토(土)의 논밭이나 들판이 있으면 좋다. 이 자체만으로도 나무가 잘 자랄 수 있으니 충분히 수확을 할 수 있고, 재물과 명예가 충족되며, 원하는 것을 얻는 평균 이상의 행운이 따른다. 토(土) 다음으로는, 먼저 목(木)이 적당하면 수(水)의 물이 충분해야 하고, 목(木)이 무성하면 금(金)의 톱이나 전지가위로 가지치기를 해주어야 한다. 나무와 금속만 가득한 경우에는 화(火)의 불로 나무를 쪼개 불로 승화시켜주지 않으면 아무 소용이 없다.

❷ **인묘진(寅卯辰)월의 기토(己土) 일간이 화(火)의 발달 · 과다를 만날 경우**

봄의 계절에 기토(己土) 텃밭이나 정원에 햇살 가득하므로 매우 좋은 물상이다.

봄 햇살이 충분하고 텃밭도 있어서 나무가 자라고 꽃이 피기에 좋다. 이대로 잘 키워서 열매를 맺으면 가을에 풍성한 수확을 기대할 수 있다.

다만, 기토(己土) 하나만 있으면 화(火) 태양이 강렬해서 메말라버릴 수 있고, 나무나 화초를 심을 공간이 매우 부족하다. 우선 토(土)가 충분하면 좋고, 다음으로 나무 목(木)이 있으면 좋다. 또는 나무를 땔감으로 사용할 경우 금(金)이 있고 나무도 충분해야 하므로 사주 내에 발달한 목(木)과 금(金)이 있으면 좋다. 그렇지 않으면 토(土)는 아무 쓸모 없는 무용지물이 되어 위장병이나 자궁질환 등이 생길 가능성이 높고, 부동산에 손실을 입을 수 있다.

❸ 인묘진(寅卯辰)월의 기토(己土) 일간이 토(土)의 발달·과다를 만날 경우

봄의 계절에 토(土)가 발달하면 정원과 들판이 충분하고 나무도 적당히 자라고 있는 형상이다. 재물과 명예가 풍족하고 원하는 것을 얻기 쉬운 최고의 물상이다. 직장에서는 리더십을 발휘하여 책임자가 될 수 있고, 사업도 여유가 있다.

다만, 토(土)가 너무 과다하면 들판과 논밭은 넓은데 식물이나 나무는 드문드문 자라고 있어 빈 공간이나 놀고 있는 땅이 너무 많다. 즉, 쓸모없는 땅이 많다. 욕망은 크고 실속은 없는 형상이므로 대운에서 나무인 목(木)이 들어와서 충분히 생산할 수 있어야 한다. 또는 나무를 심을 수 있게 화(火)의 태양이 적당히 있어서 땅을 살려주거나, 적당한 물이 있어서 언제든지 나무를 심을 수 있게 준비하는 것도 좋은 물상이다.

❹ 인묘진(寅卯辰)월의 기토(己土) 일간이 금(金)의 발달·과다를 만날 경우

봄을 맞은 작은 정원이나 텃밭에 바위산이 거대하게 솟아 있는 형상 또는 작은 마당에 장작과 금속, 도끼, 낫, 톱 등이 잔뜩 쌓여 있는 형상이다. 사주 내에 토(土)가 발달하면 매우 좋은 물상으로, 산과 들판에 수목과 곡식이 빽빽하게 자라고 있고 가지치기를 적절하게 하여 수확도 많다.

다만, 토(土)의 땅이 일간에만 있으면 나무가 말라서 장작이 되는 형상이므로 우선 장작을 태울 수 있는 화(火)가 필요하다.

❺ 인묘진(寅卯辰)월의 기토(己土) 일간이 수(水)의 발달·과다를 만날 경우

봄의 계절에 수(水)인 비가 촉촉이 내리면 나무도 잘 자라고 흙도 윤택해진다. 땅이 넓을수록 수(水)의 비도 충분히 받을 수 있고 나무도 많이 심을 수 있으므로 토(土)가 충분하면 금상첨화다. 재물도 충분하고 명예도 드높다.

그러나 비가 너무 과도하게 오면 봄부터 장마가 와 물이 넘쳐나서 텃밭이나 정원이 떠내려가고 나무도 썩거나 뽑혀 나가게 되므로 욕망은 크고 실속은 부족하다. 따라서 수(水)가 과다하면 사주 내에 토(土)가 발달 이상으로 있거나, 대운에서라도 토(土)가 들어와야 수(水)를 가두어 통제할 수 있고 나무도 잘 자랄 수 있다.

예) 1976년 2월 7일(양) 진(辰)시생

시	일	월	연
戊	己	庚	丙 (坤)
辰	丑	寅	辰

71	61	51	41	31	21	11	1
壬	癸	甲	乙	丙	丁	戊	己
午	未	申	酉	戌	亥	子	丑

인(寅)월 기토(己土) 일간으로, 사주의 주인공은 의사다.

② 사오미월

사오미(巳午未)월은 여름의 계절이다.

무토(戊土) 일간

사오미(巳午未)월의 무토(戊土)는 뜨거운 한여름의 넓은 들판이다. 따라서 가장 먼저 비가 오거나 바위산으로 그늘을 만들어주는 것이 좋고, 다음으로 나무가 많

POINT

사오미월의 무토 일간

뜨거운 한여름의 넓은 들판
이므로 가장 먼저 수(水)나
금(金)이 필요하고, 다음으
로 목(木)이 필요하다.

아 그늘이 되어주면 좋다.

❶ 사오미(巳午未)월의 무토(戊土) 일간이 목(木)의 발달·과다를 만날 경우

토(土) 즉 텃밭, 정원, 논밭, 들판, 산의 흙들은 적당한 햇볕이 있어야 퇴비가 되어 미생물과 영양분이 살 수 있다. 여름의 무토(戊土)에 나무가 적당하게 있으면 나무는 무성하고 힘차게 자라므로 가을의 결실을 기대해도 좋으며, 살면서 명예와 재물이 풍족하다. 그러나 나무가 과다하면 땅은 좁은데 수목이 너무나 빽빽하게 들어찬 형상으로, 과도한 욕심이 발동하여 일확천금의 꿈을 꾸거나 무리하게 확장하다가 어려움을 겪을 수도 있다.

❷ 사오미(巳午未)월의 무토(戊土) 일간이 화(火)의 발달·과다를 만날 경우

여름의 들판이나 논밭에 화(火)의 태양이 떠 있으면 토(土)에 영양분이 많아지므로 인덕이 넘치고 재물복과 부동산복이 넘친다. 그러나 화(火)의 태양이 과다하면 너무 뜨거워서 땅이 말라 갈라지고 사막화되어 나무들이 자랄 수 없다. 이 때는 수(水)의 빗줄기가 시원하게 내려주거나 강물이 흘러들어야 좋고, 높은 바위산의 금(金)이 크게 솟아 있으면 태양을 막아줄 수 있을 것이다.

❸ 사오미(巳午未)월의 무토(戊土) 일간이 토(土)의 발달·과다를 만날 경우

여름에 뜨거운 태양이 떠 있는데 토(土)의 논밭, 들판, 흙산이 넓게 펼쳐져 있으면 땅 속 영양분이 살아나서 기름진 땅이 되므로 부동산복과 인덕이 있다. 나무를 심어도 좋고, 물을 가두어도 좋다. 다만, 나무가 한 그루보다는 여러 그루가 있고 물도 충분하게 있어야 태양의 뜨거움과 넓은 들판을 모두 활용할 수 있다.

❹ 사오미(巳午未)월의 무토(戊土) 일간이 금(金)의 발달·과다를 만날 경우

한여름의 무토(戊土) 일간은 넓은 들판에 뜨거운 햇살이 내리쬐고 바위산 또는 커다란 금광석이 있는 형상이다. 넓은 들판과 바위산에는 목(木)의 나무를 심는 것이 좋고, 금광석이라면 화(火)를 제련하여 수(水)인 물로 씻어 빛나는 보석이나 생활도구로 만들면 좋다.

나무를 심으면 재물과 성과물 또는 생산물이 나타나는 직업을 선택하면 좋고, 보석이나 생활도구를 만든다면 연예, 예술, 방송 분야 등이나 홀로 빛나는 연구, 개발 등의 직업 적성이 어울린다.

⑤ 사오미(巳午未)월의 무토(戊土) 일간이 수(水)의 발달·과다를 만날 경우

한여름의 넓은 논밭과 들판은 반드시 수(水)의 물이 있는 것이 좋다. 먼저 수(水)가 발달하면 비가 적당히 내리고 강물도 적당히 흐르기 때문에 재물이 풍족하고, 인기와 명예도 풍족하게 얻을 수 있다. 들판이 펼쳐져 있고 호수나 강이 흐르며 햇살이 아름답게 비치고 있는 아름다운 자연 경치로 사람들에게 보는 즐거움을 주듯이 연예, 예술, 방송 등의 직업이 매우 잘 어울린다.

예) 1964년 4월 18일(음) 오(午)시생

시	일	월	연
戊	戊	己	甲 (乾)
午	寅	巳	辰

72	62	52	42	32	22	12	2
丁	丙	乙	甲	癸	壬	辛	庚
丑	子	亥	戌	酉	申	未	午

사(巳)월 무토(戊土) 일간으로, 사주의 주인공은 민주당 최고위원 김민석이다.

기토(己土) 일간

사오미(巳午未)월의 기토(己土)는 뜨거운 한여름의 좁은 정원이나 화단 흙이다. 따라서 가장 먼저 땅인 토(土)가 좀더 필요하고, 다음으로 더위를 식혀줄 비나 물인 수(水)가 필요하다.

❶ 사오미(巳午未)월의 기토(己土) 일간이 목(木)의 발달 · 과다를 만날 경우

한여름의 기토(己土)인 작은 정원이나 텃밭에 나무가 발달하면 명예와 부동산복, 재물복, 인덕이 크다. 그러나 목(木)이 과다하면 나무 사이가 빽빽하여 텃밭의 영양분이 부족해지고 쓸모없게 된다. 나무들이 너무 무성하여 서로 기토(己土)의 영양분을 빼앗기 위해 경쟁하는 형상으로, 욕망이 능력보다 커져 큰 욕심을 부리다가 재물을 잃거나 명예를 손상당할 수 있다. 먼저 토(土)가 좀더 있으면 좋다.

❷ 사오미(巳午未)월의 기토(己土) 일간이 화(火)의 발달 · 과다를 만날 경우

기토(己土) 일간의 정원이나 텃밭이 여름의 태양을 적당히 만나면 텃밭이 말라버리거나 수확이 부족할 수 있으므로 무엇보다 토(土)의 땅이 좀더 있어서 충분한 햇살을 받을 수 있으면 좋다. 토(土)가 일간밖에 없어서 아주 작은 텃밭에 햇살만 강하게 내리쬐면 땅이 메말라 어떤 식물도 자라기 어려운 쓸모 없는 땅이 되듯, 삶도 인덕이 없고 노력한 만큼 얻지도 못하며 굴곡이 심하다.

❸ 사오미(巳午未)월의 기토(己土) 일간이 토(土)의 발달 · 과다를 만날 경우

넓은 논밭이나 들판이 한여름의 뜨거운 태양빛을 충분히 받아 매우 기름진 땅이 된다. 물도 가둘 수 있고 나무도 심을 수 있고 광석도 캐낼 수 있으므로 포용력이 넘치는 여유로운 성격이고 인덕이 있으며, 재물복 특히 부동산복이 넘친다.

❹ 사오미(巳午未)월의 기토(己土) 일간이 금(金)의 발달·과다를 만날 경우

바위산에 햇볕이 내리쬐는 형상 또는 금광석을 제련하는 형상이다. 바위산에 흙이 조금밖에 없어서 식물이나 나무가 자라기에는 부족하므로 약간 불안정한 상태이다. 이 때는 가장 우선적으로 토(土)가 좀더 있어야 바위산의 흙이 많아져 나무나 수목이 뿌리를 내릴 수 있다. 이렇게 되면 재물복, 부동산복, 인덕이 따를 것이다.

한편, 금광석을 제련하는 형상은 수(水)로 제련된 금광석을 씻어서 보석이나 생활도구를 완성해야 하는데, 기토(己土)의 흙이 광석에 묻어 있으므로 재물복이나 명예가 있더라도 성공과 실패의 굴곡이 심하니 파란만장한 삶을 살 가능성이 높다.

❺ 사오미(巳午未)월의 기토(己土) 일간이 수(水)의 발달·과다를 만날 경우

작은 정원이나 텃밭에 햇살이 내리쬐고 수(水)가 발달하면, 태양의 햇살과 물은 충분한데 이것을 수용할 땅이 부족한 형상이다. 따라서 포용력과 적극성이 부족하다. 이 때는 사주원국에 토(土)가 발달하거나, 대운에서 토(土)가 강하게 들어오면 행운이 밀려올 것이다. 그러나 수(水)가 과다해서 넘쳐나면 텃밭이 물에 떠내려가는 형상이므로 인생에 굴곡이 많을 것이다.

예) 1970년 4월 15일(음) 묘(卯)시생

시	일	월	연
丁	己	辛	庚 (乾)
卯	亥	巳	戌

76	66	56	46	36	26	16	6
己	戊	丁	丙	乙	甲	癸	壬
丑	子	亥	戌	酉	申	未	午

사(巳)월 기토(己土) 일간으로, 사주의 주인공은 청와대 비서관이다.

3 신유술월

신유술(申酉戌)월은 가을의 계절이다.

무토(戊土) 일간

무토(戊土) 일간이 가을에 태어나면 넓은 들판에서 농작물을 수확할 수 있으므로 매우 아름다운 물상이라고 할 수 있다.

❶ 신유술(申酉戌)월의 무토(戊土) 일간이 목(木)의 발달 · 과다를 만날 경우

넓은 가을 들판이나 논밭에 심은 나무가 적당히 결실을 맺은 형상이다. 따라서 의식주가 풍족하고, 하는 일마다 성과를 거두고 능력을 인정받을 수 있다. 다만, 목(木)의 나무가 과다하면 토(土)의 땅이 작으므로 영양분은 부족한데 나무만 빽빽하게 무성한 형상이 되어 결과는 없고 욕심만 커서 파란만장한 삶을 살게 될 수도 있다.

❷ 신유술(申酉戌)월의 무토(戊土) 일간이 화(火)의 발달 · 과다를 만날 경우

넓은 가을 들판이나 논밭에 햇살이 적당하게 비추면 과일이나 곡식이 잘 익어 좋은 결실을 맺듯이, 사람의 인생도 만족스럽고 성과도 매우 크며 이익도 많다. 그러나 너무 과다한 태양은 과일이나 곡식을 메마르게 하므로 결실을 맺기 어렵다. 인생에서도 과정은 무난하지만 결과는 허점이 있고 성과도 미진하며 마무리가 부족하고, 승진이나 사업 등 일에서 뒤처지게 된다.

❸ 신유술(申酉戌)월의 무토(戊土) 일간이 토(土)의 발달 · 과다를 만날 경우

가을 들판이나 논밭이 넓게 펼쳐져 있으면 생산량이 충분하므로 의식주가 풍족하고, 평생 인덕이 있다. 인생을 살아가면서 이따금 작은 굴곡이 있더라도 평생 먹고사는 문제로는 걱정할 것이 없다. 또한 모든 생명체의 시작인 토(土)이므로 직업으로 사람이 살아가는 데 기초가 되는 교육자 또는 상담가가 어울리고, 토(土)가 많으므로 땅과 관련된 직업인 건축사, 부동산 중개업, 건설업 등이 어울리고 평생 부동산복이 있다.

❹ 신유술(申酉戌)월의 무토(戊土) 일간이 금(金)의 발달·과다를 만날 경우

앞서 설명한 것처럼 넓은 가을 들판이나 논밭은 모든 만물이 살아가는 터전이 되므로 의식주복이 있고 인덕이 있다. 다만, 너무 많은 바위산이 자리잡고 있으면 나무가 자라기도 어렵고, 물이 고이기도 어렵다. 화(火)로 금광석을 제련하려고 해도 금광석이 너무 과다해서 힘들다. 바위산에서 자랄 수 있는 나무나 식물들이 있으므로 평생 의식주 걱정은 없지만, 인덕이 부족하고 살면서 약간의 굴곡이나 파란만장한 일들을 겪게 된다. 욕심껏 확장하지 않고 안정적인 직업을 택하는 것이 좋을 것이다.

❺ 신유술(申酉戌)월의 무토(戊土) 일간이 수(水)의 발달·과다를 만날 경우

가을 들판이나 논밭에 수(水)가 발달하면 넓은 땅에 바위산도 있고 강물도 있으므로 생산할 것이 많다. 하는 일마다 결과가 크고, 능력을 발휘한다. 적극적으로 자신감을 가지고 살아가면 재물복과 의식주복과 인덕이 넘친다.

그러나 가을에 수(水)가 너무 과다하면 결실을 맺는 시기에 태풍이 밀려오는 형상이므로 살면서 굴곡이 심하고, 성격도 극단적이거나 스트레스가 심하여 정신적으로 육체적으로 건강이 상하게 된다.

水가 발달하면

水가 과다하면

예) 1946년 8월 6일(음) 진(辰)시생

			시	일	월	연	
			丙	戊	丙	丙 (乾)	
			辰	寅	申	戌	
72	62	52	42	32	22	12	2
甲	癸	壬	辛	庚	己	戊	丁
辰	卯	寅	丑	子	亥	戌	酉

신(申)월 무토(戊土)로, 사주의 주인공은 고 노무현 대통령이다.

기토(己土) 일간

POINT

신유술월의 기토 일간

가을의 작은 땅을 상징하므로 수확이나 결실이 작다.

가을에 기토(己土) 일간은 수확이나 결실을 얻을 수는 있지만, 땅이 좁기 때문에 큰 수확보다는 작은 수확에 어울린다.

❶ **신유술(申酉戌)월의 기토(己土) 일간이 목(木)의 발달 · 과다를 만날 경우**

가을에 작은 텃밭이나 정원에 나무가 빽빽하게 들어차 있으면 결실을 맺어야 하는 시기에 영양분이 부족하여 수확을 제대로 할 수 없다. 인생에서도 진행은 잘 되다가 끝마무리가 안 되고, 친했던 사람들이 마지막에 배신할 수도 있다. 나무 목(木)이 많을수록 인덕이 부족하고, 마무리가 더욱 부족할 수 있다.

이 때는 토(土)의 땅이 좀 더 있어서 나무에게 충분한 영양분을 주면 평생 의식주와 재물과 명예를 얻을 수 있다. 또한 금(金)으로 가지치기를 해도 좋지만, 가을에 가지치기를 하면 의식주복은 있지만 재물이나 명예에는 약간의 손실이 생길 수 있다.

❷ **신유술(申酉戌)월의 기토(己土) 일간이 화(火)의 발달 · 과다를 만날 경우**

가을에 작은 텃밭이나 정원에 뜨거운 햇볕이 내리쬐는 형상이므로 땅이 메말라 갈라질 가능성이 높다. 물론 나무나 땅은 햇살이 필요하다. 그러나 햇살이 너무 강하면 나무는 마르고 땅은 갈라지듯이, 화(火)가 강하면 기토(己土) 혼자서 감당하기에는 너무 뜨겁다. 그래서 부모복이나 인덕은 있지만, 행운을 제대로 끌고 나가는 능력이 부족하다.

먼저 사주를 안정적으로 가지고 가려면 토(土)의 땅이 좀 더 있어야 한다. 그래야 충분한 햇살을 모두 소화할 수 있고, 땅이 살아난다. 땅은 나무가 자라는 터전이 되므로 직업 적성은 교육, 공무원, 직장인 등 인간이 살아가는 데 보조 역할을 하거나 기초 역할을 하는 분야가 어울린다.

❸ 신유술(申酉戌)월의 기토(己土) 일간이 토(土)의 발달·과다를 만날 경우

토(土)가 발달하면 가을에 넓은 논밭이나 들판을 소유하게 되므로 충분한 수확을 할 수 있다. 그러므로 사람이 살아가는 데 기초가 되는 직업이 어울린다. 예를 들어, 교육자는 아이들을 가르쳐서 이 아이들이 성인이 되어 결실을 맺을 수 있게 한다. 공무원 역시 국민들이 안심하고 자신의 삶을 살아갈 수 있도록 기초생활을 도우며, 회사원이나 연구원, 개발자, 기술자, 건축사 등도 삶의 기초적인 틀을 만드는 사람들이다.

그러나 토(土)가 너무 과다하면 땅은 넓어 평생 의식주를 걱정할 일은 없지만, 자칫 한량이 되거나 과도한 욕심을 부리게 되는 극단적인 모습을 보일 수도 있다.

❹ 신유술(申酉戌)월의 기토(己土) 일간이 금(金)의 발달·과다를 만날 경우

가을 기토(己土)인 작은 정원이나 텃밭에 금(金)이 발달하여 금광석이 쌓여 있으면, 금광석 중에 보석이 섞여 있거나 생활도구가 될 가능성이 있으므로 인기, 연예, 방송, 기계, 설비 등 실생활에 사용하는 기계적인 일이 어울린다. 평생 의식주 걱정은 없지만 큰돈을 가져오기는 힘들다.

금(金)이 과다한 경우 역시 연예, 예술, 방송 등의 직업과 기계, 설비, 조각, 도자기 등 손으로 하는 직업 등이 어울린다. 다만, 자유롭고 싶은 욕망이 너무 크거나 보여주고 싶은 욕망이 너무 커서 굴곡이 생길 수 있다.

❺ 신유술(申酉戌)월의 기토(己土) 일간이 수(水)의 발달 · 과다를 만날 경우

가을에 작은 텃밭에 장마가 오는 형상이므로 부정적이다. 수(水)가 발달이면 어느 정도 수확을 할 수 있지만, 수(水)가 너무 과다하면 홍수로 강이 범람하여 정원이나 텃밭을 쓸어가버리는 형상이므로 살면서 굴곡이 심하고, 정신적 스트레스도 심할 수 있다. 또는 강물이나 장마처럼 일확천금의 꿈을 가지게 되어 한순간에 위험에 빠질 수도 있다. 이 때는 토(土)의 논밭이 더 있으면 매우 좋을 것이다.

예) 1962년 9월 20일(음) 사(巳)시생

	시	일	월	연
	己	己	庚	壬 (坤)
	巳	丑	戌	寅

73	63	53	43	33	23	13	3
壬	癸	甲	乙	丙	丁	戊	己
寅	卯	辰	巳	午	未	申	酉

술(戌)월 기토(己土) 일간으로, 사주의 주인공은 탤런트 박성미다.

4 해자축월

해자축(亥子丑)월은 겨울의 계절이다.

무토(戊土) 일간

겨울의 계절인 해자축(亥子丑)월의 무토(戊土) 일간은 휴식기에 해당하므로 무엇인가를 직접 생산하거나 사업을 하는 것보다는 중간에서 조율하거나 중개하는 직업, 조직 내에서 활약하는 직업, 연예, 예술, 방송 분야 등이 어울린다.

❶ 해자축(亥子丑)월의 무토(戊土) 일간이 목(木)의 발달·과다를 만날 경우

한겨울의 무토(戊土) 일간이므로 넓은 논밭이나 들판에 나무가 적당히 있으면 봄에 꽃을 피우고 열매를 맺기에 매우 좋다. 보리, 수박, 딸기와 감자 같은 농작물은 봄과 여름에도 수확이 가능하므로 재물과 명예와 리더십을 두루 가지게 된다. 일간 무토(戊土)를 제외하고 사주에 토(土)가 한두 개 더 있으면 더욱 좋을 것이다.

그러나 나무가 지나치게 많으면, 풍성한 나무가 있어서 욕심은 크지만 생산성이 떨어진다. 과도한 욕망을 삼간다.

❷ 해자축(亥子丑)월의 무토(戊土) 일간이 화(火)의 발달·과다를 만날 경우

한겨울의 넓은 논밭이나 들판에 햇살이 적당하게 비추면 땅이 기름지고 윤택해지므로 매우 긍정적이다. 부동산복이 넘치고 인덕도 넘친다. 부모에게 유산을 상속받거나 부동산이 늘어나고, 금융, 경제, 수확, 기계, 건축, 부동산 등의 직업이 어울린다.

❸ 해자축(亥子丑)월의 무토(戊土) 일간이 토(土)의 발달·과다를 만날 경우

한겨울에 넓은 논밭이 적당히 있으면 봄농사를 지을 터전이 되므로 기초학문 분야가 잘 어울린다.

토(土)가 과다하게 넓으면, 비록 봄에 생산성은 떨어지지만 충분히 생산할 수 있으므로 부동산복과 의식주복은 있다. 다만, 과도한 욕망 때문에 인생에 굴곡이 있을 수 있으므로 욕망을 절제하는 것이 좋다.

❹ 해자축(亥子丑)월의 무토(戊土) 일간이 금(金)의 발달·과다를 만날 경우

금(金)이 발달하면 한겨울의 넓은 논밭 위에 바위산이 빈틈없이 들어찬 형상이다. 무토(戊土)는 제 구실을 하기 힘들지만, 바위산에 쌓인 눈들은 아름다운 설경을 보여준다. 또한 바위산에도 철쭉, 난, 소나무 등이 충분히 자랄 수 있으므로 식물이나 나무의 터전이 된다. 많은 사람들이 감상하거나 즐기는 직업인 연예, 예술, 방송 분야 또는 삶의 터전이 되는 화학, 물리, 기술, 수학, 회화, 문학 등의 기초학문 분야에 직업 적성이 있다.

POINT

인묘진월의 경금 일간

한겨울의 넓은 논밭이므로 휴식하는 물상이며, 중재하고 조율하는 직업이 어울린다.

다만, 금(金)이 과다하면 바위산이 너무 큰 형상으로, 눈을 마음껏 감상할 수 있지만 평지 가까운 곳을 뺀 대부분의 바위산에는 수목이 자라기 어렵다. 인덕이 부족하고 노력한 만큼 소득이 들어오지 않는다. 자신의 능력에 비해 욕망이 너무 크면 굴곡도 크다.

❺ 해자축(亥子丑)월의 무토(戊土) 일간이 수(水)의 발달·과다를 만날 경우

한겨울에 넓은 논밭에 눈이 내리는 형상이므로 보기에 매우 좋을 뿐만 아니라, 겨울에 습기를 충분히 저장하여 땅이 윤택해지고 다음 해 봄농사에도 유리하다.

봄을 맞을 준비가 충분히 되어 있으므로 기초학문에 매우 잘 어울리고, 빈 들판에 눈 내리는 경치는 사람들이 감상하기 좋으므로 그와 관련된 직업 적성도 괜찮다. 또한, 땅을 촉촉하게 만들어 봄을 준비하는 모습이므로 저축, 금융, 회계, 증권 등의 투자와 관련된 직업도 어울린다.

예1) 1949년 10월 25일(음) 술(戌)시생

시	일	월	연
壬	戊	丙	己 (乾)
戌	寅	子	丑

72	62	52	42	32	22	12	2
戊	己	庚	辛	壬	癸	甲	乙
辰	巳	午	未	申	酉	戌	亥

자(子)월 무토(戊土) 일간으로, 사주의 주인공은 탤런트 최종원이다.

예2) 1968년 11월 5일(음) 축(丑)시생

시	일	월	연
癸	戊	甲	戊 (坤)
丑	辰	子	申

76	66	56	46	36	26	16	6
丙	丁	戊	己	庚	辛	壬	癸
辰	巳	午	未	申	酉	戌	亥

자(子)월 무토(戊土) 일간으로, 사주의 주인공은 탤런트 고 최진실이다.

기토(己土) 일간

해자축(亥子丑)월의 기토(己土) 일간은 한겨울에 텃밭이나 정원이 꽁꽁 얼어붙어 있는 형상이므로 태양을 상징하는 화(火)가 가장 우선적으로 필요하다.

POINT

해자축월의 기토 일간

한겨울에 꽁꽁 얼어붙은 땅의 형상이므로 화(火) 오행이 가장 먼저 필요하다.

❶ 해자축(亥子丑)월의 기토(己土) 일간이 목(木)의 발달·과다를 만날 경우

겨울의 계절에 작은 텃밭이나 정원에 나무를 빽빽하게 심어놓은 형상이다. 나무가 많으면 많을수록 기토(己土) 텃밭의 영양분이 고갈되기 쉽고, 겨울 나무에 수분이 많으므로 잎사귀는 무성하지만 열매는 잘 달리지 않는다. 노력한 만큼 소득이 부족하고, 대인관계에 힘쓴 만큼 인덕이 돌아오지 않는다. 나무가 많을수록 잎이 무성해지듯, 본인 또한 욕망이 커서 굴곡이 있는 삶을 살 수 있다.

❷ 해자축(亥子丑)월의 기토(己土) 일간이 화(火)의 발달·과다를 만날 경우

한겨울의 작은 텃밭에 햇볕이 뜨겁게 내리쬐는 형상으로 적당한 햇살은 땅을 기름지게 만들어주고, 추위도 어느 정도 막아줄 수 있다. 다만, 너무 강한 햇살은 가을 가뭄처럼 땅을 메마르게 하는 단점이 있다.

적당한 겨울 햇살에 눈이 적당히 내려 땅을 촉촉하게 해주므로 땅이 충분한 온

기와 영양분을 가지고 있다. 인덕도 있고 부모복도 있으며, 유산복이나 부동산복
도 있다. 그러나 과도한 햇살이 주는 따뜻함에 취해서 땅이 건조하고 메마르듯이
의존적이 되어 제 구실을 못할 수 있으며, 욕망은 크지만 관리능력이나 절제력이
부족하기 쉽다.

❸ 해자축(亥子丑)월의 기토(己土) 일간이 토(土)의 발달·과다를 만날 경우

눈 내리는 겨울에 넓은 논밭이나 정원의 형상이므로 땅이 기름지고 윤택하다. 경
치도 아름답고 땅도 기름지므로 농사를 지을 수 있게 봄이 오기를 기다리면 된다.
다만, 땅이 너무 과다하면 수분이 부족해서 메마른 땅이 되기 쉬우므로 욕망은 크
지만 수확은 생각보다 작다.

❹ 해자축(亥子丑)월의 기토(己土) 일간이 금(金)의 발달·과다를 만날 경우

눈 내리는 겨울에 커다란 바위산이 서 있고 산 위에 흙이 조금 있는 형상이다. 설
경은 아름답지만, 바위산이 너무 크면 춥고 삭막해 보인다.

성격도 욕망이 크고 매우 차가워 보이는 타입으로, 사람이 곁에 있지 못하고 모
두 떠나버리고 마치 높은 산을 정복하려는 등산가처럼 한두 명만 남아 있다. 이들
역시 산을 정복하면 떠나듯, 깊게 사귀다 보면 모두 떠나게 된다. 성격이 까다롭
고 차가워서 인덕이 부족하고, 자기 혼자서 연구하거나 끌고 나가는 직업 또는 사
람들을 멀리서 감시하는 직업이 어울린다.

❺ 해자축(亥子丑)월의 기토(己土) 일간이 수(水)의 발달·과다를 만날 경우

한겨울에 작은 텃밭이나 정원에 적당히 눈이 내리면 땅이 윤택해지는 형상이다.
그러나 눈이 너무 많이 내리거나 눈보라가 치면 사방을 분간할 수 없고 텃밭이나
정원도 어디에 있는지 알 수 없다. 기토(己土)에 심어놓은 겨우살이식물이나 마
늘이나 보리와 같은 곡식 등은 모두 얼어버린다.

온 천지가 한겨울이므로 햇살 하나 없는 과다한 수(水) 사주는 우울증이나 자
폐증 등의 건강문제가 생길 수 있다. 땅이 제 구실을 하기 어려우니 부모와의 인
연은 부족하지만, 경치가 아름다우므로 사람들에게는 인기를 얻을 수 있다.

예) 1962년 12년 11일(음) 인(寅)시생

시	일	월	연
丙	己	壬	壬 (乾)
寅	酉	子	寅

80	70	60	50	40	30	20	10
庚	己	戊	丁	丙	乙	甲	癸
申	未	午	巳	辰	卯	寅	丑

자(子)월 기토(己土) 일간으로, 사주의 주인공은 KBS PD다.

4. 경금과 신금 일간

일간이 경금(庚金)과 신금(辛金)일 때 월지에 따른 물상의 변화를 알아본다.

1 인묘진월

인묘진(寅卯辰)월은 봄의 계절이다.

경금(庚金)일간

봄의 계절인 인묘진(寅卯辰)월의 경금(庚金) 일간은 나무를 가지치기하거나, 바위산으로 그늘을 만들어주는 형상이다. 이 때는 태양이 있어서 가지치기를 한 나무가 잘 자라게 해주거나, 비가 내리는 것이 좋다.

❶ 인묘진(寅卯辰)월의 경금(庚金) 일간이 목(木)의 발달 · 과다를 만날 경우

봄의 바위산에 나무가 적당하면 풀이나 나무는 뿌리와 뿌리에 습기를 머금고 있으므로 꽃도 피우고 열매도 맺을 수 있다.

목(木)이 과다하면, 바위산에 나무가 많아도 나무끼리 뿌리가 얽혀 살아간다. 다만, 영양분이 부족하고 제대로 뿌리내리지 못하므로 욕망은 크지만 실속은 부족할 수 있다.

❷ 인묘진(寅卯辰)월의 경금(庚金) 일간이 화(火)의 발달 · 과다를 만날 경우

봄의 바위산에 나무가 들어차 있고 태양이 뜨겁게 내리쬐면 비록 바위산이지만 나무가 매우 잘 자랄 수 있다. 충분한 햇살을 받아 꽃을 피우고 열매도 풍성하게 열릴 수 있다.

다만, 과다한 화(火)는 자칫 뜨거운 열기로 경금(庚金) 바위산이 갈라지거나 녹아버릴 수도 있는데, 과도한 욕망만 줄이면 세상을 살아가며 연이어 성공할 가능성이 높다. 독립적이고 자유로운 직업이 좋다.

❸ 인묘진(寅卯辰)월의 경금(庚金) 일간이 토(土)의 발달 · 과다를 만날 경우

넓은 봄 들판이나 논밭 그리고 그 옆에 바위산이 솟아 있고 이 모든 곳에 나무들이 자라고 있는 형상이다. 매우 넓은 땅과 산과 충분한 나무가 잘 어울려 부모복, 인덕, 부동산복이 꾸준하게 들어오는 재물복이 있는 사주다. 적당한 땅과 적당한 나무가 있고 자신의 관리능력까지 있어서 재물이 함부로 새어 나가지 않고 지키는 능력이 있다.

❹ 인묘진(寅卯辰)월의 경금(庚金) 일간이 금(金)의 발달·과다를 만날 경우

봄에 바위산이 우뚝 솟아 있으면 식물이나 나무가 잘 자라기 힘든 물상이다. 수목이 바위산에 제대로 뿌리 내리기 힘든 것처럼 건강문제나 사건사고를 조심한다. 다만, 바위산에서 살아남는다면 생명력이 매우 강하고 튼튼한 것처럼 큰 성공을 할 수 있다.

　바위산의 나무는 먼저 뿌리에 물기인 수(水)가 있어야 한다. 바위산에 습기가 없으면 나무나 식물들이 살아가기 힘들다. 두 번째로, 화(火)의 햇살도 필요하다. 이 두 오행이 없이 봄에 나무와 바위산만 존재하는 사주는 살아남기 위한 나무가 치열하게 노력하는 것처럼 파란만장한 삶을 살아간다.

❺ 인묘진(寅卯辰)월의 경금(庚金) 일간이 수(水)의 발달·과다를 만날 경우

봄의 계절에 수(水)가 발달이거나 과다하면 물이 너무 많다. 이 때는 나무가 썩는 것만 방지하면 나무가 가장 잘 자랄 수 있는 여건을 갖추게 된다. 재물복이 있고 의식주가 풍족하다. 바위산에서 흘러나온 물줄기처럼 언어능력이 뛰어나서 말하는 직업이나 먹는 직업에 적성이 있다.

예) 1966년 3월 11일(음) 해(亥)시생

	시	일	월	연
	丁	庚	辛	丙 (坤)
	亥	寅	卯	午

79	69	59	49	39	29	19	9
癸	甲	乙	丙	丁	戊	己	庚
未	申	酉	戌	亥	子	丑	寅

묘(卯)월 경금(庚金) 일간으로, 사주의 주인공은 무용가다.

신금(辛金) 일간

봄의 계절인 인묘진(寅卯辰)월의 신금(辛金) 일간은 전지가위로 나무를 적당히 가지치기하는 형상이다. 따라서 꽃과 열매가 잘 열릴 수 있다.

POINT

인묘진월의 신금 일간

봄에 나무를 가지치기하는 물상이므로 나무가 잘 자라고 꽃과 열매가 많이 달린다.

❶ 인묘진(寅卯辰)월의 신금(辛金) 일간이 목(木)의 발달·과다를 만날 경우

봄에 나무가 빽빽하게 들어차 있는데 가지치기를 형상이다. 신금(辛金) 하나만 있으면 가지를 정리하다가 가위가 부러지는 형상이므로, 재물이나 능력은 있지만 그것을 자신의 것으로 만들지 못하고 부모복이나 인덕이 부족하다. 반드시 전지가위나 톱이나 낫, 가지치기를 할 수 있는 금(金)이 필요하고, 가지치기를 한 후에는 물을 충분히 주어야 나무가 잘 자라므로 수(水)가 필요하며, 화(火)의 햇살도 필요하다.

❷ 인묘진(寅卯辰)월의 신금(辛金) 일간이 화(火)의 발달·과다를 만날 경우

봄에 나무를 신금(辛金)의 전지가위로 가지치기를 하는데 태양이 뜨겁게 떠 있는 형상 또는 보석을 제련하기 위해 녹이고 있는 형상이다. 봄의 태양이 뜨겁게 내리쬐고, 나무는 쑥쑥 자라고 가지는 쭉쭉 뻗어 있는데, 전지가위는 힘이 약하다. 뜨거운 태양 아래 쑥쑥 자라는 나무처럼 열정적이고 적극적인 성향이며, 대인관계도 원만하다.

다만, 가위의 힘이 부족하면 가지치기가 잘 되지 않아서 꽃과 열매가 나뭇잎에 영양을 빼앗겨버리듯 노력과 열정만큼 실속을 챙기지 못한다. 전지가위에 해당하는 금(金)이 힘을 갖추면 매우 이상적인 물상이 된다.

❸ 인묘진(寅卯辰)월의 신금(辛金) 일간이 토(土)의 발달·과다를 만날 경우

넓은 봄 들판과 논밭에 나무가 무성한데 전지가위는 힘이 부족하다. 나무가 넓은 땅에 뿌리를 내리고 열매가 많이 열리듯, 재물복이나 부동산복이 풍족하다.

다만, 제대로 가지치기를 하지 못하고 땅을 개간하지 못하는 형상이므로, 열심히 하지만 결실은 늘 모자라고 결정적인 순간에 능력을 발휘하지 못하는 안타까움이 있다.

사주 내에 금(金)이 발달하여 삽이나 곡괭이로 땅을 개간하고 톱이나 전지가위로 가지치기를 해주면 최고의 물상이 되고, 재물복, 부동산복, 인덕이 넘치는 사주가 된다.

❹ 인묘진(寅卯辰)월의 신금(辛金) 일간이 금(金)의 발달·과다를 만날 경우

봄의 바위산에 나무가 자라고 있고, 전지가위의 힘이 강하여 무성한 나무와 전지가위가 서로 싸우는 형상이다. 이 때는 수(水)가 나무를 잘 자라게 해주거나, 화(火)의 불이 바위산과 금속을 부드럽게 해주면 좋은 물상이 된다.

❺ 인묘진(寅卯辰)월의 신금(辛金) 일간이 수(水)의 발달·과다를 만날 경우

봄비가 내리고 강물이 출렁이는 형상이다. 다만, 봄비와 강물의 도움으로 힘이 있는 봄 나무들을 가지치기해줄 가위는 힘이 매우 약하다. 나무가 잘 성장하므로 의식주복이 넘치고 재물도 꾸준히 들어온다.

다만, 제대로 가지치기를 하지 않아 무성하게 자라난 나무는 꽃도 아름답지 않고 열매도 부실하듯, 욕심이 지나치게 크면 노력한 만큼 실속이 부족하다. 따라서 자기 절제와 관리만 잘하면 풍족하고 여유로운 삶을 살 수 있다.

예) 1964년 3월 22일(양) 자(子)시생

시	일	월	연
戊	辛	丁	甲 (乾)
子	未	卯	辰

74	64	54	44	34	24	14	4
乙	甲	癸	壬	辛	庚	己	戊
亥	戌	酉	申	未	午	巳	辰

묘(卯)월 신금(辛金) 일간으로, 사주의 주인공은 차장 검사다.

2 사오미월

사오미(巳午未)월은 여름의 계절이다.

경금(庚金)일간

여름의 계절인 사오미(巳午未)월의 경금(庚金) 일간은 금(金)을 용광로에 녹이는 형상 또는 바위산에 태양이 떠 있는 형상이다.

❶ 사오미(巳午未)월의 경금(庚金) 일간이 목(木)의 발달 · 과다를 만날 경우

한여름에 나무가 잘 자라고 있고 가지치기도 충분해 주는 형상이다. 여름은 나무 등의 식물이 매우 왕성하게 자라는데 이 때 가지치기를 적당하게 해주면 적극적인 리더십과 추진력으로 성공과 성취를 함께 가져갈 수 있다. 이런 성향을 가진 사람은 부모가 얼마나 믿고 맡겨주는가, 학교에서 교사가 얼마나 격려해주는가가 중요하다.

재물복, 명예복이 크고 관직이나 선거에 진출하면 능력을 발휘한다. 다만, 지나치게 큰 욕망은 자제한다.

❷ 사오미(巳午未)월의 경금(庚金) 일간이 화(火)의 발달 · 과다를 만날 경우

한여름에 뜨거운 햇볕이 내리쬐고 바위산은 이글거리는 태양의 열기에 뜨겁게 달아오르고 있는 형상 또는 시뻘건 용광로에 쇳덩어리가 녹고 있는 형상이다. 여름 태양 또는 용광로의 쇳물처럼 저돌적이고 다혈질적이며, 추진력과 모험심을 가지고 있고, 돌파력이 왕성하다.

다만, 너무 뜨거운 열정과 행동으로 주위 사람들에게 상처를 주기 쉽고, 욕망이 과도하여 화가 쌓이기 쉬우며, 자칫 구설수나 관재수가 따를 수 있다.

❸ 사오미(巳午未)월의 경금(庚金) 일간이 토(土)의 발달 · 과다를 만날 경우

바위산과 논밭이나 들판 위에 따뜻한 태양이 내리쬐는 형상으로 땅이 태양빛을 받아 윤택해진다. 태양처럼 적극성이 있고 땅처럼 포용력이 있으며, 인덕과 부동산복이 동시에 있다. 욕망을 줄이고 자기 관리만 잘하면 평생 삶이 윤택하고 평탄할 것이다.

❹ 사오미(巳午未)월의 경금(庚金) 일간이 금(金)의 발달 · 과다를 만날 경우

한여름의 뜨거운 태양 아래 우뚝 솟은 바위산 또는 뜨거운 용광로에서 제련되고 있는 쇳덩어리의 형상이다. 한여름의 바위산, 용광로 속 쇳덩어리처럼 열정이 넘치고 적극적이며 자신감이 있다. 배짱이 있고 행동하는 타입이며 모험적이다. 용광로에서 제대로 녹여 보석이나 생활도구를 만들 수 있다면 많은 재물을 얻을 것이다. 욕망을 절제하면 관직이나 사업에도 모두 어울려서 복이 많은 타입이다.

❺ 사오미(巳午未)월의 경금(庚金) 일간이 수(水)의 발달 · 과다를 만날 경우

한여름에 뜨겁게 달아오른 바위산에 비가 내리는 형상 또는 용광로에서 녹고 있는 쇳덩어리를 다시 물에 식히고 있는 형상이다. 안정적인 성향과 열정적인 성향을 모두 지닌 타입이다.

보석을 만드는 형상이므로 빛나고 반짝이는 보석처럼 연예, 예술, 예능력을 발휘할 수 있고, 또한 햇빛 쏟아지는 뜨거운 바위산에 비가 내리는 형상이므로 조언자나 조력자가 되는 직업이 좋다.

예) 1939년 6월 16일(음) 진(辰)시생

	시	일	월	연
	庚	庚	辛	己 (乾)
	辰	午	未	卯

78	68	58	48	38	28	18	8
癸	甲	乙	丙	丁	戊	己	庚
亥	子	丑	寅	卯	辰	巳	午

미(未)월 경금(庚金) 일간으로, 사주의 주인공은 전 경남도지사다.

신금(辛金) 일간

POINT

사오미월의 신금 일간

용광로 속에서 금속이 녹고 있는 형상이므로 열정적이고 적극적이다.

한여름인 사오미(巳午未)월의 신금(辛金) 일간은 용광로 속에서 금속이 녹고 있는 형상이다.

❶ **사오미(巳午未)월의 신금(辛金) 일간이 목(木)의 발달 · 과다를 만날 경우**

한여름에 나무가 무성하게 자라고 있는데 전지가위는 제 역할을 못하고 있는 형상이다. 무성한 나무처럼 열정도 있고 적극성도 있고 욕망도 크다.

다만, 너무 무성하게 자란 나무들은 열매가 부실하다. 욕망은 크지만 실속은 모자라므로 사주나 대운에 금(金)이 있어서 지나치게 무성한 가지를 잘라주면 자기관리와 절제력이 생기고, 재물복과 인덕이 클 것이다.

❷ **사오미(巳午未)월의 신금(辛金) 일간이 화(火)의 발달 · 과다를 만날 경우**

한여름에 뜨거운 태양이 내리쬐는데 보석이 빛나는 형상 또는 뜨거운 용광로에서 보석이 녹고 있는 형상이다. 태양이나 용광로처럼 열정과 배짱과 모험심이 강한 타입 또는 보석이 뜨거운 태양 아래 빛나듯 타인에게 보여주고 싶은 욕망이나 인정받고 싶은 욕망이 매우 강하다.

다만, 화(火)가 너무 많아서 용광로불처럼 뜨거우면 신금(辛金) 보석이 녹아버리듯, 열정과 적극적인 성격, 확장적 성격으로 인해 건강을 해치고, 구설수나 관재수가 생길 수 있으므로 조심한다.

❸ 사오미(巳午未)월의 신금(辛金) 일간이 토(土)의 발달 · 과다를 만날 경우

한여름 넓은 논밭이나 들판에 뜨거운 태양이 내리쬐는 형상 또는 논밭이나 들판에서 보석이 빛나는 형상 또는 뜨거운 태양이 내리쬐는 논밭이나 들판에서 호미로 풀을 뽑고 있는 형상이다.

먼저 한여름 넓은 논밭이나 들판에 태양이 내리쬐는 형상은 화(火)가 너무 강해서 땅이 메마르지만 않으면 땅이 기름지고 윤택해질 것이다. 화(火)가 너무 많아 지나치게 뜨거워지면 논밭이나 들판이 갈라지지만, 이 경우는 토(土)가 발달 이상이므로 그런 염려는 적다. 여유롭고 포용력도 있으며 적극적인 성향이다.

다만, 땅을 개간하거나 풀을 뽑기에는 호미나 삽, 괭이만으로는 역부족이다. 금(金)이 좀더 많다면 금상첨화일 것이다.

❹ 사오미(巳午未)월의 신금(辛金) 일간이 금(金)의 발달 · 과다를 만날 경우

한여름에 뜨거운 태양이 내리쬐는데 보석 하나가 빛나는 형상 또는 뜨거운 용광로 속에서 금광석이 녹아 제련되고 있는 형상이다. 용광로 속 쇳물이 제련되어 보석이나 생활도구로 변화되므로 생산성이 매우 높다. 일을 성사시키는 능력도 뛰어나고, 계획적이고 기계적인 능력 또는 수학능력이나 개발능력이 뛰어나다.

❺ 사오미(巳午未)월의 신금(辛金) 일간이 수(水)의 발달 · 과다를 만날 경우

한여름에 뜨거운 태양이 내리쬐는데 강물이나 호수에 보석이 빛나고 있는 형상 또는 용광로에서 제련된 보석을 물로 씻어내고 있는 형상이다. 보석을 만들고 있으므로 타인에게 보여주는 직업, 타인에게 인정받는 직업, 인기를 가져가는 직업이 어울린다.

다만, 신금(辛金) 보석이 불에 녹아버리거나 물에 떠내려갈 가능성이 높으므로, 화(火)나 수(水)가 너무 많으면 인생이 파란만장하거나 굴곡이 생길 수 있다.

예1) 1966년 6월 14일(음) 자(子)시생

시	일	월	연
戊	辛	乙	丙 (乾)
子	卯	未	午

73	63	53	43	33	23	13	3
癸	壬	辛	庚	己	戊	丁	丙
卯	寅	丑	子	亥	戌	酉	申

미(未)월 신금(辛金) 일간으로, 사주의 주인공은 연출가다.

예2) 1959년 7월 28일(양) 오(午)시생

시	일	월	연
甲	辛	辛	己 (乾)
午	亥	未	亥

77	67	57	47	37	27	17	7
癸	甲	乙	丙	丁	戊	己	庚
亥	子	丑	寅	卯	辰	巳	午

미(未)월 신금(辛金) 일간으로, 사주의 주인공은 국민참여당 최고위원 유시민이다.

❸ 신유술월

신유술(申酉戌)월은 가을의 계절이다.

경금(庚金) 일간

가을의 계절인 신유술(申酉戌)월의 경금(庚金) 일간은 바위산에 금광석이 가득한 형상이다.

❶ 신유술(申酉戌)월의 경금(庚金) 일간이 목(木)의 발달 · 과다를 만날 경우

가을 바위산에 나무가 빽빽하게 들어찬 형상이다. 바위산에서 나무가 자라려면 상당한 인내심과 노력이 필요한데 가을 나무는 낙엽도 지고 힘이 부족하며, 바위산은 영양분과 습기가 부족하여 나무들이 자라기 힘들고 제 구실을 하기 힘들다. 이처럼 가을 바위산과 나무는 서로 경쟁관계다. 또한 이 경우는 금광석과 장작더미의 물상이다. 금광석을 제련해야 하는데 장작더미만 가득하다. 서로 아무 관련이 없어서 쓸모가 없다.

이 때는 물이나 불이 있어야 하므로 대운에서 화(火)나 수(水)를 만나면 행운을 얻을 수 있다. 다만, 금(金)과 목(木)을 동시에 만나면 부담이 크다.

❷ 신유술(申酉戌)월의 경금(庚金) 일간이 화(火)의 발달 · 과다를 만날 경우

가을 바위산에 태양이 뜨겁게 내리쬐는 형상 또는 금광석을 용광로에서 제련하는 형상이다. 가을 바위산에 뜨거운 태양이 내리쬐면 만물이 결실을 맺게 하는 긍정적인 물상이다. 용광로 속의 금광석을 제련하여 훌륭한 보석이나 실용적인 생활도구를 만드는 형상 역시 매우 긍정적이다.

이러한 사주는 열정적이고 기계적이며 기술적인 성향이다. 마지막 수확의 단계인 금속을 제련하는 모습처럼 계획적인 타입이다. 재물복과 리더십과 부하복 등이 있다.

POINT

신유술월의 경금 일간

바위산에 금광석이 가득한 형상이므로 나무가 자라기 위해 수(水)가 필요하다. 또는 화(火)가 있어서 금광석을 제련해주면 좋다.

❸ 신유술(申酉戌)월의 경금(庚金) 일간이 토(土)의 발달·과다를 만날 경우

높은 가을 바위산과 넓은 들판의 형상 또는 넓은 들판에 매장된 아주 많은 금광석의 형상이다. 넓은 들판이 있으므로 부동산복과 부모복이 있고, 금광석이 가득한 것은 금광석을 제련하려면 손재주가 있어야 하므로 기계적이고 계획적인 능력을 가지고 있다.

다만, 땅은 늘 금광석을 생산하려는 성질이 있어서 사주 전체가 금광석으로 변하면 생산성이 없어져서 건강문제와 재물의 손실이 생길 수 있다.

❹ 신유술(申酉戌)월의 경금(庚金) 일간이 금(金)의 발달·과다를 만날 경우

가을 바위산에 금광석과 바위가 가득 차 있는 형상이다. 제련할 수 있는 불도 없고, 바위에는 나무를 키울 수 있는 수(水)도 없으며, 만물의 터전이 되는 토(土)도 없다. 바위산에서 힘겹긴 해도 살아갈 수 있는 나무도 없는 형상이다. 이렇게 바위산만 우뚝 서 있으므로 쓸모가 부족하다.

이러한 물상은 대운에서 화(火), 수(水), 토(土), 목(木)이 순서대로 몰려오면 긍정적인 행운이 다가온다. 다만, 아주 적게 들어오면 바위산에 가득한 금광석을 견뎌내기 어렵다.

❺ 신유술(申酉戌)월의 경금(庚金) 일간이 수(水)의 발달·과다를 만날 경우

가을 바위산에 비가 내리는 형상 또는 가을 바위산의 계곡에 물이 가득찬 형상 또는 금광석을 물로 씻어내는 형상, 호수에 가득 찬 금광석의 형상이다. 바위산에 계곡물이 가득하고 습기가 가득하면 나무가 자라기 매우 좋다. 또한 불로 제련하여 보석이나 실용도구를 만들 때 물로 씻어내면 더욱 빛이 난다.

이런 물상은 매우 계획적이고 수학적인 능력을 가지고 있으면서 학문의 기초가 되는 기초학문에 능력이 있으며, 의식주복과 재물복이 있다.

예1) 1993년 8월 17일(양) 미(未)시생

	시	일	월	연
	癸	庚	庚	癸 (坤)
	未	午	申	酉

77	67	57	47	37	27	17	7
戊	丁	丙	乙	甲	癸	壬	辛
辰	卯	寅	丑	子	亥	戌	酉

신(申)월 경금(庚金) 일간으로, 사주의 주인공은 IQ가 매우 높아서 천재로 불리는 여성이다.

예2) 1970년 8월 27일(음) 자(子)시생

	시	일	월	연
	丙	庚	乙	庚 (乾)
	子	戌	酉	戌

74	64	54	44	34	24	14	4
癸	壬	辛	庚	己	戊	丁	丙
巳	辰	卯	寅	丑	子	亥	戌

유(酉)월 경금(庚金) 일간으로, 사주의 주인공은 개그맨 박명수다.

신금(辛金) 일간

가을의 계절인 신유술(申酉戌)월의 신금(辛金) 일간은 바위산에서 금은보석을 캐내는 형상이므로 금은보석을 제련할 화(火)가 가장 먼저 필요하다.

❶ 신유술(申酉戌)월의 신금(辛金) 일간이 목(木)의 발달 · 과다를 만날 경우

신유술(申酉戌)월의 경금(庚金) 일간이 목(木)의 발달 · 과다를 만나는 경우와 매우 유사하다. 다만, 경금(庚金) 일간보다 좀더 섬세하고 예민하며 감수성이 발달되어 있다.

❷ 신유술(申酉戌)월의 신금(辛金) 일간이 화(火)의 발달 · 과다를 만날 경우

신유술(申酉戌)월의 경금(庚金) 일간이 화(火)의 발달 · 과다를 만나는 경우와 매우 유사하다. 다만, 경금(庚金) 일간보다 좀더 섬세하고 예민하며 감수성이 발달되어 있다.

❸ 신유술(申酉戌)월의 신금(辛金) 일간이 토(土)의 발달 · 과다를 만날 경우

신유술(申酉戌)월의 경금(庚金) 일간이 토(土)의 발달 · 과다를 만나는 경우와 매우 유사하다. 다만, 경금(庚金) 일간보다 좀더 섬세하고 예민하며 감수성이 발달되어 있다.

❹ 신유술(申酉戌)월의 신금(辛金) 일간이 금(金)의 발달 · 과다를 만날 경우

신유술(申酉戌)월의 경금(庚金) 일간이 금(金)의 발달 · 과다를 만나는 경우와 매우 유사하다. 다만, 경금(庚金) 일간보다 좀더 섬세하고 예민하며 감수성이 발달되어 있다.

❺ 신유술(申酉戌)월의 신금(辛金) 일간이 수(水)의 발달 · 과다를 만날 경우

신유술(申酉戌)월의 경금(庚金) 일간이 수(水)의 발달 · 과다를 만나는 경우와 매우 유사하다. 다만, 경금(庚金) 일간보다 좀더 섬세하고 예민하며 감수성이 발달되어 있다.

예) 1957년 8월 23일(음력 윤달) 오(午)시생

시	일	월	연
甲	辛	庚	丁 (乾)
午	酉	戌	酉

73	63	53	43	33	23	13	3
壬	癸	甲	乙	丙	丁	戊	己
寅	卯	辰	巳	午	未	申	酉

술(戌)월 신금(辛金) 일간으로, 사주의 주인공은 변리사다.

④ 해자축월

해자축(亥子丑)월은 겨울의 계절이다.

경금(庚金)일간

겨울의 계절인 해자축(亥子丑)월의 경금(庚金) 일간은 한겨울 눈 덮인 바위산의 형상이다. 설경이 매우 아름답지만, 날씨가 추우므로 태양을 상징하는 화(火)가 있으면 좋을 것이다.

❶ 해자축(亥子丑)월의 경금(庚金) 일간이 목(木)의 발달 · 과다를 만날 경우

한겨울 눈보라에 꽁꽁 언 바위산에 나무가 자라고 있는 형상 또는 겨울에 습기가 가득한 바위산에 나무가 자라고 있는 형상이다. 이 물상은 겨울을 이겨내고 화려한 봄날을 기다리는 나무를 연상하게 한다. 습기가 많은 바위산은 동식물을 끌어모아 생명체를 살릴 수 있는 형상이므로 재물복과 의식주복 등이 있다.

다만, 본인이 남에게 베풀어야 하는 형상이므로 인덕이나 부모복은 부족하다.

POINT

해자축월의 경금 일간

한겨울 눈 덮인 바위산의 형상이므로 태양을 상징하는 화(火)가 가장 필요하다.

❷ 해자축(亥子丑)월의 경금(庚金) 일간이 화(火)의 발달·과다를 만날 경우

한겨울 눈보라에 꽁꽁 언 바위산에 태양이 떠 있는 형상 또는 경금(庚金) 금광석을 화(火)로 제련하여 물로 씻어내는 형상이다. 겨울에 태양이 가득한 것은 곧 봄이 다가옴을 암시하므로 재물복과 인덕이 있다. 또한 화(火)로 금광석을 제련한 다음 물로 씻어 보석이나 생활도구를 만드는 형상이므로 결과와 성과가 크고, 재물복이 있으며, 계획적이고 기계적인 이과적 성향을 가지고 있다.

무엇이든 대성공!

❸ 해자축(亥子丑)월의 경금(庚金) 일간이 토(土)의 발달·과다를 만날 경우

한겨울 눈보라에 꽁꽁 언 바위산과 넓은 들판이 있는 형상이다. 또는 넓은 들판의 금광석 위에 비가 내리는 형상이다. 겨울의 바위산과 들판은 다가올 봄에 새 생명을 키울 수 있는 능력과 포용력이 있으므로 실제로도 포용력이 있고 여유 있는 성격이다. 다만, 금광석을 씻어내는 형상은 제련을 준비하는 단계이므로 계획적이고 꼼꼼하며 기계적인 면이 있다.

❹ 해자축(亥子丑)월의 경금(庚金) 일간이 금(金)의 발달·과다를 만날 경우

한겨울 눈보라에 꽁꽁 언 바위산만 가득한 형상 또는 금광석을 깨끗하게 물로 씻어내는 형상이다. 습기가 가득한 바위산이므로 나무가 충분히 자랄 수 있고, 금광석을 물로 씻어내는 형상이므로 제련하여 보석이나 생활도구를 만들 수 있다. 기계적이고 계획적이며 이과적이고, 손재주가 필요한 직업이나 기초학문에서 뛰어난 능력을 발휘할 수 있다.

❺ 해자축(亥子丑)월의 경금(庚金) 일간이 수(水)의 발달·과다를 만날 경우

겨울에 눈보라가 치는데 꽁꽁 언 바위산만 홀로 서 있는 형상 또는 커다란 강과 호수에 잠겨 있는 금광석의 형상이다. 비 내리고 계곡물이 넘치는 바위산이면 나무가 잘 자라지만, 물이 너무 많아 장마가 지면 나무도 떠내려가고 작은 바위산도 잠겨버린다. 또한 물로 씻어내거나 적당한 호수에 잠겨 있는 금광석은 활용 가치가 뛰어나지만, 가득 찬 호수에 잠겨 있는 금광석은 녹슬어 쓸모가 없어진다. 의식주 복과 언어능력이 발달되어 있고, 기계적이고 이과적이며, 기초학문에 뛰어나다.

예1) 1981년 11월 18일(양) 사(巳)시생

시	일	월	연
辛	庚	己	辛 (坤)
巳	子	亥	酉

76	66	56	46	36	26	16	6
丁	丙	乙	甲	癸	壬	辛	庚
未	午	巳	辰	卯	寅	丑	子

해(亥)월 경금(庚金) 일간으로, 사주의 주인공은 혼성그룹 〈코요태〉의 멤버인 신지다.

예2) 1962년 12월 2일(음) 진(辰)시생

시	일	월	연
庚	庚	壬	壬 (乾)
辰	子	子	寅

73	63	53	43	33	23	13	3
庚	己	戊	丁	丙	乙	甲	癸
申	未	午	巳	辰	卯	寅	丑

자(子)월 경금(庚金) 일간으로, 사주의 주인공은 탤런트 최수종이다.

신금(辛金) 일간

겨울의 계절인 해자축월(亥子丑)월의 신금(辛金) 일간은 한겨울 보석의 물상이다. 눈보라 속에서는 작은 신금 보석을 찾기 어려우므로 금(金)이 좀더 필요하다.

❶ 해자축(亥子丑)월의 신금(辛金) 일간이 목(木)의 발달 · 과다를 만날 경우

해자축(亥子丑)월의 경금(庚金) 일간이 목(木)의 발달 · 과다를 만날 경우와 매우 유사하다. 다만, 경금(庚金) 일간보다 좀더 섬세하고 예민하며 감수성이 발달되어 있다.

❷ 해자축(亥子丑)월의 신금(辛金) 일간이 화(火)의 발달 · 과다를 만날 경우

해자축(亥子丑)월의 경금(庚金) 일간이 화(火)의 발달 · 과다를 만날 경우와 매우 유사하다. 다만, 경금(庚金) 일간보다 좀더 섬세하고 예민하며 감수성이 발달되어 있다.

❸ 해자축(亥子丑)월의 신금(辛金) 일간이 토(土)의 발달 · 과다를 만날 경우

해자축(亥子丑)월의 경금(庚金) 일간이 토(土)의 발달 · 과다를 만날 경우와 매우 유사하다. 다만, 경금(庚金) 일간보다 좀더 섬세하고 예민하며 감수성이 발달되어 있다.

❹ 해자축(亥子丑)월의 신금(辛金) 일간이 금(金)의 발달 · 과다를 만날 경우

해자축(亥子丑)월의 경금(庚金) 일간이 금(金)의 발달 · 과다를 만날 경우와 매우 유사하다. 다만, 경금(庚金) 일간보다 좀더 섬세하고 예민하며 감수성이 발달되어 있다.

❺ 해자축(亥子丑)월의 신금(辛金) 일간이 수(水)의 발달 · 과다를 만날 경우

해자축(亥子丑)월의 경금(庚金) 일간이 수(水)의 발달 · 과다를 만날 경우와 매우 유사하다. 다만, 경금(庚金) 일간보다 좀더 섬세하고 예민하며 감수성이 발달되어 있다.

예) 1958년 10월 30일(음) 진(辰)시생

	시	일	월	연
	壬	辛	甲	戊 (乾)
	辰	酉	子	戌

79	69	59	49	39	29	19	9
壬	辛	庚	己	戊	丁	丙	乙
申	未	午	巳	辰	卯	寅	丑

자(子)월 신금(辛金) 일간으로, 사주의 주인공은 검사장이다.

5. 임수와 계수 일간

일간이 임수(壬水)와 계수(癸水)일 때 월지에 따른 물상의 변화를 알아본다.

1 인묘진월

인묘진(寅卯辰)월은 봄의 계절이다.

임수(壬水) 일간

봄의 계절인 인묘진(寅卯辰)월의 임수(壬水) 일간은 봄비가 내려 나무가 무성해지는 물상이다. 꽃과 나뭇잎이 무성하게 달리지만, 꽃가루가 비에 씻겨 열매가 부실할 수 있다. 먼저 화(火)가 필요하고, 다음으로 토(土)가 필요하다.

❶ 인묘진(寅卯辰)월의 임수(壬水) 일간이 목(木)의 발달·과다를 만날 경우
봄에 무성한 나무숲에 비가 시원하게 내리는 형상이다. 봄의 수목에 비가 내리면

수목이 무럭무럭 자랄 수 있으므로 꽃도 아름답고 잎사귀도 아름답다. 다만, 꽃과 잎사귀가 너무 무성하면 열매가 잘 달리지 않는다. 기초학문이나 보여주는 직업, 인기를 가져가는 직업 등이 어울린다.

❷ 인묘진(寅卯辰)월의 임수(壬水) 일간이 화(火)의 발달·과다를 만날 경우

봄에 나무가 적당히 자라고 있는데 비가 내리고 태양도 적당하다. 이 경우 꽃도 아름답고 잎사귀도 무성하며 열매도 풍성하다. 기초도 튼튼하고 결과도 실속 있다. 결과가 있으므로 재물복이 있고 인기도 높다.

❸ 인묘진(寅卯辰)월의 임수(壬水) 일간이 토(土)의 발달·과다를 만날 경우

봄에 넓은 논밭과 들판에 나무가 자라는데 비가 적당히 내리고 있는 물상이다. 의식주복과 부동산복 등이 있다. 말하는 직업 또는 건축, 부동산 관련 직업 등이 어울린다.

❹ 인묘진(寅卯辰)월의 임수(壬水) 일간이 금(金)의 발달·과다를 만날 경우

봄비가 내려 나무가 잘 자라고 있는데 가지치기를 하는 형상 또는 바위산에 나무가 자라는데 비가 내리는 형상이다.

논밭에서 나무가 자라는 것보다는, 바위산에서 나무가 자라는 것이 잘 자라지는 못하지만 튼튼하고 생명력이 강할 가능성이 높다. 특히 바위산에서는 습기가 가장 중요한데 비가 내리는 형상이므로 매우 좋다. 끈기와 고집과 추진력이 강하고, 굴곡은 있지만 생명력이 강하여 반드시 성공적인 결과가 있을 것이다.

⑤ 인묘진(寅卯辰)월의 임수(壬水) 일간이 수(水)의 발달·과다를 만날 경우

봄비가 쏟아져 나무가 지나치게 무성해질 수 있다. 나무도 크고 꽃도 풍성하지만, 비가 많이 내리면 꽃가루받이가 제대로 되지 않아 열매는 실속이 부족하다. 그러나 꽃과 잎이 보기에 아름다우므로 타인에게 인기가 있다.

인덕이 있고 의식주도 풍족하며, 결실을 맺는 입장이 아니므로 리더가 되기보다는 참모가 되는 것이 좋고, 아이디어나 기획력을 활용하거나 인기를 가져가는 직업이 좋다.

예) 1972년 1월 17일(음) 진(辰)시생

시	일	월	연
甲	壬	壬	壬 (乾)
辰	辰	寅	子

71	61	51	41	31	21	11	1
庚	己	戊	丁	丙	乙	甲	癸
戌	酉	申	未	午	巳	辰	卯

인(寅)월 임수(壬水) 일간으로, 사주의 주인공은 판사다.

계수(癸水) 일간

봄의 계절인 인묘진(寅卯辰)월의 계수(癸水) 일간은 봄에 가랑비가 내리는 형상이므로 매우 좋다. 나무도 꽃도 열매도 적당한 습기에 잘 자라고 결실을 맺을 수 있다.

❶ 인묘진(寅卯辰)월의 계수(癸水) 일간이 목(木)의 발달·과다를 만날 경우

봄의 계절에 나무는 무성한데 이슬만 맺혀 있는 형상이므로 물이 좀더 필요하다. 나무는 자라고 싶은데 물이 부족하므로, 욕망은 크지만 추진력이 부족하다. 사회

POINT

인묘진월의 계수 일간

봄에 가랑비가 오는 형상이므로 나무와 꽃과 열매가 적당한 습기를 받아 잘 자란다.

사업, 복지사업, 상담, 교육 분야의 직업이 좋다.

사주나 대운에 수(水)가 좀더 있으면 인덕도 있고 추진력도 강하며 재물복도 있을 것이다.

❷ 인묘진(寅卯辰)월의 계수(癸水) 일간이 화(火)의 발달 · 과다를 만날 경우

봄의 계절에 나무는 적당하게 자라고 햇살은 뜨거운데 이슬은 말라가는 형상이다. 봄의 수목에게 햇살은 매우 좋지만, 물이 부족하면 새싹이 자칫 말라버릴 수 있다.

다만, 대기가 건조하므로 꽃가루받이가 잘 되어 훌륭한 열매를 맺을 가능성이 높다. 결과를 만들어가는 형상이므로 열정가 또는 활동가 타입이다.

❸ 인묘진(寅卯辰)월의 계수(癸水) 일간이 토(土)의 발달 · 과다를 만날 경우

봄에 넓은 논밭과 들판에 나무가 자라고 있는데 비는 안 오고 이슬만 있는 형상이다. 나무가 땅의 영양분을 흡수하여 잘 자라므로 리더십이 있다. 부동산복도 있지만, 욕망이 커서 일확천금을 꿈꾸다 어려움을 겪을 수 있으니 조심한다.

❹ 인묘진(寅卯辰)월의 계수(癸水) 일간이 금(金)의 발달 · 과다를 만날 경우

봄의 계절에 바위산에 이슬이 내리는 형상이다. 바위산에 나무가 자라려면 물이 필요한데 이슬만 있으니 나무가 자라기 벅차다. 나무가 뿌리를 제대로 내리지 못하고 바위산은 말라 갈라진다.

인덕도 부족하고 재물도 부족하겠지만, 사주나 대운에 수(水)가 더 있으면 인덕도 있고 재물복도 클 것이다.

❺ 인묘진(寅卯辰)월의 계수(癸水) 일간이 수(水)의 발달 · 과다를 만날 경우

봄의 계절에 나무에 비가 풍족하게 내리는 형상이다. 나무가 쑥쑥 자라는 형상이므로 나무와 잎사귀 모두 크다. 다만, 꽃이 수정을 하기 어려우므로 열매의 결실은 약하다.

예) 1972년 2월 9일(음) 해(亥)시생

시	일	월	연
癸	癸	癸	壬 (乾)
亥	丑	卯	子

74	64	54	44	34	24	14	4
辛	庚	己	戊	丁	丙	乙	甲
亥	戌	酉	申	未	午	巳	辰

묘(卯)월 계수(癸水) 일간으로, 사주의 주인공은 탤런트 김민종이다.

② 사오미월

사오미(巳午未)월은 여름의 계절이다.

임수(壬水) 일간

여름의 계절인 사오미(巳午未)월의 임수(壬水) 일간은 한여름에 비가 내리는 형상이다. 무더위에 지친 나무가 시원한 비를 만나므로 나뭇잎이 무성해진다.

❶ 사오미(巳午未)월의 임수(壬水) 일간이 목(木)의 발달·과다를 만날 경우

여름의 계절에 나무는 무성하고 비는 풍족하므로 각자 제 역할을 충분히 하고 있다. 열정도 있고 성장도 하고 명예도 얻고, 머리도 뛰어나고 인덕도 있다.

❷ 사오미(巳午未)월의 임수(壬水) 일간이 화(火)의 발달·과다를 만날 경우

여름의 계절에 무더위가 이어지고 있는데 비가 내리므로 원하는 것을 얻는 물상이다. 열정과 적극성이 뛰어나고 머리가 좋다. 인덕도 있고 명예와 재물복도 있다. 다만, 너무 뜨거운 태양은 과도한 열정을 상징하므로 굴곡이 있기 쉽다.

POINT

사오미월의 임수 일간

무더위에 지친 나무가 시원한 비를 만나는 형상이므로 매우 좋은 물상이다.

❸ 사오미(巳午未)월의 임수(壬水) 일간이 토(土)의 발달·과다를 만날 경우

여름의 계절에 넓은 논밭과 들판에 비가 내려 윤택해지는 형상이다. 매우 좋은 물상으로, 열정도 있고 배짱도 있고 리더십도 있다.

❹ 사오미(巳午未)월의 임수(壬水) 일간이 금(金)의 발달·과다를 만날 경우

여름의 계절에 바위산이나 금광석 위에 비가 내리는 형상이다. 먼저 바위산에 가장 필요한 것은 습기다. 충분한 비가 내려주면 나무가 살기 좋다. 한편 금광석에게 가장 필요한 것은 불이다. 충분히 제련하여 보석이나 생활도구를 만들어주기 때문이다. 둘 중 하나가 충족되었으므로 매우 좋다. 부동산복, 열정, 인덕이 있고, 적성은 이과와 문과 두루 어울린다. 예술, 연예, 방송 분야도 좋다.

❺ 사오미(巳午未)월의 임수(壬水) 일간이 수(水)의 발달·과다를 만날 경우

여름의 계절에 강물은 물이 풍족하고 하늘에서는 비가 내리는 형상이다. 뜨거운 여름에 비가 내리고 강물이 마르지 않으니 인덕도 있고 대인관계도 뛰어나며 재물도 풍족하다. 다만, 강물이 넘치고 장마가 심해 홍수가 나면 세상이 물에 잠기는 모습처럼 욕망은 크고 실속은 부족하여 삶이 파란만장할 수 있다.

예) 1951년 4월 17일(음) 진(辰)시생

	시	일	월	연
	甲	壬	癸	辛 (坤)
	辰	戌	巳	卯

75	65	55	45	35	25	15	5
辛	庚	己	戊	丁	丙	乙	甲
丑	子	亥	戌	酉	申	未	午

사(巳)월 임수(壬水) 일간으로, 사주의 주인공은 탤런트 고두심이다.

여름의 계절인 사오미(巳午未)월의 계수(癸水) 일간은 한여름에 이슬비가 내리는 형상이다. 작은 이슬비가 뜨거운 열기에 모두 증발되어버리므로 수(水)가 좀더 필요하다.

❶ 사오미(巳午未)월의 계수(癸水) 일간이 목(木)의 발달·과다를 만날 경우

계수(癸水)는 이슬 정도의 작은 물이다. 여름에 나무는 무성한데 이슬 정도로 가는 비가 내리니 한여름의 뜨거운 열기를 식혀주기는커녕 수(水)가 모두 증발될 처지다. 사주 내에 물이 풍족하거나 대운에서 물이 들어오면 좋다.

그러나 사주나 대운에서 수(水)가 들어오지 않으면, 열정과 배짱과 추진력은 있지만 욕망이 커져서 살면서 굴곡이 생기게 된다.

❷ 사오미(巳午未)월의 계수(癸水) 일간이 화(火)의 발달·과다를 만날 경우

무더위에 가뭄이 오래되었는데 아침 이슬 몇 방울은 열기에 모두 사라지는 형상이다. 온 하늘에 태양이 뜨겁게 빛나고 있으므로 자신을 과시하고 싶은 정치, 연예, 방송, 예술 분야 등에 직업 적성이 있다.

❸ 사오미(巳午未)월의 계수(癸水) 일간이 토(土)의 발달·과다를 만날 경우

무더운 여름날의 넓은 들판과 논밭에는 이슬만 있다. 땅이 메말라 갈라지는 형상이다. 사주나 대운에 물이 있으면 안정된 삶과 인덕과 부동산복, 재물복, 명예복이 따르지만, 대운이나 사주에 물이 전혀 없으면 과도한 욕망으로 굴곡이 생기게 된다. 문과 기질이 있고, 부동산, 건축 등의 분야가 어울린다.

❹ 사오미(巳午未)월의 계수(癸水) 일간이 금(金)의 발달·과다를 만날 경우

무더운 여름날에 바위산이 우뚝 솟아 있고 이슬만 몇 방울 있는 형상 또는 용광로에 금광석이 녹아 제련되고 있는 형상이다. 바위산에 햇살이 쏟아지고 있지만, 금광석을 용광로에서 제련하는 것은 매우 긍정적이다. 더불어 만들어놓은 보석이나 생활도구를 씻어낼 물이 풍족하면 재물복과 명예복이 넘칠 것이다.

POINT

사오미월의 계수 일간

한여름에 이슬비가 내리지만 뜨거운 열기에 모두 증발되어버리므로 수(水)가 좀더 필요하다.

❺ 사오미(巳午未)월의 계수(癸水) 일간이 수(水)의 발달 · 과다를 만날 경우

무더운 여름날에 수(水)의 비가 충분히 내리는 형상으로, 화(火) 태양의 열정과 수(水) 비의 아이디어, 기획력 등이 결합하여 문과와 이과 모두 어울린다. 세상을 시원하게 이끌어줄 리더나 지도자 역할이 잘 어울린다. 나무가 적당히 있으면 결실도 있으므로 사업가도 어울린다.

예) 1965년 4월 9일(음) 축(丑)시생

시	일	월	연
癸	癸	辛	乙 (乾)
丑	亥	巳	巳

71	61	51	41	31	21	11	1
癸	甲	乙	丙	丁	戊	己	庚
酉	戌	亥	子	丑	寅	卯	辰

사(巳)월 계수(癸水) 일간으로, 사주의 주인공은 벤처사업가다.

❸ 신유술월

신유술(申酉戌)월은 가을의 계절이다.

임수(壬水) 일간

가을의 계절인 신유술(申酉戌)월의 임수(壬水) 일간은 가을비가 쏟아지는 형상이다. 금속을 제련하거나 바위산에 비 내리는 형상은 좋지만, 나무가 결실을 맺는 시기에 비가 내리므로 열매가 떨어질 가능성이 높다.

POINT

신유술월의 임수 일간

나무가 결실을 맺는 시기에 비가 내리는 형상이므로 열매가 잘 익을 수 있게 화(火)가 필요하다.

❶ 신유술(申酉戌)월의 임수(壬水) 일간이 목(木)의 발달 · 과다를 만날 경우

가을에 결실을 기다리는 나무가 빽빽하게 들어차 있는데 임수(壬水)인 비가 내리는 형상이다. 가을에는 비가 오는 것보다는 태양의 햇살이 우선이다.

다만, 사주에 일간을 제외하고 수(水)가 없으면 매우 풍성한 과일이나 곡식을 수확할 수 있다. 자신이 결실을 얻을 수 있으므로 독립적이고 자유로운 직업이 어울린다.

❷ 신유술(申酉戌)월의 임수(壬水) 일간이 화(火)의 발달 · 과다를 만날 경우

가을 햇살이 가득한데 적당히 비가 내리고 있는 형상이다. 이렇게 일조량도 좋고 비가 적당히 내리면 곡식과 과일이 잘 여물고 풍족한 수확을 거둘 수 있다. 금융, 회계, 기계, 제작, 이과 등의 직업과 교육, 상담 등의 직업이 좋다.

그러나 사주에 나무가 적거나 없으면, 도와주는 물과 태양의 햇살만 있는 형상이므로 도와주는 역할, 참모 역할을 하는 직업이 어울린다.

❸ 신유술(申酉戌)월의 임수(壬水) 일간이 토(土)의 발달 · 과다를 만날 경우

넓은 가을 들판과 논밭에 비가 적당히 내리고 있는 형상이다. 가을에 비가 촉촉하게 내리는 윤택하고 넓은 땅은 결실을 맺을 수 있는 충분한 터전이 된다. 이 역시 도와주는 역할, 참모 역할, 조언자 역할을 하는 직업이 어울린다.

❹ 신유술(申酉戌)월의 임수(壬水) 일간이 금(金)의 발달·과다를 만날 경우

가을에 넓고 높은 바위산에 비가 적당히 내리고 있는 형상이다. 금(金)의 바위산이 적당하면 매우 좋지만, 사주에 금(金)의 바위산만 가득하면 곡식이나 나무가 살 공간이 없다. 이런 사주는 인생의 굴곡이 심하고 건강도 불리하다.

다만, 적당한 바위산에 비가 촉촉이 내리면 재물복, 부모복, 인덕이 있고 평생 평안한 삶을 살 수 있다.

❺ 신유술(申酉戌)월의 임수(壬水) 일간이 수(水)의 발달·과다를 만날 경우

가을비가 장대처럼 쏟아지는 형상이다. 가을 곡식과 과일 열매는 강한 비를 맞으면 당도가 떨어지고 수확이 떨어진다. 이와 마찬가지로 비가 많이 올수록 인생의 굴곡이 있다.

다만, 적당한 비는 곡식이나 과일에게 충분한 수분을 공급하므로 많은 수확을 할 수 있다.

예) 1953년 8월 21일(음) 묘(卯)시생

	시	일	월	연
	癸	壬	辛	癸 (乾)
	卯	午	酉	巳

77	67	57	47	37	27	17	7
癸	甲	乙	丙	丁	戊	己	庚
丑	寅	卯	辰	巳	午	未	申

유(酉)월 임수(壬水) 일간으로, 사주의 주인공은 극단의 이사다.

계수(癸水) 일간

가을의 계절인 신유술(申酉戌)월의 계수(癸水)는 가을에 내리는 이슬비이므로 열매를 풍성하게 수확한다.

❶ 신유술(申酉戌)월의 계수(癸水) 일간이 목(木)의 발달 · 과다를 만날 경우

신유술(申酉戌)월의 임수(壬水) 일간이 목(木)의 발달 · 과다를 만날 경우와 유사하다. 다만, 계수(癸水) 일간이 좀더 예민하고 안정적이다.

❷ 신유술(申酉戌)월의 계수(癸水) 일간이 화(火)의 발달 · 과다를 만날 경우

신유술(申酉戌)월의 임수(壬水) 일간이 화(火)의 발달 · 과다를 만날 경우와 유사하다. 다만, 계수(癸水) 일간이 좀더 예민하고 안정적이다.

❸ 신유술(申酉戌)월의 계수(癸水) 일간이 토(土)의 발달 · 과다를 만날 경우

신유술(申酉戌)월의 임수(壬水) 일간이 토(土)의 발달 · 과다를 만날 경우와 유사하다. 다만, 계수(癸水) 일간이 좀더 예민하고 안정적이다.

❹ 신유술(申酉戌)월의 계수(癸水) 일간이 금(金)의 발달 · 과다를 만날 경우

신유술(申酉戌)월의 임수(壬水) 일간이 금(金)의 발달 · 과다를 만날 경우와 유사하다. 다만, 계수(癸水) 일간이 좀더 예민하고 안정적이다.

❺ 신유술(申酉戌)월의 계수(癸水) 일간이 수(水)의 발달 · 과다를 만날 경우

신유술(申酉戌)월의 임수(壬水) 일간이 수(水)의 발달 · 과다를 만날 경우와 유사하다. 다만 계수(癸水) 일간이 좀더 예민하고 안정적이다.

예) 1972년 8월 2일(음) 진(辰)시생

시	일	월	연
丙	癸	己	壬 (坤)
辰	卯	酉	子

71	61	51	41	31	21	11	1
辛	壬	癸	甲	乙	丙	丁	戊
丑	寅	卯	辰	巳	午	未	申

유(酉)월 계수(癸水) 일간으로, 사주의 주인공은 KBS 아나운서 국혜정이다.

④ 해자축월

해자축(亥子丑)월은 겨울의 계절이다.

임수(壬水) 일간

겨울의 계절인 해자축(亥子丑)월의 임수(壬水) 일간은 한겨울에 눈보라가 몰아치는 형상이므로 반드시 나무나 태양이나 넓은 들판이 있어서 눈보라를 막아주는 것이 좋다.

❶ 해자축(亥子丑)월의 임수(壬水) 일간이 목(木)의 발달·과다를 만날 경우

겨울에 나무가 빽빽하게 들어차 있는데 임수(壬水)의 눈이 내리는 형상이다. 겨울의 눈은 과도하게만 내리지 않으면 이불 역할을 하여 수목 등의 겨울나기를 도와준다. 그러나 지나치게 많은 눈은 나무가 꺾이고 얼어 죽게 할 수도 있다.

적당한 양의 하얀 눈은 나무에 수분을 공급하고 봄을 기대하는 나무에게 생명력을 주듯, 이런 사주는 사람들에게 생명력을 주거나 도와주고 조언해주는 직업인 교사나 교수 등의 교육자, 카운슬러, 멘토(mentor)와 같은 상담자, 고아원, 양로원 등을 운영하는 사회사업가가 적성에 맞는다.

❷ 해자축(亥子丑)월의 임수(壬水) 일간이 화(火)의 발달·과다를 만날 경우

겨울에 강이 꽁꽁 얼어붙었는데 태양이 내리쬐고 있는 형상 또는 겨울에 눈이 내리고 동시에 햇빛이 내리쬐는 형상이다. 겨울 햇살은 겨울이 봄으로 가는 길목에서 있음을 상징하므로 새로운 시작과 변화에 능숙하게 적응하고 능력을 발휘할 수 있을 것이다.

❸ 해자축(亥子丑)월의 임수(壬水) 일간이 토(土)의 발달·과다를 만날 경우

한겨울 넓은 논밭이나 들판에 흰 눈이 소복하게 쌓이는 형상이다. 마늘이나 보리 같은 월동식물과 봄을 기다리는 식물은 겨울에 눈이 쌓이면 눈이 땅이 어는 것을 방지해주고 충분한 수분을 공급하기 때문에 봄에 수확량이 늘어난다.

　이런 사주를 가진 사람은 직업으로 직접 결실을 맛보는 사업가, 정치가, 건축사, 의사, 법조인, 제조업, 무역업 등의 분야가 어울린다.

❹ 해자축(亥子丑)월의 임수(壬水) 일간이 금(金)의 발달·과다를 만날 경우

겨울 바위산에 흰 눈이 소복하게 쌓여 있는 형상이다. 바위산에는 나무나 식물이 뿌리를 내리기 어려운데 눈까지 쌓이면 바위산에서 살아가기가 더 어려워진다.

　이런 사주를 가진 사람은 무기력해지거나 쓸데없는 걱정을 많이 하게 되므로 건강에 유의한다. 꾸준한 운동이나 취미생활이 필요하다. 적극적인 리더가 되는 직업보다는 아이디어, 연구, 교육 등의 직업이 잘 어울린다.

❺ 해자축(亥子丑)월의 임수(壬水) 일간이 수(水)의 발달·과다를 만날 경우

겨울에 세상은 온통 얼어붙었는데 또 다시 눈보라가 치는 형상이다. 특히 수(水)가 과다하면 세상이 온통 추위나 눈보라로 휩싸여 수목이 살기 힘들다. 대운에서라도 목(木)의 나무가 몰려와서 바람을 막아주거나, 화(火)의 태양이 몰려와 눈을 녹여주고 추위를 녹여주거나, 토(土)가 몰려와서 둑을 쌓아주면 좋다. 그렇지 않으면 인생에 굴곡이 심하고, 건강이 나빠질 수 있다.

예) 1971년 12월 13일(양) 진(辰)시생

시	일	월	연
甲	壬	庚	辛 (乾)
辰	申	子	亥

72	62	52	42	32	22	12	2
壬	癸	甲	乙	丙	丁	戊	己
辰	巳	午	未	申	酉	戌	亥

자(子)월 임수(壬水) 일간으로, 사주의 주인공은 연예기획사 대표 박진영이다.

계수(癸水) 일간

겨울의 계절인 해자축(亥子丑)월의 계수(癸水) 일간은 한겨울에 서리가 내리는 형상이므로 나무와 태양과 들판이 있는 것이 좋다.

POINT

해자축월의 계수 일간

한겨울에 서리가 내리는 형상이므로 나무의 목(木), 태양의 화(火), 땅의 토(土)가 필요하다.

❶ 해자축(亥子丑)월의 계수(癸水) 일간이 목(木)의 발달 · 과다를 만날 경우

해자축(亥子丑)월의 임수(壬水) 일간이 목(木)의 발달 · 과다를 만날 경우와 유사하다. 다만, 계수(癸水) 일간이 좀더 예민하고 안정적인 성향을 가지고 있다.

❷ 해자축(亥子丑)월의 계수(癸水) 일간이 화(火)의 발달 · 과다를 만날 경우

해자축(亥子丑)월의 임수(壬水) 일간이 화(火)의 발달 · 과다를 만날 경우와 유사하다. 다만, 계수(癸水) 일간이 좀더 예민하고 안정적인 성향을 가지고 있다.

❸ 해자축(亥子丑)월의 계수(癸水) 일간이 토(土)의 발달 · 과다를 만날 경우

해자축(亥子丑)월의 임수(壬水) 일간이 토(土)의 발달 · 과다를 만날 경우와 유사하다. 다만, 계수(癸水) 일간이 좀더 예민하고 안정적인 성향을 가지고 있다.

❹ 해자축(亥子丑)월의 계수(癸水) 일간이 금(金)의 발달·과다를 만날 경우

해자축(亥子丑)월의 임수(壬水) 일간이 금(金)의 발달·과다를 만날 경우와 유사
하다. 다만, 계수(癸水) 일간이 좀더 예민하고 안정적인 성향을 가지고 있다.

❺ 해자축(亥子丑)월의 계수(癸水) 일간이 수(水)의 발달·과다를 만날 경우

해자축(亥子丑)월의 임수(壬水) 일간이 수(水)의 발달·과다를 만날 경우와 유사
하다. 다만, 계수(癸水) 일간이 좀더 예민하고 안정적인 성향을 가지고 있다.

예) 1962년 12월 15일(음) 해(亥)시생

				시	일	월	연
				癸	癸	癸	壬 (乾)
				亥	丑	丑	寅
78	68	58	48	38	28	18	8
辛	庚	己	戊	丁	丙	乙	甲
酉	申	未	午	巳	辰	卯	寅

축(丑)월 계수(癸水) 일간으로, 사주의 주인공은 정신과 교수이자 의사다.

(1~3) 다음 사주를 보고 문제에 답하시오.

시	일	월	연
己	丙	戊	丙 (坤)
丑	申	戌	辰

→ 술(戌)월은 한로부터 입동 전까지의 늦가을이다.

1 위 사주에서 술(戌)월의 계절은?

① 초봄　　　　　② 늦봄
③ 여름　　　　　④ 초가을
⑤ 늦가을

→ 가을의 태양은 열매를 잘 익게 하고, 진토(辰土)와 축토(丑土)는 조열함을 방지해주고 있다.

2 위 사주에서 병화(丙火)를 물상론으로 설명한 것은?

① 가을의 태양빛으로 곡식이나 열매가 익는 데 큰 도움이 된다.
② 가을의 태양빛으로 땅을 너무 메마르게 한다.
③ 넓은 들판에서 광석을 꺼내 충분히 제련하고 보석을 만들어내는 물상이다.
④ 술(戌)의 병화(丙火)에 진(辰)과 축(丑)은 부정적이다.
⑤ 넓은 들판에 태양이 2개이므로 좋지 않다.

→ 일지에 있는 신금(申金)은 제 구실을 못하고 있다. 대운에 금(金)이 들어오면 완벽한 구실을 할 수 있을 것이다.

3 위 사주에서 넓은 들판을 물상론적으로 잘못 설명한 것은?

① 넓은 논밭이나 들판이므로 역마살의 기운이 있다.
② 넓은 논밭이나 들판이므로 생산량이 많다.
③ 넓은 논밭과 들판은 태양이 필요하다.
④ 넓은 논밭과 들판에 태양이 2개 있는 형상은 긍정적이다.
⑤ 일지에 있는 신금(申金)은 제 구실을 하고 있다

(4~6) 다음 사주를 보고 문제에 답하시오.

시	일	월	연
庚	丁	丙	己 (坤)
戊	巳	子	酉

4 위 사주를 물상론으로 설명한 것 중 옳지 않은 것은?

① 한겨울에 정화(丁火)와 병화(丙火)가 있으므로 추위를 이길 수 있다.
② 한겨울의 정화(丁火)는 촛불이므로 쉽게 꺼진다.
③ 한겨울에 눈 덮인 경금(庚金) 바위산은 설경이 매우 아름답다.
④ 한겨울의 논밭에 태양이 비치므로 씨앗이 살아서 봄을 기다린다.
⑤ 금광석을 불로 제련하고 물로 씻어내는 물상이다.

→ 정화(丁火)는 사화(巳火)와 병화 (丙火)의 힘을 얻어 쉽게 꺼지지 않는다.

5 위 사주의 물상을 설명한 것 중 옳지 않은 것은?

① 태양빛이 따뜻하다.
② 바위산이 우뚝 솟아 있다.
③ 겨울에 눈이 내려 습도가 충분하다.
④ 나무가 없으므로 매우 불리하다.
⑤ 금광석을 불로 녹여 보석이나 생활도구를 충분히 만들 수 있다.

→ 겨울에 나무가 없어도 금속을 제 련하여 가전제품이나 보석을 만 들고, 태양으로 땅을 얼지 않게 하여 봄에 싹이 돋을 수 있도록 준비할 수 있다.

6 위 사주의 물상에서 가장 힘이 약한 것은?
① 병화(丙火) 태양 　　② 기토(己土) 화분
③ 경금(庚金) 바위산 　　④ 술토(戊土) 논밭
⑤ 유금(酉金) 보석

→ 기토(己土)는 햇살도 너무 넘치 고 물도 넘쳐서 제 구실을 하기 힘들다.

실전문제

(7~10) 다음 사주를 보고 문제에 답하시오.

시	일	월	연
乙	癸	甲	庚 (坤)
卯	酉	申	午

→ 장맛비는 임수(壬水)에 해당하는 물상이다.

7 위 사주에 있는 물상이 아닌 것은?

① 이슬비　　　　　② 큰 나무
③ 바위산　　　　　④ 장맛비
⑤ 작은 나무

→ 입추에 걸려 있는 시간이므로 아직 더위가 남아 있는 초가을이다.

8 위 사주를 계절의 물상으로 바르게 설명한 것은?

① 더위가 남아 있는 초가을
② 추위가 남아 있는 초봄
③ 완연한 가을 분위기에 젖어 있는 가을
④ 여름으로 다가가고 있는 늦봄
⑤ 곡식을 수확하고 난 늦가을

→ 바위산의 장맛비는 금(金)이 많으면서 임수(壬水)가 있어야 한다.

9 위 사주를 물상론으로 설명한 것 중 옳지 않은 것은?

① 바위산에 소나무 한 그루 심어져 있고 이슬비가 내리는 형상이다.
② 트랙터와 기중기와 도끼를 동원하여 나무를 벌목하는 형상이다.
③ 바위산에 이슬이 내리는 형상이다.
④ 바위산에 철쭉과 같은 식물이 뿌리를 내리고 살아가는 형상이다.
⑤ 바위산에 장맛비가 내리는 형상이다.

10 위 사주에 있는 동물의 물상으로 옳지 않은 것은?

① 말   ② 원숭이
③ 닭   ④ 토끼
⑤ 호랑이

호랑이는 사주에 존재하지 않는다. 위 사주는 김연아의 사주로 많은 예술적 끼, 원숭이의 재주, 닭의 부지런함, 토끼의 외길 기질이 함께 있다.

(11~12) 다음 사주를 보고 문제에 답하시오.

시	일	월	연
癸	丁	丁	丙 (乾)
卯	亥	酉	申

11 위 사주 중 일간 정화(丁火)의 물상 해석이 옳지 않은 것은?

① 달빛   ② 촛불
③ 별빛   ④ 아궁이불
⑤ 태양

태양은 큰 불이다.

12 위 사주의 월지에 대한 설명으로 옳지 않은 것은?

① 가을을 상징한다.
② 커다란 바위산을 상징한다.
③ 월지의 유금(酉金)은 제련하지 않은 금광석이다.
④ 월지의 유금(酉金)은 작은 반지의 물상이다.
⑤ 월지의 유금(酉金)은 화(火)로 제련하고 물로 씻어주면 매우 좋다.

연일시의 지지에 있으면 작은 금속이나 장신구, 월지에 있으면 제련하지 않은 광석의 물상이다.

여기 정답! 1) 5 2) 1 3) 5 4) 2 5) 4 6) 2 7) 4 8) 1 9) 5 10) 5 11) 5 12) 4

붉은 돼지해는 정말 황금 돼지해인가?

사람들은 처음 만났을 때 무슨 띠냐는 질문을 많이 한다. 띠 동물로 육십갑자를 헤아려 나이를 알아낼 수 있을 뿐만 아니라, 12가지 띠 동물마다 독특한 개성을 가지고 있기 때문에 상대방도 그 동물의 성격을 가지고 있진 않을까 생각하게 된다. 이처럼 생활 속에서 활용할 만큼 띠 동물에 대해 잘 알고 있는 것 같지만, 사주명리학에서는 절기력으로 한 해를 구분하므로 입춘을 기준으로 띠 동물이 바뀐다는 점, 그리고 육십갑자의 천간이 무엇이냐에 따라 같은 띠 동물이라도 색깔이 달라진다는 사실은 잘 알려져 있지 않다.

올해 2010년은 경인(庚寅)년으로, 백호랑이띠라고 해서 많은 사람들의 관심을 받았다. 백호랑이 자체가 희귀종이라서 그런지 올해 태어나는 백호랑이띠 아이들 역시 고귀하고 상서로운 기운을 타고난다고 믿고 계획을 세워 임신하여 올해 아이를 낳는 사람도 있다.

이런 띠 동물의 유행은 드문 일이 아니다. 지난 2007년 정해(丁亥)년에도 600년 만에 1번 돌아온다는 '황금 돼지해'라는 속설이 퍼지면서 줄곧 내리막이던 신생아 출산율이 반짝 상승하기도 했다. 그렇다면 2007년 정해(丁亥)년은 정말 황금 돼지해였을까?

일반적으로 돼지해는 12간지에 따라 12년에 1번씩 돌아온다. 이 중에서 '붉은 돼지해'에 해당하는 정해(丁亥)년은 60년 만에 찾아온다. 여기에 음양오행을 더해 다시 계산하면 바로 600년 만에 돌아오는 황금돼지해가 된다는 것이다.

정(丁)은 음양으로는 음이고, 오행으로는 화(火)에 해당한다. 화(火)가 불처럼 붉은색이므로 정해(丁亥)는 붉은 돼지가 된다. 그렇다면 붉은 돼지와 황금 돼지는 어떤 관계가 있을까?

첫째, 음양오행학은 중국에서 탄생했다고 볼 수 있다. 중국에서 붉은색은 재물을 상징하고, 붉은색은 복을 가져오는 최고의 색으로 보고 있다. 그러므로 붉은 돼지해에 해당하는 정해년을 황금 돼지해라고 한 것이다.

둘째, 붉은 돼지해에 해당하는 정해년은 고전명리학 학설의 하나인 납음오행으로 보면 옥상토(屋上土)를 의미하고, 오행에서 토(土)는 노랑 즉 황금색이므로 돼지해인 정해년을 황금 돼지해라고 본 것이다.

그러나 민속학을 연구하는 학자들은 '황금 돼지해'라는 구절을 문헌자료 어디에서도 찾아볼 수 없다고 말한다. 만약 2007년 정해년이 600년 만에 찾아오는 황금 돼지해라면 600년 전 자료인 《태종실록 태종 7년(1407년)》 편에 이에 대한 기록이 나와 있어야 하는데 찾아볼 수 없다는 것이다. 따라서 황금 돼지해라는 말은 마치 발렌타인데이나 화이트데이가 상술로 만들어진 것처럼 최근 들어 생긴 유행이라고 할 수 있다.

결론적으로 말해서, 2007년 정해년은 600년 만에 돌아오는 황금 돼지해가 아닌 60년 만에 찾아오는 붉은 돼지해이다.

물론 돼지는 민속학적으로 매우 길한 동물이다. 돼지는 먹성이 좋아 먹을 복이 있다고 보고, 돼지꿈을 꾸면 재물을 얻고 돼지띠인 사람은 먹을 복과 재물복을 타고난다고 믿는다. 그렇다면 정말 돼지해에 태어난 사람은 재물복이 있는가?

이것은 일종의 플라시보 효과(placebo effect)로 볼 수 있다. 사람은 희망을 가지면 그렇지 않은 사람에 비해 삶이 희망적으로 풀려 나간다. 의사가 환자에게 가짜 약을 투여하면서 진짜 약이라고 하면 환자의 좋아질 것이라고 생각하는 믿음 때문에 병이 낫는 것처럼, 우리 아이가 좋은 삶을 산다고 믿고 자녀를 키운다면 늘 자녀에게 긍정적인 희망을 불어넣어줄 수 있으니 좋은 일 아닌가?

정월대보름에 부럼을 깨문다든가 강강술래를 하면서 복을 빌면 복이 들어온다고 믿는 것처럼, 사람들에게 희망과 긍정의 메시지를 전해주는 민속적 풍습은 미신이라고 무조건 내치지 말고 전통으로 지켜나갈 가치가 있다고 생각한다. 다만, 2007년의 '황금 돼지해'처럼 지나치게 상업적으로 이용하는 것은 경계해야 할 것이다.

사주명리학 용어들을 일반 이론의 관점에서 설명한 후 실제 사주 상담에 적용할 수 있게 대덕 이론의 관점에서 풀이한다.

예를 들어, 사주명리학 일반 이론에서 가장 많이 사용하는 근묘화실론의 내용은 다음과 같다. 먼저 연주에 길신이 들어오면 조상이나 조부모복이 있지만, 흉신이 들어오면 조상이나 조부모복이 없다. 마찬가지로 월주에 길신이 들어오면 부모와 형제복이 있지만, 흉신이 들어오면 부모와 형제복이 없다. 일주에 길신이 들어오면 배우자복이 있지만, 흉신이 들어오면 배우자복이 없다. 시주에 길신이 들어오면 자식복이 있지만, 흉신이 들어오면 자식복이 없다.

그러나 대덕 이론에서는 연월일시 간지에 각종 신살이 들어오는 것으로 길흉을 판단하는 근묘화실론은 사용하지 않는다.

04

사주명리학 용어 해설

04

사주명리학 용어 해설

1. 일간 · 간지 · 상생상극

사주에서 일간을 비롯한 연월일시의 천간과 지지, 오행의 상생작용과 상극작용을
일반 이론의 관점에서 설명한 후, 대덕 이론의 관점에서 다시 풀이한다.

근묘화실(根苗花實)

사주팔자의 연월일시 간지를 일컫는 말로, 뿌리[根] · 싹[苗] · 꽃[花] · 열매[實]를
뜻한다. 생년은 뿌리, 생월은 싹, 생일은 꽃, 생시는 열매를 의미한다. 생년으로는
초년, 생월로는 청년, 생일로는 중년, 생시로는 말년을 본다.

생시 : 실	생일 : 화	생월 : 묘	생년 : 근

● 대덕의 해설

사주명리학 일반 이론에서 가장 많이 사용하는 근묘화실론의 내용은 다음과 같다.
먼저 연주에 길신이 들어오면 조상이나 조부모복이 있지만, 흉신이 들어오면 조상이

나 조부모복이 없다. 마찬가지로 월주에 길신이 들어오면 부모와 형제복이 있지만, 흉신이 들어오면 부모와 형제복이 없다. 일주에 길신이 들어오면 배우자복이 있지만, 흉신이 들어오면 배우자복이 없다. 시주에 길신이 들어오면 자식복이 있지만, 흉신이 들어오면 자식복이 없다.

그러나 대덕 이론에서는 신살론을 사용하지 않으며, 연월일시 간지에 각종 신살이 들어오는 것으로 길흉을 판단하는 근묘화실론 역시 사용하지 않는다.

POINT
근묘화실
사주팔자의 연월일시 간지를 말한다. 즉, 근은 뿌리(생년), 묘는 싹(생월), 화는 꽃(생일), 실은 열매(생시)를 뜻한다.

신장살몰(神藏殺沒)

갑병무경임(甲丙戊庚壬)의 양간(陽干)은 인신사해(寅申巳亥)월을 좋아하고, 을정기신계(乙丁己辛癸)의 음간(陰干)은 진술축미(辰戌丑未)월을 좋아한다는 이론이다. 흉한 신살들이 모두 숨어버리므로 영웅호걸의 사주라고 한다.

● **대덕의 해설**

특별히 영웅호걸의 사주로 보기는 어렵다. 그러나 양간은 양지의 생을 받고, 음간은 음지의 생을 받는 것은 타당하다고 본다.

간지쌍련(干支雙連)

사주에 갑자(甲子)가 있는데 을축(乙丑)이 있거나, 병인(丙寅)이 있는데 정묘(丁卯)가 있거나, 정묘(丁卯)가 있는데 무진(戊辰)이 있는 등 연월일시 간지가 나란히 있는 것을 말한다.

● **대덕의 해설**

천간과 지지가 연월, 월일, 일시 또는 시일, 일월, 월연의 순서대로 존재하는 것을 말한다. 이런 사주 구조를 간지쌍련격이라고 하는데, 사주의 그릇이 크고 명예직이나 관직으로 진출하면 능력을 발휘할 가능성이 높다고 본다.

POINT
간지쌍련과 지지연여
간지쌍련은 사주에서 연월일시 간지가 나란히 있는 것을 말하고, 지지연여는 지지가 연월일시 또는 시일월연의 순서대로 이어지는 것을 말한다.

지지연여(地支連茹)

뿌리가 연달아 뻗어 나가는 것처럼 지지가 이어져 있다는 뜻이다. 이 때 연월일시 순서 또는 그와 반대로 시일월연 순서 모두 지지연여에 해당한다. 명연영지(名聯榮地), 명영연지(名榮聯地), 연지명영(聯地名榮) 모두 같은 의미다.

● **대덕의 해설**

지지가 순서대로 연결되어 있는 사주는 흔하지 않다. 다음 사주를 보자.

예1)

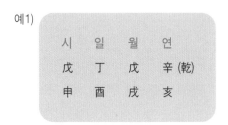

시	일	월	연
戊	丁	戊	辛 (乾)
申	酉	戌	亥

위 사주는 명나라 황제 무종(武宗)의 사주로 알려져 있다. 이 사주는 지지가 시지부터 연지까지 신(申), 유(酉), 술(戌), 해(亥)의 순서대로 이어지고 있다. 이런 사주를 지지순행격(地支順行格)이라고 한다. 식재다신약(食財多身弱), 식재왕격(食財旺格)으로 위풍당당하고 세상을 호령하는 영웅의 사주라고 본다.

지지연여 사주가 모두 능력을 발휘한다고 볼 수는 없지만, 분명히 다른 사주 구조에 비해 오행이 고립될 가능성이 매우 낮고, 사주가 균형을 이룰 확률이 높다. 그러므로 다른 사주에 비해 인생의 굴곡이 작고 행운이 찾아올 가능성이 큰 긍정적 사주일 가능성이 높다. 다만, 모든 사주는 전체 구성을 보아야 한다. 지지연여 사주도 욕망이 과도해져서 패가망신할 수 있음을 명심한다.

예2)

		시	일	월	연
		乙	甲	己	壬 (乾)
		亥	戌	酉	申

79	69	59	49	39	29	19	9
丁	酉	乙	甲	癸	壬	辛	庚
巳	辰	卯	寅	丑	子	亥	戌

위 사주는 전 국방부장관 정호영의 사주다. 연지부터 시지까지 신(申), 유(酉), 술(戌), 해(亥)의 순서대로 이어지고 있어 지지연여 사주가 되었다. 재관다신약(財官多身弱)에 가까운 신왕재관왕(身旺財官旺) 사주로 맺고 끊음이 정확하고 지배받기 싫어하는 성향이며, 돈과 명예가 따라오는 사주라고 할 수 있다.

수기유행(秀氣流行)

사주에서 빼어난 기운이 흘러다닌다는 뜻이다. 수기(秀氣)는 천간에 투출한 오행이나 육친을 말하고, 유행(流行)은 그 오행이나 육친이 주변을 생해주는 것을 말한다.

● 대덕의 해설

천간의 오행이 생을 받는 것은 매우 좋다. 지지가 고립되는 경우보다 천간이 고립되는 경우가 더 위험하기 때문이다.

수기정지(秀氣停止)

천간에 투출한 오행이나 육친이 주변을 생해주지 못하는 것을 말한다.

● 대덕의 해설

천간의 오행이 생을 받지 못하면 고립되기 쉬우므로 매우 불리하다. 지지의 고립보다 천간의 고립이 더욱 위험하다.

POINT

수기유행과 수기정지

수기유행은 천간에 투출한 오행이나 육친이 주변을 생해주는 것, 수기정지는 그와 반대로 생해주지 못하는 것이다.

좌우협기(左右協氣)

일간의 좌우에서 일간을 도와주는 상황을 말한다. 즉, 월간지나 시간지에서 일간을 도와주는 상황을 말한다.

● 대덕의 해설

일간이 고립되면 매우 불리하다. 그런데 사주의 연월 중에서 하나가 일간을 도와주고 다른 곳에서 일간을 도와주면 일간이 매우 안정된다. 좌우협기는 일간의 고립을 막아주는 형태이므로 매우 좋은 사주 구조이다.

다만, 합이나 생이 너무 강해서 과다해지면 오히려 사건사고가 발생할 수 있다. 합이나 생이 있다고 해서 반드시 좋은 것은 아니다. 사주는 전체를 분석하여 고립인지 과다인지, 합충이 너무 없거나 반대로 너무 과다한지 다양하게 살펴야 한다. 그래야 실제 사주 분석에서 정확성을 높일 수 있다.

예)

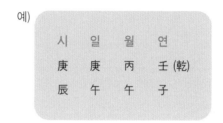

시	일	월	연
庚	庚	丙	壬 (乾)
辰	午	午	子

위 사주는 일간은 쇠약하고 관성은 강하다. 그런데 연간과 연지의 임자(壬子)가 수극화(水剋火)로 관성을 극제하고, 여기에 시지 진토(辰土)가 시간 경금(庚金)을 토생금(土生金)으로 생하여 일간의 힘을 보좌하고 있다. 일간을 좌우 양쪽에서 도와주고 있는 사주로 좌우협기가 되었다.

천복지재(天覆地載)

천간으로 덮어주고 지지로 실어준다는 뜻이다. 천복(天覆)은 천간이 지지를 생해주거나 도와주는 것을 말하고, 지재(地載)는 지지가 천간을 생해주거나 도와주는 것을 말한다. 예를 들어, 천간의 갑을(甲乙)이 지지의 인묘(寅卯)나 사오(巳午)를 도와주거나 생해주면 천복, 지지의 인묘해자(寅卯亥子)가 천간의 갑을임계(甲乙

壬癸)를 도와주거나 생해주면 지재라고 한다.

● 대덕의 해설

천간은 지지를 생해주고 지지는 천간을 생해주면 오행이나 육친이 고립에서 벗어나고 발달의 형태를 가져올 수 있으므로 사주가 유정(有情)할 가능성이 높다. 다만, 사주의 전체 구조를 살피는 것이 우선이다.

POINT

천복지재

천복은 천간이 지지를 생해주거나 도와주는 것, 지재는 지지가 천간을 생해주거나 도와주는 것이다.

생이불생(生而不生)

생을 하지만 생이 아니라는 뜻. 예를 들어, 갑목(甲木)이 지지에 해자수(亥子水)가 많으면 수생목(水生木)에 해당하는 것 같지만, 실제로는 수(水)가 너무 과다하므로 나무가 썩는다.

● 대덕의 해설

과도한 생은 오히려 고립을 시키므로 건강문제와 육친의 사건사고가 발생하기 쉽다. 고립과 지나친 과다 모두 부정적이다.

극이불극(剋而不剋)

극을 해도 극이 되지 않음을 의미한다. 화극금(火剋金)이지만 화(火)와 금(金) 사이에 토(土)가 있으면 화(火)는 금(金)을 극할 수 없으므로 극이면서도 극이 되지 않는다.

● 대덕의 해설

두 세력을 통하게 하는 통관이 있으면 극이 제대로 이루어지지 않는다는 논리다. 이러한 논리는 상황에 따라 긍정적이기도 하고, 부정적이기도 하다. 극을 하는 쪽보다 극을 당하는 오행과 육친이 더 강한데 여기에 통관이 있어서 생을 받으면 위험하지만, 극을 당하는 오행과 육친의 힘이 약한데 생을 받으면 긍정적이다.

설이불설(洩而不洩)

기운을 빼내도 기운이 빠져나가지 않는다는 뜻. 예를 들어, 신금(申金)이 갑목(甲

木)의 힘을 금극목(金剋木)으로 빼 가지만, 신자진(申子辰) 수국(水局)이 있으면 오히려 갑목(甲木)을 생하는 것을 말한다.

● 대덕의 해설

생을 하려고 해도 합이 되거나 생을 하는 오행과 육친이 너무 강하면 생을 받는 오행(육친)이 생을 제대로 받지 못하고 오히려 고립되는 경우를 말한다.

간지유정(干支有情)

천간과 지지가 서로 정을 나누고 있다는 뜻이다. 유정(有情)은 합을 말하는데, 천간과 지지의 지장간이 서로 합하는 것으로 무자(戊子), 정해(丁亥), 임오(壬午), 신사(辛巳)의 네 가지가 있다.

그런데 반드시 합을 하지 않아도 서로 유정한 경우가 있다. 천간에서 생조를 원할 경우에 지지가 인겁(印劫)이 되거나, 지지에서 생조를 원할 경우에 천간이 인겁이 되어 생조해주는 경우도 유정하다고 본다.

● 대덕의 해설

지지의 지장간과 천간이 합을 하는 명암합(明暗合)의 일종인데, 실제 사주 분석에서는 큰 의미가 없다고 본다.

생화유정(生化有情)

POINT

생화유정

사주에서 왕성한 두 세력이 대치하고 있을 때 중간에서 중재하여 서로 다투는 것을 방지하는 것을 말한다.

사주원국에서 왕성한 힘을 가진 두 세력이 서로 대치하고 있으면 중간에 중재자가 있어야 서로 다투는 것을 방지할 수 있고, 서로 상생작용을 하게 변화시켜 다정해진다는 논리다.

예)

시	일	월	연
甲	戊	癸	辛
寅	子	巳	酉

위 사주는 연주 신유(辛酉)가 투간과 통근을 하여 세력이 왕성하고, 월지 사(巳)가 사유합금(巳酉合金)으로 금국(金局)을 이루어 그 위세가 더욱 태왕하다. 여기에 시지의 갑인(甲寅) 또한 통근과 투간을 한 간여지동(干與之同)의 형태로 세력이 대단하다. 자칫 금(金)과 목(木)이 다투는 금목상전(金木相戰)이 벌어질 수 있는 불안한 사주다.

그런데 다행스럽게도 월간 계수(癸水)와 일지 자수(子水)가 서로 힘이 되어 금생수(金生水) 수생목(水生木)으로 혈기왕성한 세력을 중재함으로써 사주원국이 다정다감해진다. 이것이 바로 생화유정이다.

● **대덕의 해설**

통관의 작용에 대한 설명이다. 연월일시 간지가 상생작용을 하여 제대로 통관시켜주면 사주 구성이 매우 안정되어 인생의 굴곡이 적고 꾸준히 발전해 나간다.

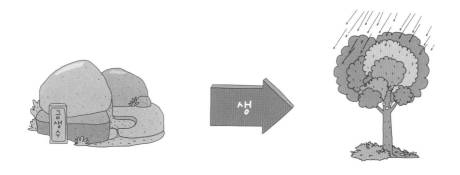

천지교태(天地交泰)

천간의 기와 지지의 기가 서로 생이나 비화(比和)나 합으로 교류하고 화합한다는 의미다. 천간의 오행이 대부분 동일한 오행으로 이루어지고 지지 또한 천간과 동일한 오행으로 이루어졌거나, 지지에 방합이나 삼합이나 육합이 있어서 천간의 오행과 동일한 오행으로 변화하는 경우를 말한다.

그런데 천지교태와 종격은 어떻게 다른가? 예를 들어 갑을(甲乙) 일간이 지지에 인묘진(寅卯辰)이나 해묘미(亥卯未)를 놓으면 종격이 이루어지지만, 천지교태가 되려면 갑을(甲乙) 일간 외에 천간 전체가 목(木) 오행이어야 한다.

● 대덕의 해설

대개 천지교태를 종격의 일종으로 보아 종용신으로 오면 좋다고 한다. 그러나 천지교태 사주는 오행과 육친의 과다와 고립을 동시에 불러올 가능성이 높기 때문에 성공과 실패가 극단적으로 올 수 있다. 욕심이 과도해지기 쉬우므로 자기 절제와 자기 관리가 반드시 필요하고, 성공해도 더 큰 성공을 바라고 욕망에 휩싸이다 사건사고에 휘말릴 수 있으므로 현재에 만족하는 마음자세가 필요하다.

POINT

천지교태

천간의 기와 지지의 기가 서로 교류하고 화합한다는 의미다. 천간과 지지의 오행이 같거나, 지지합을 하여 천간의 오행과 같아지는 것이다.

예)

시	일	월	연
丁	癸	乙	丙 (坤)
巳	巳	未	午

위 사주는 천간에 병정화(丙丁火)가 있고 지지 또한 화국(火局)을 이루는 천지교태 사주로 재다신약(財多身弱) 사주가 되었다. 을목(乙木) 고립, 계수(癸水) 고립, 화(火) 과다에 따른 건강문제와 사건사고를 조심한다.

추수통원(秋水通源)

가을의 수(水)는 근원과 통한다는 뜻이다. 추수(秋水)는 가을의 물로 신유술(申酉戌)월의 임계(壬癸)일을 말하고, 통원(通源)은 근원이 통했다는 의미다. 즉, 가을은 금(金)의 계절이므로 금생수(金生水)의 이치에 따라 수(水)의 기운이 왕성하다는 논리다. 추수통원을 추수명경(秋水明鏡), 금수쌍청(金水雙淸), 징청지수(澄淸之水), 청정지수(淸淨之水)라고도 한다.

추수통원 사주는 운이 서북으로 흐른다고 해도 큰 어려움이 없고, 경금(庚金)이 사령하면 세력이 왕성해지고 예리하고 강건해지며, 정화(丁火)를 얻고 더불어 갑목(甲木)까지 투간하면 유염지화(有炎之火)라 하여 과거에 합격하고 임금의 용안을 보는 관직을 얻고 고관대작의 지위에 오르는 등 행운과 행복과 부귀가 따른다

POINT

추수통원

신유술(申酉戌)월 임계(壬癸)일의 사주는 근원과 통한다는 의미.

고 한다.

● 대덕의 해설

가을 임계수(壬癸水)의 사주는 머리가 명석하고 계획적이며 자기 관리 능력이 뛰어나다. 암기 위주로 꾸준히 공부해야 하는 우리나라의 학습풍토에 잘 적응할 수 있는 사주 유형이다.

다만, 이런 사주 구성을 가지고 있다고 해서 모두 고관대작이 된다는 논리는 옳지 않다. 다른 사주 유형에 비해 한국적인 학습방법에서 능력을 발휘할 가능성이 크고 자기 관리 능력이 탁월한 것은 사실이다.

예1)

시	일	월	연
戊	壬	壬	甲 (坤)
申	午	申	寅

위 사주는 신(申)월 임수(壬水) 일간으로 추수통원이 되었다. 사주의 주인공은 서울대를 졸업하고 사법시험에 합격한 법조인이다.

예2)

시	일	월	연
庚	壬	己	壬 (乾)
子	申	酉	子

위 사주 역시 유(酉)월에 임수(壬水) 일간으로 추수통원이 되었다. 탤런트 김명민의 사주이다.

귀기불통(貴氣不通)

귀한 기운이 무엇인가에 막혀서 통하지 못하는 것을 뜻한다. 예를 들어, 갑목(甲木) 일간이 신약하여 연간 임수(壬水)를 용신으로 정할 때 월간에 경금(庚金)이나 신금(辛金)이 있으면 중간에 막혀서 도움을 받지 못하게 된다.

● 대덕의 해설

사주에서 특정 오행의 기운이 흐르지 않고 막혀 있으면 고립되기 쉽다. 그 결과 오행이 고립되지 않은 사주에 비해 사건사고나 변화변동이 강하게 나타난다.

그렇다고 해서 안정된 사주가 모두 좋은 것은 아니다. 사건사고나 변화변동이 긍정적인 모습으로 나타날 수도 있기 때문이다.

POINT

일범세군과 세군상일

일범세군은 일간이 연간을
극하는 것이고, 세군상일
은 연간이 일간을 극하는
것이다.

일범세군(日犯歲君)

일간이 태세(太歲), 즉 연주의 천간을 극하는 것을 말한다. 예를 들어, 갑목(甲木) 일간이 무토(戊土) 연간을 극하는 것이 일범세군이다. 따라서 일범세군은 신하가 임금의 명령을 거역하는 것과 같고 아랫사람이 윗사람의 명을 거역하는 것과 같으므로 그 재앙이 크다고 본다.

● 대덕의 해설

특별한 의미를 두지 않는 것이 좋다. 극이나 충은 무조건 나쁜 것이 아니라 사주 구성에 따라 좋을 수도 있고 나쁠 수도 있다.

세군상일(歲君傷日)

일범세군과는 반대로, 연간이 일간을 극하는 것을 말한다. 연주는 임금으로 보고 일주는 신하로 보기 때문에 임금이 신하를 다스리는 것 또는 아버지가 자식을 다스리는 것과 같다. 따라서 비록 재앙이 있지만 큰 재앙은 없다는 이론이다.

● 대덕의 해설

극이나 충이 무조건 나쁘다는 이론은 타당하지 않다. 사주 구성에 따라 서로 다른 결과가 나타난다.

군신경회(君臣慶會)

임금과 신하가 함께 잔치를 한다는 뜻이다. 천간은 임금이고 지지는 신하인데, 같은 순(旬)에 간지가 모이면 임금과 신하가 모여 잔치를 하는 형상으로 귀격이 된다는 논리다.

● **대덕의 해설**

기문둔갑이나 육임 등의 학설에서는 군신경회를 중요하게 다루지만, 사주명리학에서는 중요하게 다루지 않는다. 임상을 거쳐 유의미한 통계를 얻어야 비로소 사주 분석에 활용할 수 있으리라고 본다.

권재일인(權在一人)

사주의 모든 기가 일간에 집중되어 있는 경우로, 일간의 세력이 막강하다. 대개 사주가 인성과 비겁으로만 이루어져 있다.

● **대덕의 해설**

사주의 기가 하나의 오행이나 육친으로 집중되면 모험적이고 적극적이며, 욕망이 크고 변화에 대한 꿈이 매우 크다. 성공도 크지만 실패도 크게 할 수 있는 사주다.

예1) 1929년 1월 14일(양) 술(戌)시생

				시	일	월	연
				甲	己	乙	戊 (乾)
				戌	未	丑	辰
75	65	55	45	35	25	15	5
癸	壬	辛	庚	己	戊	丁	丙
酉	申	未	午	巳	辰	卯	寅

예2) 1950년 3월 21일(양) 인(寅)시생

				시	일	월	연
				戊	乙	己	庚 (乾)
				寅	卯	卯	寅
75	65	55	45	35	25	15	5
丁	丙	乙	甲	癸	壬	辛	庚
亥	戌	酉	申	未	午	巳	辰

예1)은 전 대통령 김영삼이고, 예2)는 가수 조용필의 사주이다. 두 사주 모두 종왕격 또는 종강격의 일종으로 예1)은 토(土)로 종하고, 예2)는 목(木)으로 종한다. 독립적이고 자유적이며 명예지향적인 특징을 가지고 있다. 타인에게 보여주고 인정받고 싶어하며, 정치인, 연예인, 방송인, 체육인 등의 직업이 잘 어울린다.

신불가과(臣不可過)

사주에서 임금은 연주에 해당하고, 신하는 일주에 해당한다. 따라서 신불가과(臣不可過)는 신하가 너무 강하면 안 된다, 즉 일주가 연주보다 힘이 세면 안 된다는 논리다.

● 대덕의 해설

연주가 임금이고, 일주가 신하라는 논리는 현대 이론에서는 타당성이 부족하다. 큰 의미를 두지 않는 것이 좋다.

양승양위(陽乘陽位)

천간도 4개의 양간(陽干)으로 이루어져 있고, 지지도 4개의 양지(陽支)로 이루어진 경우를 말한다. 양팔통(陽八通) 사주와 같다.

● 대덕의 해설

고립 · 과다 · 발달 · 무존재 중에서 고립이나 과다가 없고 발달되어 있거나, 격국이 많고 잘 만들어져 있거나, 합충이 아예 없거나 너무 과다하여 복잡하지 않고 적당한 사주는 더욱 귀한 사주라고 한다. 이런 사주는 활동적이고 적극적이며 리더십이 강하다.

음승음위(陰乘陰位)

양승양위와 반대되는 사주 구조이다. 즉, 천간도 4개의 음간(陰干)으로 이루어져 있고, 지지도 4개의 음지(陰支)로 이루어진 경우를 말한다. 음팔통(陰八通) 사주와 같다.

● 대덕의 해설

음팔통 사주는 발달한 감수성이나 감각을 활용한 직업 적성이 매우 잘 어울린다.

양신흥왕(兩神興旺)

『적천수(適天髓)』에서 언급된 내용으로, 계축(癸丑)과 경인(庚寅)을 말한다. 계축(癸丑)은 계수(癸水)와 축토(丑土)가 함께 왕하고, 경인(庚寅)은 경금(庚金)과 인목(寅木)이 함께 왕하다는 뜻이다.

● 대덕의 해설

특별한 의미는 없다. 학문적 타당성과 임상적 가치가 없다고 보면 된다.

POINT

양승양위와 음승음위

양승양위는 간지가 모두 양으로 이루어진 양팔통 사주를 말하고, 음승음위는 간지가 모두 음으로 이루어진 음팔통 사주를 말한다.

POINT

유력무력

유력은 주변에서 생조하여 강하게 된 것을 말하고, 무력은 극하는 것이 많아 힘이 없는 것을 말한다.

유력무력(有力無力)

힘이 있고 힘이 없다는 의미. 힘이 있다는 말은 주변에서 생조하여 강하게 된 것을 말하고, 힘이 없다는 것은 극하는 것이 많을 때를 말한다.

● 대덕의 해설

대덕 이론에서는 일간에 초점을 맞추지 않는다. 사주 여덟 글자 각자마다 힘이 있으면서 고립되어 있지 않으면 복과 덕이 크고, 사주 여덟 글자 각자마다 힘이 너무 과다하거나 고립되어 있으면 복과 덕이 부족하다고 본다. 이는 대덕 이론의 핵심 내용이다.

음양순역(陰陽順逆)

음양은 한쪽이 왕하면 다른 한쪽은 쇠약하다는 이론이다.

● 대덕의 해설

여름에는 화(火)가 왕한 반면 수(水)는 힘이 없는 것도 음양순역과 같은 이치다. 어느 한 오행이나 음양이 많으면 당연히 다른 한쪽의 기운이 약해진다. 오행이나 음양이 과다한 사주는 그에 대한 반작용으로 고립될 나타날 가능성이 높다는 뜻이다.

체양용음(體陽用陰)

POINT

체양용음

지지 중에서 본체는 양이지만, 작용은 음으로 하는 것을 말한다.

본체(本體)는 양(陽)이지만, 작용은 음(陰)으로 하는 것을 말한다. 지지에서 자(子)는 체(體)는 양이지만 음으로 사용하고, 오(午) 또한 체(體)는 양이지만 작용은 음으로 한다.

● 대덕의 해설

체양용음 이론과 더불어 지지에서 해(亥)는 원래 음인데 양으로 보고, 사(巳) 역시 원래 음인데 양으로 본다. 또한 사주를 분석할 때는 진술축미(辰戌丑未)월의 계절도 잘 읽어야 한다.

2. 오행

오행에 관한 사주명리학 용어를 일반 이론과 대덕 이론의 관점에서 각각 풀이한다. 특히 대덕 이론에서는 물상론을 적용하여 설명한다.

갑목맹아(甲木萌芽)

갑목(甲木)의 어린 새싹을 말한다. 해(亥)월 갑목(甲木)을 부르는 말이다. 해(亥)월에 태어난 갑목(甲木) 일간은 해(亥)의 지장간인 임수(壬水)와 갑목(甲木)의 도움을 크게 얻으므로 힘이 있다는 논리다.

● 대덕의 해설

물상론으로 보면, 초봄에 큰 나무에 충분한 물이 있어 나무가 새로운 싹을 틔우고 있는 형상이다. 목(木)의 생지(生地)에 해당하는 해(亥)월에서 목(木)은 싹눈(새싹)의 상태로 존재한다고 본다.

갑목붕아(甲木崩芽)

갑목(甲木)이 싹을 틔운다는 의미.

● 대덕의 해설

물상론으로 보면, 갑목(甲木)이 수(水)를 만날 때 또는 초봄을 만났을 때를 말한다. 해(亥)월 갑목(甲木)을 달리 부르는 말이다. 비록 춥지만 목(木)의 생지(生地)에 해당하므로 싹을 틔운다는 의미다. 갑목맹아와 갑목붕아는 서로 비슷한 의미다.

> **POINT**
>
> **갑목맹아와 갑목붕아**
>
> 둘 다 갑목(甲木)의 새싹을 의미한다. 해(亥)월 갑목을 부르는 말이다.

갑목참천(甲木參天)

갑목(甲木)의 형상이 마치 하늘 높이 솟아오른 것 같다는 뜻이다.

● 대덕의 해설

물상론으로 보면, 갑목(甲木)이 지지에 뿌리를 내리고 있는 형상이다. 즉, 하늘을 향해 쭉 뻗은 형상이다.

등라계갑(藤羅繫甲)

POINT

등라계갑

등나무 덩굴인 을목(乙木)이 큰 나무인 갑목(甲木)을 타고 올라간다는 의미.

등나무 줄기나 칡덩굴이 큰 나무를 타고 올라가고 있는 형상이다. 을목(乙木)은 등나무, 갑목(甲木)은 아름드리 큰 나무를 상징한다. 등나무 덩굴에 해당하는 을목(乙木)이 큰 나무에 해당하는 갑목(甲木)을 타고 올라가서 살아간다는 이론이다. 예를 들어 다음과 같은 사주가 등라계갑 사주이다.

예)

시	일	월	연
甲	乙	○	○
申	卯	○	○

위 사주는 을(乙)일에 갑신(甲申)시이므로 등라계갑 사주가 되었다.

● 대덕의 해설

물상론으로 보면, 등라계갑 사주는 강한 나무 또는 무성한 나무의 형상이다. 이런 나무는 도끼로 잘라 땔감으로 사용하거나 가위로 가지를 적당하게 잘라주고, 태양의 햇살과 물이 적당하게 있으면 좋은 열매나 과실을 얻을 수 있다.

등라계갑 사주는 무조건 길하다고 보는 사주명리학자들이 있지만, 등라계갑이라고 해서 모두 길하다는 논리는 위험하다. 사주 전체 구성과 위치에 따라 얼마든지 달라질 수 있기 때문이다. 어떤 사주든 구조 하나만을 놓고 단순한 논리로 판단하면 올바른 사주 분석을 하기 어려워진다.

다만, 을묘(乙卯) 일간에 갑신(甲申)일이나 갑신(甲申)월이면 목(木)이 발달 형

태가 된다. 그러나 이 역시 등라계갑의 형태라기보다는 발달의 형태로서 비겁과
목(木)의 긍정적인 역할을 기대해도 좋을 것이다.

경금벽갑(庚金劈甲)

경금(庚金)으로 갑목(甲木)을 쪼갠다는 말이다. 『궁통보감(窮通寶鑑)』에 나오는
말로, 갑목(甲木)으로는 정화(丁火)를 생조할 수 없으므로 반드시 경금(庚金)이
있어 갑목(甲木)을 쪼개야만 목생화(木生火)를 할 수 있다는 이론이다.

● 대덕의 해설

갑목(甲木)을 경금(庚金)으로 쪼개야 장작으로 사용할 수 있다는 이론은 물상론
으로 보면 분명 타당성이 있다. 그러나 갑목(甲木)을 경금(庚金)으로 쪼개지 않는
다고 해서 활용할 수 없는 것은 아니다. 수(水)의 물이나 목(木)의 나무가 과다하
면 나무가 지나치게 무성해져 열매가 실하지 못하다. 이 때는 직접 재물을 만지거
나 수확하기보다는, 꽃과 잎의 아름다움을 감상하는 연기, 연예, 방송 분야의 직
업을 선택하는 것이 좋다.

POINT

경금벽갑

경금(庚金)으로 갑목(甲木)
을 쪼개야 장작으로 사용
할 수 있다는 이론이다.

벽갑인정(劈甲引丁)

갑목(甲木)을 쪼개서 나누어 정화(丁火)를 태우는 것을 말한다.

● 대덕의 해설

『궁통보감(窮通寶鑑)』에서 나온 이론. 정화(丁火)는 갑목(甲木)을 필요로 하지만
반드시 경금(庚金)이 있어야 갑목(甲木)을 쪼갤 수 있다는 내용인데, 큰 의미를
두지 말아야 한다. 다만, 물상론에서는 중요하게 다룬다.

벽갑생화(劈甲生火)

갑목(甲木)을 경금(庚金)으로 쪼개어 불(火)을 살리는 것을 말한다.

● 대덕의 해설

벽갑인정(劈甲引丁)과 같은 의미다.

벽갑인화(劈甲引火)

벽갑인화

갑목(甲木)을 쪼개 불을 붙여 땔감으로 사용한다는 의미다. 벽갑인정과 벽갑생화도 이와 비슷한 의미로, 갑목을 쪼개서 오행인 화(火)를 태운다는 뜻이다.

벽갑(劈甲)이란 갑목(甲木)을 쪼갠다는 의미다. 갑목(甲木)을 금(金)으로 금극목(金剋木)한다는 뜻이니 갑목(甲木)이 경금(庚金)을 만나는 것이다. 인화(引火)란 불을 붙여 땔감으로 사용한다는 의미다. 사주원국에 목(木)이 왕성하여 화(火)를 생하려고 하는데 화(火)가 목(木)의 생을 다 받지 못하고 목다화석(木多火晣)으로 불이 꺼질 상황이 되면 갑목(甲木)을 쪼개야만 화(火)를 살릴 수 있다. 이 때 경금(庚金)만이 갑목(甲木)을 쪼갤 수 있다. 사주원국뿐만 아니라 경금(庚金)이 대운이나 연운에서 오는 경우도 벽갑인화가 된다.

벽갑인화는 벽갑인정(劈甲引丁)과 벽갑인병(劈甲引丙)으로 나눌 수 있다. 목다(木多)이고 갑목(甲木)이 천간에 투간된 사주에 정화(丁火) 또는 병화(丙火)가 있거나, 화(火)가 약하면서 경금(庚金)마저 있으면 크게 귀하다고 본다.

『궁통보감(窮通寶鑑)』에 "정월(正月) 정화(丁火)가 갑목(甲木) 당권(當權)인데 내위모왕(乃爲母旺)이라, 비경(非庚)이면 불능벽갑(不能劈甲)이니 하이인화(何而引火)라 고용경금(故用庚金)이라"고 하였다. 해석하면, 인(寅)월 정화(丁火) 일간에 갑목(甲木)이 있으면 매우 강한데 경금(庚金)이 아니면 갑목(甲木)을 쪼갤 수 없으니 어찌 불을 이끌겠는가! 고로 경금(庚金)을 사용해야 한다는 뜻이다.

● 대덕의 해설

갑목(甲木)은 경금(庚金)으로 쪼개야 불을 피울 수 있다는 물상론의 이론이다. 그러나 갑목(甲木)이 꼭 땔감이 되어 불을 피워야 하는 것은 아니다. 잘 자라서 꽃을 피우거나 열매를 맺는 것도 필요하다.

다만, 화(火)로 태우기 위해 쪼개야 한다는 것은 물상론으로서 타당성이 높다.

목화통명(木火通明)

갑목(甲木)이나 을목(乙木) 일간이 태왕하면 힘을 분산시켜야 한다. 사주원국에 일간의 세력을 설기시키는 화(火) 식상의 기세가 어느 정도 존재하면 화(火)로 용신을 삼는데, 신왕한 목(木) 일간이 화(火) 식상을 만나면 목(木)이 화(火)를 생하므로 불빛이 밝아지는 형상이라고 하여 목화통명(木火通明)이라고 한다.

● 대덕의 해설

다음 사주들을 본다.

목화통명

신왕한 목(木) 일간이 화(火) 식상을 만나면 목(木)이 화(火)를 생하므로 불빛이 밝아진다는 뜻이다.

예1)

시	일	월	연
丁	甲	丙	甲 (乾)
卯	午	寅	辰

위 사주는 갑목(甲木) 일간에 화(火)가 발달하여 목화통명 사주가 되었다. 사주의 주인공은 국회의원 원희룡이다.

예2)

시	일	월	연
己	乙	庚	丙 (乾)
卯	卯	寅	午

위 사주는 을목(乙木) 일간이 인(寅)월에 태어나 득령했고, 목(木)이 강하여 신왕한 사주다. 병화(丙火) 상관으로 목(木)의 기운을 빼야 하므로 화(火)를 용신으로 하는데 연지의 뿌리가 튼튼하다. 목(木)의 생을 받아서 화(火)가 빛을 발하므로 목화통명이 잘 이루어졌다. 사주의 주인공은 무용가다.

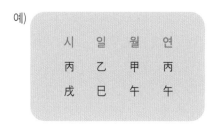
POINT

목분비회

사주가 신약한데 화(火)가 왕하면 나무는 불타버리고 마침내 재가 되는 원리다.

목분비회(木焚飛灰)

목화상관(木火傷官)에는 두 가지가 있는데, 하나는 목화통명(木火通明)이요, 다른 하나는 목분비회(木焚飛灰)다. 목화통명은 신왕한 사주에 불을 밝히는 것이고, 목분비회는 신약한 사주에 불을 밝히는 것이다. 여기서 사주가 신약한데 화(火)가 왕하면 나무는 불타버리고 마침내 재가 된다. 이 원리가 바로 목분비회다. 따라서 목화통명은 화(火)운에 발복하지만, 목분비회는 목쇠화왕(木衰火旺)의 원리로 화(火)운이 오면 생명을 다하게 된다.

예)

시	일	월	연
丙	乙	甲	丙
戌	巳	午	午

위 사주는 을목(乙木) 일간에 화(火) 식상이 태왕하므로 목분비회 사주가 되었다.

● 대덕의 해설

목(木) 일간에 식상이 과다한 사주를 목분비회라고 한다. 화(火)가 과다하여 목(木) 일간이 모두 타버리는 형상이다. 물상론으로 보면, 나무 한 그루가 오랜 가뭄을 겪고 있는데 뜨거운 태양이 오랫동안 떠 있어 나무가 말라죽는 형상이다.

이런 사주는 목(木) 고립에 대한 건강문제와 화(火) 과다에 대한 건강문제, 그리고 식상 과다의 관재수와 구설수를 조심해야 한다. 더불어 무엇인가를 배우려고 하거나 확장하려는 기운이 너무 강해 위험에 빠질 수 있다.

회화재염(晦火再炎)

병정(丙丁)일생이 신약하여 목(木) 인성을 용신으로 삼는 것도 목화통명(木火通明)이라고 하는데, 이런 목화통명은 회화재염(晦火再炎)이라는 별도의 용어를 사용한다. 약한 화(火)가 땔감인 목(木)의 힘을 얻어 타오르는 형상을 말한다.

예)

시	일	월	연
乙	丁	辛	壬
巳	卯	亥	子

위 사주는 정화(丁火) 일간이 해(亥)월 겨울에 태어나고, 연주와 월주의 세력을 잃었다. 땔감인 시간 을목(乙木)을 용신으로 삼으니 목화통명 또는 회화재염이라고 한다.

● 대덕의 해설

목(木) 인성에 화(火) 비겁, 목(木) 비겁에 화(火) 식상의 사주와 사주 구성이 비슷하므로 아이디어, 기획력, 창조력이 뛰어난 사주로 분석한다. 인성과 비겁의 발달 또는 비겁과 식상의 발달은 총명하고 이해능력이 뛰어나다.

다만, 암기력이나 집중력이 떨어지는 것이 단점이다.

목견금결(木堅金缺)

목(木)은 너무 왕하고 금(金)은 너무 약해서 목(木)에게 금(金)이 힘을 못 쓰는 형상을 말한다.

● 대덕의 해설

물상론으로 보면, 나무는 무성한데 무성한 나무를 가지치기할 톱이나 가위가 부족한 형상 또는 땔감은 많은데 장작을 쪼갤 도끼가 없는 형상이다.

목다금결(木多金缺)

목(木)이 지나치게 많으면 금(金)이 부서진다는 의미로, 나무가 무성하면 톱이나 가위가 부러지는 형상이다. 기본적으로 금극목(金剋木)의 이치지만, 사주에 목(木)의 세력이 너무 왕성하면 오히려 공격하는 금(金)이 부러진다는 논리다.

● 대덕의 해설

목견금결(木堅金缺)과 비슷한 형상이다.

POINT

회화재염

약한 화(火)가 땔감인 목(木)의 힘을 얻어 타오르는 형상을 말한다.

POINT

목견금결과 목다금결

서로 같은 의미로, 목(木)이 지나치게 많으면 금(金)이 부서진다는 뜻이다.

목다수삼(木多水滲)

목(木)이 지나치게 많으면 수(水)의 기를 목(木)이 모두 빨아들여 수(水)가 말라버린다는 의미다.

● 대덕의 해설

물상론으로 보면, 나무는 무성한데 비나 강물이 부족하여 나무가 말라가고 있는 형상이다. 이런 사주는 열매의 결실보다는 나뭇잎과 꽃의 아름다움만 추구한다. 실제 삶도 타인에게 보여주는 직업 적성이 어울린다.

목다수약(木多水弱)

목(木)이 많으면 수(水)가 자연적으로 약해진다는 뜻이다. 수(水)에서 목(木)으로 흐르는 오행의 기운으로 인해 수(水)가 제 역할을 하지 못한다는 의미다.

● 대덕의 해설

목다수삼(木多水滲)의 작용과 비슷하다.

목다화식(木多火熄)

목(木)이 너무 많으면 화(火)가 꺼지는 형상을 말한다.

● 대덕의 해설

물상론으로 보면, 나무가 무성한데 불씨가 없는 형상이다. 땔감으로 쓸 나무는 많은데 불을 피울 수 없는 상황이다. 또는 나뭇잎은 무성한데 열매는 맺을 수 없으니 관상용이다. 직업 적성도 관상용 나무처럼 타인에게 보여주는 방송이나 연예 분야의 직업 적성이 어울린다. 또는 교육 분야나 참모 역할이 어울린다.

시	일	월	연
木	火	木	木
木	木	木	木

목다화치(木多火熾)

목(木)이 과다하고 화(火)가 어느 정도 있으면 화(火)의 불길이 치열해지는 형상을 말한다. 목생화(木生火)가 되므로 목(木)이 많으면 화(火)의 세력도 그만큼 치열해진다.

● 대덕의 해설

물상론으로 보면, 나무도 무성하고 태양도 뜨거운 형상 또는 장작이 쌓여 있고 불길이 치열한 형상이다.

POINT

목다화치와 목종화세

목다화치는 목(木)이 많으면 목생화(木生火)가 되어 화(火)의 세력도 치열해진다는 의미, 목종화세는 목(木)은 적고 화(火)의 세력이 강하면 나무가 모두 불타버린다는 의미다.

목종화세(木從火勢)

목(木)의 나무는 적고 화(火)의 세력이 너무 강하면 나무는 모두 타고 불에 모두 끌려가는 형상이다.

● 대덕의 해설

물상론으로 보면, 땔감은 부족하고 불이 왕성한 형상 또는 나무는 한두 그루밖에 없는데 태양은 뜨겁게 이글거리는 형상이다.

수대근심(樹大根深)

목(木) 일간이 지지에 튼튼하게 뿌리내리고 목(木) 기운이 왕성한 것을 말한다.

● 대덕의 해설

물상론으로 보면, 나무가 무성하고 튼튼한 형상이다. 이 경우는 수(水)나 목(木)으로 나무를 더 키워 나무와 꽃만 감상하려면 예술, 연예, 방송 분야로 진출하는 것이 좋고, 금(金)이 있어 나무들을 가지치기하여 열매를 튼튼히 키우면 사업, 정치, 전문가로 성공할 수 있다.

예)

시	일	월	연
乙	甲	庚	辛
亥	寅	寅	未

위 사주는 갑목(甲木) 일간이 연지 미토(未土)의 지장간 을목(乙木)을 비롯해 지지 연월일시에 모두 뿌리를 내리고 있으므로 수대근심의 사주가 되었다.

탈태요화(脫胎要火)

이른 초봄에 태어난 것은 따스한 불로 태워주는 것이 필요하다는 논리다.

● 대덕의 해설

물상론으로 보면, 초봄은 아직 추위가 남아 있으므로 화(火)의 태양이나 난방시설이 가장 먼저 필요하다.

한목향양(寒木向陽)

겨울 나무는 화(火)를 필요로 한다는 뜻이다.

● 대덕의 해설

물상론으로 보면, 겨울에 태어난 나무는 태양이 필요하다.

한목흔영(寒木欣榮)

겨울 나무는 햇살을 기뻐한다는 뜻이다.

● 대덕의 해설

물상론으로 보면, 추운 겨울 나무나 사주에 수(水)가 많을 때 화(火)의 태양이 있어야 좋다는 이론이다.

생목생화(生木生花)

살아 있는 나무는 꽃을 만든다는 뜻이다. 살아 있는 나무의 목생화(木生火)를 설명하는 방법으로, 꽃을 피우는 것을 목생화(木生火)로 보고 있다.

● 대덕의 해설

물상론으로 보면, 목(木)과 화(火)가 동시에 있으면 나무에 꽃이 피었다고 한다.

병화맹렬(丙火猛裂)

병화(丙火)는 맹렬한 불이라는 뜻이다.

● 대덕의 해설

물상론으로 보면, 사주에 구름 한 점 없이 태양이 떠 있는 형상을 말한다.

약목봉화(弱木逢火)

약한 나무가 불을 만났음을 이르는 말.

● 대덕의 해설

목종화세(木從火勢)에서 화종격(염상격)의 의미와 같다.

병불용금(丙不鎔金)

병화(丙火)는 경금(庚金)을 녹일 수 없다는 뜻이다.

● 대덕의 해설

『궁통보감(窮通寶鑑)』에 나오는 말인데, 실제로는 병화(丙火)가 경금(庚金)을 충분히 녹인다고 보아야 한다.

일락서산(日落西山)

일(日)은 병화(丙火)를 상징하고, 서산(西山)은 서쪽을 상징하므로 곧 신유(申酉)를 말한다. 병화(丙火) 일간에 신유(申酉)월생을 일락서산(日落西山)이라고 한다.

가을에 태어난 병화(丙火)는 떨어질 락(落)을 써서 신약하다고 하고, 포태법으로도 병(病)과 사(死) 궁(宮)에 해당하므로 신약하다. 그러나 병화(丙火)는 양 중에서 최고의 양이므로 종을 하지 않고 주변에서 도와주는 것이 있으면 능력을 발휘한다고 본다.

● 대덕의 해설

화(火) 일간에 신유(申酉)월은 재성이 발달 이상의 형태가 되어 재물복도 있고 자기 관리 능력과 절제력이 있다.

물상론으로 보면, 가을 추수철에 커다란 태양이 떠 있으므로 과일이 달고 수확이 풍성할 가능성이 높다. 또한 광산에서 캐낸 금광석을 불로 제련하는 형상이므로 실용도구나 보석을 얻을 가능성이 높다.

POINT

일락서산

병화(丙火) 일간에 신유(辛酉)월생을 말한다. 가을 병화는 신약하다고 하지만, 재성이 발달 이상이므로 재물복과 절제력이 있다.

POINT

화염토조·화염토초·화
다토척

모두 비슷한 의미로, 사주
원국에 화(火)가 태왕하면
땅이 메마르고 갈라진다는
뜻이다.

화염토조(火炎土燥)

사주원국에 화기(火氣)가 태왕하여 땅이 건조하여 마르고 갈라지는 것을 말한다. 땅에 일정한 습기가 있어야 싹을 틔우고 초목이 뿌리내리게 하고 꽃피우고 결실을 맺게 할 수 있다. 그런데 너무 메마른 조열(燥熱)한 땅에서는 아무런 소득을 기대할 수 없다.

그래서 예로부터 화염토조 사주는 재산을 잃고 몸을 의지할 곳이 전혀 없다고 하였다. 또한 화기가 매우 강한 사주는 교만방자하고 정도에서 벗어난 행동을 하고, 주위 사람들에게 가혹하게 대하고 그들을 제압하고 통제하려고 한다고 보았다. 그래서 주위 사람들이 그 다혈질적인 성질을 늘 염려하고, 사주 당사자 본인은 불 같은 성질이 축적되어 오래되면 혈관에 이상이 생겨서 자칫하면 생명까지 위험해진다고 본다.

예)

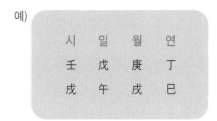

시	일	월	연
壬	戊	庚	丁
戌	午	戌	巳

위 사주는 고전에 내려오는 사주로, 지지가 화(火)와 토(土)로만 이루어져 있는데다 술토(戌土)는 조열함이 충만한 토(土)이므로 전체적으로 매우 조열한 사주다. 시간 임수(壬水)는 고립되고 통근하지 못해 뿌리가 없으니 모두 증발해버리고, 월간 경금(庚金) 또한 화국(火局)에 녹아버리는 상황이다.

사주의 주인공은 초년인 무신(戊申) 대운에 부모복이 있었지만, 정미(丁未) 대운에 재산을 모두 탕진하고 병오(丙午) 대운에 천신만고 끝에 이역만리를 전전하다가 불가에 귀의했다고 한다.

● 대덕의 해설

예의 사주를 화염토조 사주로 판단하는 데서 끝나면 아무런 소득이 없다. 화염토조 사주가 가진 기질을 파악하고 그에 가장 잘 어울리는 삶을 살아갈 수 있도록 조언해주는 것이 필요하다.

 사주에 화(火)의 조열한 기운이 매우 강한 사람은 자유롭고 자신이 하고 싶은 일을 열정적으로 끌고 갈 수 있게 부모가 얼마나 잘 도와주는가에 따라 결과가 많이 달라진다. 자식에게 맡겨주고 인정해주고 자유로운 학습환경을 만들어주면 충분히 능력을 발휘할 수 있다. 이들은 한국식 공부방법처럼 아침부터 밤늦게까지 책상에 앉아 공부하는 풍토에는 적응하기 힘들다. 이들은 집중적인 학습방법이 어울린다. 따라서 긴 시간 반복적인 암기 위주의 학습보다는 동영상이나 현장학습을 병행하고 전체를 이해하는 학습방법이 어울린다.

⟨X⟩   ⟨O⟩

예1)

시	일	월	연
丙	丁	丙	丁(乾)
午	未	午	未

위 사주는 지지의 연과 일이 미토(未土)로 조열한 토(土)인데, 월지와 시지에 오화(午火)가 있어서 화염토조의 형태이다. 그러나 사주의 주인공은 박사 학위를 받고 대학에서 강의를 하고 있다.

예2)

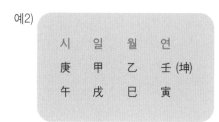

시	일	월	연
庚	甲	乙	壬 (坤)
午	戌	巳	寅

위 사주의 주인공은 지지의 일지에 술토(戌土)가 있고, 지지가 인오술(寅午戌) 화국(火局)을 이루어 화(火) 기운이 강한 화염토조의 형태이다. 이 사주의 주인공 역시 현재 대학에서 국제통상학을 강의하는 교수이다.

화염토초(火焰土焦)

화(火)의 세력이 너무 강하면 흙이 갈라진다는 뜻이다.

● 대덕의 해설

물상론으로 보면, 태양이 매우 뜨거워서 흙이 메말라 갈라지는 형상이다.

화다토척(火多土斥)

화(火)의 세력이 너무 왕하면 토(土)가 바짝 말라 갈라지는 형상을 말한다. 화염토초(火焰土焦)와 비슷한 말이다.

● 대덕의 해설

물상론으로 보면, 태양이 너무 뜨거워 오랜 가뭄이 지속되므로 땅이 말라버리는 형상이다. 흙인 토(土)를 사용하기 힘들고 나무도 자라기 힘들다.

화열용금(火熱鎔金)

화(火)가 너무 뜨거우면 금(金)이 녹아버리는 형상이다. 화염주용(火焰鑄鎔)과 비슷한 말이다.

● 대덕의 해설

물상론으로 보면, 화(火)가 너무 뜨거워서 약한 금(金)을 모두 녹여버리는 형상이다.

화염주용(火焰鑄鎔)

화(火)의 세력이 강하면 뜨거운 열기에 금속이 녹는 형상이다.

● 대덕의 해설

물상론으로 보면, 태양은 뜨겁고 세상은 오랜 기간 가뭄이 들어 바위가 갈라지고, 용광로는 불이 넘쳐나며, 금(金)은 조금밖에 없어서 불에 녹아 흔적 없이 사라지는 형상이다.

화염수작(火炎水灼)

원래 수극화(水剋火)이지만, 화(火)는 너무 많고 반대로 수(水)는 매우 허약하여 불에 물이 모두 말라버리는 형상이다.

● 대덕의 해설

물상론으로 보면, 태양은 뜨겁고 오랜 기간 가뭄이 들어 물 한 방울 찾아보기 힘든 형상이다.

화왕목분(火旺木焚)

화(火)가 너무 강하여 나무가 흔적도 없이 타버리는 형상을 말한다.

● 대덕의 해설

물상론으로 보면, 태양이 너무 뜨거워 나무가 말라죽거나, 불길이 너무 강하고 땔감은 적으니 땔감이 불타서 흔적 없이 사라지는 형상이다.

화토상관(火土傷官)

병정(丙丁) 일간이 무기진술축미토(戊己辰戌丑未土)를 월지에서 만나거나 사주에서 많이 만나는 것을 말한다.

● 대덕의 해설

물상론으로 보면, 넓은 논밭과 들판에 태양이 비추는 형상이다. 이 경우는 병화(丙火) 일간이 정화(丁火) 일간보다는 안정적인 삶을 산다.

POINT

화염수작과 화왕목분

화염수작은 화(火)는 너무 많고 수(水)는 매우 약하여 물이 모두 말라버리는 것이고, 화왕목분은 화(火)가 너무 강하여 나무가 모두 타버리는 것을 말한다.

POINT

화토상관과 화토협잡

같은 의미로, 병정(丙丁) 일간이 무기진술축미토(戊己辰戌丑未土)를 월지 또는 사주에서 많이 만나는 것을 말한다.

화토협잡(火土夾雜)

앞의 화토상관(火土傷官)과 같은 의미다.

기토탁임(己土濁壬)

기토(己土)는 임수(壬水)를 탁하게 한다는 이론이다.

● **대덕의 해설**

물상론으로 보면, 커다란 강물이나 강물에 흙이 휩쓸려 흙탕물을 이루고 있는 형상이다.

POINT

대수지토 · 대화지토 · 대목지토

진술축미(辰戌丑未) 네 가지 토(土) 중에서 대수지토는 수기를 띤 진토(辰土)와 축토(丑土), 대화지토는 화기를 띤 술토(戌土)와 미토(未土), 대목지토는 목기를 띤 진토(辰土)와 미토(未土)를 말한다.

대수지토(帶水之土)

진술축미(辰戌丑未) 중에 수기(水氣)를 띤 토(土), 즉 진토(辰土)와 축토(丑土)를 말한다. 물을 가두어놓았다고 하여 축수지토(築水之土) 또는 저수지토(貯水之土)라고도 한다.

● **대덕의 해설**

축(丑)과 진(辰) 중에서 축(丑)은 월지에 있을 때 수(水) 기운이 매우 강하다. 다른 지지에 있을 때는 축(丑)과 진(辰) 모두 수(水) 기운이 있는 촉촉하고 윤택한 토(土)이다. 나무가 더 잘 자랄 수 있다고 보면 된다.

대화지토(帶火之土)

진술축미(辰戌丑未) 중에 화기(火氣)를 띤 토(土), 즉 술토(戌土)와 미토(未土)를 말한다.

● **대덕의 해설**

술토(戌土)와 미토(未土) 모두 지장간 속에 정화(丁火)가 있어서 화기가 강하다. 특히 미토(未土)는 월지에 있을 때 화(火) 30점을 모두 줄 정도로 매우 강한 화(火) 기운을 가지고 있다. 또한 술토(戌土)와 미토(未土)는 합국으로 화(火)가 될 가능성이 높다.

다만, 술토(戌土)는 월지에 있을 때 금(金) 기운도 강하다.

대목지토(帶木之土)

진술축미(辰戌丑未) 중에 목기(木氣)를 띤 토(土), 즉 지장간 속에 목(木)이 숨겨져 있는 진토(辰土)와 미토(未土)를 말한다.

● **대덕의 해설**

진토(辰土)와 미토(未土)는 지장간에 목(木)을 가지고 있다. 이 중에서 미토(未土)는 월지에 있을 때는 화(火) 기운이 태왕하므로 목(木)이 화(火)에 불타서 제 구실을 못한다. 한편 진토(辰土)는 월지에 있으면 목(木) 기운이 강하다.

미온지토(微溫之土)

꽁꽁 언 축토(丑土)가 사주에 화기(火氣)가 있으면 미약하나마 온기를 얻는다. 이 경우를 미온지토라고 한다.

● **대덕의 해설**

사주 내에 화(火)가 많은 축토(丑土)인가 아니면 사주 내에 금수(金水)가 많은 축토(丑土)인가? 당연히 사주 내에 화(火)가 많은 축토(丑土)가 화(火) 기운을 받아 좀더 따뜻한 토(土)가 될 수 있다. 이 경우 균형이 잡혀 있는 사주가 될 것이다.

미한지토(微寒之土)

뜨거운 미토(未土)가 사주에 수기(水氣)가 있으면 약하게나마 한기를 받는다. 또한 사주 전체가 화기(火氣)로 가득한데 축토(丑土)나 진토(辰土)가 하나 있으면 미약하나마 수기가 있는 토(土)라고 해서 미한지토라고 한다.

● **대덕의 해설**

화기가 있는 미토(未土)는 사주 내에 수(水)가 많으면 어느 정도 수(水) 기운이 있다고 보는 이론이다. 미한지토를 단정적으로 말하기보다는 사주의 균형을 맞추고 있다고 보는 것이 좋다.

양금지토(養金之土)

금(金)을 보좌해주는 토(土)란 뜻이다. 경금(庚金)과 신금(辛金)을 생해주는 양토(養土)인 진토(辰土)와 축토(丑土)를 말한다. 특히 금(金) 일간은 사주원국에

POINT

미온지토와 미한지토

미온지토는 꽁꽁 언 축토(丑土)가 사주에 화기가 있으면 미약하게나마 온기를 얻는다는 뜻이고, 미한지토는 뜨거운 미토(未土)가 사주에 수기가 있으면 미약하게나마 한기를 얻는다는 뜻이다.

POINT

양금지토

금(金)을 보좌해주는 토(土)란 의미다. 즉, 금(金)을 생하는 토(土)를 말한다.

화(火) 관성이 아무리 많아도 진토(辰土)나 축토(丑土)가 있으면 습토(濕土)로 화(火)의 기세를 설기시켜 다시 금(金)을 생해주므로 살인상생격이 된다고 본다.

● 대덕의 해설

금(金)을 생하는 토(土)를 말한다. 토(土) 중에서도 술토(戌土)는 월지에 있으면 아주 강력하게 금(金)을 생해준다고 본다. 미토(未土) 역시 합국으로 화(火)나 목(木)으로 몰려가지만 않으면 연일시에 있을 때 충분히 금(金)을 생할 수 있다. 그러므로 진술축미토(辰戌丑未土)가 모두 양금지토로서 사주 상황에 따라 변화할 가능성이 있다.

그러나 축토(丑土)는 월지에 있을 때 수(水) 기운이 강해서 금(金)을 생하는 작용이 약하다는 것을 알아야 한다.

외토지첩(畏土之疊)

무기진술축미토(戊己辰戌丑未土)가 겹겹이 덮여 있는 형상이다. 즉, 무기진술축미(戊己辰戌丑未)가 많은 사주를 말한다.

● 대덕의 해설

물상론으로 보면, 너무 많은 흙산과 넓은 논밭과 들판에서는 광석은 파묻히고, 불이 꺼지고, 나무는 꺾이고, 물은 흡수되어버리는 형상을 말한다.

조염토열(燥炎土熱)

화기가 태왕한 토(土)로서, 지지가 토(土)로 이루어져 있지만 조열한 토(土)라서 금(金)이나 수(水)가 뿌리를 내리지 못하고 증발하며, 여기에 화염이 더욱 극심해지면 목(木)도 불타버려서 살기 힘들다. 조염지토(燥炎之土), 조열지토(燥熱之土)와 같은 말이다.

● 대덕의 해설

사주원국에 화(火) 기운이 지나치게 강하면 운에서 금수(金水)를 만나거나, 금수(金水)를 활용하는 실내 인테리어 또는 풍수 인테리어를 해야 사주의 조열함을 줄일 수 있다.

POINT

조염토열

화기가 태왕한 토(土)는 금수(金水)가 뿌리를 내리지 못하고 증발하며, 화염이 더욱 극심해지면 목(木)도 불타버린다는 뜻이다.

예1) 1991년 8월 5일(양) 미(未)시생

시	일	월	연
丁	丁	乙	辛 (乾)
未	未	未	未

위 사주는 양력 8월 5일에 태어난 미(未)월생으로 열기가 극심한 계절에 태어나 지지의 미토(未土)가 조열화기(燥熱火氣)로 변하였다. 즉, 미토(未土) 신금(辛金)이 화염 속에 불타고 있다. 따라서 이 사주는 조열함을 줄여줄 수 있는 의상을 골라 입고, 실내의 색상과 방향을 고려한 인테리어를 활용하는 것이 좋다.

예2) 1958년 9월 12일(음) 술(戌)시생

시	일	월	연
甲	甲	壬	戊 (乾)
戌	戌	戌	戌

위 사주는 지지가 모두 술(戌)로 이루어져 있다. 그래서 조토(燥土)로 이루어져 있다. 다만, 술(戌)월 술(戌)시는 늦가을 저녁시간으로, 미(未)월 미(未)시에 비해서는 조열하다고 할 수 없다. 이 사주 역시 조열함을 줄여줄 수 있는 의상 코디와 실내 인테리어를 활용하는 것이 좋다.

한랭지토(寒冷之土)

POINT

한랭지토

수기가 태왕한 토(土)를 말한다. 차가운 기운이 강하므로 토(土) 구실보다는 수(水) 역할을 한다.

수기(水氣)가 태왕한 토(土)를 말한다. 한랭지토는 지지가 토(土)로 이루어져 있지만 한랭지기(寒冷之氣)가 너무 강해서 토(土) 구실보다는 수(水) 역할을 한다. 화(火)가 고립되거나, 눈보라가 휘몰아치는 얼어붙은 땅에서는 목(木)이 얼어 동사하기 쉽다. 이럴 경우 사주원국이나 대운·연운에서 병(丙)·오(午)·정(丁)·사(巳) 등의 화(火)가 화력을 공급하고 온기를 불어넣어주면 한랭한 기를 제압하고, 냉기로 인한 시련과 고통을 완화시킬 수 있다. 한랭지토에는 오직 조열한 화기만이 심약한 건강을 지키고 인생을 꽃피우게 하고 빛을 발하게 할 수 있다.

● 대덕의 해설

사주가 너무 차가운 토(土)로 이루어져 있으면, 특히 월지가 한랭지토면 토(土)보다는 수(水) 기운으로 본다. 물상론으로 보면 한겨울 꽁꽁 언 땅에 눈보라가 치는 형상이라고 할 수 있다.

이런 사주를 가진 사람은 암기능력, 계산능력, 계획력 등이 뛰어나 이과적이거나 수리적인 기질이 매우 강하다. 다만, 완벽주의적 기질과 쓸데없는 걱정으로 위장이나 우울증 등 건강을 조심해야 한다.

토금상관(土金傷官)

무기(戊己) 일간이 경신(庚辛)과 신유(申酉)을 많이 만나거나, 월지에 신유(申酉)를 만나는 것을 말한다.

● 대덕의 해설

물상론으로 보면, 적당한 흙에 적당한 광석이 있는 형상이다. 충분한 광석을 얻을 수 있다.

토다금매(土多金埋)

토(土)가 많으면 금(金)이 토(土)에게 파묻힌다는 논리다.

● 대덕의 해설

물상론으로 보면, 지나치게 많은 흙 때문에 광석을 찾기 힘든 형상이다.

POINT

토다금매 · 토다목절 · 토중목절

토다금매는 토(土)가 많으면 금(金)이 토(土)에게 파묻힌다는 논리, 토다목절과 토중목절은 토(土)가 많으면 나무인 목(木)이 흙에 파묻혀 꺾여버린다는 논리다.

토다목절(土多木折)

토(土)가 많으면 나무인 목(木)이 흙에 파묻혀 꺾여버리는 형상이다.

● 대덕의 해설

물상으로 보면, 넓은 논밭과 들판에 나무가 한 그루만 있어서 자라기 힘든 형상이다.

토중목절(土重木折)

토(土)가 너무 많고 목(木)이 너무 허약하면 목(木)이 흙에 파묻혀 나무가 꺾이는 형상이다.

● 대덕의 해설

물상론으로 보면, 넓은 논밭과 들판에 나무 한 그루만 혼자 있어서 잘 자라기 힘든 형상이다.

토왕용사(土旺用事)

토(土)가 왕하여 일을 한다는 의미. 토(土)의 왕성한 본기가 시작되는 진술축미(辰戌丑未)월을 말한다.

● 대덕의 해설

물상론으로 보면, 가색격(稼穡格)의 일종으로 너무 많은 토(土)의 논밭과 들판은 아무 것도 심지 말고 빈 땅으로 놓아두라는 의미다.

토윤물생(土潤物生)

나무는 촉촉한 습토(濕土)를 만나면 무럭무럭 자라지만, 바짝 마른 조토(照土)를 만나면 오히려 말라 죽는다는 의미다.

● 대덕의 해설

물상론으로 보면, 넓은 논밭과 들판에 비도 적당히 내리고 강물도 충분한 형상이다.

토조물병(土燥物病)

토(土)가 건조하여 만물이 병들어 말라버리는 형상이다.

● 대덕의 해설

물상론으로 보면, 태양은 뜨겁고 땅은 메마른 형상이다.

허화봉토(虛火逢土)

화(火)가 적어 허약한데 또 토(土)를 만나 더욱 허약해지는 것을 말한다.

● 대덕의 해설

어느 한 오행이 많으면 그것을 생하는 오행은 제 구실을 못할 가능성이 높다. 토(土)가 너무 강하면 화(火)는 고립될 가능성이 높아서 화(火)의 건강문제가 발생할 가능성이 높다.

강금득화(强金得火)

강한 금(金)이 화(火)를 얻었다는 의미. 금(金)이 강하면 통제하기가 어려운데, 힘이 있는 화(火)를 만나면 비로소 금(金)이 제대로 쓰이게 된다는 논리다.

● 대덕의 해설

물상론으로 보면, 금(金)은 화(火)가 있으면 제련하여 보석이나 실용제품으로 만들 수 있고, 이들은 사업, 경제, 무역, 공장 등 실제로 물건을 만들거나 리더가 되는 것이 적성에 맞는다.

경금대살(庚金帶殺)

경금(庚金)은 만물의 생명을 숙살(肅殺)하는 성분으로 살기(殺氣)를 띠고 있으니 사흉신 중에 가장 위험한 편관의 작용을 한다는 논리다. 경금(庚金)을 매우 부정적으로 보는 이론이다.

POINT

강금득화

강한 금(金)이 화(火)를 얻었다는 의미로, 강한 금(金)이 힘이 있는 화(火)를 만나면 제대로 쓰이게 된다는 논리다.

● 대덕의 해설

경금(庚金)은 천간에서 일곱 번째 순서이므로 육친에서 편관칠살(偏官七殺)과 비슷한 의미로 사용되어왔다. 그러다 보니 사주명리학자들 사이에 부정적인 인식이 뿌리 깊게 전해져왔다.

그러나 어떤 한 오행이나 천간, 지지나 육친에 대해 단순히 긍정적이라거나 부정적이라는 이론은 타당성이 부족하다. 사길신론과 사흉신론과 같은 극단적인 이론은 사라져야 할 이론이다.

금실무성(金實無聲)

금(金)은 조금 비어 있는 듯해야 좋으나 징처럼 소리가 나는 것이요, 금(金)이 빈곳이 없이 꽉 차 있으면 아무런 소리가 나지 않으니, 금(金)이 너무 태왕하면 이무런 명성을 얻지 못한다는 의미다.

● 대덕의 해설

금(金)이 너무 강하면 명성과 명예가 없다는 논리다. 사주가 어느 정도 균형잡혀 있으면 안정된 삶을 살고 건강도 좋은 것은 당연하다. 그러나 사주에 금(金)이 많아도 자신을 비우고 욕망을 줄이면 꾸준히 발전하고 명성도 얻을 수 있다.

POINT

금실무성

금(金)이 너무 강하면 소리가 없다, 즉 명성과 명예가 없다는 논리다.

예) 1970년 8월 27일(음) 자(子)시생

시	일	월	연
丙	庚	乙	庚 (乾)
子	戌	酉	戌

위 사주는 금(金)으로 꽉 차 있어 거의 빈틈이 없지만, 을목(乙木) 고립으로 인한 간이나 뼈의 건강문제를 제외하면 명성을 크게 얻고 있다. 개그맨 박명수의 사주다.

금몰수저(金沒水底)

금(金)의 세력이 미약하고 수(水)의 세력이 태왕하면 금(金)이 물 속에 가라앉아
버린다는 의미다.

● 대덕의 해설

금(金)이 약하고 수(水)가 태왕하면 당연히 금(金)이 고립되어 위험하고, 그로 인
해 금(金)에 대한 건강과 육친이 최악의 상태가 될 수 있다. 뿐만 아니라 태왕한
수(水) 자체에도 건강과 육친문제가 생길 수 있다.

물상론으로 보면, 농기구나 보석과 같은 금속이 바다나 강물 속에 너무 오랫동
안 잠겨 있다 보니 부식되고 녹이 슬어 전혀 쓸모 없는 형상이 되는 것이다. 다음
사주를 보자.

예)

위 사주는 월간과 시간의 신금(辛金)을 제외한 오행이 모두 수(水)로 이루어져 있
어 금몰수저로 금(金)이 물에 가라앉아버렸다. 이런 경우에 운에서 금(金)이 들어
오면 목숨까지 위태롭다고 본다.

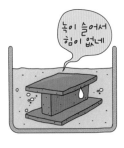

사주에 금(金) 기운과 수(水) 기운이 가득하여 한랭한 사주는 평생 동안 염려와 고통과 고난과 좌절을 겪으면서 살아간다는 논리다.

금수한랭을 천한지동(天寒地凍)이라고 부르기도 한다. 천한지동은 하늘은 차고 땅은 얼어붙었다는 의미로, 해자축(亥子丑)월에 태어났으면서 사주가 금수(金水)로 이루어진 경우를 말한다. 특히 겨울생인 경신(庚辛) 일주나 임계(壬癸) 일주인데 또 다시 천간에 금수(金水)가 있으면 천한(天寒)이라고 하고, 지지가 얼어 있으면 동토(凍土)라고 한다. 다음 사주는 『사주학정론』에 소개된 사주다.

예)

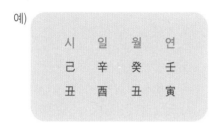

시	일	월	연
己	辛	癸	壬
丑	酉	丑	寅

위 사주는 신금(辛金)이 축(丑)월에 태어났는데 사주 내에 화기(火氣)가 하나도 없고, 임계수(壬癸水)가 천간에 있어서 엄동설한 한겨울 날씨다. 금수(金水)를 따라 종한다고 해도 이미 엄동설한에 꽁꽁 얼어붙었으니 살면서 고난을 면하지 못하고, 운도 서북쪽으로 흘러 일찍 결혼은 했지만 남편은 객사하고 신내림을 받아 무속인으로 살고 있는 사주다. 금수한랭 사주 중에서 무속인이 많은 것을 볼 수 있다.

● 대덕의 해설

기존의 일반 이론에서는 사주가 금수한랭이면 살면서 고난을 면하기 어렵다고 했지만, 단정적으로 말하기는 어렵다.

예1) 1972년 10월 8일(양) 자(子)시생

	시	일	월	연
	庚	壬	己	壬 (乾)
	子	申	酉	子

71	61	51	41	31	21	11	1
丁	丙	乙	甲	癸	壬	辛	庚
巳	辰	卯	寅	丑	子	亥	戌

위 사주는 월간 기토(己土)를 제외하고 사주가 금수(金水)로만 이루어져 있어 매우 한랭하다고 보는 것이 옳다. 기존 이론의 논리대로라면 천한 사주로 보겠지만, 인기 탤런트 김명민의 사주로 오히려 복록이 넘쳐나는 부귀한 사주다.

물상론으로 보면, 바위산에 광석과 보석이 가득 박혀 있는데 바위산에 비가 내리고 계곡마다 맑은 물이 흘러내리는 형상이다. 보석과 광석이 비와 물로 씻겨 더욱 빛나는 형상이다. 그러므로 보석이 빛나듯이 사람들에게 빛나는 연기, 연예, 방송 분야의 직업에 잘 어울린다.

예2) 1962년 12월 2일(음) 진(辰)시생

	시	일	월	연
	庚	庚	壬	壬 (乾)
	辰	子	子	寅

73	63	53	43	33	23	13	3
庚	己	戊	丁	丙	乙	甲	癸
申	未	午	巳	辰	卯	寅	丑

위 사주는 경금(庚金) 일간에 천간이 금수(金水)로만 이루어져 한겨울에 꽁꽁 언 동토(凍土)의 사주다. 천한지동·금수한랭의 사주이지만, 연기자로 자신의 기량을 마음껏 펼쳐 보이고 있는 최수종의 사주다.

물상으로 보면, 바위산에 장대비가 내리고 계곡마다 맑은 물이 흘러내리는 형상 또는 겨울 바위산에 하얀 눈이 펑펑 내리고 바위산이 하얀 눈으로 덮여 있는 형상이다. 예를 들어, 설악산이나 금강산 같은 바위산이 한겨울 하얀 눈으로 덮여 있는데 하늘에서 다시 하얀 눈이 내리는 형상이다.

온 세상이 하얀 눈으로 뒤덮이고 바위산이 빛나고 있으니, 많은 사람들이 이 멋진 경치를 구경하듯 인기를 얻는 연예, 방송, 예술 분야의 직업이 잘 어울린다.

금다수탁(金多水濁)

금(金)이 너무 많으면 물이 녹물로 가득하거나 혼탁해지는 것을 말한다.

● 대덕의 해설

물상론으로 보면, 금속이 바다나 강물에 잠겨 있는 형상으로 금이 녹슬고 물이 혼탁해진다. 이 경우 생산성과 상관없이 재물을 직접 만지는 사업, 공장, 장사 등은 불리하다고 본다.

금다토허(金多土虛)

금(金)이 너무 많으면 흙인 토(土)가 텅 비어버리는 형상이다.

● 대덕의 해설

물상론으로 보면, 금(金)이 강하면 토(土)가 전혀 없거나 발달한 것이 좋다. 토(土)가 없고 전혀 금(金)만 있으면 화(火)로 제련하기 쉽기 때문이다.

금목상쟁(金木相爭)

금(金)도 과다하고 목(木)도 과다하여 두 세력이 서로 균형을 이룰 때를 말한다.

● 대덕의 해설

물상론으로 보면, 아름드리 나무가 빽빽하게 들어찬 숲을 포크레인과 도끼와 톱을 동원해 나무를 자르다 보니 나무도 잘려 나가고 도끼와 톱도 부러지고 포크레

> **POINT**
>
> **금다수탁과 금다토허**
>
> 금다수탁은 금(金)이 너무 많으면 물이 녹물로 혼탁해지는 것, 금다토허는 금(金)이 너무 많으면 토(土)가 텅 비어버리는 것을 말한다.

인도 고장나는 형상이다.

이 경우 어느 한쪽의 힘을 강하게 해주어야 하는데, 먼저 금(金)의 힘을 강하게 하여 나무로 땔감이나 목재를 만들거나, 반대로 목(木)의 힘을 더 강하게 하기 위해 수(水)의 물을 충분히 준 뒤 가지치기를 해주면 좋다.

금백수청(金白水淸)

금(金)은 희고, 수(水)는 맑다는 의미. 금수(金水)가 적당하게 분포되어 있는 형상을 말한다.

● 대덕의 해설

물상론으로 보면, 커다란 강이나 호수에 잠긴 채 반짝반짝 빛나는 조각품이나 보석들을 상징한다.

금수상관(金水傷官)

금(金) 일간에 수(水)가 많을 때 또는 해자축(亥子丑)월의 금(金) 일간을 말한다.

● 대덕의 해설

물상론으로 보면, 한겨울에 높이 솟아 있는 바위산의 모습이다. 높이 솟아 있는 바위산이 겨울 찬바람을 막아주고 아름다운 설경도 감상할 수 있는 멋진 경치라고 할 수 있다. 이런 사주를 가진 사람은 머리가 총명하고 학습능력이 뛰어나며 계획성이 뛰어나므로 이과 분야나 연예, 예술, 방송, 회계, 통계, 금융 등에 직업 적성이 있다.

금(金) 일간이 겨울인 해자축(亥子丑)월에 태어나면 금수(金水)가 발달 이상인 사주가 된다. 이런 사주를 가진 사람은 계획적이고 총명하며, 암기력이 뛰어나고 자기 관리가 확실하며, 쉽게 모험을 시도하지 않는 타입이다. 그러므로 한국의 학습 현실에서는 학습능력이 배가되어 부모가 적절하게 지원해주기만 하면 안정적이고 능력을 최대한 발휘하는 삶을 살아갈 수 있을 것이다.

예) 1962년 12월 2일(음) 진(辰)시생

시	일	월	연
庚	庚	壬	壬 (乾)
辰	子	子	寅

위 사주는 자(子)월 경금(庚金) 일간이므로 금수상관 사주다. 사주의 주인공은 탤런트 최수종이다.

금수상함(金水相涵)

금(金)과 수(水)가 사주 내에서 서로 균형을 이루고 있는 형상이다.

● 대덕의 해설

물상론으로 보면, 적당히 연마되어 깨끗한 물에 담겨 있는 보석으로, 매우 반짝이고 빛나서 보석으로서 가치가 더 돋보이는 형상이다.

금침수저(金沈水底)

수(水)가 너무 많아 금(金)이 가라앉아 있는 형상이다.

● 대덕의 해설

물상론으로 보면, 하늘에는 비가 쏟아지고, 강이나 바다는 물로 넘쳐나며, 가전제품이나 생활도구 하나가 물에 둥둥 떠내려가는 형상이다.

금한수랭(金寒水冷)

금(金)도 차갑고 수(水)도 차갑다는 의미. 금(金)과 수(水)가 많은 형상을 말한다.

● 대덕의 해설

물상론으로 보면, 바위산들이 겹쳐 있는데 하늘에서는 비가 쏟아지고 계곡은 물로 넘쳐나는 형상 또는 한겨울에 눈은 펑펑 쏟아지고 바위산에 눈이 소복소복 쌓이는 형상이다.

POINT

금침수저
수(水)가 너무 많아 금(金)이 가라앉아 있는 형상이다.

계수지약(癸水至弱)

수(水)는 음인데 그 중에서도 계수(癸水)는 더 음이어서 매우 약하다는 논리다.

● 대덕의 해설

계수(癸水)는 음수(陰水)로, 매우 작은 수(水)이다. 그러다 보니 고립되면 임수(壬水)에 비해 고립의 영향력이 커질 수 있다.

계수(癸水) 일간은 섬세하고 생각이 많고 아이디어가 반짝인다. 다만, 배짱이 부족하고 쓸데없는 망상이나 걱정이 많아 자기 자신이 스스로를 힘들게 하고, 어떤 일을 끌고 나가면서 멈칫거리다가 일을 놓치거나, 뒤늦게 사람들에게 속임수를 당하거나, 일확천금의 욕망에 빠지는 경우가 많다. 철저하게 참모 정신, 멘토(mentor) 정신, 컨설턴트 정신을 가지고 직업 적성을 찾으면 좋을 것이다.

기상모설(欺霜侮雪)

임수(壬水)나 계수(癸水)를 만나도 무릎 꿇지 않는다는 이론이다.

● 대덕의 해설

사주원국에 화(火)나 토(土)나 목(木)의 기운이 강해서 수(水)의 기(氣)에 꿈쩍하지 않는 것을 말한다. 쉽게 말해 균형잡힌 사주를 말한다.

득수이청(得水而淸)

임계수(壬癸水)를 얻으면 금생수(金生水)로 사주가 맑아진다는 이론이다.

● 대덕의 해설

물상론으로 보면, 바위산에서 계곡물이 펑펑 솟아나는 형상이다. 나무나 햇살이나 넓은 논밭이나 그 어떤 것이든 영양분이나 수분을 충분히 보강할 수 있는 물상이다.

수다금침(水多金沈)

수(水)가 너무 많아 금(金)이 가라앉은 모습을 말한다.

● 대덕의 해설

물상론으로 보면, 바다나 강물 속에 잠긴 금속이 녹슬고 물이 혼탁해지는 형상을 말한다.

수다목부(水多木浮)

물이 너무 많아 나무가 떠 다니는 형상을 말한다.

● 대덕의 해설

물상론으로 보면, 나무는 한 그루인데 장맛비에 강물이 넘쳐나는 형상을 말한다. 나무가 썩고 홍수가 나 물이 넘치는 형상이다.

수다토류(水多土流)

물이 너무 많아 흙이 모두 떠내려가는 형상을 말한다.

● 대덕의 해설

물상론으로 보면, 장맛비와 홍수로 논밭이나 둑이 무너져 내리는 형상이다.

수목상관(水木傷官)

수(水) 일간인데 사주에 목(木)이 많거나, 수(水) 일간이 봄의 계절인 인묘진(寅卯辰)월에 태어난 것을 말한다.

● 대덕의 해설

물상론으로 보면, 봄비를 맞고 나무가 무성하게 자라는 형상이다. 이렇게 나무가 무성하면 열매를 맺기 어렵고 꽃만 감상하게 된다.

POINT

수다금침·수다목부·수다토류

수다금침은 수(水)가 너무 많아 금이 가라앉는 것, 수다목부는 수(水)가 너무 많아 나무가 떠 다니는 것, 수다토류는 수(水)가 너무 많아 흙이 모두 떠내려가는 것이다.

수화기제(水火旣濟)

『주역(周易)』의 64괘 중 63번째에 나오는 괘의 이름. 수(水)와 화(火)가 균형을 이룬 형상이다.

● 대덕의 해설

수(水)와 화(火)가 적당히 발달되어 있는 사주의 형상이다. 수(水)와 화(火)의 육친복이 크다.

수화상극(水火相剋)

POINT

수화상극

수(水)도 세력이 크고 화(火)도 세력이 커서 싸움을 한다는 의미로, 수화상쟁(水火相爭)과 같은 의미다.

수(水)도 세력이 크고 화(火)도 세력이 커서 싸움을 한다는 의미. 수화상쟁(水火相爭)도 이와 같은 의미다.

● 대덕의 해설

사주에 수(水)와 화(火)의 세력이 너무 강하고, 둘이 막강하게 대립하여 한 치도 양보하지 않는 형상이다. 사건사고에 노출될 가능성이 높다.

요수지영(樂水之盈)

금생수(金生水)의 이치를 만나면 물이 있어 찰랑찰랑 넘쳐서 즐겁다는 뜻이다.

● 대덕의 해설

수(水)는 금(金)을 만나는 것이 매우 유리하다. 다만, 수(水)가 많은데 금(金)이 합을 하여 수(水)로 변하면 마음 속에 욕망이나 화가 쌓여 인생에 굴곡이 심하거나 건강이 나빠질 수 있다.

적수오건(適水熬乾)

POINT

적수오건

메말라서 화기가 너무 강해 건조한 사주를 말한다.

적수(滴水)는 작은 물방울 같은 물을 상징하고, 오건(熬乾)은 볶을 오(熬), 하늘 건(乾)으로 메말라서 화기(火氣)가 너무 강해 건조한 사주를 의미한다.

천간에 1~2개 정도의 수(水)가 존재하는데, 지지에서는 물을 찾아볼 수 없고 더불어 지지가 모두 화국(火局)으로 이루어져 있으면 천간의 수(水)가 뿌리가 없어 적수오건(適水熬乾)이 된다.

● 대덕의 해설

다음 사주를 본다.

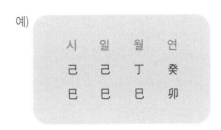

예)

시	일	월	연
己	己	丁	癸
巳	巳	巳	卯

위 사주는 연간 계수(癸水)가 홀로 있고, 지지에서는 수(水)를 찾을 수 없으므로 적수오건 사주가 되었다.

물상론으로 보면, 땅은 오랜 기간 메말라 물 한 방울 찾아볼 수 없고 땅을 파도 오직 메마른 흙만 있는 사막과 같은데, 하늘은 오랫동안 비 한 방울 오지 않고 잠깐 스쳐간 아침 이슬이 오히려 땅을 갈증나게 하는 형상이다. 이 경우는 반드시 최우선적으로 시원한 빗줄기가 내리거나 오아시스를 만나야 한다.

구통수화(溝通水火)

수(水)와 화(火)가 서로 대립하지 않도록 중간에 소통하여 길이 연결되어 있다는 의미. 수화(水火)는 서로 극하는데 목(木)을 만나 서로 상생으로 통한 것을 말한다.

● 대덕의 해설

서로 기가 통하면 좋다는 이론이다. 특히 금(金)과 목(木), 수(水)와 화(火)의 상쟁은 중간에서 통관시켜주는 것이 매우 좋다.

상성오리(相成五理)

서로 대립하며 극하는 것을 성공시키는 다섯 가지 이치를 말한다. 예를 들어, 목(木)과 금(金)으로 대립하고 있는 사주를 살릴 수 있는 방법은 다음과 같다.

첫째는 공(功)으로, 초봄에 목(木)은 약하고 금(金)은 강하니 화(火)로 금(金)을 공격한다. 둘째는 성(成)으로, 봄이 무성할 때는 목(木)이 강하고 금(金)은 약하므

POINT

상성오리

금(金)과 목(木)이 서로 대립할 때 사주를 살리는 다섯 가지 방법. 화(火)로 금(金)을 공격하는 공, 토(土)로 금(金)을 도와주는 성, 수(水)로 목(木)과 금(金)을 살리는 윤, 토(土)로 금(金)을 더욱 왕성하게 하여 목(木)을 종하게 하는 종, 겨울에 화(火)로 따뜻하게 하는 난이 있다.

로 토(土)로 금(金)을 도와주어 성공시킨다. 셋째는 윤(潤)으로, 한여름의 목(木)은 시들고 금(金)은 녹아가므로 물로 나무도 살리고 금(金)도 살린다. 넷째는 종(從)으로, 가을 나무는 힘이 전혀 없으니 토(土)로 금(金)을 더욱 왕성하게 하여 목(木)이 종(從)하게 한다. 다섯째는 난(暖)으로, 겨울 나무는 쇠하고 금(金)은 꽁꽁 얼어 있으니 화(火)로 따뜻하게 한다.

● 대덕의 해설

금(金)과 목(木)의 세력이 막강하여 서로 대립할 때 발생하는 형상이다. 『적천수(適天髓)』에서 말하는 다섯 가지의 이치는 공성윤종난(攻成潤從暖)을 말하는데, 이를 물상론으로도 설명할 수 있다. 즉, 이른 봄에 목(木)이 약하면 화(火)로 금(金)을 공격해서 해결하고, 목(木)이 왕하면 토(土)로 금(金)을 도와주고, 여름 나무는 메말라 있으니 물로 윤택하게 하고, 가을 나무는

금(金)의 세력이 강하므로 금(金)에게 종(從)하게 하고, 겨울 나무는 추우니 화(火)로 따뜻하게 한다는 것이다.

이인동심(二人同心)

POINT

이인동심

오행 중에서 상생하는 2개의 오행이 합심하고 있다는 논리로 일간을 중심으로 인성과 비겁, 비겁과 식상 등 두 가지 형태이다.

오행 중 상생하는 2개의 오행이 합심하고 있다는 논리. 목화(木火), 화토(火土), 토금(土金), 금수(金水), 수목(水木)의 다섯 가지가 있는데, 대체적으로 일간을 중심으로 인성과 비겁, 비겁과 식상 등 두 가지 형태를 설명하고 있다.

● 대덕의 해설

2개의 오행이 서로 상생하여 신강한 사주가 된 상태를 말하는데, 이 또한 신강 사주에 대한 집착에서 나온 이론이라고 할 수 있다. 그러나 현대 이론에서는 신강 사주에 대한 절대적 신봉보다는 사주 여덟 자의 각 구성을 살펴서 오행의 고립,

과다, 발달을 판단하는 것이 우선이다.

취정회신(聚精會神)

정(精)과 신(神)이 모여 있다는 의미. 수(水)와 화(火)가 서로 강력한 세력으로 존재함을 말한다. 이 때 해묘미(亥卯未)나 갑을(甲乙)이 통관 역할을 하면 귀격이 된다고 한다.

● 대덕의 해설

수(水)와 화(火)가 서로 싸울 때 목(木)이 있으면 매우 좋다는 설명은 타당성이 있다. 사주에서 금목상쟁(金木相爭)이 가장 위험하고, 다음으로 위험한 것이 수화상쟁(水火相爭)이기 때문에 중간에서 통관해줄 오행이 반드시 필요하다.

항통수화(港通水火)

항통수화(港通水火)를 수화항통(水火港通), 수화기제(水火旣濟)라고 부르기도 한다. 사주가 수(水)와 화(火)로 이루어져 있는데 목(木)이 중간에서 수생목(水生木) 목생화(木生火)로 유통시켜주는 것을 말한다. 사주원국에 목(木)이 있거나 대운에서 목(木)운이 들어오는 경우이다.

● 대덕의 해설

다음 사주를 본다.

POINT

항통수화

사주가 수(水)와 화(火)로 이루어져 있는데 목(木)이 중간에서 수생목, 목생화로 유통시켜주는 것을 말한다.

예) 1972년 2월 21일(양) 진(辰)시생

시	일	월	연
甲	壬	壬	壬 (乾)
辰	午	寅	子

74	64	54	44	34	24	14	4
庚	己	戊	丁	丙	乙	甲	癸
戌	酉	申	未	午	巳	辰	卯

앞 사주의 주인공은 가수 서태지다. 사주에 수(水)와 화(火)가 강하여 서로 싸우고 있는데 목(木)이 있어 수생목(水生木) 목생화(木生火)로 기를 뚫어주면 매우 좋다는 것이다.

이 때 사주 내에 목(木)이 있으면 대운에서 적당히 들어와도 좋지만, 사주에 목(木)이 전혀 없으면 대운에서 간지로 연속으로 들어와야지 그렇지 않고 짧게 들어오면 목(木)이 고립되어 목(木)의 건강과 육친에 사건사고가 있을 수 있다.

불통수화(不通水火)

불통수화(不通水火)는 수화불통(水火不通), 화수미제(火水未濟)라고 부르기도 한다. 사주원국이 대부분 수(水)와 화(火)로 이루어져 서로 대적하고 있는데 목(木)이 전혀 없고, 대운에서도 목(木)운이 들어오지 않을 때를 말한다.

● 대덕의 해설

수(水)와 화(火)가 강력한 세력으로 맞서고 있는데 목(木)이 전혀 없으면 수화상쟁(水火相爭)으로 매우 강력한 싸움이 생긴다. 그 결과 수(水)와 화(火)가 나타내는 건강문제 또는 육친의 사건사고가 발생한 가능성이 매우 높다.

순환상생(循環相生)

오행이 시계방향 또는 시계 반대방향으로 서로 상생하는 사주를 말한다. 비화(比和)도 괜찮지만, 오행이 4개 이상이면 사주팔자 중 7자 이상, 오행이 5개 이상이면 사주팔자 중 6자 이상이어야 순환상생의 작용이 크다고 본다. 생생불이(生生不已), 오행불이(五行不已), 원원류장(源遠流長), 시종득소(始終得所) 등도 비슷한 의미다.

생생지도(生生之道)

흐름이 끝이 없다는 의미로, 생하고 또 생하는 것을 말한다.

● 대덕의 해설

순환상생과 비슷한 설명으로, 인생의 흐름이 편안하고 화평하다는 뜻이다. 다만, 생생지도라고 해도 그 영향은 상황에 따라 달리 해석해야 한다.

POINT

불통수화

사주원국이 수(水)와 화(火)로 이루어져 서로 대적하고 있는데 중간에서 기운을 유통시켜줄 목(木)이 전혀 없는 것을 말한다.

POINT

순환상생

오행이 시계방향 또는 시계 반대방향으로 서로 상생하는 사주를 말한다. 생생지도(生生之道), 순환불식(循環不息), 주류불체(周流不滯) 등도 같은 의미다.

순환불식(循環不息)

연주로부터 시작하여 월주와 일주와 시주의 상생 원리로 흐르는 것을 말한다.

● **대덕의 해설**

순환상생과 비슷한 논리로서, 사주 구성이 고립 없이 안정될 가능성이 높다.

주류불체(周流不滯)

사주가 서로 생하여 두루두루 흘러서 막히는 곳이 없다는 뜻이다.

● **대덕의 해설**

순환상생과 비슷한 의미로 인생이 안정감이 있고 편안한 사주일 가능성이 높다.

급신이지(及身而止)

오행이 상생하면서 순환하는데 일간에서 그 상생이 그치는 것을 말한다. 급신이지가 되면 실제 삶에서도 자신의 뜻을 제대로 펼치지 못하고 굴곡이 많은 삶을 산다는 논리다.

● **대덕의 해설**

사주팔자가 모두 상생하여 순환하지 않고 일간에 와서 멈춰버리는 경우인데, 특별히 고립된 오행이 있으면 매우 위험하지만 그렇지 않으면 큰 부담이 없다.

3. 합·형·충

합과 형과 충에 관련된 사주명리학 용어들을 살펴본다. 기존의 일반 이론을 설명한 후 대덕 이론으로 새롭게 보완 설명한다.

과어유정(過於有情)

정(情)이 너무 지나치면 성장과 발전에 늘 곤란함이 늘 따른다는 논리다. 여기서 정(情)은 합을 말한다. 과어유정과 비슷한 말로 과어작합(過於作合)이 있다.

형충파해는 무정하지만, 합은 유정하다고 본다. 그러나 천간과 지지에 2개 이상의 합이 존재하면 불길한데, 특히 여자 사주는 유흥업소에서 일하게 된다고 한다. 이 논리에 대해서는 심각하게 과다한 합이 아니면 상황에 따라 길흉이 달라진다고 보는 것이 타당하다.

● 대덕의 해설

천간과 지지의 합은 유정하므로 긍정적이고, 형충파해는 무정하므로 정이 없고 부정적이라고 보는 관점은 현대에 와서는 바뀌어야 한다. 합에도 긍정적인 점과 부정적인 점이 모두 있고, 충에도 긍정적인 점과 부정적인 점이 모두 있다.

예)

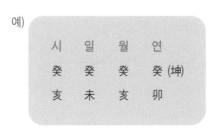

시	일	월	연
癸	癸	癸	癸 (坤)
亥	未	亥	卯

위 사주는 해묘미(亥卯未) 삼합이 쌍으로 있는데다 수(水) 과다의 생을 너무 많이 받아서 연지 묘목(卯木)이 과어유정이 되었다. 사주의 주인공은 위암으로 고생하다가 간으로 전이되었다.

상하정화(上下情和)

천간과 지지가 서로 미워하거나 배신하지 않고, 서로 생극제화(生剋制化)의 원리로 극할 때 극하고, 제어할 때 제어하고, 생할 때 생하고, 합할 때 합하여 사주가 서로 유정하여 협조하고 협력하는 것을 말한다.

● **대덕의 해설**

천간과 지지가 서로 생하면 고립되는 것이 없어서 사주 구성이 안정적이다. 그러므로 인생의 흐름이 매우 순조롭고 인덕이 있다.

일합일류(一合一留)

합은 합인데 합을 하지 못하는 경우가 있다는 이론이다. 예를 들어, 묘(卯)월 갑목(甲木) 일간인데 월간에 신금(辛金), 시간에 신금(辛金), 연간에 병화(丙火)가 있으면 병신합수(丙辛合水)를 해야 한다. 이 때 합은 근접한 것을 우선한다는 논리에 따라 월간 신금(辛金) 정관은 합이 되어 변화하고, 시간 신금(辛金)은 합이 되지 않고 본래의 신금(辛金) 정관 그대로의 구실을 한다. 이렇게 2개의 정관합 중에서 하나의 합은 성사되고 하나의 합은 성사되지 않는 것을 일합일류(一合一留)라고 한다. 또는 일거일류(一去一留)라고도 한다.

● **대덕의 해설**

가까이 있는 합과 멀리 있는 합 중에서 가까이 있는 합을 우선한다는 논리인데, 이 부분은 타당성이 없다. 가까이 있든 멀리 있든 합은 모두 가능하다. 비유하면 부인이 있는 남자는 절대 다른 여자와 외도를 하지 않는다는 논리인데, 부인이 가까이 있어도 다른 여자와 외도를 하는 경우가 분명히 있다. 그러므로 합과 관련해 가까이 있는가 멀리 있는가를 따지는 것은 큰 의미가 없다. 다만, 합이 하나 있는 경우가 합이 둘 있는 경우보다 작용력이 작다고 본다.

천합지자(天合地者)

천간이 지지의 지장간과 합을 하는 것이다. 갑오(甲午), 정해(丁亥), 무자(戊子), 기해(己亥), 신사(辛巳), 임오(壬午), 계사(癸巳)가 천합지자에 해당한다. 고전 이론에서는 천간과 지지가 합하면 화합하고 상생하지만, 천간과 지지가 합하지 않

> **POINT**
>
> **일합일류**
>
> 합은 합인데 합을 하지 못하는 경우가 있다는 이론이다. 즉 가까이 있는 합과 멀리 있는 합 중에서 가까이 있는 합을 우선한다는 논리다.

POINT

천합지자

천간이 지지의 지장간과 합을 하는 것을 말한다.

으면 기세가 산만하다고 설명한다.

● 천합지자의 도표

천합	천합의 종류	합하는 육친	의미
甲午	갑기합(甲己合)	정재	재물복이 많다
丁亥	정임합(丁壬合)	정관	명예복이 많다
戊子	무계합(戊癸合)	정재	재물복이 많다
己亥	기갑합(己甲合)	정관	명예복이 많다
辛巳	신병합(辛丙合)	정관	명예복이 많다
壬午	임정합(壬丁合)	정재	재물복이 많다
癸巳	계무합(癸戊合)	정관	명예복이 많다

● 대덕의 해설

천합지자는 사주원국이나 대운이나 연운에서 형충파해(刑沖破害)를 당하면 작용이 약하다고 한다. 그러나 강력하게 반복된 형충파해가 아니면 그로 인한 손실은 크지 않다.

반대로 이러한 합의 결과로 운의 기세가 상승하는가? 예로부터 정관이나 정재와 합하는 것을 선호하다 보니 나타난 이론이므로 주의한다. 사주에 필요한 오행과 육친에 따라 변화하는 것이지, 천합지자가 매우 귀하다는 논리는 위험하다.

탐생망극(貪生忘剋)·탐생망충(貪生忘沖)

탐생망극(貪生忘剋)이란 사주원국에 생과 극이 함께 있을 때 생을 먼저 하느라 극하는 것을 잊는다는 의미다. 마찬가지로 탐생망충(貪生忘沖)은 사주원국에 생과 충이 함께 있을 때 생을 먼저 하느라 충하는 것을 잊는다는 의미다.

사주를 분석할 때 사주 전체 상황을 살펴보지 않고 충과 극에 몰입하고 그 원리에만 집착하면 오류를 저지르기 쉽다. 오행의 상생상극 그리고 순환과 소통을 이해해야 폭넓은 사주 분석을 할 수 있다.

예1)

시	일	월	연
甲	乙	癸	丁
申	亥	卯	巳

위 사주는 탐생망충을 보여준다. 연지 사화(巳火)와 일지 해수(亥水)가 사해충(巳亥沖)이 되어 불길해 보이지만, 시지 신금(申金)부터 연지 사화(巳火)까지 금생수(金生水), 수생목(水生木), 목생화(木生火)로 서로 생하는 순환상생의 원리로 충을 망각하게 되어 탐생망충이 되었다.

예2)

시	일	월	연
壬	甲	癸	戊
申	寅	亥	戌

위 사주는 일지 인목(寅木)과 시지 신금(申金)이 인신충(寅申沖)을 하므로 적극적인 투쟁 상태가 되었다. 그러나 월지 해수(亥水)가 인목(寅木)과 인해합(寅亥合)을 하여 조정 역할을 강하게 하므로 충을 망각하게 된다.

● 대덕의 해설

대덕 이론에서는 생이나 합이 존재한다고 해서 충이나 극이 제거되거나 작용력이 사라지는 것은 불가능하다고 본다. 물론 충극(沖剋)과 합생(合生)이 함께 존재하면 작용력은 감소하겠지만, 사라져버린다는 것은 전혀 타당성이 없다고 본다. 생각해보자. 사랑하는 사람이 내 곁에 있다고 해서 나에게 시비를 거는 옆 사람을 무시하고 사랑만 할 수는 없다. 사랑하는 사람이 있다고 해서 다른 사람과 다투거나 싸울 일이 완전히 없어진다는 것은 현실적으로 말이 안 된다. 애인이 있으니 감정을 다스리고 크게 싸울 일도 부드럽게 넘길 수가 있지만, 완전히 무시하게 된

POINT

탐생망극과 탐생망충

탐생망극은 사주원국에 생과 극이 함께 있을 때 생을 먼저 하느라 극하는 것을 잊는다는 것이고, 탐생망충은 사주원국에 생과 충이 함께 있을 때 생을 먼저 하느라 충하는 것을 잊는다는 의미다.

다는 논리는 타당성이 없다.

결론적으로 말해서 충이나 극이 있을 때 합이나 생이 함께 있으면 충이나 극의 작용력이 감소한다. 탐생망극(貪生忘剋)·탐생망충(貪生忘沖)이 아니라 탐생감극(貪生減剋)·탐생감충(貪生減沖)이라고 해야 할 것이다.

예) 1977년 9월 28일(양) 술(戌)시생

시	일	월	연
壬	戊	己	丁 (坤)
戌	子	酉	巳

위 사주의 주인공은 프로골퍼 박세리다. 이 사주는 정임합목(丁壬合木)을 하는데 동시에 무임충(戊壬沖)을 하고 있다. 아무리 충으로 방해한다고 해도 합이 존재하고, 아무리 합으로 충을 방해해도 충은 존재한다. 다만, 합만 있거나 충만 있을 때보다는 작용력이 약해진다.

탐합망귀(貪合忘貴)

천간이 서로 합하여 용신 구실을 못하는 내용 중 하나다. 탐합망귀에는 탐합망관(貪合忘官), 탐합망식(貪合忘食), 탐합망재(貪合忘財), 탐합망인(貪合忘印) 등이 있다.

❶ 탐합망관

갑목(甲木) 일간이 신금(辛金)을 용신으로 삼고 싶어하는데 병화(丙火)가 있으면, 병화(丙火)가 신금(辛金)을 병신합수(丙辛合水)로 합하여 신금(辛金)이 정관으로서 일간을 보좌해야 한다는 임무를 망각하고 일간을 방치하거나 배신하게 된다. 이처럼 길한 육친이 합을 하여 자신의 본분을 잊어버리는 것을 말한다.

❷ 탐합망식

갑목(甲木) 일간이 병화(丙火)를 용신으로 삼고 싶어하는데 신금(辛金)이 있으면,

신금(辛金)이 병화(丙火)를 병신합수(丙辛合水)로 합하여 식신 병화(丙火)가 자신의 임무를 망각하고 제 구실을 못하게 된다. 식신이 자신의 임무를 제대로 수행하지 못한다고 하여 탐합망식이라고 한다.

❸ 탐합망재

갑목(甲木) 일간이 무토(戊土)를 용신으로 삼고 싶어하는데 계수(癸水)가 있으면, 계수(癸水)가 무토(戊土)를 무계합화(戊癸合火)로 합하여 편재 무토(戊土)가 자신의 임무를 망각하고 제 구실을 못한다고 하여 탐합망재라고 한다.

❹ 탐합망인

갑목(甲木) 일간이 계수(癸水)를 용신으로 삼고 싶어하는데 무토(戊土)가 있으면, 무토(戊土)가 계수(癸水)를 무계합화(戊癸合火)로 합하여 정인 계수(癸水)가 자신의 임무를 망각하고 제 구실을 못한다고 하여 탐합망인이라고 한다.

● 대덕의 해설

탐합망귀는 용신이 합을 하여 용신 구실을 못하는 경우를 말한다. 여기서 용신이 합을 하여 기신으로 변화하면 부정적인 문제가 발생한다고 본다. 특히 합이 강하여 오행이나 육친이 과다해지면 사건사고에 노출될 가능성이 매우 높다.

탐합망천(貪合忘賤)

겁재, 상관, 편관, 편인은 사흉신으로 불린다. 사주에 사흉신이 있어서 일간이 극심한 공포를 느낄 때 천간에 사흉신을 포함하는 합이 있으면, 사흉신이 원래 가지고 있던 흉폭한 성질과 일간을 극하는 작용을 망각하고 일간에게 도움이 된다는 논리다.

❶ 탐합망겁(貪合忘劫)

갑목(甲木) 일간이 신왕한 사주에 사흉신에 해당하는 겁재 을목(乙木)이 있어서 불길한 상황에 처했는데, 사주 천간에 있는 경금(庚金)이 겁재 을목(乙木)과 을경합금(乙庚合金)을 하면 을목(乙木)이 편관 경금(庚金)과 합을 하느라 정신이 혼미하여 사주의 흉이 줄어든다는 의미다.

❷ 탐합망상(貪合忘傷)

갑목(甲木) 일간이 신약한 사주에 사흉신에 해당하는 상관 정화(丁火)가 있어서

POINT

탐합망천

사주에 사흉신(겁재·상관·편관·편인)이 있어서 일간이 공포를 느낄 때 천간에 사흉신을 포함하는 합이 있으면 사흉신이 일간을 극하는 작용을 망각하고 일간에게 도움이 된다는 논리다.

불길한 상황에 처했는데, 사주 천간에 있는 임수(壬水)가 상관 정화(丁火)와 정임합목(丁壬合木)을 하면 정화(丁火)가 임수(壬水)와 합을 하느라 정신이 혼미하여 사주의 흉이 줄어든다는 의미다.

❸ 탐합망살(貪合忘殺)

갑목(甲木) 일간이 칠살 경금(庚金)을 만나 공포에 떨고 있는데, 천간에 겁재 을목(乙木)이 있어서 을경합금(乙庚合金)을 하느라 칠살 경금(庚金)이 흉폭함을 상실하는 것을 말한다. 탐합망관(貪合忘官)이라고도 한다.

❹ 탐합망인(貪合忘印)

갑목(甲木) 일간이 편인 임수(壬水)인 효신살(梟神殺)을 만나 매우 불안한 상태인데, 천간에 상관 정화(丁火)가 있어 정임합목(丁壬合木)을 하느라 편인 임수(壬水)가 가진 불길함이 줄어드는 것을 말한다. 탐합망효(貪合忘梟)라고도 한다.

● 대덕의 해설

기신이 합을 하여 제 구실을 못하는 경우인데, 기신이 합을 하여 용신이 된다고 해도 긍정적인 것은 아니다. 기신이 합을 하여 용신으로 변화해도 너무 과도한 합국은 용신 점수가 과다해져서 사건사고가 생기기 때문이다. 용신도 합국이 되어 대운에서 반복적으로 과다해지면 사건사고나 파란만장한 삶을 살 가능성이 높다. 과다한 점수가 몰려오면 욕심을 줄이고 안정적인 삶을 살도록 노력해야 한다.

탐합망충(貪合忘沖)

합과 충이 동시에 있으면 합을 우선한다는 논리다.

● 대덕의 해설

실제로는 모두 작용한다. 합과 충이 동시에 나타나지 어느 것이 우선적으로 작용하지는 않는다.

POINT

합이불화

합하여 변화하지 않는다는
의미. 원래 합을 하면 본래
오행을 망각하게 되는데,
본래 오행이 사주원국에서
왕성하면 합을 이루는 데
장애가 있다.

합이불화(合而不化)

합하여 변화하지 않는다는 의미. 원래 합을 하면 자신의 본래 오행을 망각하게 되는데, 본래 오행이 사주원국에서 왕성하면 합을 이루는 데 장애가 있다.

예1)

시	일	월	연
庚	壬	癸	戊
子	子	亥	戌

위 사주는 연간 무토(戊土)와 월간 계수(癸水)가 무계합화(戊癸合火)를 하여 변화해야 하지만, 무토(戊土)가 술토(戌土)에 통근하고 있고 계수(癸水) 또한 월지 해수(亥水)에 통근하고 있어 토(土)와 수(水) 각자의 힘이 매우 강하다. 자신의 세력에 의지하여 합화를 거부하고 있으므로 합이불화가 된다.

예2)

시	일	월	연
庚	庚	乙	癸
辰	申	卯	亥

위 사주는 경금(庚金) 일간이 신(申)일에 통근한데다 시주 경진(庚辰)의 세력을 얻어 강하다. 월주 을묘(乙卯)는 묘(卯)가 투간하여 을목(乙木)의 세력 또한 매우 크고, 연주 계해(癸亥) 또한 을묘(乙卯)의 힘을 생조하여 배가시키고 있다. 경금(庚金)과 을목(乙木)의 힘이 각자 강해서 형식적으로는 합이 성립되었다고 해도 금(金)으로 화하지 않으므로 합이불화가 된다.

● 대덕의 해설

대덕 이론에서는 합하여 변화하지 않는 것은 존재하지 않는다고 풀이한다. 다만,

단순합인가 아니면 쟁합인가 충합인가에 따라 합이 빠르고 강하게 이루어지거나, 천천히 약하게 이루어지는 차이가 있다. 어떤 오행이든 힘이 강하다는 이유로 합을 거부하고, 합을 해도 다른 오행으로 변화하지 않는다는 논리는 잘못이다. 부모가 아무리 반대해도 자식이 결혼하는 경우가 수없이 많듯이, 부모가 적극적으로 찬성할 때보다는 결혼 성사율이 떨어질지라도 반드시 합은 이루어진다.

화이불화(化而不化)

변화를 해도 화(化)하지 않는다는 의미. 예를 들어, 갑기합(甲己合)은 합하여 토(土)로 변화하는데, 사주에 토(土)를 생해주는 오행이 반드시 있어야 합화의 구성이 이루어진다. 또한 주변에 생하는 오행이 있더라도 충이나 극이 있으면 합화되어 토(土)가 될 수 없다. 이러한 조건이 충족되지 않으면 합화할 수 없으므로 이때는 합화해도 화하지 않는다고 한다.

● 대덕의 해설

대덕 이론에서는 합은 무조건 합이 된다고 본다. 주위의 방해가 있으면 합을 할 확률이 줄어들 수 있지만, 합 자체를 하지 않는다는 말은 아니다.

화지진가(化之眞假)

합하여 화하는 것에는 진합(眞合)이 있고 가합(假合)이 있다는 논리다. 생하는 오행이나 같은 오행이 있으면서 화하면 진화이고, 생하는 오행이나 같은 오행이 전혀 없이 화하면 가화다.

● 대덕의 해설

특별한 의미가 없는 이론이다. 주변 상황에 따라 합을 하기도 하고 안 하기도 한다는 이론은 타당성이 없다. 합은 주위 상황과 무관하게 무조건 합을 한다. 다만, 완벽하게 합을 하는가, 합을 하다 마는가의 차이가 있을 뿐이다.

강화위약(强化爲弱)

강한 것이 합으로 변해서 약하게 된다는 의미. 강하다는 말은 사주 내에 힘이 많거나 월지를 얻었다는 말이고, 약하다는 말은 합이 되거나 집중적으로 공격받아

약해졌다는 말이다. 다시 말해 신강한 것이 신약해졌다는 말이다.

● 대덕의 해설

신강한 사주가 합이 되어 신약해지는 것 또는 월지가 제 구실을 못하는 경우 등이 있다. 예를 들어, 토(土)의 세력이 약한데 축(丑)월인 경우 축토(丑土)가 토(土) 구실을 제대로 못하게 된다. 하지만 특별히 합이 어느 한 가지 오행이나 육친으로 집중되지 않으면 큰 문제는 없다.

거류서배(去留舒配)

보내야 할 자는 보내고, 머물러야 할 자는 머무르며, 합을 하여 짝을 찾는 자는 짝을 맺음을 이르는 말이다. 용신은 합이 되어 존재하고, 기신은 합이 되어 용신으로 변하는 것을 말한다.

● 대덕의 해설

적당한 합과 적당한 충으로 모든 오행과 육친이 발달하면 매우 긍정적인 사주 구조라고 할 수 있다.

무정지합(無情之合)

무계합(戊癸合)을 말한다. 무(戊)는 양토(陽土)로서 태산과 같고, 계수(癸水)는 음수(陰水)로서 비나 우박을 나타내므로 그 차이가 크다. 마치 젊은 여자와 늙은 남자가 합하는 것과 같아 늙은이가 돈 떨어지면 정이 없이 헤어지는 것이므로 무정지합이라 한다. 무계합이 있으면 용모는 아름답지만 마음은 냉정하고 박정하다. 결혼에 장애가 따르고 남녀 모두 무관심하다.

　무(戊) 일간이 계(癸)를 합하면 정직하고 총명하며 다정하지만, 속마음이 무정하다. 계(癸) 일간이 무(戊)를 합하면 정직하고 총명하지만 질투심이 많고, 매사에 시작은 잘하지만 끝이 미약하다. 여자는 미남을 좋아한다.

● 대덕의 해설

천간합 중 무계합에 대한 설명으로 타당성이 전혀 없다. 다만, 천간합이 여자에게는 관성, 남자에게는 재성에 해당하고 쟁합, 쟁충, 합충을 하면 이성에게 인기를 끌 가능성이 높다.

POINT

무정지합·중정지합·위엄지합·음란지합·인의지합

무정지합은 무계합(戊癸合), 중정지합은 갑기합(甲己合), 위엄지합은 병신합(丙辛合), 음란지합은 정임합(丁壬合), 인의지합은 을경합(乙庚合)을 말한다.

중정지합(中正之合)

바르고 중심이 있는 합이라는 뜻으로 갑기합(甲己合)을 말한다. 이 합은 다툼을 싫어하고 자기 분수를 알고 마음이 후덕해 주위 사람들에게 존경을 받지만, 인정이 없고 잔꾀에 능한 사람도 있다.

갑(甲) 일간이 기(己)를 합하면 신용과 정직이 있고 활발하지만, 나태하고 지능이 약한 성향이 있다. 또한 기(己) 일간이 갑(甲)을 합하면 매사 일을 잘 처리하고 사회활동이 원만하지만, 신의와 신용이 부족하다.

● 대덕의 해설

천간합 중 갑기합에 대한 설명으로 내용은 타당성이 없다. 다만, 천간합이 여자에게는 관성, 남자에게는 재성에 해당하고 쟁합, 쟁충, 합충을 하면 이성에게 인기를 끌 가능성이 높다.

위엄지합(威嚴之合)

병신합(丙辛合)을 말한다. 병신합이 있으면 속마음이 냉정하고 이지적이며, 뇌물을 좋아하고, 위엄은 있지만 간혹 잔인하고 색을 좋아한다.

병(丙) 일간이 신(辛)을 합하면 지혜가 있고 머리가 좋지만, 술수를 부리고 질서가 부족하다. 신(辛) 일간이 병(丙)을 합하면 착하고 아담하며 가정적인 면을 가지고 있지만, 큰 뜻이나 포부가 부족하다.

● 대덕의 해설

천간합 중 병신합에 대한 설명으로 내용은 타당성이 없다. 다만, 천간합이 여자에게는 관성, 남자에게는 재성에 해당하고 쟁합, 쟁충, 합충을 하면 이성에게 인기를 끌 가능성이 높다.

음란지합(淫亂之合)

정임합(丁壬合)을 말한다. 정(丁)은 음화(陰火)이고 임수(壬水)는 밤을 나타내는데, 이 둘이 밤에 은밀히 만나는 것이니 음란하여 음란지합(淫亂之合)이라 한다. 정임합이 있는 사람은 예민하고 자신을 높게 평가하는 습성이 있어서 잘난 체를 한다.

정(丁) 일간이 임(壬)을 합하면 소심하고 질투심이 강하며 깨끗함을 좋아하고 사치를 즐긴다. 임(壬) 일간이 정(丁)을 합하면 성질이 예민하고 질투심이 많고, 화를 잘 내고 믿음이 부족하다.

● 대덕의 해설

천간합 중 정임합에 대한 설명으로 타당성은 전혀 없다. 천간합이 여자에게는 관성, 남자에게는 재성에 해당하고 쟁합, 쟁충, 합충을 하면 이성에게 인기를 끌 가능성이 높다.

인의지합(仁義之合)

인(仁)은 목(木)이고, 의(義)는 금(金)이다. 따라서 인의지합은 을경합(乙庚合)을 말한다. 을경합이 있으면 성품이 강직하고 인의가 두터우면서 용감하다. 그러나 칠살이나 절지(絶地)에 있으면 인색하고 박정하다.

을(乙) 일간이 경(庚)을 합하면 예절이 부족하고 신용이 다소 부족하지만, 결단성이 있다. 경(庚) 일간이 을(乙)을 합하면 남을 배려하는 마음이 있지만, 자기 주장이 강하고 의리가 약하다.

● 대덕의 해설

천간합 중 을경합에 대한 설명으로 타당성은 전혀 없다. 다만, 천간합이 여자에게는 관성, 남자에게는 재성에 해당하고 쟁합, 쟁충, 합충을 하면 이성에게 인기를 끌 가능성이 높다.

방국일제(方局一齊)

하나의 사주에 방(方)과 국(局)이 같이 있음을 이르는 말이다. 방은 방합을 뜻하고, 국은 삼합을 뜻한다.

● 대덕의 해설

지지에 삼합이나 방합이 있는데 대운에서도 삼합이나 방합과 같은 오행으로 변화하면 욕망이 강해지고 욕심이 커져 사건사고를 불러올 가능성이 높다.

POINT

방국일제

하나의 사주에 방(방합)과 국(삼합)이 함께 있는 것을 말한다.

삼합취회(三合聚會)

셋이 합하여 모여 있는 것을 말하며, 용봉삼태격(龍鳳三台格)이라고 한다. 천간
과 지지에 상관 없이 존재한다. 예를 들어 천간의 갑갑갑계(甲甲甲癸) 또는 지지
의 인인인자(寅寅寅子) 등이 삼합취회에 해당한다.

● 대덕의 해설

사주에 같은 천간이나 지지가 3개 이상 있거나, 삼합이나 방합이 있는 것을 말한
다. 특히 삼합이나 방합이 있을 때 욕망과 욕심이 과다해질 가능성이 높으니 조심
한다.

정편자처(正偏自處)

부부(정관 또는 편관)가 서로 합을 했는데, 또 다시 비견이 있어 투합이나 쟁합을
하는 현상을 말한다.

● 대덕의 해설

쟁합이나 쟁충으로 분석하는 것이 더 타당성이 있다.

합관불귀(合官不貴)

정관을 합하면 귀하지 않다는 논리다. 고전 이론에서부터 현대에 이르기까지 관
성은 매우 귀하게 본다.

● 대덕의 해설

정관에 대한 중요성 때문에 생겨난 이론이다. 실제로는 정관은 합이 필요할 때도 있고, 그렇지 않을 때도 있다.

간극지충(干剋支沖)

천간은 극하고 지지는 충한다는 의미. 예를 들어 갑자(甲子)와 경오(庚午)가 만나면 금극목(金剋木)과 자오충(子午沖)을 하는 것을 간극지충이라 한다. 간극지형(干剋支形)이라고도 한다.

● 대덕의 해설

천간은 극을 하고 지지는 충을 한다는 이론인데, 천간도 지지와 마찬가지로 충을 한다고 보는 것이 타당하다. 다만, 천간충은 작용이 빨리 나타나고, 지지충은 작용이 천천히 나타난다. 또한 천간충은 작용이 강하게 나타나고, 지지충은 작용이 약하게 나타난다.

POINT

간극지충

천간은 극하고 지지는 충한다는 의미다. 이 경우 천간도 지지처럼 충을 한다고 보는 것이 타당하다.

합이불합(合而不合)

주변에 충이나 극이 있으면 합이 성립되지 않는다는 이론이다.

● 대덕의 해설

자세한 것은 사주마다 정황을 살펴서 판단한다. 합해도 합이 되지 않는다기보다는 올바른 합이 되지 못한다고 본다. 합에는 완벽한 합이 되는 경우와 합이 반만 되거나 합이 되다 마는 경우가 있다.

호생염극(好生厭剋)

생은 좋아하고 극은 혐오한다는 말이다.

● 대덕의 해설

큰 의미가 없는 이론이다. 생도 사랑이고 극도 사랑이라고 보면 더 정확하다. 부모가 자식을 사랑하기 때문에 잔소리를 하는 이치와 같다. 그러므로 생과 극 중에 무엇이 먼저인지를 따지기보다는 둘이 동시에 이루어진다고 보는 것이 더 정확하다.

화위설상(化爲洩傷)

일주와 합하여 생긴 합화오행이 생을 할 때, 생을 받는 오행의 세력이 태과하여 합화오행이 지나치게 설기되어 손상되는 것을 말한다.

● **대덕의 해설**

예를 들어, 갑기합(甲己合)으로 토(土)가 되었는데 사주에 금(金)이 지나치게 많으면 토(土)가 금(金)에게 설기된다는 내용이다.

이 이론은 일주의 합뿐만 아니라 모든 합화의 경우에 해당한다. 더불어 대운과 연운에서도 합화가 생하는 오행이 오면 육친에 따라 큰 사건사고가 생긴다.

4. 육친

육친, 육친의 발달과 과다와 고립, 그리고 육친의 분포에 의해 결정되는 사주의 격국까지 설명한다.

군겁쟁재(群劫爭財)

군비쟁재(群比爭財), 남매강강(男妹剛强), 자매강강(姉妹剛强)과 같은 의미로, 무리지은 비견과 겁재가 재성을 빼앗으려고 달려든다는 뜻이다. 남자는 밖에서 경제활동을 많이 하기 때문에 군겁쟁재라고 하는데, 여자는 주로 가정에서 생활하기 때문에 진방지부(嗔房之婦)라고도 한다. 남매강강, 자매강강, 군겁쟁재 모두 남녀에 두루 사용해도 무방하다.

군비쟁재와 군겁쟁재에서 군비(群比)와 군겁(群劫)은 무리지어 있는 비겁을 의미하며, 비겁이 3개 이상이고 점수로는 40점 이상일 때를 말한다. 쟁재(爭財)는 재(財), 즉 재성을 두고 다툰다는 의미로, 쉽게 말해 비겁이 재성보다 2배 이상 많은 사주가 군비쟁재 또는 군겁쟁재에 해당한다. 이렇게 비겁은 많은데(강한데) 재성은 적은(약한) 경우 오행 상극의 원리에 따라 비겁이 재성을 극제하는 성질이 있으므로 군겁쟁재의 역할을 한다고 본다.

비견이 많으면 군비쟁재, 겁재가 많으면 군겁쟁재라고 하지만, 비견과 겁재를 구분하지 않고 둘 중 어느 것이든 많으면 군겁쟁재라고 부른다. 즉, 비견이 많아도 군겁쟁재이고, 겁재가 많아도 군겁쟁재이며, 비견과 겁재를 합쳐서 많아도 군겁쟁재이다. 그러나 토(土) 재성의 힘이 강할 때는 쟁재라고 할 수 없다.

재(財)는 남자 여자 구분하지 않고 부친과 재물에 해당한다. 특히 남자에게는 여자, 애인, 처에 해당한다. 그런데 비겁이 많다는 것은 양인(羊刃)이 되는 것이요, 극처(剋妻), 극부(剋婦), 상처(喪妻)를 하고 극재(剋財), 파재(破財), 극부(剋父)를 한다. 특히 극재(剋財)는 비겁이 상징하는 형제, 친구, 동료, 동업자, 선후배들 때문에 재물의 손실을 보는 것으로, 이런 사주를 가진 사람은 동업이나 합작이나 공동투자 등 다른 사람과 함께하는 일은 되도록 하지 말아야 한다.

고서(古書) 〈역감(易鑑)〉에서는 "양인(羊刃)이 중중(重重)하면 필극처(必剋妻)"라고 하여 군겁쟁재 사주인 남자는 부인을 극한다고 하고, 〈원리부(元理賦)〉에서도 "남다(男多) 양인(羊刃)에 필중혼(必重婚)"이라고 하여 군겁쟁재 사주인 남자는 여러 번 결혼한다고 하였다. 『명리정종(命理正宗)』「위경론(渭涇論)」에서도 "강강(剛剛)하면 내(乃) 진방지부(嗔房之婦)하여 이녀동부(二女同夫)라 부부별실(夫婦別室)에 동식서숙(東食西宿)"이라 하여 부부가 각방을 쓰면서 먹고 사는 것을 서로 따로 한다고 하였다. 또한 남녀를 불문하고 군겁쟁재 사주는 재물을 극하고 부친을 극하며, 여자에게 재(財)는 시어머니를 상징하므로 군겁쟁재 사주인 여자는 시어머니를 극한다고 하였다. 더불어 여자에게 비겁은 내 남편의 다른 여자를 상징하므로 그 여자들에게 남편을 빼앗기게 된다고 한다.

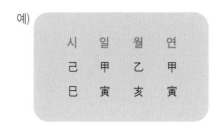

예)

시	일	월	연
己	甲	乙	甲
巳	寅	亥	寅

위 사주는 일간이 갑목(甲木)이고, 재성은 무기(戊己)와 진술축미(辰戌丑未)의 토(土)이다. 사주원국에 갑(甲), 을(乙), 인(寅)의 비겁이 5개 있는데 재성은 기토(己土) 하나밖에 없으므로 이 갑(甲), 을(乙), 인(寅) 비겁 5개가 토(土) 재성 하나를 차지하기 위해 서로 다투게 된다.

● 대덕의 해설

대덕이 군겁쟁재 사주를 임상 분석한 결과를 보면, 비겁이 제 아무리 많고 재성이 제 아무리 극을 받아도 상황에 따라서 운명이 부정적으로만 펼쳐지지는 않는다. 앞서 남자가 군겁쟁재 사주면 동업이나 사업 등에 불리하고 부인과 인연이 없어서 이혼이나 사별 등의 어려움이 닥치게 된다고 했지만, 실제로는 그럴 수도 있고 그렇지 않을 수도 있다. 그렇다면 언제 어떤 문제가 나타나는가?

비겁은 사람과 관련된 일, 인간관계를 상징한다. 사주원국에 비겁이 발달했거나 비겁이 과다한 사람은 사람을 상대하거나 인간관계를 다루는 직업을 선택하는 것이 좋다. 다시 말해서, 자신이 가지고 있는 지식이나 재능이나 끼를 바탕으로 사람들과 소통하거나 교류하거나 교육하는 일이 적성에 맞는다. 만약 비겁이 발달 이상인 사람이 물건을 직접 판매하여 수익을 남기는 직업이나 재물이나 금전을 직접 거래하는 직업을 가지면 반드시 금전적 손실을 보게 되거나 사업상 어려움을 겪게 된다는 것이다. 이렇듯 군겁쟁재 사주는 물건이나 금전을 추구하기보다는 지식이나 재능이나 능력 등을 사람과 사람의 소통 속에서, 인간과 인간의 관계 속에서 발휘하면 재물 손실은 최소화하면서 자신의 능력은 극대화하여 이중으로 성공할 수 있다. 다음 예들은 군겁쟁재 사주의 예로, 일부 사주는 사주원국에는 재성이 없지만 대운이나 연운에서 들어오는 재성까지 감안하였다.

예1) 1972년 2월 9일(음) 해(亥)시생

위 사주의 주인공은 탤런트 김민종이다.

예2) 1929년 1월 14일(양) 술(戌)시생

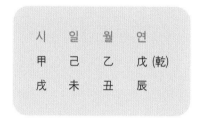

위 사주의 주인공은 전 대통령 김영삼이다.

예3) 1950년 3월 21일(양) 인(寅)시생

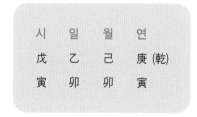

위 사주의 주인공은 가수 조용필이다.

예4) 1977년 3월 14일(음) 오(午)시생

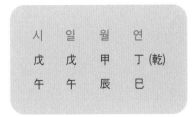

위 사주의 주인공은 프로축구선수 김남일이다.

예5) 1945년 1월 23일(음) 미(未)시생

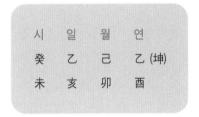

위 사주의 주인공은 전 종암경찰서장 김강자이다.

예6) 1963년 10월 21일(음) 해(亥)시생

위 사주의 주인공은 음악교사이다.

예7) 1945년 2월 17일(음) 술(戌)시생

```
시    일    월    연
壬    戊    己    乙 (乾)
戌    戌    卯    酉
```

위 사주의 주인공은 병원장이다.

비겁과다(比劫過多)

비겁, 즉 비견이나 겁재가 지나치게 많은 것을 의미한다. 이 경우 관살을 써도 과다한 비겁을 제어하기 어려우므로 식상을 용신으로 하는 것이 좋다. 만약 식상이 없어서 재성을 용신으로 삼으면 군겁쟁재가 일어난다.

● 대덕의 해설

군겁쟁재가 바로 비겁과다의 일종이다. 이 때는 식상 용신이 가장 좋고, 재성 용신은 대운에서 몰려와야 하며, 관성 용신 또한 몰려오는 것이 유리하다.

이런 사주를 가진 사람은 독립적이고 자유를 좋아하며, 명예지향적인 성향을 가지고 있다. 인기를 가져가는 연예나 방송 분야 또는 정치, 교육, 연구 등의 직업이 잘 어울린다.

독살당권(獨殺當權)

비겁이 많은 사주에서 편관 하나가 천간에 있는 경우를 말한다.

● 대덕의 해설

비겁이 과다한데 편관이 천간에 하나 외로이 있으면 고립되어 여자는 남편복이 없고, 남자는 직장이나 자식복이 없다고 본다.

효자봉친(孝子奉親)

효자봉친(孝子奉親)은 효자가 어머니를 봉양하는 것을 말한다. 자식이 비겁이면 어머니는 인성인데, 비겁이 지나치게 왕성하면 약한 인성은 자식에게 의지하게 되므로 종왕격(從旺格)이 된다. 일간이 어머니를 봉양하므로 모자 사이가 무난하다고 본다. 물론 재성운이 들어오면 인성을 극해 문제가 생긴다고 본다.

● 대덕의 해설

대덕 이론에서는 종격용신을 사용하지 않지만, 종격은 격국으로 인정한다.

신강신약(身强身弱)

POINT

신강신약

사주에 내 편이 많아서 일간의 힘이 강하면 신강, 반대로 내 편이 적어서 힘이 약하면 신약이다.

신강(身强)과 신약(身弱)을 말한다. 사주에서 일간은 나 즉 신(身)이 되는데, 사주 내에 일간과 같은 오행이나 일간을 생하는 오행이 많아서 일간의 힘이 강하면 신강이고, 반대로 사주 내에 일간과 같은 오행이나 일간을 생하는 오행이 적어서 일간의 힘이 약하면 신약이다. 즉, 인성과 비겁이 많으면 신강에 속하고, 식상과 재성과 관성이 많아서 약하면 신약에 속한다.

● 대덕의 해설

일간 위주로 사주를 보는 자평명리학에서는 신강과 신약을 매우 중요하게 활용한다. 그 예로, 사주가 신강하면 사주 주인공이 자신감 있고 적극적이고 활동적이며 건강하고 하는 일들이 순조롭게 풀리는 반면, 신약하면 소심하고 소극적이며 안정적이고 여성적이며 하는 일들이 꼬인다고 한다.

그러나 사주가 신강하다고 해서 반드시 남성적이고 적극적인 것은 아니다. 또한 사주가 신약하다고 해서 반드시 여성적이고 소극적인 것도 아니다. 이제까지 수없이 많은 사주팔자를 보았지만, 신강신약과 사주의 유의미한 관계는 찾기 어려웠다. 오히려 극단적으로 신강하거나 신약한 사주는 둘 다 매우 모험적이고 저돌적이며 활동성이 강하다. 그리고 신강과 신약에 치우치지 않는 중화된 사주는 모험적이기보다 안정적이다.

신강재천(身强財淺)

일주는 강하고, 재성은 매우 약한 것을 의미한다.

● **대덕의 해설**

군겁쟁재와 같은 의미다.

POINT

신강재천

일주는 강하고 재성은 매우 약한 것을 의미한다.

신약용인격(身弱用印格)

사주가 신약할 때 인성을 용신으로 삼는 것으로 용신격의 한 가지다. 일간이 약한데 식재관(食財官)이 많으면 인성을 용신으로 사용하는 것이 좋다. 비겁을 용신으로 하면 인성을 용신으로 하는 것보다는 좋지 않다.

● **대덕의 해설**

용신격의 일종으로 신약한 사주는 인성이 용신이란 뜻. 특별한 의미는 없다.

신왕재왕(身旺財旺)

사주에서 일간도 왕하고 재성도 왕하다는 의미. 매우 긍정적인 형상으로 보는데, 비겁이나 재성이 와도 좋고 식상이나 관성이나 인성이 몰려오면 더욱 좋다.

● **대덕의 해설**

신왕재왕 사주는 격(格)으로, 인덕이 있고, 재물복과 여자복까지 있다.

신중인경(身重印輕)

사주에서 일간은 왕하고 인성은 약한 것을 의미한다.

● 대덕의 해설

군겁쟁재 또는 종왕격의 일종으로, 비겁이 많은 사주가 여기에 속한다. 특별한 의미는 없다.

신왕적살(身旺敵殺)

일간이 매우 왕해서 살(殺, 편관)을 용신으로 정한 것을 말한다. 신왕한 일간이 살과 대적한다는 말인데 편관을 용신으로 정한 것과 같은 이야기다.

● 대덕의 해설

신왕용정관격과 신왕용편관격의 다른 표현이다.

식상과다(食傷過多)

사주에 식신이나 상관이 너무 많은 것을 뜻한다. 예를 들어 일간이 갑을목(甲乙木)인데 사주에 병정사오화(丙丁巳午火)가 많거나, 일간이 병정화(丙丁火)인데 사주에 무기진술축미토(戊己辰戌丑未土)가 많거나, 일간이 무기토(戊己土)인데 사주에 경신신유금(庚辛申酉金)이 많거나, 일간이 경신금(庚辛金)인데 사주에 임계해자수(壬癸亥子水)가 많거나, 일간이 임계수(壬癸水)인데 사주에 갑을인묘목(甲乙寅卯木)이 많은 경우가 식상과다이다.

이 때 일간은 매우 신약하여 인성과 비겁의 도움이 필요한데, 사주에 인성이 있어도 식상이 너무 왕성하므로 제어가 잘 안 되고, 비겁이 있어도 식상으로 설기가 심하므로 이 역시 도움이 안 된다.

● 대덕의 해설

식상다신약(食傷多身弱)과 같은 의미. 식상다신약 또는 종아격은 고립을 조심해야 하며, 식상을 제외한 다른 오행(육친)은 대운에서 여러 개가 몰려오는 것이 좋다. 비겁은 되도록 안 들어오거나 드문드문 들어오는 것이 좋고, 식상은 가능하면 안 들어오는 것이 좋다.

식상다신약(食傷多身弱)

사주에서 식신이나 상관은 과다하고, 인성과 비겁의 힘은 약한 것을 말한다. 식신만 과다하거나, 상관만 과다하거나, 식신과 상관을 합쳐서 과다해도 그 작용은 비슷하다. 일반적으로 남녀 모두 사주가 식상다신약이면 직장에 해당하는 관성을 극하므로 직장의 안정성이 떨어지고, 더불어 말을 버릇없게 한다고 한다. 상대방을 배려하지 않고 자기 주장이 강하며, 여자의 경우 남편의 기를 꺾는다고 한다. 상관보다 식신의 작용을 긍정적으로 보지만, 식신 역시 정도를 지나쳐서 과다하면 상관의 기능을 한다고 본다.

『명리정종(命理正宗)』에서는 신왕신쇠(食旺身衰)로, 『적천수징의(滴天髓徵義)』에서는 모쇠자왕(母衰子旺)이라고 했는데, 모쇠자왕은 어머니는 쇠약한데 자식은 왕성하다는 의미다. 여기서 모(母)는 나의 모친에 해당하는 인수(印綬)가 아니라 내 자녀의 모(母)를 의미한다. 따라서 자녀는 식상이요, 식상의 어머니 즉 모(母)는 나를 상징하는 일간을 말한다.

이렇게 어머니는 약하고 자식은 강한 상태이므로 여자 사주에서 일간은 약한데 식상이 왕성하면 아기가 뱃속에서 너무 자라서 나온다고 보아 출산시 진통이 심하고, 식상이 과(過)하면 비정상적인 아기를 잉태하여 어머니의 생명이 위태롭거나, 아기가 허약 체질이거나 유산한다고 설명한다. 『명리정종』의 「위경론(渭涇論)」에서는 "식왕신쇠(食旺身衰) 하니 포태상타(胞胎常墮)"라고 하여 식상이 왕하고 일간이 신약하면 임신과 출산이 항상 어렵다고 설명하고 있다.

● 대덕의 해설

기존의 일반 이론에서는 식상이 태과하여 식상다신약이면 관성을 극하여 자식을 얻기 힘들고 남편과도 사이가 좋지 않으며, 관직이나 직장을 가지기 힘들고 명예에 손상이 오며 관재수가 있다고 한다. 그렇지만 이 역시 오랜 임상을 통해 그럴 수도 있고 그렇지 않을 수도 있다는 결론을 얻었다. 물론 식상이 지나치게 많으면 태과하여 남편인 관성을 극하여 남편과 문제가 따를 수 있다. 또한 자식이 25세 이전이면 자식과의 사이에 여러 가지 문제와 어려움이 생길 수 있고, 본인의 직장 문제도 생길 수 있다.

그러나 식상을 제대로 활용하면 이런 문제들을 감소시키거나 미리 방지할 수 있다. 식상에 해당하는 입을 가지고 하는 직업, 언어를 가지고 하는 직업, 아이디어를 제공하는 직업, 참모 즉 조언자, 카운슬러, 컨설팅을 하는 직업을 적극적으

POINT

식상다신약

식신이나 상관은 과다하고, 인성과 비겁의 힘은 약한 것을 말한다.

로 활용하면 식상 과다를 장점으로 활용할 수 있기 때문이다. 다시 말해 교수, 교사, 강사, 컨설팅, 비서, 매니지먼트, 기획 분야 등에 종사하면 식상이 과다해도 앞서의 문제들 없이 삶을 안정적으로 끌고 가고, 적성을 살릴 수 있으므로 삶의 행복도 찾을 수 있다. 아주 태과한 식상다신약은 부부간에 마음을 비우고 친구처럼 지내고, 자식을 유학 보내거나 기숙사에서 생활하게 하면 오히려 긍정적인 관계로 발전할 수 있다. 사주팔자는 자신과 주위 환경을 어떻게 바꾸어가느냐에 따라 어느 정도 변화가 가능하다는 것을 알아야 한다. 다음은 식상다신약이지만 직업적으로 식상의 장점을 살린 예들이다.

예1) 1962년 12월 2일(음) 진(辰)시생

시	일	월	연
庚	庚	壬	壬 (乾)
辰	子	子	寅

위 사주는 수(水) 식상이 4개이고 시지마저 자진합수(子辰合水)를 하여 식상으로 변화하므로 식상다신약 사주가 되었다. 사주의 주인공은 탤런트 최수종이다. 자녀가 둘이다.

예2) 1941년 7월 22일(음) 사(巳)시생

시	일	월	연
己	甲	丁	辛 (坤)
巳	子	酉	巳

위 사주는 화(火) 식상이 3개로 식상다신약 사주가 되었다. 사주의 주인공은 가수 이미자다.

예3) 1961년 12월 24일(음) 진(辰)시생

시	일	월	연
甲	丁	辛	辛 (乾)
辰	卯	丑	丑

위 사주는 토(土) 식상이 3개로 식상다신약 사주가 되었다. 사주의 주인공은 서울대 대학원을 졸업하고 대기업 연구소에 재직중이며, 자녀가 셋이다.

예4) 1961년 1월 25일(음) 묘(卯)시생

시	일	월	연
乙	癸	辛	辛 (坤)
卯	卯	卯	丑

위 사주는 목(木) 식상이 4개로 식상다신약 사주가 되었다. 사주의 주인공은 현직

교사로 자녀가 둘이다.

예5) 1963년 2월 28일(양) 자(子)시생

시	일	월	연
壬	癸	甲	癸 (乾)
子	卯	寅	卯

위 사주는 목(木) 식상이 4개로 식상다신약 사주가 되었다. 사주의 주인공은 사업가로 활동하다 캐나다로 이민을 떠났으며, 자녀가 둘이다.

예6) 1966년 4월 27일(음) 오(午)시생

시	일	월	연
壬	乙	甲	丙 (乾)
午	巳	午	午

위 사주는 화(火) 식상이 5개로 식상다신약 사주가 되었다. 사주의 주인공은 부모에게서 거액의 유산을 물려받았고 딸이 하나 있다.

왕자상부(旺子傷夫)

자식이 왕하여 남편이 손상당한다는 의미.

● 대덕의 해설

식상이 너무 강하여 관성을 극하는 사주로, 식상다신약 사주를 말한다. 남편복이 없는 사주의 하나다.

POINT

왕자상부

자식이 왕하여 남편이 손상당한다는 의미. 식상이 너무 강하여 관성을 극하는 사주를 말한다.

식상생재(食傷生財)

억부용신격으로, 식신이나 상관이 재성을 생조하는 것을 말한다. 상관생재(傷官生財)와 식신생재(食神生財)로 나누어진다.

● 대덕의 해설

억부용신격의 한 종류로, 사주에 비겁이 많고 관성이 약하여 일간이 강할 때 식상이 강하면 식상을 용신으로 삼는 격이다. 더불어 재성이 강하면 비겁의 강한 힘을 식상으로 빼서 재성에게 몰아준다는 원리다. 대운에서 인성을 만나더라도 두려울 것이 없으므로 더욱 좋은 형상으로 본다. 아우생아격(兒又生兒格)과 비슷하다.

식상용인(食傷用印)

억부용신격에서 식상이 많아서 신약한 사주는 인성을 용신으로 삼는 것으로 상관용인과 같은 말이다. 상관패인(傷官佩印)도 비슷한 의미다. 조후용신격의 월지가 식상격일 때 인성을 용신으로 삼는 격도 식상용인에 해당한다.

● 대덕의 해설

식상용인격 또는 상관용인격을 상관패인격이라고도 한다. 상관패인은 상관이 정관을 차고 있다는 뜻인데, 상관 위에 바로 인성이 있는 것을 말한다. 상관이 용신이면 흉하다고 하지만 타당성이 부족하고 사주 전체 구성을 보는 것이 좋다.

식상용재(食傷用財)

억부용신격으로, 식상이 재성을 생조하여 재성을 용신으로 정하는 것을 말한다. 월지가 상관인데 재성을 용신으로 삼는 것은 상관용재(傷官用財)이다. 조후용신격으로는 월지가 투간하여 식상격이 되거나 월지 자체가 식상격이 된다. 재성을 용신으로 삼는 경우에도 해당한다.

● 대덕의 해설

인성이 강하여 신강한 사주는 재성이 용신인데, 재성의 힘만으로는 강한 인성을 제어하기 어려울 때는 식상이 있어서 재성을 생조해주면 좋다는 원리다. 자연스럽게 식상이 재성을 생해줌으로써 사주의 흐름을 원활하게 한다는 의미가 있지만, 종격용신인 경우가 아니면 사용하기 어려운 용신격이다.

식상제살(食傷制殺)

억부용신격으로, 신약한 사주에 관성이 강한데 인성과 비겁이 약할 때 식상으로 관성을 제어하는 격을 말한다. 식신제살격(食神制殺格), 상관제살격(傷官制殺格)으로 나눌 수 있다.

● 대덕의 해설

식신제살격과 상관제살격을 통칭한 말로, 관성이 강하여 신약한 사주에 비겁과 인성의 힘이 없거나 약할 때 식상으로 용신을 잡아 관성을 극하는 용신격의 일종이다.

관성이 너무 강할 때 대운에 식상이 들어오면 당연히 긍정적인 역할을 할 것이다. 다만, 관성의 강한 기운을 인성으로 빼주는 관인상생(官印相生) 사주가 식상제살 사주보다 안정적이고 편안한 삶을 살 것이다. 식상제살 사주는 감각이 뛰어나고 모험적이어서 변화가 많은 삶을 살아간다고 볼 수 있다.

아능생모(兒能生母)

아능생모는 식신제살(食神制殺)의 한 종류이며, 더불어 일주를 살려준다는 논리다. 아(兒)는 식신과 상관이고, 식신과 상관의 입장에서 보면 일간은 모(母)가 된다. 그러므로 아능생모는 식상으로 관살을 극제하여 일간이 자신의 힘을 유지할 수 있게 보좌한다는 의미다. 다른 용어로는 아능구모(兒能求母)라고도 한다.

● 대덕의 해설

다음 사주를 보고 설명한다.

POINT

아능생모

식신제살의 한 종류로, 식상으로 관살을 극제하여 일간이 힘을 유지할 수 있게 보좌한다는 의미다. 아능구모라고도 한다.

예)

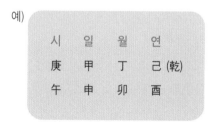

시	일	월	연
庚	甲	丁	己 (乾)
午	申	卯	酉

위 사주는 갑목(甲木) 일간이 봄의 계절인 묘(卯)월에 태어났으므로 양인격이 된

다. 그러나 세력이 없으므로 연지와 일지와 시간에 있는 유(酉), 신(申), 경(庚)의 관살이 두렵다. 그런 와중에 시지 오화(午火)와 월간 정화(丁火)의 상관이 사주의 병이 되는 금(金)을 극제하여 조정하는 역할을 하고 일간을 돕는다. 따라서 병약용신에 식상제살격에 아능생모라고 할 수 있다.

용신론의 일종으로, 일부분 타당성이 있지만, 이 역시 오행과 육친의 점수론 다시 말해 오행과 육친의 발달·과다로 분석하는 것이 더욱 정확할 것이다.

아우생아(兒又生兒)

일간의 자식에 해당하는 식상이 다시 자식인 재성을 낳았다는 의미.

● 대덕의 해설

순환상생의 모습으로 사주 구성이 긍정적이다.

상부극자(傷夫剋子)

남편에 해당하는 관성을 손상시키고, 자식에 해당하는 식상을 극한다는 의미. 인성이 많고 식상이 많은 사주를 뜻한다.

● 대덕의 해설

식상도 극을 당하고 관성도 극을 당하는 사주인데 쉽게 이루어지지는 않는다.

POINT

상부극자

남편인 관성을 손상시키고 자식인 식상을 극한다는 의미. 인성이 많고 식상이 많은 사주를 말한다.

식신대살(食神帶殺)

사주원국에 식신과 편관이 함께 있는 경우. 즉 천간에 나란히 있거나, 천간과 지지로 같은 사주기둥일 때를 말한다. 상관대살(傷官帶殺)도 비슷한 의미다.

● 대덕의 해설

식신이 편관과 함께 있으면 편관의 살을 견제할 수 있다는 말인데, 현대에서는 편관이 긍정적인 역할을 많이 한다고 보므로 편관을 극제하는 것이 좋다는 이론은 의미가 없다. 식신과 편관이 함께 있으면 서로 충하거나 충을 당할 가능성이 있고, 이 자체로 사주 분석을 하기는 어렵고 사주 전체 구성을 보아야 한다.

식신봉효(食神逢梟)

용신에 대한 설명으로, 식신이 용신인데 효신살(편인)을 만나서 극을 당하는 상황이다. 사주 구성의 한 가지다.

● 대덕의 해설

용신론에서 식신 용신은 사길신의 하나이고 이 식신을 극하는 편인은 사흉신의 하나로 본다. 식신이 편인에게 극을 당하므로 위험하다는 논리인데, 어떤 육친이나 용신도 과도한 극제가 아니면 긍정적이라고 할 수 있다.

식신시묘(食神時墓)

시지가 십이운성 중 묘(墓)에 해당하고 그것이 식신일 때를 말한다.

● 대덕의 해설

시지의 묘(墓)가 식신에 해당할 때를 말하는데 큰 의미를 두지 않아도 된다.

식신용비격(食神用比格)

억부용신격의 하나로, 식신이 많아서 비견을 용신으로 하는 격. 상관용비격(傷官用比格) 또는 식상용비격(食傷用比格)과 같은 말이다.

● 대덕의 해설

식상이 많은데 비겁으로 용신을 정하면 기신을 생해주는 용신이므로 용신격 중에서 가장 불리하게 본다.

억부용신격으로, 신약한 사주는 인성이나 비겁을 용신으로 삼기 힘들고, 식상의 힘이 있으면 이 식상이 편관을 극하므로 식상을 용신으로 삼는 격이다.

● 대덕의 해설

식신제살과 비슷한 의미다.

상관견관(傷官見官)

사주에서 상관과 정관이 함께 있으면 화가 따른다는 논리다. 여기에 재성이 없으면 매우 위태롭지만, 재성이 있으면 통관이 되어 해로운 것을 풀어준다고 본다.

● 대덕의 해설

지금까지의 사주명리학 이론은 정관을 매우 중시하였다. 과거 양반사회나 귀족사회에서는 관직이 매우 중요했기 때문에 정관을 소중하게 여겼다고 볼 수 있다. 그러나 현대는 직업이 다양할 뿐만 아니라 공무원이 가장 중요한 직업이지도 않다. 사업가, 의사, 법조인, 연예인, 방송인, 엔지니어, 교수, 교사 등 다양한 직업군이 있고 이들 모두 나름대로 인정받고 있으므로 정관이 극을 받는다고 해서 화가 따른다는 말은 논리적이지 않다. 다만, 정관이 고립되면 관재수나 자식문제, 직장 문제가 발생할 수 있다.

POINT

상관견관

상관과 정관이 함께 있으면 화가 있다는 논리로, 여기에 재성이 없으면 매우 위태롭지만 재성이 있으면 통관을 시켜서 해로운 것을 풀어준다고 본다.

옛날에는

요즘에는

상관상진(傷官傷盡)

억부용신격과 조후용신격 모두에 해당한다. 상관을 극제하여 상관의 기운을 기진맥진하게 한다는 의미다. 상관이 용신인 경우에 사주나 대운에서 인성을 만나는 것을 꺼리는데, 편인이 식신을 극하거나 정인이 상관을 극하는 것을 말한다. 신약한데 상관이 너무 많아서 인성이 상관을 극하는 것은 상관패인(傷官佩印)이라고 한다.

● 대덕의 해설

용신이 극을 당하는 것에 대한 부정적 설명인데 용신이 어느 정도 힘이 있으면 크게 문제가 없다. 다만, 용신의 힘이 약한데 또 극제당하면 위험하다.

상관은 겁재, 편관, 편인과 더불어 사흉신의 하나로, 사주명리학의 오랜 역사 속에서 천덕꾸러기 대접을 받아온 육친이다. 그 이유는 다음과 같다. 사주원국에서 선호하는 육친의 하나가 정관이다. 그래서 정관의 규율을 법이라 부를 만큼 귀중하게 취급하고 있고, 정관을 보호해야 한다는 강박관념이 있을 정도이다. 이렇게 소중한 정관이므로 정관을 극제하는 상관에 대해 극심한 거부반응이 발생하게 된 것이다. 그래서 상관의 힘을 억제시키고 소멸시켜서 사주원국을 지켜내기 위해 상진(傷盡)시킨다고 한다.

상관의 기세를 감소시키고 소진시키는 또 다른 이유는 바로 일간 때문이다. 즉, 일간의 힘이 약한데 상관이 일간의 힘을 설기시켜서 바로 도기(島氣)가 되므로 상관의 힘을 제어해야 상진이 되어 일간 자신을 보호할 수 있다.

이렇듯 상진을 시키는 것은 일간을 지키고 정관을 지켜서 사주원국이 불안해지고 위험해지지 않게 방지하기 위해서다. 그렇다고 해서 상관상진이 늘 부정적인 것은 아니다. 상관을 상진시켜야 할 때가 따로 있는데, 첫째 일간이 매우 신약할 때와 둘째 정관이 매우 미약할 때이다.

예1)

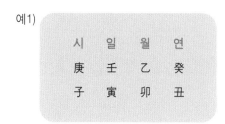

시	일	월	연
庚	壬	乙	癸
子	寅	卯	丑

위 사주는 임수(壬水)가 묘(卯)월에 태어나고 사주에 목(木)이 태왕하므로, 상관이 태왕하여 일간의 힘을 약하게 하는 설기와 도기가 극심하다. 식상이 일간의 힘을 빼앗아 가는 와중에 시간 경금(庚金)이 미약하나마 금생수(金生水)로 일간을 보좌해주면서 식상을 금극목(金剋木)으로 공격하여 제어해주니 상관용인격이 된다.

예2)

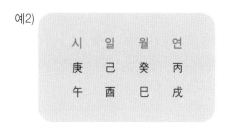

시	일	월	연
庚	己	癸	丙
午	酉	巳	戌

위 사주는 사(巳)월 기(己)일 오(午)시에 태어났다. 화토(火土) 인성과 비겁이 왕해 신왕한 사주이니 시간의 경금(庚金) 상관을 용신으로 정한다. 경금(庚金)에 유금(酉金)이 통근하고 있으므로 충분히 용신의 기세를 얻어 힘이 있지만, 월지와 시지와 연간에 있는 화(火)의 공격을 받고 있으니 이것을 상관상진이라고 한다.

상관성격(傷官性格)

상관의 성격을 말한다. 상관은 창조성, 창의성, 사교성, 표현력 등에 해당한다.

● 대덕의 해설

궁성론의 하나다. 상관은 아이디어, 기획력, 창조성, 사교성이 특징이다.

상관패인(傷官佩印)

억부용신격으로, 상관이 정인을 차고 있다는 뜻이다. 인성이 강할 때는 상관이 용신이 되면 큰 문제가 없지만, 인성이 약할 경우에는 흉하다.

● 대덕의 해설

단순히 상관과 정인이 함께 있으므로 길흉이 나타난다는 논리는 타당성이 부족하다. 사주 전체 구성을 보는 것이 좋다.

목화상관(木火傷官)

목(木) 일간이 화(火)를 만나면 상관이 된다는 의미로, 특히 갑을목(甲乙木)이 사오(巳午)월에 태어난 것을 말한다. 목(木) 일간에 화(火)가 상관이면 조열하지만, 관성인 금(金)을 만나면 금생수(金生水)로 수분을 얻어서 길하다고 한다.

● 대덕의 해설

목화통명(木火通明)과 비슷한 의미다. 월지 화(火)의 예술감각·아이디어에 상관이나 식신의 기획력·아이디어·창조성·표현력 등이 결합하여 총명하고, 새로운 변화에 대처하는 능력이 탁월하다.

예)

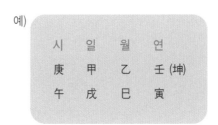

시	일	월	연
庚	甲	乙	壬 (坤)
午	戌	巳	寅

위 사주의 주인공은 어문학 교수다. 갑목(甲木) 일간이 사(巳)월에 태어나서 목화상관 또는 목화통명의 사주가 되었다.

변화상관(變化傷官)

말 그대로 상관이 변화한다는 논리로, 진상관이 변하여 가상관이 되고 가상관이 변하여 진상관이 된다는 의미다. 진상관이 가상관으로 변하면 가상관의 작용을

POINT

상관패인

상관이 정인을 차고 있다는 의미로, 인성이 강할 때는 상관이 용신이어도 큰 문제가 없지만, 인성이 약할 경우에는 흉하다.

하고, 가상관이 변하여 진상관이 되면 진상관의 작용을 한다고 본다.

그러나 진상관이 변하여 가상관이 되거나 가상관이 변하여 진상관이 되는 경우는 다양하고 복잡하여 그 변화 구성을 설명하기가 어렵다. 다만, 월지에 상관이 있어서 진상관이 되었는데도 신왕하면 진상관이 변하여 가상관이 되고, 월지에 인성이나 비겁이 있을 때 상관으로 용신을 삼는 가상관이 신약하면 가상관이 변하여 진상관이 된다.

● 대덕의 해설

상관이 변화한다고 해서 특별한 의미가 있지는 않다. 상관을 비롯한 모든 육친이 변화하여 과도한 육친을 더 강하게 만들어주면 해당 육친과 관련된 어려움이 발생하고 사건사고가 생길 가능성이 높다.

진상관(眞傷官) · 가상관(假傷官)

진상관(眞傷官)은 진정한 상관이란 뜻으로, 월지에 상관이 있는 경우를 말한다. 가상관(假傷官)은 거짓된 상관이란 뜻으로, 월지가 아닌 다른 곳에 있는 상관을 용신으로 정하는 경우를 말한다. 다시 말해 가상관은 월지에 상관이 아닌 인성이나 비겁을 놓고 사주원국의 다른 곳에 있는 상관으로 용신을 정한다.

POINT

진상관과 가상관

진상관은 진정한 상관이란 의미로 월지에 상관이 있는 것을 말하고, 가상관은 거짓된 상관이란 의미로 월지가 아닌 다른 곳에 있는 상관을 용신으로 정하는 것을 말한다.

● 진상관 도표

일간	甲乙	丙丁	戊己	庚辛	壬癸
월지	巳午未	辰戌丑未	申酉戌	亥子丑	寅卯辰

● 가상관 도표

일간	甲乙	丙丁	戊己	庚辛	壬癸
월지	亥子寅卯	巳午寅卯	巳午辰戌丑未	申酉辰戌丑未	申酉亥子
용신	丙丁	戊己	庚辛	壬癸	甲乙

● 대덕의 해설

월지에 있는 육친이 강하게 작용한다는 의미로 보면 된다. 상관뿐만 아니라 모든 육친이 월지에 있을 때 작용력이 크다.

월지에 있을 때

다른 지지에 있을 때

파료상관(破了傷官)

신왕한 사주는 상관으로 설기시켜서 사주를 중화시켜야 하는데 오히려 인성으로 인해 상관이 손상받고 파괴되는 것을 파료상관이라고 한다. 신약한 사주에 강한 상관의 기세를 제어하는 상관상진과 비슷한 말이다. 『연해자평』에서는 "상관상신(傷官傷身)에 최위기(最爲奇)요 파료상관(破了傷官)에 손수원(損壽元)이라" 하여 상관상신은 최고로 기이한 사주요 파료상관은 수명을 손상시킨다고 했는데, 상관상신은 길한 사주이고 파료상관은 불길한 사주라는 의미다.

● 대덕의 해설

인성으로 인해 식상이 극을 극심하게 받는 경우 매우 불리하게 본다. 실제 상담에서도 인성이 과다하여 식상을 강하게 극하면 식상이 상징하는 문제인 구설수나 관재수가 따르고, 의식주 문제와 자식의 사건사고가 발생하게 된다. 사주원국에서 인성이 식상을 강하게 극하는데 대운에서도 반복적으로 강하게 극제하면 사건사고가 더욱 악화된다. 다만, 비겁이 어느 정도 힘이 있어서 중재하면 비겁의 힘이 약해 중재하기 힘든 경우보다는 유리하다.

임금과 겨루려고 하면 안 된다는 뜻. 『적천수(適天髓)』에 "군불가항(君不可抗)
이니 귀호손상이익하(貴乎損上而益下)"라는 말이 있다. 임금 즉 일주는 가히 신
하의 재성이 극하면 불리하고, 일주의 기운을 손(損) 즉 설해야 신하 즉 재성에게
이익이 된다는 말이다.

● 대덕의 해설

식신생재(食神生財)를 하는 사주는 매우 좋고, 비겁과 재성이 세력을 이루었는데
비겁이 재성을 극하는 것은 매우 불리하다는 이론이다. 그러나 실제 사주 임상에
서 보면 신왕재왕 사주도 신왕식재왕 사주와 비교해서 크게 불리하지 않다고 볼
수 있다. 다만, 신왕식재왕처럼 비겁부터 재성까지 생하는 사주가 좀더 안정적이
고 평안한 삶을 사는 경우가 많다.

예)

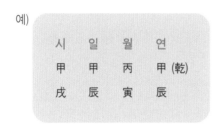

위 사주는 갑목(甲木) 일간이 인(寅)월에 태어나 신왕한데 진술(辰戌) 토(土)가 연
일시에서 힘을 합치므로 목토(木土) 상쟁의 형상이 될 수 있다. 그러나 월간 병화
(丙火)가 목생화(木生火) 화생토(火生土)로 이어지므로 군불가항 사주가 되었다.

득비이재(得比理財)

비겁의 힘을 얻어서 강한 재성을 다스린다는 의미를 가지고 있으며, 득겁이재(得
劫理財)라고도 한다. 이것은 군겁쟁재와 반대되는 논리로, 재다신약(財多身弱)과
비슷한 의미다. 즉, 재성의 힘이 강하고 인성과 비겁의 힘이 약한 재다신약 사주
에 비겁의 힘이 조금 있으면 이 비겁의 도움을 받아서 강한 재성을 억제시킨다는
것이다.

POINT

득비이재

비겁의 힘을 얻어서 강한
재성을 다스린다는 의미로
득겁이재라고도 한다.

재다신약 사주는 재성은 많은데 그 재성을 다스릴 힘이 부족하여 비겁의 힘, 즉 친구나 선후배나 동업자나 형제자매 등의 힘을 빌려서 재성을 다스린다. 따라서 친구, 선후배, 동업자, 형제자매 등과 함께 사업이나 동업을 하는 것이 좋다.

재다신약이나 득비이재 사주는 용신에 따라 대운과 연운의 작용력이 매우 크다고 본다. 기신인 재성운에는 불길하고 장애가 반복적으로 나타나며 희망이 없지만, 용신인 비겁운에는 부귀가 왕성하고 운이 좋아진다고 한다.

● 대덕의 해설

군겁쟁재와 마찬가지로, 재다신약 사주나 득비이재 사주는 재성을 활용하되 비겁의 힘이 약하므로 욕심을 버리고, 재성을 직접 거래하지 말고 간접 거래를 해야 한다. 재성은 남녀 모두에게 재물을 나타내므로 재물에 대한 욕심을 버리고, 사업이나 장사 등을 하지 말고 회계나 통계나 총무나 경리 또는 금융이나 경제나 증권이나 은행 등 비록 재물을 많이 만지지만 자신의 재물이 아닌 일이 적성에 맞는다. 또한 재성은 부친을 상징하므로 어려서는 부친과 떨어져 지내면 좋고, 성인이 되어서는 부친에게 집착하지 않기 때문에 큰 문제가 없다.

남자에게 재성은 여자에 해당하므로 여자에게 인기가 많을 수 있다. 이 때 여자를 유혹하려 하지 말고 탐하려 해도 안 된다. 여기서도 직접 거래보다는 간접 거래를 하는 것이 좋고, 여자와 관련되더라도 연예인, 예술가, 대학교수나 초중고 교사처럼 직접 사귀는 대상이 아닌 거리를 두고 만나는 대상이면 무난한 인생을 살 것이다. 다음은 득비이재 사주의 예들이다.

예1) 1972년 6월 20일(양) 사(巳)시생

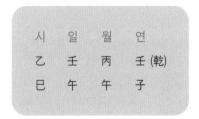

시	일	월	연
乙	壬	丙	壬 (乾)
巳	午	午	子

위 사주의 주인공은 서울시 구의원으로 운수회사 대표이다.

예2) 1962년 2월 6일(음) 자(子)시생

시	일	월	연
壬	戊	癸	壬 (乾)
子	辰	卯	寅

위 사주의 주인공은 음악평론가 강헌이다.

예3) 1966년 4월 24일(음) 오(午)시생

시	일	월	연
丙	壬	甲	丙 (乾)
午	寅	午	午

위 사주의 주인공은 전 국회의원 임종석이다.

재명득기(財命得氣)

재성의 힘도 강하고 일간의 힘도 강한 것으로, 이러한 형상을 신왕재왕(身旺財旺)이라고도 한다. 용신은 무엇으로 정하든 무방하다.

● 대덕의 해설

신왕재왕과 같은 의미다.

재명유기(財命有氣)

재성의 기도 강하고, 일간의 기도 강한 것을 의미한다. 신왕재왕 사주를 말한다.

● 대덕의 해설

신왕재왕 사주는 비겁도 안정되어 있고 재성도 안정되어 있어서 인생이 안정되게

POINT

재명득기와 재명유기

둘 다 재성의 힘도 강하고 일간의 힘도 강하다는 의미다. 사주 구조상 신왕재왕에 해당한다.

흘러간다. 대인관계도 무난하고 웃어른이나 상사의 인덕도 있다.

예)

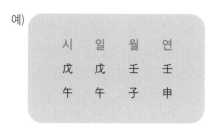

시	일	월	연
戊	戊	壬	壬
午	午	子	申

위 사주는 일간 무토(戊土)가 지지에 십이운성의 제왕(帝王)을 두고 있고, 일지와 시지의 화(火)가 일간을 화생토(火生土)로 생하기 때문에 세력이 매우 왕성하다. 또한 임수(壬水) 재성도 지지에 뿌리를 내리고 있으니 신왕재왕한 재명유기 사주가 된다.

재성과다(財星過多)

POINT

재성과다
사주에 재성이 너무 많은 것을 의미한다. 재다신약 사주와 같은 의미다.

사주에 정재와 편재가 지나치게 많은 것을 의미한다. 예를 들어 일간이 갑을목(甲乙木)인데 사주에 무기진술축미토(戊己辰戌丑未土)가 너무 많거나, 일간이 병정화(丙丁火)인데 사주에 경신신유금(庚辛申酉金)이 너무 많거나, 일간이 무기토(戊己土)인데 사주에 임계해자수(壬癸亥子水)가 너무 많거나, 일간이 경신금(庚辛金)인데 사주에 갑을인묘목(甲乙寅卯木)이 너무 많거나, 일간이 임계수(壬癸水)인데 사주에 병정사오화(丙丁巳午火)가 너무 많은 경우에 해당한다.

이렇게 되면 일간은 매우 신약해진다. 재다신약 또는 종재격으로 매우 좋지 않은 사주 구성으로 보는데, 사주 구성에 따라 다르기 때문에 전체를 살펴야 한다.

● 대덕의 해설
재다신약 사주와 같은 의미다.

재왕생관(財旺生官)

사주에서 힘이 왕성한 재성이 정관을 생조하는 것을 의미한다. 이 경우 신강한 사주에는 매우 좋지만, 신약한 사주에는 매우 불리하다.

● 대덕의 해설

재성도 발달하고 관성도 발달한 경우에는 대인관계가 좋고 배짱과 적극성이 있고 리더십도 뛰어나다. 돈과 명예가 따르는 사주라고 할 수 있다.

재왕신경(財旺身輕)

재성은 왕성하고, 일간은 쇠약하다는 의미. 재다신약과 같은 말이다.

● 대덕의 해설

재다신약과 같은 말이다.

재자약살(財滋弱殺)

신왕한 사주에 관살이 약하고 재성이 있을 때는 재성으로 하여금 미약한 관살을 생조해야 길해진다는 논리. 여기서 살(殺)은 편관의 별명이다.

● 대덕의 해설

비견과 겁재가 많아 신강한 사주는 관성이 용신인데, 이 관성 용신의 힘이 약한 상태에서 재성이 관성을 생해주는 것을 말한다. 이 격이 이루어지려면 신강한 사주에 관성이 약하고 재성이 사주원국에 있어야 한다. 재자약살격 사주일 때 남성은 부귀와 공명을 얻고, 여성은 행운이 따르며 남편이 크게 귀하게 된다고 한다.

POINT

재자약살

신왕한 사주에 관살이 약한데 재성이 있으면 재성으로 하여금 미약한 관살을 생조해야 길하다는 논리다.

예)

시	일	월	연
丙	丁	甲	庚 (乾)
午	未	申	辰

위 사주는 정화(丁火) 일간이 아직 더위가 가시지 않은 신(申)월 오(午)시 한낮에 태어나고 목화(木火)의 기운이 강하므로 신왕한 사주이다. 진(辰) 속의 계수(癸水) 관성의 힘이 약하므로 재성인 경금(庚金)을 용신으로 삼는다.

재자약살격은 재성을 용신으로 삼는 것이다. 그런데 위 사주는 격국용신으로

밖에 용신을 찾을 수 없는가? 위 사주는 조후로도 용신을 찾아낼 수 있고, 억부로도 용신을 찾아낼 수 있다. 양력 8월 18일에 태어났으므로 더운 여름의 화(火) 기운이 강하게 남아 있고, 또한 오(午)시에 태어나고 화(火)가 강하므로 조후로 보아 금(金)이나 수(水)로 용신을 삼는다. 더불어 신강한 사주이므로 재성이나 관성으로 용신을 삼으니 억부로도 가능하다. 결국 어렵게 격국용신으로 용신을 찾을 필요가 없다는 결론이 나온다.

재중용겁(財重用劫)

신약한 사주에 재성이 많으면 비겁을 용신으로 정하는 경우이다. 억부용신격의 하나다.

● **대덕의 해설**

재성이 많아서 신약한 사주는 비겁으로 용신을 삼는 원리다. 비겁을 용신으로 얻으면 강한 재성을 충분히 감당할 수 있다는 논리다.

재중용인격(財重用印格)

억부용신격의 하나로, 재성이 태왕할 때 인성을 용신으로 정하는 격이다. 신약한 원인이 재성이면 비겁을 용신으로 정하는데, 비겁이 사주에 없으면 어쩔 수 없이 인성을 용신으로 한다. 이렇게 하면 인성 용신이 극을 당하므로 매우 불리하게 본다. 이 때 관성이 있어서 재성과 인성의 중간에서 통관 역할을 하면 무난하다.

● 대덕의 해설

재성이 많은 사주는 비겁을 용신으로 사용하는데, 비겁이 없어서 용신을 삼기 힘들면 인성을 용신으로 삼는 것을 말한다.

재인불애(財印不碍)

재성과 인성이 서로 다투지 않는다는 의미. 원래 재성과 인성이 가까이 있거나 천간과 지지로 같이 있으면 재성이 인성을 극하여 매우 불리하다고 본다. 그런데 재성과 인성이 함께 있어도 장애가 없을 때가 있는데 이것을 재인불애라고 한다.

이렇게 재성과 인성이 함께 있는 구조가 긍정적일 때는 언제인가? 첫째 일간의 힘이 약한데 인성이 일간 외에 다른 육친과 합을 할 때, 둘째 일간의 힘이 강한데 인성이 매우 왕할 때이다. 이 두 경우는 재성이 인성과 함께 있으면 재성이 인성의 힘을 억제하므로 재성이 사주에 장애가 되지 않고 기화단결(氣和團結)하게 되는 길한 사주가 된다는 논리다.

POINT

재인불애

재성과 인성이 서로 다투지 않는다는 의미. 원래 재성과 인성이 함께 있으면 재성이 인성을 극하여 매우 불리하지만, 둘이 함께 있어도 장애가 없는 것을 말한다.

예)

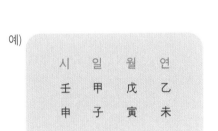

시	일	월	연
壬	甲	戊	乙
申	子	寅	未

위 사주는 갑(甲) 일주가 인(寅)월에 득령하고 있는데 인성인 임수(壬水)가 시간에 투출하고 일지 자수(子水)에 통근하고 있어 신왕한 사주가 되었다. 한편 월간 무토(戊土)는 월지 인목(寅木) 장생(長生)에 앉아 있고, 연지 미토(未土) 역시 일간에게 힘을 주는 등 재성 또한 왕하므로 충분히 인성을 견제할 수 있다.

● 대덕의 해설

재인불애는 생극제화(生剋制化)의 원리와 용신론으로 설명된다. 그러나 인성과 재성의 균형이 용신운의 흐름에 따라 모든 삶에 영향력을 미친다는 논리는 조금

아쉽다.

사주 구성에 대한 설명으로, 일간이 재물을 탐하여 일간과 재성이 합을 하고 인성의 생을 거부하는 것을 말한다.

● 대덕의 해설

재성이 너무 왕성하고 인성이 약하면 재성의 문제와 인성의 문제가 동시에 발생한다고 본다.

관살혼잡(官殺混雜)

관살혼잡이란 사주원국에 정관과 편관이 섞여 있는 것을 말한다. 정관 하나에 편관 하나가 섞여 있어서 관살혼잡이라고 하는데, 사실 대부분의 사주는 관살혼잡이 되기 쉽다. 정확하게 말해서 관살혼잡의 작용이 있으려면 정관과 편관이 섞여 있으면서 사주원국에서 차지하는 힘이 커야 한다. 작용력을 봤을 때 관살혼잡은 관다신약(官多身弱), 살다신약(殺多身弱), 관중신약(官重身弱), 살중신약(殺重身弱)의 의미와 동일하다.

관다신약, 살다신약, 관중신약, 살중신약은 같은 의미다. 즉, 정관이나 편관이 사주원국에 과다하고 인성과 비겁이 적은 사주를 말한다. 관살혼잡과 관다신약은 서로 의미 차이가 있지만, 사주를 해석할 때는 같이 본다. 둘 다 사주원국에 관성이 강하게 작용하고 있음을 말하기 때문이다. 다만, 일반적으로 남자 사주에서 관성의 작용은 중요하게 분석하지 않지만 여자 사주에서는 중요하게 여긴다.

정관과 편관은 여자에게 남편이나 애인이나 정부를 상징하므로 정관과 편관이 혼합되어 있거나 정관과 편관이 과다한 관살혼합 또는 관다신약 사주를 가진 여자는 남자들에게 인기가 많고 한 남자에게 만족하지 못하고 남자들을 밝히므로 이성관계가 복잡하며, 이 남자 저 남자를 만나거나 결혼을 여러 번 하고 바람을 피워 가정이 깨지거나, 남편복이 전혀 없거나 유흥업소에서 일한다고 설명한다. 남자에게 관성은 직장이나 자식을 상징하므로 관살혼잡이면 직업이 안정적이지 않고, 자식 또한 나를 극한다. 더불어 남녀 모두 자신을 극하므로 갑작스런 사건사고가 있거나 생명이 위태로운 일이 생길 수 있다.

● **대덕의 해설**

관살혼잡과 관다신약은 여자 사주에서 남편이나 남자에 해당한다. 그렇다면 실제로 관살혼잡 사주인 여성은 남편을 두고 정부와 바람이 나고, 남자를 밝히고 음란함에 빠져 헤어나지 못하는가? 남녀 모두 관살이 일간을 극하여 사주 주인공이 갑작스럽고 극단적인 사고로 단명하는가?

이런 상황은 살다보면 얼마든지 실제로 발생할 수 있다. 그러나 발생하는 일 중 극히 일부분에 해당하는 것을 마치 전체가 그런 것처럼 설명하는 것은 분명 문제가 있다. 특히 사주명리학은 부정적인 면을 과대포장하고 사주 주인공을 협박하거나 겁을 주어 부적이나 굿을 하게 만드는 일이 흔하다. 사람들에게 상담을 통해 희망을 주고 용기를 주고 자기 사주의 장점을 들려주기보다는, 돈벌이 수단으로 생각하고 사주의 부정적인 내용을 말해서 이리저리 돈을 쓰게 만드는 것은 큰 문제이다.

그렇다면 관살혼잡이나 관다신약의 긍정적인 모습은 무엇인가? 앞서 군겁쟁재나 재다신약 사주와 마찬가지로 직접적인 거래를 피하고 간접적인 거래를 하면 좋다. 즉, 관살혼잡이나 관다신약 사주인 여자는 남자들과 직접 물건이나 재물을 거래하거나 동업을 하기보다는 지식이나 끼를 가지고 남자들을 상대하는 직업을 선택하면 괜찮다. 예를 들어, 사람들에게 얼굴과 이름이 알려지는 연예인, 문화 예술가, 방송인, 교사, 교수 등 상대방과 인간적인 관계를 맺고 교류하되 서로 만나고 헤어지는 것이 부담스럽지 않은 직업은 전혀 문제가 없다.

관살혼잡이나 관다신약 사주를 가진 여자는 남자들에게 인기가 많다. 더불어 활동적이고 적극적이며 배짱이 두둑한

성격이다. 남들에 비해 욕망이 크고 의욕도 크며 명예욕도 강하다. 이들이 살아가는 이유와 목표는 성공하는 데 있다. 이런 사주를 가진 여자들은 남자들의 인기를 가지고 가는 연예인, 남학교 교사 등이 가장 좋다. 남자 직원이 많은 직장도 무방하다.

예1) 1978년 12월 8일(음) 술(戌)시생

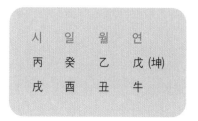

위 사주의 주인공은 개그우먼 박경림이다. 이 사주는 관살혼잡과 관다신약의 특징을 두루 가지고 있다. 그러나 사주 주인공은 자기 사주의 장점을 제대로 살려가고 있다. 그녀의 결혼식에 수많은 유명인사 특히 유명한 남자 인사(人士)들이 참석한 것에서 잘 알 수 있다.

예2) 1980년 7월 9일(음) 자(子)시생

위 사주의 주인공은 탤런트 손태영이다.

예3) 1986년 11월 5일(음) 사(巳)시생

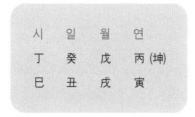

위 사주의 주인공은 가수 보아다.

예4) 1959년 7월 28일(양) 오(午)시생

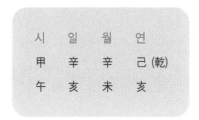

위 사주의 주인공은 전 국회의원 유시민이다.

예5) 1972년 1월 2일(음) 묘(卯)시생

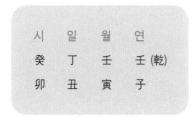

위 사주의 주인공은 전 프로야구선수 서용빈이다.

예6) 1960년 11월 18일(음) 자(子)시생

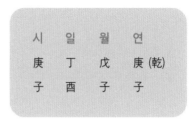

시	일	월	연
庚	丁	戊	庚 (乾)
子	酉	子	子

위 사주의 주인공은 서울시장 오세훈이다.

예7) 1949년 8월 29일(음) 해(亥)시생

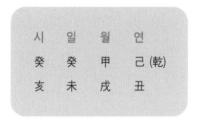

시	일	월	연
癸	癸	甲	己 (乾)
亥	未	戌	丑

위 사주의 주인공은 중앙일보 회장 홍석현이다.

예8) 세종대왕(1397~1450)

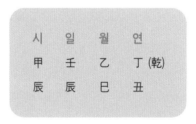

시	일	월	연
甲	壬	乙	丁 (乾)
辰	辰	巳	丑

위 사주의 주인공은 세종대왕으로, 1408년에 왕세자에 책봉되어 22세에 즉위하였다.

천간에 정관이 2개 존재하거나 정관 1개 편관 1개 또는 편관 2개 등 관성이 2개 존재하면 자존심이 상해 명예나 관록(官祿)을 분산시키고, 분수를 지키지 못하고 교만하거나, 하려는 일이 무산되고 되는 일이 없다. 이럴 경우 2개의 관성 중에서 하나의 관성이 작용을 상실하거나 사라지면 1개의 관성이 본연의 고유한 기능을 발휘하여 사주원국과 일간을 도와 미래를 성공적으로 이끌어 나가고, 생기를 얻어 귀인의 총애를 받고 온전한 사주, 생기 넘치는 사주가 된다는 이론이다.

예를 들어 묘(卯)월 갑목(甲木) 일간에 신금(辛金) 정관이 2개 있거나 경금(庚金) 하나에 신금(辛金) 하나로 관성이 2개 있는데, 천간에 병화(丙火)가 있어 하나의 신금(辛金)과 합을 하면 정관 하나 또는 편관 하나가 남는다. 이들은 일간과 사주와 상부상조하게 되는데, 이것을 거관유살 또는 합관유살이라고 한다.

특히 양인격(羊刃格, 또는 陽刃格)은 정관보다는 편관 칠살이 있어야 대권을 장악한다고 하여 정관 용신보다 편관 용신을 선호한다. 그러므로 정관을 합하고 편관을 남기면 광명한 사주가 되니 합살유관(合殺留官)보다는 합관유살(合官留殺)이 고귀한 사주이고 반드시 크게 일어나는 사주라고 하였다.

천간에 2개의 관성이 있으면 관살혼잡이라고 하여 매우 꺼리는데, 일간이 신왕한 사주는 관살이 양립하여 관살혼잡이 되어도 문제가 없다. 합관유살이나 합살유관은 천간의 관살뿐만 아니라 지지에 관살이 2개 이상 있고 이 중에서 하나의 관살이 합을 하는 경우에도 성립된다고 보고 있고, 합 대신 충이나 극이 있어도 성립된다고 보고 있다.

POINT

거관유살과 합관유살

서로 비슷한 의미로, 사주에 있는 2개의 관성 중에서 하나의 관성이 작용을 상실하거나 사라지면 하나 남은 관성이 본연의 고유한 기능을 발휘하여 온전한 사주가 된다는 논리다.

양인격의 종류

일간	甲	乙	丙	丁	戊	己	庚	辛	壬	癸
월지	卯	辰	午	未	午	未	酉	戌	子	丑

● 대덕의 해설

천간에 정관이나 편관이 2개 존재하면 명예를 분산시키고 분수를 지키지 못하고 교만하며 우유부단하여 하고자 하는 일들이 무산되고 매사에 이루는 것이 없다는 논리는 조금 과장된 이론이라고 본다.

먼저 정관 하나만 있고 재성이 없는 사주가 오히려 여자 사주에서는 이혼수가 있다. 정관이 합이 되어 사라지는 구조이기 때문이다. 또한 천간에 정관이나 편관이 2개 이상 있으면 교만하고 우유분단하다는 논리는 전체 사주를 보고 따져야지 이 두 글자만 보아서는 알 수 없다.

다만, 관성이 상징하는 직장의 안정성이 떨어질 확률이 높고, 여자 사주의 경우 남자들에게 인기가 높다는 특징이 있다. 사주 천간에 정관이나 편관이 2개 이상 있으면서 지지에도 정관이나 편관이 2개 이상 있으면 관다 사주로, 교만하거나 지기 싫어하는 경향이 크다고 본다.

예) 1939년 8월 21일(음) 오(午)시생

시	일	월	연
戊	癸	癸	己 (坤)
午	酉	酉	卯

72	62	52	42	32	22	12	2
辛	庚	己	戊	丁	丙	乙	甲
巳	辰	卯	寅	丑	子	亥	戌

위 사주의 주인공은 민주당 최고위원 장상이다. 이 사주는 연간과 시간에 기토 (己土) 편관과 무토(戊土) 정관이 있는데, 시간 무토(戊土)가 무계합화(戊癸合火)를 하여 떠나버렸다. 합관유살에 해당하는 사주이다.

거살유관(去殺留官)

편관은 합하여 다른 육친으로 변화하거나 충이나 극으로 보내고, 정관은 머물러 있게 한다는 이론이다. 관살혼잡에 활용하는 방법의 하나다.

● **대덕의 해설**

특별한 의미는 없다. 관살혼잡을 합으로 보내지 말고 오히려 그대로 둘 때 리더십과 배짱과 추진력이 있어 능력을 발휘하는 경우가 많다.

관살병용(官殺竝用)

정관과 편관을 모두 사용해도 괜찮다는 논리. 원래 정관과 편관이 함께 있으면 관살혼잡이므로 살성(殺星)이 매우 강하여 일간이 제압당하고 극제당할 우려가 있어서 불길하게 보았다. 이처럼 관살혼잡은 사주명리학 역사에서 오랫동안 부정적으로 전해져왔는데, 『궁통보감』에 의해 관살병용이란 용어로 쓰이면서 다소 긍정적으로 변화하였다.

POINT

관살병용

정관과 편관을 모두 사용해도 괜찮다는 논리다.

● **대덕의 해설**

『궁통보감』에서는 관살병용 사주에 형충이 없으면 장군으로 나가거나 재상으로 등용되어 최고 지위에 오른다고 하였다. 이러한 논리는 일간에 모든 초점을 맞추는 기존의 신강 이론에 반기를 든 것으로, 실로 획기적인 해석일 뿐만 아니라 현대에서도 신강신약에 몰입되어 있는 사주명리학에 경종을 울리고 있다. 대덕 이론은 관살혼잡이나 관다신약 사주는 최고의 추진력과 모험심과 적극성이 내재되어 있으며, 스스로를 성공으로 이끌어 나가는 능력이 탁월하다고 본다.

관살혼잡

관살병용

POINT

살인상생

편관이나 정관이 매우 강한
데 인성이 있으면 이 인성
을 용신으로 삼는 것을 말
한다.

살인상생(殺印相生)

억부용신격의 하나로, 편관이나 정관이 매우 강한데 인성이 있으면 이 인성을 용신으로 삼는 것을 말한다. 관성이 강하고 일간이 약하면 인성으로 용신을 삼는 것이 가장 좋은데, 인성이 약하여 비겁을 용신으로 삼으면 위험하다. 일간이 약하면 인성의 생조를 기다리는데, 인성으로 용신을 정하는 것을 신약용인격(身弱用人格)이라고 한다.

● 대덕의 해설

관성이 강해서 신약한 사주에서 인성이 중간에서 통관시켜 용신 노릇을 하면 매우 좋은 사주라고 하지만, 반드시 귀격이 된다는 논리는 타당성이 없다. 사주 구성에 따라 귀천은 달라진다.

살인상정(殺印相停)

억부용신격으로, 편관과 정관이 강하여 인성으로 용신을 삼으면 좋겠는데 인성의 힘이 약하여 할 수 없이 비겁을 용신으로 정할 때를 말한다.

● 대덕의 해설

용신격의 하나로 대덕 이론에서는 특별한 의미를 두지 않는다.

살장관로(殺藏官露)

칠살(편관)은 지지의 지장간으로 들어 있고 정관은 천간에 노출되어 있다는 의미다. 사길신은 천간에, 사흉신은 지장간으로 들어 있어야 좋다는 이론이다.

● 대덕의 해설

사주 구성의 한 가지로 이해한다. 관살혼잡에 비해서는 굴곡이 적다고 할 수 있지만, 사흉신이나 사길신으로 좋고 나쁨을 판단하지 않는 것이 좋다.

살중용비(殺重用比)

억부용신격의 일종으로, 편관과 정관이 많아 신약한 사주에서 인성이 약하면 비겁을 용신으로 삼는 격이다. 사주명리학 억부용신격에서는 하격으로 본다.

● 대덕의 해설

용신격의 한 종류이다. 사주에 관살이 너무 많으면 일간은 극을 받아서 허약해진다. 이 때는 무엇보다 인성의 유통이 필요한데, 일종의 통관의 의미도 있다. 다만, 사주에 인성이 없고 비겁이 있을 때 비겁으로 용신을 삼는다. 인성이 강하여 인성으로 용신을 정하는 관인상생격보다 격이 떨어진다고 보는데 큰 의미는 없다.

안정수분(安靜守分)

부성(夫星)은 기운이 있고 일간은 스스로 왕하여 서로 평등하고 극제가 없으며, 형충이 없고, 재성과 식신을 얻은 것을 말한다.

● 대덕의 해설

사주의 육친 구성이 발달로 이루어져 있음을 뜻한다. 실제 삶도 안정적이다.

왕부상자(旺夫傷子)

여자 사주에 관성이 왕하여 자식인 식상의 힘이 너무 약해지고 손상되는 것을 말한다.

● 대덕의 해설

남편을 상징하는 관성이 많으면 식상인 자식이 제 구실을 못한다는 의미다. 그러나 식상이 고립되지 않으면 관성이 많아도 자식에게 사건사고가 생기지 않는다.

제살태과(制殺太過)

제살태과(制殺太過)는 살(殺) 즉 관성을 극제하는 식상이 과다한 것을 말한다. 고전 이론에서는 살이 일간인 나를 극제하기 때문에 살의 기세를 억제하는 것이 좋다고 한다. 그러나 신강 또는 신왕한 사주가 관살을 용신이나 희신으로 사용할 경우에는 관살을 도와야지 억제해서는 안 된다.

제살태과 사주에서 관살을 도와서 구조할 수 있는 방법은 관살을 극제하는 식상을 제거하는 방법, 관살을 극제하는 식상의 기운을 재성으로 제거하여 힘이 약한 관성을 도와주는 방법이 있다. 재성으로 약한 관살을 도와주는 것을 재자약살(財慈弱殺)이라고 한다.

인다신약(印多身弱)

사주원국에 정인과 편인이 과다하고 비견과 겁재가 약한 경우를 말한다. 여기서 내 편인 인성이 많은데 왜 신약한가 의문을 제기할지도 모른다.

사주명리학에서 신(身)은 일간을 말한다. 일간은 인성의 생을 지나치게 많이 받으면 약해진다. 그래서 신약이 된다. 인다신약(印多身弱), 모자멸자(母慈滅子), 모왕아쇠(母旺兒衰), 모왕아사(母旺兒死) 모두 같은 의미인데 이 중에서 인다신약이 가장 간단명료한 표현이다.

여기서 모자멸자는 인성이 태강하므로 종격에서 종강격이 되는데, 어머니가 너무 인자하면 자식에게 문제가 생긴다는 논리다. 다음 표에서 보듯이 예를 들어 목(木) 비겁이 적은데 수(水) 인성이 많으면 나무에 물기가 스며 썩어버린다. 다른 오행 역시 같은 원리다.

● **육친별 모자멸자의 형상**

비겁	인성	모자멸자
木이 적다	水가 많다	나무가 썩는다 — 목부(木浮)
火가 적다	木이 많다	불이 꺼진다 — 화멸(火滅)
土가 적다	火가 많다	흙이 메마른다 — 토조(土燥)
金이 적다	土가 많다	금이 묻힌다 — 금매(金埋)
水가 적다	金이 많다	물이 혼탁해진다 — 수탁(水濁)

모자멸자 사주에서 태왕한 인성의 생을 형제자매인 비견과 겁재가 나누어 받으면 인성의 힘이 적절하게 분배되므로 길하다. 그래서 비겁운은 매우 길하다고 보고 이것을 순모지리(順母之里)라고 한다.

종강 사주는 아니면서 모자멸자 사주이면 재성이 적당히 있어서 재성으로 인성을 억제해주면 좋다. 이것을 신하 즉 재성의 힘을 빌어 인성을 억제하여 일간의 위기를 모면한다는 의미로 군뢰신생(君賴臣生)이라고 한다. 다만, 재성의 힘이 약하면 인성으로 인해 재성이 반격당하여 큰 어려움을 겪게 된다고 본다.

모자멸자인가 종강격인가 군뢰신생인가를 살펴야 하고, 다시 종강격이 순모지리운인가 역모지리운인가를 보아야 한다. 종강 사주는 재성운이 들어와 인성과 다투는 것을 가장 꺼린다.

● 대덕의 해설

모자멸자에는 인성이 과다한 모자멸자와 비겁이 과다한 모자멸자 두 종류가 있다. 인성이 과다할 때 비겁이 힘들고, 비겁이 과다할 때 식상이 힘들다는 논리인데, 고립이 아니면 큰 위험이 없다.

현대에 와서는 사주마다 타고난 개성과 직업 적성을 알려주는 것이 필요하다. 다음 사주들은 인성이 과다하여 모자멸자 즉 인다신약이 된 사람들이다. 박재완 선생의 경우 종왕으로 인성도 강하고 비겁도 강하다고 보는 학자들도 있지만, 그 외에는 분명 모자멸자 사주라고 할 수 있다. 비겁이 많고 식상이 적은 사주에 해당하는 식상다신약의 모자멸자 사주는 식상다신약을 참조한다.

예1) 1970년 6월 7일(음) 술(戌)시생

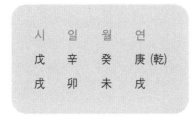

시	일	월	연
戊	辛	癸	庚 (乾)
戌	卯	未	戌

위 사주는 대덕 이론으로는 신왕관왕 사주이지만, 일반 이론으로 보면 인성이 과다한 인다신약의 모자멸자다. 사주의 주인공은 부모로부터 많은 유산을 상속받았고, 본인은 억대연봉자이다.

예2) 1990년 9월 5일(양) 묘(卯)시생

시	일	월	연
乙	癸	甲	庚 (坤)
卯	酉	申	午

위 사주의 주인공은 피겨스케이트 선수 김연아다. 인성 점수가 55점, 비겁이 10점이며, 신유합금(申酉合金)과 을경합금(乙庚合金)으로 금(金) 인성이 매우 강하다. 그러므로 인다신약의 모자멸자 사주라고 할 수 있다.

이 사주는 예술, 연예, 방송 분야의 끼를 발휘하거나 학문에서 능력을 발휘할 수 있다. 세계적인 피겨스케이터로 국위를 선양하고 있는 김연아 선수를 보면 모자멸자의 부정적인 의미에서 벗어나 있다고 할 수 있다. 어머니의 관심과 사랑을 받고 있고 나아가 국민적인 성원을 받고 있다.

다만, 계수(癸水)와 갑목(甲木)이 고립되어 있는데 건강과 육친 문제를 조심해야 할 것이다.

예3) 1990년 9월 25일(양) 유(酉)시생

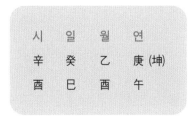

시	일	월	연
辛	癸	乙	庚 (坤)
酉	巳	酉	午

위 사주의 주인공은 일본 피겨스케이트 선수 아사다 마오이다. 이 사주 역시 인성
이 65점으로 매우 강하다. 그러므로 인다신약의 모자멸자 사주로 볼 수 있다.

예4) 1947년 1월 24일(음) 묘(卯)시생

시	일	월	연
丁	甲	壬	丁 (乾)
卯	子	寅	亥

위 사주의 주인공은 전 민주당대표 김근태이다.

예5) 1947년 11월 22일(양) 해(亥)시생

시	일	월	연
丁	乙	辛	丁 (乾)
亥	巳	亥	亥

위 사주의 주인공은 전 민주당대표 손학규이다. 수(水) 인성이 55점, 일간 을목
(乙木)이 10점으로 인다신약의 모자멸자 사주이다. 모자멸자의 부정적인 의미와

달리 외국 유학 후 서강대 교수, 한나라당 국회의원, 민주당 고문 등을 역임하였다. 모자멸자 사주는 학문을 하거나 예술이나 연예 등 끼를 살리는 분야에서 매우 긍정적인 결과를 보인다는 것을 알 수 있는 사례다.

다만, 인다 사주는 사주 주인공 자신이 가장 인정받고 싶으면서 의존하는 성격으로, 결단력이나 추진력이 약한 것이 단점이다.

예6) 1949년 9월 17일(음) 자(子)시생

시	일	월	연
戊	辛	甲	己 (乾)
子	丑	戌	丑

위 사주의 주인공은 치과의사다. 이 사주는 일반 이론으로 보면 인다신약의 모자멸자이며 종강격 사주다. 자식인 신금(辛金) 일간이 어머니인 인성에게 과다한 생을 받아 위험하다.

그러나 대덕 이론으로 보면 술(戌)은 금(金) 기운이 20점 정도 있으므로 사주 전체를 보면 금(金) 30점, 토(土) 55점으로 토(土) 인성이 고립 없이 강하므로 부모복이 매우 뛰어나다. 또한 유산복과 부동산복이 크다. 더불어 비겁이 발달했으므로 친구, 선후배, 형제, 사람들의 인덕이 있다. 다만, 고집이 세고 주위 사람에게 의존하는 기질이 있다.

예7) 1903년 10월 25일(음) 해(亥)시생

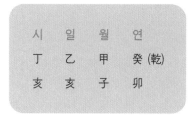

시	일	월	연
丁	乙	甲	癸 (乾)
亥	亥	子	卯

위 사주의 주인공은 대덕의 스승인 고(故) 박재완 선생이다. 이 사주는 인성인 수(水)가 70점, 비겁인 목(木)이 30점으로 인성이 일간을 매우 과다하게 생하고 있다. 모자멸자의 사주인 인다신약의 사주이다.

　그러나 선생은 평생을 학자와 상담가로 활동하며 고고한 인품으로 살다갔다. 수(水) 인성 과다의 지혜로운 모습과, 목(木) 비겁의 학자적 인품을 모두 갖추고 있고 상대를 배려하는 모습이 사주명리학자에 매우 잘 어울린다.

예8) 1980년 5월 29일(양) 자(子)시생

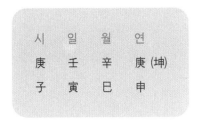

위 사주의 주인공은 중학교 교사다. 이 사주는 임수(壬水) 일간의 한국적 공부에 잘 어울리는 수리능력과 암기능력이 발달한 점 그리고 금(金) 인성 발달의 평생 공부, 연구, 개발, 연습의 직업 적성이 교사라는 직업과 잘 어울린다. 수(水) 비겁 2개에 25점, 금(金) 인성 4개에 40점이므로 모자멸자 사주에 가깝다.

예9) 1983년 2월 7일(양) 미(未)시생

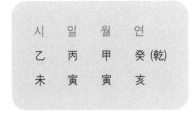

위 사주의 주인공은 서울대를 졸업하고 한국은행에 근무하다 미국 유학을 다녀온 회계사다. 이 사주는 목(木) 인성이 4개이고, 비겁인 화(火)는 1개이므로 모자멸

자 사주이다. 모자멸자를 부정적으로 본 일반 이론과 달리 이 사주는 관성 발달과 인성 발달로 전문적 특히 수리적·전문적인 회계사에 잘 어울린다고 볼 수 있다.

순모지리(順母之理)

인다신약 또는 모자멸자의 일종이다. 인성 모친이 태왕한 사주에서 일간이 혼자 인성의 태과한 생을 받는 것은 불길하지만, 그 생을 나의 형제인 비겁과 나누어 받으면 길하게 된다는 논리다.

● **대덕의 해설**

사주명리학에서는 너무 과도한 편중보다는 고루 분포되어 서로 상생작용을 무난하게 할 수 있는 것이 좋다. 한 가지 육친이 과다한 것보다는 2~3개의 육친이 고르게 과다한 것이 사주 주인공에게 안정된 통제력을 가져다 준다.

군뢰신생(君賴臣生)

인성이 태과한 인다신약이나 모자멸자 사주는 재성의 힘을 빌어 인성을 극제하여 일간인 나를 살린다는 논리다. 여기서 군(君)은 일간 즉 나를 상징하고, 재성은 신하를 상징한다.

● **대덕의 해설**

이 이론 또한 용신론의 관점에서 사주를 분석하고 있다. 나름대로 타당성이 있지만, 인성이 과도하게 많지만 않으면 비겁이 와도 무방하다. 특히 평생 끼를 가지고 사람을 상대하는 직업 또는 연구나 연습을 하면서 사람을 상대하는 직업은 비겁이 오면 매우 긍정적이다.

다만, 너무 강한 인성 과다는 재성이 인성을 극하여 견제해야 한다. 또한 재성이 어설프게 들어오면 오히려 문서로 인한 재물문제, 어머니로 인한 재물문제가 심각해질 가능성이 높고, 해당 오행과 관련된 문제가 생길 가능성이 높다.

역모지리(逆母之理)

범모지리(犯母之理)라고도 한다. 왕한 인성이 일간을 생하고 있는데 재성운이 들어와 인성을 극해 괴인(壞印)하는 경우 완전히 괴인이 되면 무난하지만, 재성과

POINT

순모지리

인다신약 또는 모자멸자의 일종으로, 인성이 태왕한 사주에서 일간 혼자 인성의 태과한 생을 받으면 불길하지만 그 생을 비겁과 나누어 받으면 길하다는 논리다.

인성이 서로 강력하게 대치하여 전투가 벌어지면 오히려 불상사가 발생한다는 논리다. 재인상쟁(財印相爭), 재인상투(財印相鬪)라고도 부른다.

● 대덕의 해설

특히 재성과 인성이 수(水)와 화(火), 또는 금(金)과 목(木)으로 서로 극하면 수화 상쟁(水火相爭), 금목상쟁(金木相爭)으로 매우 위험한 상태가 된다. 재성인 재물과 여자문제, 인성인 문서 또는 부동산 문제가 발생하거나 오행의 건강문제가 발생할 수 있으니 조심한다.

삼반귀물(三般貴物)·삼귀득위(三貴得位)

삼반귀물(三般貴物)과 삼귀득위(三貴得位)는 정재, 정관, 정인을 말한다. 이 삼귀 (三貴)가 천간이나 지지에 있으면 귀한 사주로 본다.

POINT

삼반귀물과 삼귀득위

같은 의미로 정재, 정관, 정인을 말한다. 이 삼귀가 천간이나 지지에 있으면 귀한 사주로 본다.

● 대덕의 해설

고전 이론에서는 정재, 정관, 정인에 대한 믿음이 강한 반면, 편(偏)들은 사흉신이란 이름으로 배척하거나 좋지 않다고 천대받았다. 그러나 현대에 와서는 오히려 편재, 편관, 편인이 자신의 기량을 발휘하는 경우가 많다고 본다.

한마디로 정(正)은 안정적이고 보수적인 반면, 편(偏)은 적극적이고 개방적이라고 생각할 수 있다. 그러므로 정재·정관·정인은 안정적인 삼귀득위가 되고, 편재·편관·편인은 적극적인 삼귀득위가 된다고 보면 더욱 타당성이 있다.

정의 모습

편의 모습

귀물제거(鬼物制去)

일간이 매우 심약하여 종아(從兒)·종재(從財)·종관(從官)이 되려고 하는데 비겁이나 인성이 일간을 도와주려 하면서 종을 방해할 때 이 인성이나 비겁을 귀물(鬼物)이라고 한다. 이 귀물을 충으로 제거하면 오히려 사주가 좋아지고 귀격이 되므로 귀물제거라고 한다.

● 대덕의 해설

종격 사주는 대부분 1~2개의 고립된 육친이나 오행을 가지게 된다. 이 고립된 육친이나 오행을 파극(破剋)하거나 설기하는 운을 만나면 치명적인 손상을 당하게 된다.

　종격에 고립된 육친이나 오행이 없다 해도 대운에서 종을 하지 않은 육친이나 오행을 만나면, 사주원국에 의해 고립되거나 공격당하여 그 고립된 육친과 오행에게 문제가 생긴다.

부명자수(夫明子秀)

POINT

부명자수

여자 사주의 천간에 정관과 식신이 투간되어 있는 경우를 말한다.

여자 사주의 천간에 정관과 식신이 투간되어 있는 경우를 말한다.

예)

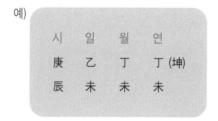

시	일	월	연
庚	乙	丁	丁 (坤)
辰	未	未	未

위 사주는 연간과 월간의 정화(丁火) 식신이 자식을 상징하고, 시간 경금(庚金) 정관이 남편을 상징한다. 이렇게 자식성에 해당하는 식신성이 월간에 있고, 남편성에 해당하는 정관성이 시간에 있으므로 남편과 자식이 모두 빼어난 사주이다.

● 대덕의 해설

식신 자식과 정관 남편이 천간에 있다고 자식과 남편이 잘된다는 논리는 전혀 타당성이 없다. 다만, 식신과 정관이 합으로 사라지지 않고 뿌리에 힘이 있으면 자식복과 남편복이 있다고 본다. 부명자수 사주 또한 오행이나 육친이 고립되거나 합이 되어 사라지지 않아야 제 구실을 할 수 있음을 명심한다.

명관과마(明官跨馬)

명관(明官)은 관성이 천간에 투출되어 있다는 의미이고, 과마(跨馬)는 말 위에 올라탔다는 의미다. 사주명리학에서 마(馬)는 재성을 뜻하는데, 최관(崔官)이나 장지신(壯志神)이란 명칭 역시 재성의 별칭이다.

관성이 천간에 투출된 경우를 명관(明官)이라고 하고, 지지의 지장간으로 감춰진 것을 암관(暗官)이라고 한다. 여자 사주가 명관과마면 부주증영(夫主增榮)이라 하여 길한 사주라고 한다. 또한 남자 사주에서는 부인의 조력으로 승승장부하고 높은 벼슬을 한다고 본다.

● 대덕의 해설

정재와 정관이 천간에 있으면 사길신에 해당하는 등, 이 둘은 중요하면서도 매우 긍정적인 육친으로 여겨져왔다. 다만, 현대에 와서는 정재와 정관을 무조건 신봉하는 것은 삼간다. 정재와 정관뿐만 아니라 어떤 육친이든 천간에 있으면서 지지에 뿌리를 가지고 있거나 발달되어 있으면 매우 긍정적으로 해석할 수 있다.

녹마동향(祿馬同鄕)

녹마동향(祿馬同鄕)에서 녹(祿)은 관록(官祿)으로 관성을 가리키고, 마(馬)는 재마(財馬)로 재성을 가리킨다. 동향(同鄕)은 사주 내에 함께 있음을 의미하므로 녹마동향은 관성과 재성이 사주 내에 함께 있음을 의미한다. 천간에 투출한 재성과 관성이 같은 지지에 뿌리를 두는 경우 역시 녹마동향이라고 한다.

예)

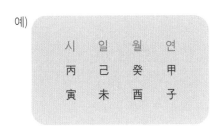

시	일	월	연
丙	己	癸	甲
寅	未	酉	子

위 사주는 연간에 갑목(甲木) 정관, 연지에 자수(子水) 편재가 함께 있다. 정관과 편재가 연주에 함께 있으므로 녹마동향이라고 할 수 있다. 또한 천간에도 월간의 계수(癸水) 편재와 연간의 갑목(甲木) 정관이 함께 투출했으므로 이 역시 녹마동향이다. 특히 이 사주는 연간의 갑목(甲木) 정관이 지지의 자수(子水) 편재에 올라탄 형상이므로 명관과마라고 할 수 있다.

● 대덕의 해설

녹마동향은 정관이 지지에 재성을 놓은 것이다. 일반적으로 관성을 매우 중요하게 생각하는데, 녹마동향보다는 재성이 고립되지 않고 발달한 것, 관성이 고립되지 않고 발달한 것처럼 재성과 관성이 모두 발달되어 있는 것을 매우 좋은 사주 구성으로 보는 것이 더욱 정확하다.

배록축마(背祿逐馬)

배록축마(背祿逐馬)에서 녹(祿)은 정관을 말하고, 마(馬)는 재성을 말한다. 따라서 배록(背祿)은 정관을 배신한다는 뜻이고, 축마(逐馬)는 재성이 비견이나 겁재를 만나 극을 당하여 능력을 발휘하지 못하고 어려운 상황을 겪게 된다는 뜻이다.

예를 들어 배록을 보면, 갑목(甲木) 일간의 관록은 신금(辛金)인데 이 신금(辛金)이 병정사오(丙丁巳午)의 화(火) 식상을 만나면 배록이 된다. 이 때는 사주원국이나 운에서 식상의 화(火) 기운을 빼주는 무기(戊己) 재마를 만나면 관성을 생하므로 매우 기뻐한다.

또한 예를 들어 축마를 보면, 갑목(甲木) 일간은 무기토(戊己土)가 재마인데 사주원국이나 운에서 비견이나 비겁인 갑을(甲乙)을 만나면 이 갑을(甲乙)이 재마인 무기(戊己)를 극제하여 축마가 된다.

배록이나 축마를 만나면 대단히 불길하여 삶이 곤궁해지고 공황에 빠지게 되거나 힘들어진다고 한다.

POINT

배록축마

배록은 정관을 등진다는 의미, 축마는 재성을 쫓아낸다는 의미다. 사길신이 극을 받는 것을 꺼린 기존 이론의 시각이다.

예)

시	일	월	연
戊	乙	辛	丙
寅	亥	卯	午

위 사주는 을목(乙木) 일간이 신금(辛金) 정관을 만났는데 이 신금(辛金) 정관이 병화(丙火) 상관과 합을 하여 배신하므로 배록이 된다. 또한 시간의 무토(戊土) 정재는 사주 전체에 목(木) 기운이 강해서 재성 구실을 못한다고 해서 축마라고 한다.

● 대덕의 해설

지금까지의 사주명리학 이론은 정관과 재성을 매우 귀하게 여기다 보니 정관이나 재성이 극을 당하는 것을 매우 꺼린다. 사길신이 극을 받는 것에 대한 두려움, 그 중에서도 정관과 재성이 극을 당하는 것을 매우 불길하게 본다.

그러나 대덕 이론에서는 정관이나 재성이 많을 때는 적절한 극을 당하는 것이 무난하고, 반대로 정관이나 재성이 적으면 생을 받는 것이 좋다. 앞서도 설명했지만 사길신이냐 사흉신이냐를 따지기보다는 어떤 육친이든 발달이면 좋고, 적당한 충과 극도 좋다고 본다.

진법무민(盡法無民)

관성의 힘을 상실하여 백성이 따르지 않는다는 의미다. 법(法)은 관성을 말하고, 무민(無民)은 백성이 따르지 않는다는 뜻이다. 사주원국이 신왕할 때 관성을 용신으로 사용하는데 사주원국의 식상과 운에서 들어오는 식상이 힘을 합하여 관성을 극심하게 극하여 제살하는 상황이 바로 진법무민이다. 제살태과와 비슷한 의미다.

예) 1933년 6월 10일(음) 사(巳)시생

시	일	월	연
己	己	己	癸
巳	亥	未	酉

위 사주는 미(未)월 기(己)일생으로 신왕한 사주인데, 득시(得時)와 득세(得勢)를 하여 해미목(亥未木) 관성을 용신으로 사용할 수 있다. 그런데 사화(巳火)의 지장간인 경금(庚金)과 연지 유금(酉金) 그리고 초년 대운에서 경신(庚申)·신유(辛酉)의 식상이 몰려오니 용신 갑목(甲木)이 절지에 임하고, 더불어 극제를 당하므로 제살태과로 진법무민 사주가 되었다.

● 대덕의 해설

과다한 극은 정관만이 아니라 모든 육친에게 부정적으로 작용하고, 해당 오행과 육친에게 문제가 발생한다.

일장당관(一將當關)

힘이 있는 장수 한 명이 관문을 튼튼하게 지킨다는 의미. 하나의 장수는 하나의 식상을 말하고, 당관은 천간에 투출하고 지지에 통근함을 말한다. 사주에 관살이 많은 경우 힘있는 식신이 있거나, 식상이 많은데 힘있는 인성이 있거나, 비겁이 많은데 힘있는 관살이 있는 경우 등에 사용하는 말이다. 그 중에서도 관살이 많은 상황에서 식신이 살을 제어하는 경우에 가장 잘 어울린다.

사주원국에 관살이 과다하면 관살이 일간인 내가 견디기 힘들 정도로 과다하게 비겁을 극하므로 꺼리는데, 천간에 하나의 식신이 투출하고 지지에 통근하는 것을 일장당관이라고 한다. 현대에 와서는 식신뿐만 아니라 상관이 투출한 것도 같은 의미로 본다.

예1)

시	일	월	연
甲	壬	戊	辛
辰	戌	戌	丑

위 사주는 『궁통보감(窮通寶鑑)』에 소개된 사주이다. 술(戌)월생이 임수(壬水)일에 태어났는데 지지의 연월일시가 축(丑), 술(戌), 술(戌), 진(辰) 등 모두 관성으로 이루어져 있고, 월간 무토(戊土)마저 투출하여 무자비하게 일간을 공격하고 있다.

다행스럽게도 시간에 갑목(甲木)이 있고 이 갑목(甲木)이 진토(辰土)의 지장간으로서 목(木)의 기운인 을목(乙木)에 착근하고, 일간 임수(壬水) 또한 갑목(甲木)을 생하므로 갑목(甲木)의 힘이 믿을 만하다. 무리지은 토(土)의 세력을 갑목(甲木)으로 제압하고 있어 일장당관이 되었다.

예2)

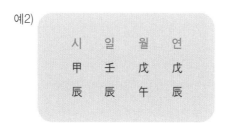

시	일	월	연
甲	壬	戊	戊
辰	辰	午	辰

위 사주는 『명리정종(命理正宗)』과 『적천수(滴天髓)』 두 책 모두에 기록되어 있는 사주다. 토(土) 관살의 세력이 막강한데 시간에 갑목(甲木)이 투출하였고, 진토(辰土)의 지장간인 을목(乙木)과 계수(癸水)에 뿌리를 내리고 강력한 관살의 세력을 제압하므로 일장당관의 사주가 되었다.

● 대덕의 해설

'일장당관 군사자복(一將當關 群邪自伏)'이란 하나의 장수가 자리를 잘 지키고 있으면 무리가 스스로 엎드려 조아린다는 의미로, 병약용신(病藥用神)에 해당하는 예이다. 이는 사주원국에 병이 존재하면 병을 치료할 수 있는 약을 찾아서 용신을 구한다는 논리다. 용신이 운에서 들어오면 길하고, 기신에 해당하는 병이 들어오면 흉하다는 논리로, 철저하게 용신론으로 사주를 해설하고 있다.

그러나 현대에서는 용신이 들어왔는가 들어오지 않았는가로 사주 분석을 하는 것은 너무 단순하고 타당성이 없다. 사주원국을 좀더 살펴 사주 주인공을 이해하고 난 후에 대운과 연운 부분은 용신론이나 기신론보다는 오행과 육친의 발달과 과다와 고립에 따라 분석하는 것이 타당하다.

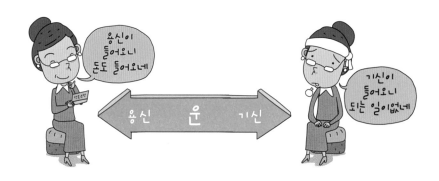

가살위권(假殺爲權)

가살(假殺) 즉 가짜 살이 권세가 된다는 의미로, 신강한 사주에서 살(편관)은 나인 일간을 극하기보다는 오히려 정관과 비슷한 작용을 한다는 논리다.

● 대덕의 해설

대덕 이론은 살(편관)에 대해 부정적으로 생각하지 않는다. 그러므로 살(殺)이란 호칭을 좋아하지 않는다. 현대에서는 정관이나 편관이나 각자 특징을 가지고 자신의 능력을 발휘할 수 있다. 가살위권은 신강신약, 즉 억부용신에 입각하여 살의 문제로 볼 것이 아니라 용신과 기신의 관계로 보는 것이 좋을 듯하다.

녹록종신(祿祿終身)

평생토록 관직 없이 삶을 보낸다는 의미. 천간에 관성이 하나 있는데 다른 천간이나 지지에 관성을 생조하는 오행이 보이지 않을 때 이 관성은 아무 것도 하지 못하고 허무한 생을 보낸다는 논리다. 녹록부생(祿祿浮生)이라고도 한다.

POINT

녹록종신

평생 의미 없이 삶을 보낸다는 의미로, 천간에 관성이 하나 있는데 다른 간지에 관성을 생조하는 오행이 없는 상황을 말한다.

예)

시	일	월	연
丙	甲	庚	甲
寅	寅	午	午

위 사주는 월간 경금(庚金)이 천간과 지지 어느 곳에서도 생조를 받지 못하고 있다. 이런 경우를 녹록종신이라고 한다.

● **대덕의 해설**

예로부터 사주명리학에서는 관성에 대한 절대적인 믿음이 있었다. 관성에 대한 기대가 매우 컸기 때문에 관성이 어려운 상황에 처하면 불길하다고 보았다. 그러나 관성이 고립되는 것에 지나치게 의미를 부여하는 것은 문제가 있다. 고립으로 인한 문제는 사주원국의 어떤 육친이든 마찬가지이기 때문이다. 한편, 고립용신을 보좌하는 육친이나 오행이 오면 매우 좋다.

왕희순세(旺喜順勢)

왕성한 것은 거스르지 말고 그대로 순응하는 것이 좋다는 논리. 따라서 종격을 이룬 왕한 사주는 운에서 그와 같거나 생하는 세력을 만나야 좋고, 그 다음으로 설하는 세력을 만나야 좋다. 그러나 극하는 오행이나 육친을 만나면 매우 위험하다.

POINT

왕희순세

왕성한 것은 거스르지 말고 그대로 순응하는 것이 좋다는 논리다.

예)

시	일	월	연
乙	癸	丙	甲
卯	卯	寅	寅

위 사주는 계수(癸水) 일간이 지지에 인묘합(寅卯合) 목국(木局)을 이루었으므로 신약하다. 당연히 종아격으로, 운에서 동일한 오행이나 설하는 오행을 만나야 좋고, 극하는 오행은 역세(逆勢)로 매우 꺼린다고 보고 있다.

● 대덕의 해설

너무 왕성한 오행이나 육친은 그대로 따라야 한다는 논리다. 그러나 너무 왕성한 세력은 고립을 부르므로 주의한다. 이미 사주명리학 시리즈에서 여러 번 언급한 것처럼, 대덕 이론의 핵심은 고립과 과다와 발달에 초점을 둔다. 특히 과다와 고립은 매우 부정적인 문제를 발생시킬 수 있다. 오행의 고립과 과다는 건강문제를 일으키고, 육친의 고립과 과다는 대인관계 즉 주위 사람이나 가족간의 문제 또는 사회성의 문제를 불러온다. 그러므로 왕희순세의 종격은 현대에서는 반드시 바로잡아야 할 이론이다.

방신유정(幇身有情)

방신(幇身)이란 비견과 겁재로 일간을 보좌하는 것을 말한다. 이렇게 일간인 나를 도우므로 정(情)이 돈독해진다는 이론으로, 사주 전체 구성을 말한다.

● 대덕의 해설

신강에 대한 집착으로 만들어진 이론인데, 현대에서는 오행과 육친의 방신유정은 고립을 없애므로 삶이 순탄하다고 해석한다.

조신유정(助身有情)

인성으로 일간을 생하거나 인성의 힘이 있어서 보좌하는 경우 나를 도와 정이 있다는 이론으로, 사주 전체 구성을 말한다.

● 대덕의 해설

이 역시 신강에 대한 집착으로 만들어진 이론이다.

설신유정(泄身有情)

식신과 상관으로 왕한 일간을 설기시킨다는 이론으로, 사주 전체의 구성을 말한 것이다.

● 대덕의 해설

적당한 설기는 긍정적이다. 그러나 너무 많은 설기는 고립을 부르기 때문에 사건 사고에 휩싸이기 쉽다.

상신유정(傷身有情)

관살로 신왕한 사주를 제어한다는 이론이다. 사주 전체의 구성을 말한 것이다. 제신유정(制身有情)이라고도 한다.

● 대덕의 해설

사주에 관살이 적당하면 리더십과 적극성이 있다. 그러나 너무 과다한 관살은 관재수나 사건사고가 생길 수 있다.

화신설수(化神洩秀)

일간이 합화(合化)하여 변화한 오행은 매우 강하고, 그 합화오행이 생하는 식상은 약한 경우를 말한다.

● 대덕의 해설

다음 사주를 본다.

POINT

화신설수

일간의 합화로 생긴 오행은 매우 강하고, 이 합화오행이 생하는 식상은 약한 경우를 말한다.

예)

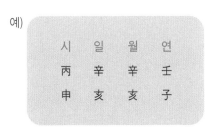

시	일	월	연
丙	辛	辛	壬
申	亥	亥	子

위 사주는 천간에서는 병신합수(丙辛合水)를 이루고, 지지에서는 해자수국(亥子水局)과 신자수국(申子水局)을 이루어 합화오행이 빼어나다. 더불어 수(水)가 생하는(설기하는) 오행인 목(木) 기운이 약하므로 화신설수라고 한다.

화신설상(化神泄傷)

일간이 합화(合化)하여 변화한 오행은 약하고, 설기하는 식상의 힘은 강한 경우를 말한다.

● 대덕의 해설

일간이 약하고 식상이 많으면 구설수가 있다는 논리지만, 현대에서는 이런 사주 구성은 교사나 교수나 언론인 또는 방송인의 직업에서 능력을 발휘한다.

POINT

진기왕래

사길신에 해당하는 관성이나 재성이 같은 사주기둥에 있지 않고 다른 간지에 존재하며 서로 교류하는 것을 말한다.

진기왕래(眞氣往來)

참된 기운이 서로 왕래한다는 뜻이다. 여기서 참된 기운은 사길신에 해당하는 관성이나 재성을 뜻하는데, 이러한 길신이 같은 사주기둥에 있지 않고 다른 간지에 존재하며 서로 교류하는 것을 말한다. 『적천수(適天髓)』에서는 "상하정동(上下情同)이 좌우협기(左右協氣)"라고 하여 위아래가 정(情)이 같아서 좌우로 서로 진기(眞氣)를 도와준다고 설명하고 있다. 진기교류(眞氣交流)라고도 한다.

● 진기왕래 도표

일주	甲寅	甲申	乙卯	乙巳	丙申	丁巳	戊午	己巳	庚寅	辛巳	壬申	癸亥
다른 간지	辛未	乙丑	庚辰	辛巳	丁酉	辛亥	壬子	乙亥	己卯	癸巳	丁未	丁巳

예)

시	일	월	연
乙	甲	庚	辛
亥	寅	寅	未

위 사주는 갑인(甲寅)일에 신미(辛未)년이다. 갑목(甲木)의 정재 미토(未土)와 신금(辛金)의 정재 인목(寅木)이 서로 다른 간지에 있다.

● 대덕의 해설

관성과 재성이 서로 교류하고 있다고 해서 운명이 좋다고 보는 것은 이론적으로 타당성이 부족하다. 사주 전체의 음양과 오행을 분석해야 한다.

모정유변(母情有變)

어머니의 정에 변화가 있다는 뜻. 태왕한 사주에 자식인 식상이 약할 때 인성이 오면, 식상의 어머니인 일간이 인성이 생해주는 정에 취해서 인성이 식상을 극하거나 식상이 재성에게 설기를 당해도 모른다는 논리다.

● 대덕의 해설

인성이 오면 일간의 자식인 식상이 사건사고에 휘말리고, 관성이 오면 자식인 식상과 일간이 불화하며, 식상과 재성이 오면 자식인 식상과 일간의 관계가 좋아진다고 본다. 인성이 과다하면 식상이 위험하다는 것은 단순한 논리이므로 반드시 기억해두는 것이 좋다.

전이불항(戰而不降)

신강한 사주에 양인(겁재)이 있고 관성도 강하면 양인은 절대 항복하지 않고 전투를 관장하며 강력한 힘을 발휘하여 자신의 뜻을 관철시킨다는 논리다.

● 대덕의 해설

신왕관왕 사주로, 다른 육친이 전혀 없고 비겁과 관성이 극적으로 대립하고 있으면 서로 다투어 불리하다. 다만, 다른 오행이나 육친도 분포하면서 신왕관왕 사주면 리더십이 매우 뛰어나고 적극적이며, 배짱 있게 일을 추진해 나가는 능력이 있다고 본다.

신왕대살(身旺對殺)

신왕한 사주는 관살이 강해도 충분히 맞설 수 있다는 논리다. 신왕적살(身旺敵殺)이라고도 한다.

● 대덕의 해설

신왕관왕 사주의 일종으로 인덕이 있고 리더십도 있어 능력을 발휘하는 사주이다. 다만, 타인에게 지배받는 것을 싫어하고, 독립적이며, 명예지향적이어서 부모가 칭찬도 많이 해주고 적극적으로 인정해주면 능력을 발휘한다. 반대로 누르고 지배하려고 하면 반발하고 엉뚱하게 튀는 경우도 있다.

형전형결(形全形缺)

형상이 완전하거나 반대로 형상이 손상되어 있다는 의미로, 『적천수(適天髓)』에서는 다음과 같이 설명하고 있다. "형전자(形全者) 의손(宜損)하고 형결자(形缺者) 의보(宜補)라", 즉 형전(形全)의 사주는 마땅히 손상시키고 설상(泄傷)하여 빼주어야 하고, 형결(形缺)의 사주는 마땅히 보조하고 방조해야 한다는 의미다.

　형전형결(形全形缺)은 형전(形全)과 형결(形缺)로 구분한다. 형전은 목(木), 화(火), 토(土), 금(金), 수(水) 오행이 사주에서 득령하여 세력이 있을 때를 말하고, 형결은 그와 반대로 월지에 관살이 있어서 실령했을 때를 말한다.

형전 도표

일간	甲乙	丙丁	戊己	庚辛	壬癸
월지	寅卯辰 亥子	巳午未 寅卯	辰戌丑未 巳午	申酉戌 辰	亥子丑 申酉

일간	甲乙	丙丁	戊己	庚辛	壬癸
월지	申酉戌	亥子丑	寅卯辰	巳午未	辰戌未

● 대덕의 해설

사주 전체 구조를 보고 고립과 발달과 과다로 분석하면 형전과 형결을 쉽게 분석할 수 있을 것이다.

방조설상(幇助泄傷)

방조(幇助)와 설상(泄傷)을 합한 말로, 좀더 상세하게 분석하면 방(幇), 조(助), 설(泄), 상(傷)으로 설명할 수 있다. 방(幇)은 신약한 일간은 비견이나 겁재로 돕는 것을 말한다. 조(助)는 신약한 일간을 생하는 정인이나 편인을 말한다. 설(泄)은 강한 오행이나 육친의 기로 다른 오행이나 육친(특히 일간)의 기운을 빼는 것을 말한다. 상(傷)은 강한 오행이나 육친의 기로 극제하는 것을 말한다.

● 대덕의 해설

사주 상황에 따라 방조설상이 잘 이루어지면 좋다. 신약한데 방조가 신왕하면 설상이 필요하다. 다만, 갑작스런 방조나 설상이 반복되어 과도한 신왕이나 과도한 신약이 되면 사주 주인공은 무언가 모험이나 욕망이 발동하여 굴곡이 있는 삶을 살 수도 있다.

부건백처(夫健佰妻)

일간의 세력은 강하고 재성의 세력도 강한데 재성이 관성을 생하면 일간이 두려워 떨게 된다는 논리다.

● 대덕의 해설

신왕재관왕 사주인데 전혀 불리하지 않다. 다만, 신약한데 재성과 관성이 강하면서 대운에서 다시 재성과 관성의 운이 오면 불리하다. 신강하면서 재성과 관성이 왕하면 인덕도 있고 리더십도 있으며, 명예와 재물을 얻을 가능성이 높다.

POINT

방조설상

방은 신약한 일간을 비겁으로 돕는 것, 조는 신약한 일간을 인성으로 생하는 것, 설은 강한 오행이나 육친의 기로 기운을 빼는 것, 상은 강한 오행이나 육친의 기로 극제하는 것이다.

부건파처(夫健怕妻)

남편이 힘이 있는데도 재성인 처를 두려워한다는 뜻. 신왕재왕(身旺財旺)이면 처를 두려워하지 않지만, 재성이 왕하면서 편관을 거느린 재왕대살(財旺帶殺)이면 일간(남편)인 나도 부인을 함부로 대하기 어렵다.

● 대덕의 해설

재관왕(財官旺)은 처를 두려워하기보다는 배짱이 있고 적극적이며 리더십이 있어서 재물과 명예가 따른다. 부건백처와 비슷한 의미다.

강자의억(强者宜抑)

POINT

강자의억

강한 자는 억제하는 것이 마땅하다는 이론으로 억부법의 억법에 해당한다.

강한 자는 억제하는 것이 마땅하다는 이론으로 억부법(抑扶法)의 억법(抑法)에 해당한다. 재성이 강하면 비겁으로, 관성이 강하면 식상으로, 인성이 강하면 재성으로, 비겁이 강하면 관성으로, 식상이 강하면 인성으로 극제하는 것을 말한다. 또한 강한 비겁은 식상으로, 식상은 재성으로, 재성은 관성으로, 관성은 인성으로, 인성은 식상으로 설기시키는 것을 말한다.

● 대덕의 해설

매우 강한 경우는 집중적으로 억제하는 것이 좋지만, 적당하게 강한 것은 조금 억제하거나 오히려 적당히 도와주는 것이 좋다.

고관무보(孤官無輔)

약한 정관을 도울 재성이 없어 매우 외로운 형상으로, 관성이 용신인데 재성의 도움을 받지 못해 힘이 약할 경우 위험하게 본다.

● 대덕의 해설

기존의 사주명리학 이론이 용신론에 의지하여 생사와 길흉화복을 논하다 보니 생긴 용어이다. 특히 용신 중에서 정관을 매우 귀중하게 생각해온 기존 이론의 한계라고 할 수 있다.

현대에서는 사흉신과 사길신을 구분할 필요 없이 모든 육친이 소중하다. 따라서 각 육친이 고립되어 있는가, 과다한가, 발달되어 있는가를 살펴 분석하는 것이 사주 상담에서 큰 효과를 가져올 것이다.

관록분야(官祿分野)

정관이 지지에 녹(祿)을 넓게 많이 가졌다는 의미로, 관성이 매우 튼튼하다는 뜻이다. 녹은 천간이 지지에 같은 육친을 둔 것을 말한다. 특히 분야(分野)라는 말에는 관성이 삼합이나 방합으로 합을 이루었다는 의미도 있다. 이런 사주 구조는 신약할 때는 위험하고, 신강할 때는 좋다고 본다.

● 대덕의 해설

정관이 발달되어 있거나, 정관이 지지에서 삼합이나 방합을 이룰 때를 말한다. 정관이 지지에 힘을 가지고 있으면 리더십도 강하고, 적극적이며, 배짱 있게 삶을 이끌어 나간다.

　다만, 합이 강한데 대운에서 또 합이 들어와 관성을 지나치게 많이 만들어내면 관록분야라고 해도 관재수나 자식문제, 직장문제, 남편문제로 고생하게 된다.

관성득지(官星得地)

관성이 지지에 통근하여 뿌리를 얻었다는 의미. 고전 이론에서는 정관을 가장 귀한 것으로 보아 관성이 천간에 있으면서 지지에 뿌리를 얻으면 매우 좋은 사주로 높은 벼슬에 오른다고 보았다.

● 대덕의 해설

기존 이론에서 관성을 선호하다 보니 만들어진 이론이다. 어떤 육친이든 지지에 뿌리를 내리면 매우 좋다고 본다.

관인쌍전(官印雙全)

정관과 인성이 나란히 힘이 있어서 신약한 사주일 때 인성을 용신으로 하고, 그 인성이 다시 관성의 도움을 받는 형상이다.

● **대덕의 해설**

정관도 고립 없이 발달하고 인성도 고립 없이 발달하면 매우 긍정적인 사주다. 다만, 용신 분석은 상황에 따라 다르다.

극설교가(剋洩交加)

극하는 관살도 있고, 설하는 식상도 있다는 의미. 이런 사주 구조는 신약할 가능성이 많다.

● **대덕의 해설**

식상과 관살이 매우 강한 사주로 식관다신약(食官多身弱)이다. 일간이 고립되면 매우 위험하지만, 일간의 힘이 발달되어 있으면 의식주복, 명예복, 표현력이 있고 리더십이 매우 뛰어나 평생 인덕이 따르는 사주다.

극설교집(剋洩交集)

극하는 관살과 설하는 식상이 모여 있다는 뜻. 신약 사주를 설명하는 이론이다.

● **대덕의 해설**

극설교가와 비슷한 의미로, 극설교차(剋洩交叉)라고도 한다.

모쇠자왕(母衰子旺)

어머니는 쇠약한데 자식은 왕성함을 말한다. 신약한 일간에 식상이 많아 매우 신약한 상황에 해당한다. 또는 일간의 육친이 태왕하고, 인성은 약할 때를 말한다.

● **대덕의 해설**

인성에 비해 비겁이 매우 왕성하거나, 비겁에 비해 식상이 너무 왕성할 때를 말한다. 이런 경우 인성의 고립이나 비겁의 고립이 위험하다. 모쇠자왕이 되면 독립적, 자유적, 명예지향적인 성격으로 자유주의적 기질이 있다.

살상겁인(殺傷劫印)

편관, 상관, 겁재, 편인을 말한다. 살상효인(殺傷梟刃)과 같은 말이다.

● 대덕의 해설

단순히 육친을 표현한 말이다. 기존 이론에서는 이 네 가지 육친이 부정적인 의미를 내포하고 있다고 하지만, 현대에서는 오히려 긍정적인 면이 강하다고 본다. 어떤 육친이든 부정적인 모습만 있지 않고 장점과 단점을 모두 가지고 있다. 이들도 잘 활용하면 장점을 극대화시킬 수 있다.

살상효인(殺傷梟刃)

사흉신인 편관, 상관, 겁재, 편인을 말한다.

효신탈식(梟神奪食)

효신(梟神), 즉 편인이 식신을 극제하여 식신을 상하게 하는 것을 말한다. 사흉신이 사길신을 극하는 것을 매우 불리하게 보는 이론으로, 식신은 의식주를 관장하고 수복을 관장하므로 극을 당하면 단명한다고 한다.

● 대덕의 해설

사주명리학 이론에서 가장 중요하게 생각하는 것이 사흉신과 사길신이다. 겁재, 상관, 편관, 편인이 사흉신인데, 효신탈식은 이 중에서 편인에 대한 부정적인 인식을 보여준다. 그러나 어느 육친이든 과도하게 많거나 대운에서 과도하게 밀려오지 않으면 큰 문제가 없다.

설기청영(洩氣菁英)

신강 사주에서 식상을 보는 경우 또는 관성이 강한 사주가 인성을 보아 사주가 서로 상생유통하는 것을 말한다.

● 대덕의 해설

오행이나 육친이 매우 강하면 그 오행과 육친의 식상에 해당하는 오행과 육친으로 설기(洩氣)해주는 것을 좋아한다. 다만, 조후가 너무 오랫동안 무너지면 건강에 위험이 있으므로 조심한다. 금(金)이 많아서 수(水)로 설기시키면 금수과다(金

水過多)이고, 목(木)이 많아서 화(火)로 설기시키면 목화과다(木火過多)인데, 이처럼 너무 추운 사주 또는 더운 사주가 되면 건강에 문제가 생기기 쉽다.

설기태과(洩氣太過)

생을 받는 오행(육친)이 많다는 의미로, 생을 받을 오행이 너무 많으면 무력해져서 힘이 매우 약해진다. 이런 경우 해당 육친이나 오행은 설기태과가 된다.

반드시 일간만 설기태과가 되는 것이 아니라 인성의 설기인 비겁이 많을 때, 비겁의 설기인 식상이 많을 때, 식상의 설기인 재성이 많을 때, 재성의 설기인 관성이 많을 때, 관성인 설기인 인성이 많을 때 이 식상, 재성, 관성, 인성 모두 설기태과가 될 수 있다.

● 대덕의 해설

생을 받는 오행이나 육친이 너무 강하면 생을 하는 입장에서는 고립 형태가 되어 고립 오행에게 건강문제가 생기거나, 해당 육친의 사건사고가 따르게 된다.

숙살지기(肅殺之氣)

편관 또는 금(金)을 가리킨다.

● 대덕의 해설

숙살지기는 편관이나 금(金)을 가리키는 말로 매우 부정적인 의미다. 즉, 편관이나 금(金)이 강하면 본인이 위험하거나 타인을 위험에 빠트린다고 하는데, 현대에서는 통계적으로 입증되지 않았으므로 일방적으로 나쁘게 해석하면 안 된다. 다만, 편관이 강하면 지배욕과 명예욕이 강하고, 금(金)이 강하면서 어려서 분리불안장애가 있었다면 사이코패스나 자폐증 등의 정신질환이 있을 수 있다.

순생지기(順生之氣)

오행이 서로 생하여 흘러가는 구조로, 순환상생과 비슷한 의미다.

● 대덕의 해설

사주가 상생으로 흘러가면 매우 안정적이며, 고립이 없는 경우가 대부분이다. 오행과 육친이 각각 자신의 구실을 원만하게 수행하므로 복이 있다.

약자의부(弱者宜扶)

약한 자는 마땅히 도와주거나 부축해야 한다는 뜻이다.

POINT

약자의부

약한 자는 마땅히 도와주거나 부축해야 한다는 뜻으로 신약 사주의 용신을 정하는 방법이다.

● **대덕의 해설**

신약 사주의 용신을 정하는 방법으로는 인성으로 생하거나 같은 오행인 비겁을 쓰는 방법이 있다. 아주 신약하여 고립에 가까운 사주는 반드시 도움이 필요하다. 다만, 발달 정도는 도움을 주지 않아도 큰 문제가 없다.

양인로살(羊刃露殺)

양인격(羊刃格)의 천간에 편관이 나타나 있을 때, 양인을 편관으로 억제한다는 논리다.

● **대덕의 해설**

사흉신인 양인과 편관에 대한 설명이다. 현대 이론에서는 사흉신을 특별히 부정적으로 보지 않는다. 모든 육친이 다 중요하다고 본다.

유시무종(有始無終)

식상은 많은데 재성은 없는 것으로, 생이 제대로 이루어지지 않고 중간에서 끊기기 때문에 시작은 잘하지만 마무리를 못한다고 본다.

● 대덕의 해설

고립과 과다의 형태라면 문제가 있지만, 어떤 육친이 없거나 생이 중간에 끝난다고 해서 큰 문제가 생기지는 않는다.

체전지상(體全之象)

일간이 비겁과 인성을 만나서 매우 강한 현상을 말한다.

● 대덕의 해설

비겁이나 인성이 많아서 신왕하다고 보는데, 고전 이론은 신왕한 사주가 신약한 사주보다 좋다고 한다. 신왕한 사주에 집중하는 고전 이론의 하나인데, 현대에서는 너무 신강 신약에 초점을 맞추지 않는 것이 좋다.

궁성론(宮星論)

궁(宮)과 성(星)에 대한 이론으로, 사주팔자에서 육친이 위치한 자리에 따라 나타나는 특징 그리고 사주팔자의 육친과 심리의 관계를 분석한다.

예부터 궁과 성에 대한 이론이 있었는데 이를 궁성론으로 체계화한 사람이 하건충(何建忠) 선생이다. 선생의 저서 『천고팔자비결총해(千古八字秘訣總解)』를 보면 궁성론의 원리를 자세히 설명하고 있다.

하건충 선생의 궁성론 도표

시간	일간	월간	연간
戊	庚	壬	甲
편인궁	주체궁	식신궁	편재궁
시지	**일지**	**월지**	**연지**
癸	乙	丁	己
상관궁	정재궁	정관궁	정인궁

① 일간은 주체궁이다.

② 일지는 정재궁이다. 남자는 처궁도 포함한다.

③ 월지는 정관궁이다. 여자는 남편궁도 포함한다. 그리고 편관궁도 포함한다.

④ 월간은 식신궁이다. 표현궁이라고도 한다.

⑤ 연지는 정인궁이다. 어머니의 궁도 포함한다.

⑥ 연간은 편재궁이다. 아버지의 궁도 포함한다.

⑦ 시지는 상관궁이다. 자식의 궁도 포함한다.

⑧ 시간은 편인궁이다. 고독궁이라고도 한다.

● 대덕의 해설

궁성론은 궁(宮)과 성(星)에 대한 이론이다. 먼저 궁은 집의 높임말로 사주팔자에서 간지의 위치에 따라 육친의 자리를 배치한 것을 말한다. 그리고 성은 비견, 겁재, 식신, 상관, 편재, 정재, 편관, 정관, 편인, 정인 등의 육친을 말한다. 따라서 궁성론은 사주팔자에서 육친이 자리한 위치에 따라 나타나는 특징 그리고 사주팔자의 육친과 연령대의 관계를 살펴보는 이론이다.

앞서 설명한 하건충 선생의 궁성론과 달리 대덕 이론의 궁성론에서 일간은 갑목(甲木)이고, 비견궁이다. 이렇게 갑목(甲木)을 일간으로 정해놓으면 나머지 천간 아홉 글자는 다음과 같이 궁이 정해진다.

● 대덕 이론의 궁성론 도표

대운	시간	일간	월간	연간
庚	壬	甲	丙	戊
편관궁	편인궁	비견궁	식신궁	편재궁
대운	시지	일지	월지	연지
乙	丁	己	辛	癸
겁재궁	상관궁	정재궁	정관궁	정인궁

① 갑목(甲木) 일간은 비견궁이다.

② 을목(乙木) 일간은 겁재궁이다.

③ 병화(丙火) 일간은 식신궁이다.

④ 정화(丁火) 일간은 상관궁이다.

⑤ 무토(戊土) 일간은 편재궁이다.

⑥ 기토(己土) 일간은 정재궁이다.

⑦ 경금(庚金) 일간은 편관궁이다.

⑧ 신금(辛金) 일간은 정관궁이다.

⑨ 임수(壬水) 일간은 편인궁이다.

⑩ 계수(癸水) 일간은 정인궁이다.

대덕 이론의 궁성론에서 육친을 배치하는 원리는 사주의 각 기둥이 상징하는 인생의 각 시기와 육친과 큰 관련이 있다.

기본적으로 일간은 비견궁으로서 기준점이 된다. 먼저 천간을 보면, 연간은 아동기로 친구들과 함께 놀고 싶어하므로 편재궁으로 보고, 월간은 청소년기로 자신을 표현하고 싶은 욕구가 강하므로 식신궁으로 본다. 일간은 사주의 주인공으로 자신을 내세우고 싶어하므로 비견궁으로 보고, 시간은 말년으로 평생을 살면서 자신의 선입관이나 생각이 굳어지므로 편인궁으로 본다. 대운 천간은 활동하는 시기이므로 편관궁으로 본다.

다음으로 지지를 보면, 연지는 한창 공부할 시기이므로 정인궁, 월지는 사회에 진출하고 직업을 가질 시기이므로 정관궁, 일지는 재물을 모아야 할 시기이므로 정재궁, 시지는 자신의 생각과 주장을 내세우는 시기이므로 상관궁, 대운 지지는 사람들에게 도움을 받아야 하는 시기이므로 겁재궁으로 본다. 더욱 자세한 내용은 『사주명리학 심리분석』을 참고한다.

5. 대운과 연운

사주원국 자체의 오행과 육친도 중요하지만 대운이나 연운에서 들어오는 오행과 육친도 중요하다. 대운과 연운에 대한 사주명리학 용어를 기존 이론으로 설명하고, 대덕 이론에서 주의할 점을 알아본다.

세운병림(歲運併臨)

일주, 연주, 대운의 간지가 완전히 같은 것을 말한다. 용신보다는 기신이 더 위험하다고 본다.

● **대덕의 해설**

복음(伏吟)의 일종으로, 복음은 사주원국의 간지가 대운이나 연운 간지와 같은 것이다. 복음이 강하면 사건사고가 있고, 복음이 약하면 변화변동이 있게 된다.

세운충극(歲運沖剋)

대운 간지와 연운 간지에서 천간은 서로 극하고, 지지는 서로 충하는 것을 말한다. 대운과 연주가 월지를 충극하면 집안에 재앙이 발생하고, 사주의 일지를 충극하면 나에게 재앙이 발생한다는 이론이다.

● **대덕의 해설**

대운이나 연운을 충하고 극한다고 해서 반드시 부정적인 일이 발생하는 것은 아니다. 적당한 충이나 극을 하면 긍정적인 변화변동을 가져오고, 너무 과도한 충이나 극을 하면 부정적인 사건사고를 가져온다고 보는 것이 타당하다.

연운반음(年運返吟)

연운 간지와 대운 간지가 동일한 경우를 말한다. 작용은 좌하반음과 같으면서 작용력은 약하다고 본다.

POINT

세운병림 · 연운반음 · 좌하반음 · 일년상병

세운병림은 일주 · 대운 · 연주의 간지가 같은 것, 연운반음은 연운과 대운의 간지가 같은 것, 좌하반음은 일주와 대운 또는 일주와 연운의 간지가 같은 것, 일년상병은 일주와 연주가 같은 것이다.

좌하반음(坐下返吟)

돌아앉아서 울 일이 생긴다는 의미로, 사주원국의 일주 간지와 대운이나 연운의 간지가 동일하게 겹치는 것을 말한다. 또는 엎드려서 울 일이 생긴다고 해서 좌하복음(坐下伏吟)이라고도 한다. 천지복음(天地伏吟)도 같은 의미다.

● 대덕의 해설

복음은 신살의 한 종류로 조심해야 한다. 사주원국의 일주와 대운과 연운이 동시에 복음의 형태면 사건사고가 있다. 특히 고립되거나 충합이 많거나 과다한 오행과 육친이 복음이면 사건사고가 크다. 따라서 이 시기에는 욕망을 줄이고 도 닦는다고 생각하고 주위 사람들에게 배풀면서 자신을 낮추고 사는 것이 좋다.

일년상병(日年相幷)

사주의 일주 간지와 연주의 간지가 완전히 서로 같은 것을 말한다.

● 대덕의 해설

복음의 일종이다. 복음이 강하면 사건사고가 있고, 복음이 약하면 변화변동이 있게 된다.

허진보진(虛眞補眞)

사주원국에 없는 신살이나 육친이 대운이나 연운에서 들어오면, 오히려 사주원국에서 약하거나 없었던 신살이나 육친을 극심하게 갈구하게 되고 욕심이 과도해져서 그에 해당하는 신살이나 육친의 작용이 강해진다는 논리다.

POINT

허진보진

사주에 없는 신살이나 육친이 대운이나 연운에서 들어오면 그 신살이나 육친을 극심하게 갈구하게 된다는 논리다.

● 대덕의 해설

예를 들어 사주원국에 귀문관살이 전혀 없는데 대운에서 귀문관살이 들어오면 신경쓸 일이 생기거나, 사주원국에 약마살의 기운이 약한데 대운에서 역마살이 오면 역마적 기질이 강하게 생긴다.

6. 격국 · 용신 · 월지(지장간)

격국과 용신과 월지의 지장간에 대한 이론들을 살펴본다. 격국의 종류나 용신을 정하는 원칙에 대해서는 앞서 육친에서 다루었고, 여기에서는 격국과 용신에 관련된 용어들을 설명한다.

고전격국(古典格局)

사주명리학의 고전(古典)에서 거론하고 있는 격국론이다. 즉 『연해자평(淵海子平)』이나 『삼명통회(三命通會)』에서 거론되는 격국들이 바로 고전격국이다.

　고전격국은 사주원국에서 오행의 생극제화(生剋制化)를 판단하기 이전에 신살이나 허자나 월지의 상황을 보고 격을 판단한다. 처음에는 단순히 월지의 육친만으로 격을 정하는 십격(十格)에서 시작해서, 나중에는 사주원국에 없는 오행이나 육친을 불러오는 허자격국이나 각종 신살에 의지하는 신살격국이 나타났다가 월지의 육친으로 격을 정하는 십격까지 발전하였다. 결국에는 격국과 용신이 대립하다가 이 둘이 결합한 용신격국이 나오면서 고전격국으로 분리되었다. 고전격국이나 용신격국 둘 다 모든 사주에는 격국이 하나만 있다고 본다.

● 대덕의 해설

사주 상담에서 격국 이전에는 신살을 중요하게 사용했는데, 일간 위주의 사주명리학이 정립되면서 신살론은 비판받고 대신 격국론이 발전하였다. 고전격국은 신살을 활용한 격국이 대다수이며, 신살격국으로도 사람이 가진 그릇의 크기를 분석하기 어려워지자 허자격국이 유행하기 시작하였다.

　그런데 사주에는 격국이 하나 있다고 생각하고 그 하나의 격으로 사주의 그릇

POINT

고전격국

사주명리학의 고전에서 언급하고 있는 격국들로, 사주원국에서 오행의 생극제화를 판단하기 이전에 신살이나 허자나 월지의 상황을 보고 격을 판단한다.

을 평가하다 보니 신살격국과 허자격국만으로는 사주와 실제 삶의 상관관계를 설명하는 데 한계가 나타났다. 이후에 용신론이 성행하면서 고전격국이 비판받다가 용신론과 결합하여 용신격국이 탄생하였다. 결국 고전격국 안에 있던 용신격이 분리되면서 고전격국은 별도로 구분하고 있다. 자세한 내용은 『사주명리학 격국특강』을 참고한다.

POINT

격국용신

격국과 용신의 장점을 활용한 것. 신강신약의 억부용신격, 월지를 중심으로 하는 십정격인 조후용신격의 용신격이 있다.

격국용신(格局用神)

격국과 용신의 장점을 활용한 것으로, 신강신약의 억부용신격, 월지를 중심으로 하는 십정격(十正格)인 조후용신격의 용신격이 있다.

● 대덕의 해설

격국용신을 정하는 방법에는 월지의 지장간이 천간에 투간한 육친을 격으로 정하는 방법, 세력을 보아 격국을 정하는 방법, 신강신약을 분석하여 격국을 정하는 방법이 있다. 격국용신은 용신과 격국을 하나로 결합시킨 것으로, 사주의 모습과 용신을 통해 사람의 그릇을 분석한다. 대개 한 사람의 사주에 하나의 격국용신 또는 용신격이 존재한다고 보는데, 대덕 이론에서는 하나의 격으로 한 사람의 그릇을 판단하는 것은 타당하지 않다는 입장이다.

영향요계(影響遙繫)

고전격국의 합리적이지 못한 여러 가지 원리들을 한데 묶어 비판하는 말이다. 『적천수(適天髓)』에 나오는 용어로 그림자, 메아리, 쳐다보는 것, 얽어매는 것 등으로 해석한다. 사주에 없는 오행과 육친을 합이나 충으로 불러들이는 논리 등을 모두 잘못된 이론이라고 비판하는 논리다.

● 대덕의 해설

옛날에도 엉뚱한 이론들이 범람하고 있었다. 그 시기에도 허자론의 엉뚱한 신살들이 우후죽순처럼 생겨났다. 이 사람 저 사람 제 맘대로 이론들을 만들어놓다 보니 전혀 타당성이 없는 이론들이 많았고, 이를 비판하는 반대 이론도 수없이 많이 생겨났다. 영향요계는 이렇게 쓸데없이 생겨나는 이론들을 비판하는 목소리다.

가종가화(假從假化)

가종(假從)은 거짓으로 따른다는 뜻이고, 가화(假化)는 거짓으로 합화(合化)한다는 뜻이다. 가종가화는 종격을 방해하는 것이 있어 종격이 제대로 되지 못하고, 화격을 방해하는 것이 있어 화격이 제대로 되지 못하는 것을 말한다.

종살격에 관살을 극하거나 설하는 육친이 있거나, 종살이 되려면 일간의 힘이 무력해야 하는데 생조하는 육친이 존재하면 오히려 병이 되므로 가종이라고 한다. 그리고 예를 들어 갑기합화토(甲己合化土)가 되려면 주변의 방해를 받지 않아야 하는데 을(乙)이나 경(庚)이 있어 을기충(乙己沖)이나 경갑충(庚甲沖)으로 방해하거나 쟁합이나 투합이 되면 가화라고 한다.

● 대덕의 해설

대덕 이론에서는 종격 용신을 인정하지 않으므로 특별한 의미가 없는 이론이다.

진종진화(眞從眞化)

진종(眞從)은 진정으로 따른다는 의미로, 종강(從强), 종왕(從旺), 종아(從兒), 종재(從財), 종살(從殺) 등이 있다. 진화(眞化)는 진정으로 합화한다는 의미로 갑기합화토(甲己合化土), 을경합화금(乙庚合化金), 병신합화수(丙辛合化水), 정임합화목(丁壬合化木), 무계합화화(戊癸合化火) 등이 있다. 진종이나 설기가 병이 없고 해가 없으면 귀격으로서 현달(顯達)하고 공명을 얻는다고 한다.

● 대덕의 해설

진종진화가 병이나 해가 없으면 길하다고 하는데, 어떤 사주 구성이든 병이나 해가 없으면 당연히 길하다. 특별히 진종진화에만 의미를 부여할 필요가 없다.

종지진가(從之眞假)

종지진가(從之眞假)란 진종(眞從)과 가종(假從)을 말한다. 진종은 참된 종이란 뜻으로 한 가지 오행이나 육친으로 이루어져 확실하게 종을 하는 것을 말하고, 가종은 거짓된 종이란 뜻으로 2~3개의 오행이나 육친이 섞여 있어서 종이 되는지 혼란스럽고 어느 종으로 해야 하는지 구분하기 어려운 경우를 말한다. 종에는 오행종과 육친종이 있다

POINT

종지진가

진종과 가종을 말한다. 진종은 한 가지 오행이나 육친으로 이루어져 확실하게 종하는 것이고, 가종은 여러 가지 오행이나 육친이 섞여 있어서 혼란스러운 것을 말한다.

● 오행종의 종류

오행	木	火	土	金	水
종	곡직격(曲直格)	염상격(炎上格)	가색격(稼穡格)	종혁격(從革格)	윤하격(潤下格)

● 육친종의 종류

육친	비겁	식상	재성	관성	인성
종	종왕격(從旺格)	종아격(從兒格)	종재격(從財格)	종관격(從官格)	종강격(從强格)

● 대덕의 해설

『적천수(適天髓)』에서는 "진종지상유기인(眞從之象有幾人)이라 가종역가발기신(假從亦可發其身)이라"고 하였다. "진종(眞從)으로 되는 사람이 얼마나 되겠는가, 가종(假從)에서는 발복하는 사람이 많구나"라는 뜻이다.

　그러나 대덕 이론에서는 가종과 진종을 구분하기보다는, 종격이 하나의 격 구실을 하고 모험심, 배짱, 적극성, 추진력을 가지고 있으며 성공과 실패를 넘나들 수 있는 극단적인 운명이라고 본다. 능력은 있지만 지나치게 강한 욕망으로 굴곡진 파란만장한 삶을 살 수도 있으니 조심하고, 자신을 낮추는 자세가 필요하다.

성패구응(成敗救應)

합이 이루어지거나, 충이나 극으로 깨지거나, 구할 오행이나 육친이 있는 사주의 상황을 말한다. 성격(成格)이 된 사주에 합충으로 기신을 불러 패격(敗格)이 되는 경우 패격이 되는 요인을 제거하는 것을 구응(救應)이라고 한다.

● 대덕의 해설

병약용신과 비슷한 논리로, 정관격에 상관이 있으면 상관을 제거하여 정관격을 살리는 것을 말한다. 현대 이론에서는 큰 의미를 부여하지 않는다.

성중유패(成中有敗)

사주의 격국이 이루어졌는데 결함이 있어서 깨지는 것을 말한다. 즉, 격국이 기신을 만나거나 합충을 하여 패격이 되는 것을 말한다.

● 대덕의 해설

예를 들어, 정관격이 상관을 만나면 정관격이 제대로 이루어지지 못했다고 본다. 그러나 현대 이론에서는 너무 중요하게 보지 않아도 될 것이다.

패중무구(敗中無救)

격(格)이 제대로 갖추어지지도 않았는데 구할 것도 없는 것을 말한다. 격이 깨졌는데 그 결점을 해소할 글자가 없다는 뜻이다.

● 대덕의 해설

조후용신격의 내격인 십정격이나 억부용신격에서 많이 사용한다. 타당성이 있는 이론이다.

패중유구(敗中有救)

격(格)이 제대로 갖추어지지 않았는데 도와주는 것이 있어 격의 가치를 가지는 것을 말한다.

● 대덕의 해설

조후용신격인 내격인 십정격이나 억부용신격에서 많이 사용한다. 타당성이 있는 이론이다.

패중유성(敗中有成)

격(格)이 제대로 갖추어지지 않았는데 불안한 것을 제거한다는 의미다. 사주격국
이 기신으로 인해 깨졌는데 그 기신을 제거했다는 말이다.

● 대덕의 해설

조후용신격의 내격인 십정격이나 억부용신격에서 많이 사용한다. 병약용신과 비
슷한 이론이다.

가신난진(假神亂眞)

진신(眞神)은 용신을 말하고, 가신(假神)은 기신을 말한다. 가신난진은 기신이 용
신을 극하거나 합하여 용신이 제 구실을 못하게 된다는 의미다.

● 대덕의 해설

현대에서는 용신과 기신보다는 고립된 오행(육친)을 극하는 것과 과다한 오행(육
친)을 도와주는 것이 사주를 어지럽힌다고 보는 것이 타당하다.

거탁류청(去濁留淸)

탁한 기운을 제거하고 맑게 흘러간다는 의미다. 내 사주에 필요한 오행이 다른 오
행에게 극제를 당해서 혼탁해지면 그 혼탁한 오행을 제거함으로써 맑아지는 것
을 말한다. 여기서 탁(濁)은 기신으로 본다.

● 대덕의 해설

병약용신과 비슷한 의미로, 병이 된 것을 극제하는 약이 있으면 격과 사주가 맑아
진다는 의미다.

귀기상통(貴氣相通)

사주의 소통이 제대로 안 될 때 소통시켜주는 용신이나 오행이나 육친을 의미
한다.

● 대덕의 해설

사주의 기운이 막혀 있으면 서로 극하거나 대립하는 형태가 되고, 사주의 기운이
서로 소통하면 상생의 형태가 된다. 대개 상생을 하면 오행이나 육친이 고립될 확

률이 낮아지므로 긍정적인 사주가 된다. 그러나 사주 여덟 자는 하나 하나 분석해야 하므로 귀기상통 사주라고 해서 무조건 귀한 사주라고 단정할 수는 없다.

기식상통(氣息相通)

기운과 마음은 서로 통한다는 말. 도와줄 때는 도와주고 억제해줄 때는 억제해주는 것을 말한다. 대개 기식상통은 살인상생(殺印相生)이나 살인상정(殺印相停)을 의미할 때가 많다.

● **대덕의 해설**

사주에서 서로 상생이나 상극이 잘 이루어져 막힘이 없으면 대운이나 연운에서 어떤 오행이나 육친이 와도 인생이 굴곡 없이 순탄하게 흘러간다. 그러나 기식상통이 되지 않고 막혀 있는 사주는 운에서 사주 내에 없는 오행이나 육친이 오면 오히려 고립될 가능성이 높으므로 대운에서 들어온 오행의 건강문제와 육친의 사건사고가 발생할 가능성이 매우 높다.

길신태로(吉神太露)

길신에 해당하는 용신과 희신이 천간에 노출되어 위험한 상태를 말한다. 용신이나 희신이 천간에 위치하면 극상을 당하거나 손상당하기 쉽기 때문에 강해야 한다. 용신이나 희신은 지지에 통근하고 있어야 안정성이 있고 청순하다. 그러나 용신이나 희신이 지지에 통근하지 못하면 천간에서 위태하여 시비가 따르고 인생이 파란만장하며 오욕을 겪는다는 논리다.

예)

시	일	월	연
壬	戊	壬	庚
戌	午	午	午

위 사주는 오(午)월에 무토(戊土) 일간인데 마침 지지가 오술(午戌) 화국(火局)을

이루므로 신왕한 사주라고 할 수 있다. 월간 임수(壬水)가 경금(庚金) 희신의 생조를 받아 용신으로 삼을 수 있다. 그런데 지지에 통근하지 못하고 임수(壬水)와 경금(庚金)이 천간에 노출되어 손상당하기 쉬우므로 길신태로가 되었다.

● 대덕의 해설

용신이 천간에 투간 또는 투출되어 있으면 반드시 지지에 뿌리를 내리고 있어야 한다는 논리다. 그러나 대덕 이론에서는 용신이나 희신이나 기신이나 구신이나 간지로 뿌리를 내리고 있으면 그 오행에 복이 있다고 본다. 어떤 오행이나 육친이든 천간에 노출되어 있으면서 공격을 당하면 불리하고, 반대로 제대로 세력을 가지고 있으면 복이 있다. 그러므로 길신인가 아닌가를 따지기보다는, 모든 오행과 육친은 천간에서 고립되어 있거나 제대로 힘을 유지하지 못하면 매우 불리하다고 보는 것이 옳다.

병약상제(病藥相濟)

병(病)이 있는 사주가 약을 얻었다는 의미다.

● 대덕의 해설

사주에 고립된 오행이 있을 때 이를 도와주는 오행이 오거나, 과다한 오행이 있을 때 이것을 극하거나 설기해주는 오행이 오면 매우 유리하다.

병중무구(病重無救)

용신이 기신을 만나면 병이 드는데, 그 기신을 제거할 방법이 없을 때를 말한다.

● 대덕의 해설

대덕 이론에서 오행이 고립되었는데 대운에서 이 오행을 도와주는 것이 들어오지 않거나, 반대로 오행이 과다한데 대운에서 이 오행을 극하거나 설기시키는 오행이 들어오지 않는 것을 말한다. 이 때는 사건사고가 생길 가능성이 높다.

쇠극의설(衰極宜洩)

매우 신약한 사주는 기운을 설하는 글자를 용신으로 정한다는 논리다. 종아격, 식상격의 의미가 있다.

● 대덕의 해설

대덕 이론에서는 종아격의 용신을 식상으로 쓰지 않는다. 종아격은 격의 의미를
가지지만, 고립을 구해주는 용신과 과다를 극제하는 용신을 사용한다.

쇠왕태극(衰旺太極)

너무 쇠약하거나 너무 태왕해서 세력이 한쪽으로 치우쳐 있음을 의미한다. 종격
으로 볼 가능성이 높지만, 매우 편중되어서 사주가 고립이나 과다로 구성되어 배
합이 나쁜 구조이다.

● 대덕의 해설

대덕 이론에서는 종격용신은 사용하지 않고, 종격은 격으로서 인정한다. 사주가
종격을 이룬 사람은 독립적이고 자유적이고 명예지향적인 성격으로, 욕망과 욕심
이 발동할 수 있으니 조심한다.

POINT

쇠왕태극

너무 쇠약하거나 너무 태왕
해서 세력이 한쪽으로 치우
쳐 있다는 뜻이다.

신청기수(神淸氣秀)

신(神)은 일간을 상징하고, 기(氣)는 용신을 상징한다. 그러므로 신청(神淸)이란
일간의 세력이 강하여 신강한 사주를 말하고, 기수(氣秀)는 용신이 힘이 있는 경
우를 말한다.

● 대덕의 해설

일간과 용신이 고립되지 않고 생을 잘 받고 있는 경우를 말한다. 사주에서 용신이
나 일간뿐만 아니라 사주의 여덟 글자 모두 생을 잘 받아야 좋다는 것이 대덕 이
론의 핵심이다. 고립이나 과다나 무존재는 불리할 가능성이 높고, 발달은 안정될
가능성이 높다.

용신고저(用神高低)

용신이 힘이 있고 제 구실을 잘하면 높고, 용신이 합이 되어 기신으로 가거나 힘
이 없거나 합충으로 공격을 받으면 낮다고 본다.

● 대덕의 해설

용신이 제 구실을 잘하는가 못하는가도 중요하지만, 사주에 있는 모든 육친이나

오행은 각자 발달되어 제 구실을 하면 높고, 고립되어 제 구실을 못하면 낮다고 본다. 특히 잘 있던 오행이나 육친이 합을 하여 과다해지면 더욱 불리해진다.

용신기반(用神羈絆)

용신이 합으로 묶여 제 구실을 못하는 형상을 말한다. 특히 쟁합이나 합을 하여 기신으로 변화할 때를 말한다.

● 대덕의 해설

대덕 이론에서는 용신이 합을 하여 기신이 되는 것보다, 고립된 것이 합을 하여 더욱 고립되거나 과다한 것이 합을 하여 더욱 과다해지는 것을 더 불리하게 본다. 이 때 사건사고를 불러온다고 본다.

용신순잡(用神純雜)

용신이 간지로 이루어져 힘이 있거나 뿌리가 튼튼한 것을 순(純)이라고 하고, 용신이 힘이 없거나 고립되어 있거나 기반되면 잡(雜)이라고 한다.

● 대덕의 해설

대덕 이론에서는 용신의 혼잡보다는 고립과 과다를 더 중시한다.

용신합거(用神合去)

용신이 합하여 기신이 되는 경우를 말한다.

● 대덕의 해설

용신이 합을 하여 기신이 되면 매우 불리하다. 사건사고를 부르기 쉽다.

원원유장(原遠流長)

근원이 멀리서부터 흘러와서 오래도록 흘러간다는 뜻. 사주에서 생이 멀리서부터 이어져 용신이나 일간까지 내려왔다는 논리다. 즉, 재성은 관성을 생조하고, 관성은 다시 인성을 생조하며, 인성은 일간을 생조하고, 일간은 다시 식상을 생조하고, 식상은 다시 재성을 생조하는 흐름을 말한다.

● 대덕의 해설

일간이나 용신이 생을 받는 것을 설명하고 있다. 기존 이론이 일간이나 용신론에 초점을 맞추고 있기 때문에 나온 논리다. 계속적으로 생을 반복해 나가는 사주는 그것이 일간이나 용신이 아니어도 매우 좋은 사주 구조라고 할 수 있다.

유병득약(有病得藥)

병이 있는데 약을 얻었다는 이론이다.

● 대덕의 해설

병약용신의 또 다른 설명으로 보면 된다.

POINT

유병득약과 유병무약

유병득약은 병이 있는데 약을 얻었다는 이론이고, 유병무약은 병이 있는데 약을 못 얻었다는 이론이다.

유병무약(有病無藥)

병이 있는데 약을 못 얻었다는 이론이다.

● 대덕의 해설

이 역시 병약용신의 또 다른 설명으로 보면 된다.

유정무정(有情無情)

일주, 엄밀히 말하면 일간과 용신의 관계를 살펴 용신이 일간을 보좌해주는가, 용신이 일간에게 세력이 되어주지 못하는가에 따라 유정(有情)과 무정(無情)을 판단한다.

용신이 일주 근처인 월주에 있으면서 일주가 손실을 입거나 파극을 당하거나 피해를 입지 못하게 하면서 보좌하고 협력하고 도와주면 유정하다고 한다. 반대로 용신이 일주와 멀리 떨어진 연주에 있거나, 일주와 가까운 월주에 있어도 일간을 보좌하기 어려운 상황이면 무정이라고 한다.

POINT

유정무정

일간과 용신의 관계를 따져 용신이 일간을 보좌해주면 유정, 보좌해주지 않으면 무정이라고 한다.

예)

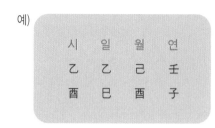

시	일	월	연
乙	乙	己	壬
酉	巳	酉	子

위 사주는 을목(乙木) 일간이 실령(失令), 실지(失地), 실시(失時)를 하여 신약하다. 지지가 사유합금(巳酉合金)을 하여 을목(乙木)이 집중 공격을 당하고 있으므로 임수(壬水) 정인으로 통관시켜야 하는데, 임수(壬水) 정인은 연간에 있고 월간 기토(己土)가 방해하고 있다. 용신이 침체상태로 일간을 보좌하여 발전하지 못하고 영화를 얻지 못한다고 하여 무정한 사주라고 한다.

● 대덕의 해설

용신이 일간을 도와주거나 가까이 있다고 해서 정이 있고, 반대로 용신이 일간을 도와주지 못하거나 멀리 떨어져 있다고 해서 무정하다는 논리는 타당성이 부족하다. 용신이든 기신이든 고립이나 과다가 아니라 발달되어 있으면 매우 정이 있고 긍정적인 역할을 한다고 본다.

정신포만(精神飽滿)

사주팔자의 기가 일간에 집중되어 있는 경우를 말한다. 일간이 매우 강왕하므로 관성이든 식상이든 모두 용신으로 사용할 수 있다.

● 대덕의 해설

다음 사주를 보자.

POINT

정신포만

사주팔자의 기가 일간에 집중되어 있는 것으로, 일간이 매우 강왕하여 관성과 식상 모두를 용신으로 사용할 수 있다.

예)

시	일	월	연
乙	庚	辛	辛
酉	戌	丑	酉

위 사주는 일간이 경금(庚金)인데, 천간에는 을경합금(乙庚合金), 지지에는 유술합금(酉戌合金)과 유축합금(酉丑合金)이 있어서 금(金)으로 집중되어 있다. 그러므로 대운에서 태왕한 금(金)의 기운을 설기시키거나 극제해줄 식상 수(水)나 관성 화(火)가 집중적으로 들어오면 매우 좋다.

그러나, 수(水)나 화(火)가 약하게 들어오면 고립되므로 오히려 위험하다.

제거기병(除去其病)

사주에도 인간의 삶과 마찬가지로 병(病)이 존재한다. 그 병을 치료할 때 사주가 길해진다는 논리가 용신론 중의 하나인 병약용신론(病藥用神論)이다. 제거기병이란 바로 사주 내에 병이 있으면 제거해야 한다는 뜻으로, 병약용신론을 설명해주는 용어다. 그렇다면 사주에서 병은 무엇인가? 바로 사주 내에서 가장 귀중하게 생각하는 일간과 용신이 제 구실을 못하는 것을 말한다.

POINT

제거기병

사주 내에 병이 있으면 제거해야 한다는 의미로 병약용신론에 해당한다.

예)

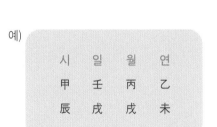

위 사주는 임수(壬水) 일간이 토(土) 관성을 많이 만나 일주에 병이 생겼다. 이 때 병이 되는 토(土)를 제거하는 약을 찾아야 하는데, 시간의 식신 갑목(甲木)이 시지 진토(辰土)에 통근하므로 약을 얻었다.

● 대덕의 해설

일반적으로 고전 이론과 현대 이론에서 병(病)은 용신을 과도하게 극하거나 해롭게 하는 것을 말한다.

그러나 대덕 이론에서는 고립된 오행을 병으로 본다. 또한 과다한 오행이나 육친 역시 병으로 본다. 고립된 오행과 육친이 병인 경우는 고립된 오행을 도와주는 것이 약이고, 과도한 오행이나 육친이 병인 경우는 과다한 오행의 기를 빼주거나 극하는 것이 약이다. 이것이 병약용신의 분석이다.

고립도 병

과다도 병

천배지반(天背地反)

사주의 천간이나 지지 또는 대운의 천간이나 지지에 용신이나 일간에게 필요한 오행이나 육친이 오지 않고 기신이 오는 것을 말한다.

● **대덕의 해설**

용신이 합을 하여 기신이 되면 매우 위험하다. 특히 고립이 더 집중된 고립으로 몰려가거나 과다가 집중된 과다로 몰려가 용신이 기신으로 바뀌어 배신하는 것을 대덕 이론에서는 가장 위험한 사주로 본다.

애가증진(愛假憎眞)

가짜를 사랑하고 진짜를 미워한다는 뜻. 진(眞)은 계절 즉 월령 중 자기 오행을 사령한 것을 말하고, 가(假)는 월령을 얻지 못한 것을 말한다.

● **대덕의 해설**

월령(月令)을 잡고 있는 것이 진짜라는 논리 때문에 월령을 벗어난 것은 가짜라는 논리가 생겨났다. 고전 이론에서는 월령에 대한 신봉에 가까운 집착이 이어져 왔고, 일간에 집착하는 이론과 맞서왔다.

그러나 월령 중심과 일간 중심으로 구분하지 않는 것이 좋다. 필요해서 용신으로 삼는다면 월령을 벗어나도 상관 없다. 사주명리학은 사주팔자 여덟 자를 두루 살펴야 한다.

원신투출(元神透出)

원신(元神)은 월지의 오행과 동일한 오행을 말한다. 투출(透出)은 음양을 가리지 않고 천간에 월지 오행과 같은 오행이 나타나 있는 것을 말한다. 월지를 신강신약으로 구분할 때 가장 많이 사용한다.

● 원신투출 도표

지지	子	丑	寅	卯	辰	巳	午	未	申	酉	戌	亥
천간	壬癸	己	甲乙	甲乙	戊己	丙丁	丙丁	戊己	庚辛	庚辛	戊己	壬癸

● 대덕의 해설

월지의 본기(本氣)가 천간에 나타난 것을 말한다. 예를 들어 인(寅)월에 태어나 천간에 갑목(甲木)이 있으면 원신이 투출한 것인데, 만약 갑목(甲木)이 투출하지 않고 병화(丙火)가 있으면 원신투출이라고 하지 않는다.

원신이 투출한 천간은 매우 강하다고 본다. 따라서 그 오행과 육친은 고립되지 않아 오행의 건강과 육친의 복이 있다고 본다.

월기심천(月氣深淺)

월(月)이 일간을 도와주는 것은 기운이 깊다고 하고, 일간을 도와주지 못하는 것은 얕다고 표현한다. 월률분야(月律分野)에 따른 오행의 비중을 논하는 것으로, 월이 힘이 있으면 깊다고 보고 월의 힘이 없으면 얕다고 본다.

● 대덕의 해설

월지의 지장간이 힘이 있거나 힘이 없는 것을 말한다.

인원용사(人元用事)

인원(人元)을 사용한다는 말이다. 인원, 천원(天元), 지원(地元)을 합쳐서 삼원(三元)이라고 하는데, 이 셋 중에서 인원을 쓴다는 말은 월지의 지장간을 쓴다는 의미다.

● 대덕의 해설

천원(天元)은 천간, 지원(地元)은 지지, 인원(人元)은 지장간을 말한다.

절처봉생(絕處逢生)

끊어진 곳에서 다시 생명을 얻는다는 뜻으로 사주명리학에서 살인상생(殺印相生)의 의미로 쓰인다. 예를 들어, 갑신(甲申)이나 무인(戊寅)의 경우 겉으로는 공격받는 자리에 앉아 있지만, 속으로는 신중임수(申中壬水)나 인중병화(寅中丙火)의 도움을 받아서 생조를 얻는다.

● 대덕의 해설

지지이므로 합국을 이루어 생을 할 가능성이 높지만, 실제로 지장간이 생을 하는 경우는 없다고 보는 것이 타당하다.

7. 신살 · 십이운성 · 허자론

여기서는 신살과 십이운성과 더불어 사주 주인공의 심리 변화를 유발하는 허자론을 함께 다룬다. 기존의 일반 이론에서는 신살과 십이운성을 비중 있게 다루지만, 대덕 이론에서는 중요하게 다루지 않는다.

기관팔방(氣貫八方)

기운이 팔방으로 통하는 것을 말한다. 팔방(八方)은 인신사해(寅申巳亥), 진술축미(辰戌丑未), 자오묘유(子午卯酉)의 방향을 이야기하므로, 그 기가 관통했다는 것은 사주의 형상에서 자오묘유(子午卯酉)나 진술축미(辰戌丑未)나 인신사해(寅申巳亥)가 모두 존재하고 있는 것을 말한다.

자오묘유(子午卯酉)가 모여 있으면 사패격(四敗格), 진술축미(辰戌丑未)가 모여 있으면 사고격(四庫格), 인신사해(寅申巳亥)가 모여 있으면 사맹격(四孟格)이라고 한다.

● 대덕의 해설

도화살인 자오묘유(子午卯酉)가 모여 있는 사패격은 사람들에게 인기가 많고 예술이나 문화 계통에서 끼를 발휘하고, 명예살인 진술축미(辰戌丑未)가 모여 있는 사고격은 매우 고집이 세고 지배받기 싫어하는 특징이 있으며, 역마살인 인신사해(寅申巳亥)가 모여 있는 사맹격은 활동적이고 적극적인 특징이 있다.

사패격   사고격   사맹격

녹원호환(祿元互換)

녹(祿)의 원기를 서로 교환한다는 의미다. 『삼명통회(三命通會)』에서는 다음과 같이 설명하고 있다. "녹원호환(祿元互換)은 4개의 일시가 있는데 무신(戊申)일에 을묘(乙卯)시, 병자(丙子)일에 계사(癸巳)시, 정유(丁酉)일에 임인(壬寅)시, 경자(庚子)일에 정해(丁亥)시다." 여기서 녹(祿)은 육친 중에서 정관을 말하는데 일간의 정관이 시간에, 시지의 정관이 일지에 새로 교환되듯이 존재하는 경우가 바로 녹원호환이다. 이 논리대로라면 『삼명통회』에서 예로 든 경자(庚子)일 정해(丁亥)시는 녹원호환에 해당하지 않는다.

● **대덕의 해설**

다음 사주를 본다.

예)

시	일	월	연
壬	丁	壬	丙
寅	酉	辰	午

위 사주는 정유(丁酉)일 임인(壬寅)시 출생이다. 천간과 지지가 정관을 서로 교환하므로 녹원호환 사주이다.

호환재록(互換財祿)

천간의 재록(財祿)을 다른 지지의 재록과 교환한다는 뜻이다. 재(財)는 재성을 말하고, 녹(祿)은 육친 중에서 정관 그리고 십이운성 중에서 건록(建祿)을 말한다.

POINT

호환재록

서로 재록을 교환한다는 의미다. 재록에서 재는 재성을 말하고, 녹은 육친 중에서 정관과 십이운성 중에서 건록을 말한다.

● **호환재록 도표**

천간	甲	乙	丙	丁	戊	己	庚	辛	壬	癸
건록	寅	卯	巳	午	巳	午	申	酉	亥	子
정관	酉	申	子	亥	卯	寅	午	巳	丑未	辰戌
정재	丑未	辰戌	酉	申	子	亥	卯	寅	午	巳

예)

시	일	월	연
丙	壬	丙	壬
午	申	午	子

위 사주는 임수(壬水) 연간의 정관이 월지와 시지 오화(午火)의 지장간인 기토(己土)이고, 월간과 시간 병화(丙火)의 정관이 연간 자수(子水)의 지장간인 계수(癸水)이므로, 정관을 서로 교환하여 호환재록 또는 호환관성(互換官星)이 되었다.

● 대덕의 해설

호환재록은 서로 재록(財祿)을 교환하는 것을 말한다. 예를 들어, 경인(庚寅)일 갑신(甲申)시라면 서로 뿌리를 교환한다는 말인데, 현실적으로는 별로 사용할 필요가 없다. 오히려 호환재록보다는 인신충(寅申沖)이 두렵다고 할 상황이다.

병림상봉(併臨相逢)

사주의 길한 신살이나 귀성이 육친을 만나는 것을 말한다. 예를 들어, 전인후종이나 전포후승에 천을귀인(天乙貴人)이 함께 있으면 매우 길하게 본다.

● 대덕의 해설

길한 신살이나 귀성을 만나면 해당 육친에게 행운이 오고, 반대로 불길한 신살이 육친과 만나면 해당 육친에게 불행이 온다는 이론이다. 예를 들어 식상이 천을귀인에 해당하면 자식이 잘된다. 이렇듯 이 이론은 일부분 타당성이 있지만, 사주전체를 보고 판단해야 한다.

삼기귀인(三奇貴人)

신살의 일종으로, 사주 천간의 갑무경(甲戊庚), 을병정(乙丙丁), 신임계(辛壬癸)를 말한다. 이들을 각각 천상삼기(天上三奇), 지하삼기(地下三奇), 인중삼기(人中三奇)라고 한다. 예를 들어, 사주 천간에 갑무경(甲戊庚)이 있으면 천상삼기, 을병정(乙丙丁)이 있으면 지하삼기, 신임계(辛壬癸)가 있으면 인중삼기라고 한다. 이들 천간이 모여 있으면 인품이 뛰어나고 영웅의 포부가 있으며 관직에서 이름을 떨친다고 한다.

● 대덕의 해설

다른 사주에 비해 조금 특별한 의미가 있을 뿐 사주 분석에 중요하게 고려할 내용은 아니다.

POINT

병림상봉

사주의 길한 신살이나 귀성이 육친을 만나는 것을 말한다.

천관지축(天關地軸)

하늘의 관문과 땅의 축이란 뜻이다. 『주역(周易)』에서 하늘에 해당하는 건(乾)은 천관(天關)으로 술해(戌亥)이고, 땅에 해당하는 곤은 지축(地軸)으로 미신(未申)인데, 사주의 지지에 건곤이 모두 갖추어져 있으면 널리 이름을 떨치는 귀한 격이라고 한다.

『주역』의 팔괘(八卦)는 건(乾), 태(兌), 이(離), 진(震), 손(巽), 감(坎), 간(艮), 곤(坤)으로 이루어져 있다. 각각의 괘는 지지와 방위를 나타낸다.

팔괘의 지지와 방위

팔괘	건	태	이	진	손	감	간	곤
지지	戌亥	酉	午	卯	辰巳	子	丑寅	未申
방위	북서	서	남	동	남동	북	북동	남서

● 대덕의 해설

술해(戌亥)와 미신(未申) 중에서 한 글자만 갖추어도 천관지축이 이루어진다. 『사주첩경(四柱捷徑)』에서는 천관지축에 대해 다음과 같이 설명하고 있다. "이 격은 기취건곤(氣聚乾坤)으로 천지의 정기가 취합된 형상으로서 명동천지(名動天地)하리만큼 부귀하다고 하는데, 그렇다고 무조건 천관지축이 사주원국에 있다고 고귀하게 되는 것이 아니다. 이 격 역시 격국용신이 잘 구성되어 있는 중 천관지축이 첨가되어 있으면 금상첨화로 더 한층 돋보이게 되고, 명진천하(名振天下)하게 된다는 것을 알아야 한다."

대덕 이론에서는 천관지축이 사주원국에 있으면 위로는 임금을 만나고 아래로는 백성을 만나는 직업에 적성이 있다고 본다. 예를 들어, 사람의 생명을 다루는 법조인, 의약인이 적성이 맞는다. 또한 누군가의 조언자, 카운슬러, 멘토 역할에도 잘 어울리므로 정치인, 정치컨설턴트, 결혼정보회사, 상담가, 교육자 등의 직업도 어울린다.

예1)

시	일	월	연
丁	乙	甲	癸 (乾)
亥	亥	子	卯

위 사주는 일과 시에 해(亥) 천관이 있다. 사주의 주인공은 대덕의 스승이자 한국 역학계의 대가인 고(故) 박재완(朴在玩) 선생이다.

예2)

시	일	월	연
乙	甲	辛	甲 (乾)
亥	戌	未	午

위 사주는 갑(甲)일생이 사오미(巳午未)월에 태어나 진상관이 되었다. 용신은 시지 해수(亥水)가 되고, 월지에 미(未) 지축 그리고 일지와 시지에 술(戌)과 해(亥)의 천관이 있으므로 천관지축 사주다. 사주의 주인공은 고(故) 신익희(申翼熙) 국회의장이다.

회동제궐(會同帝闕)

임금의 궁궐에서 함께 만난다는 말. 임금은 가장 권위 있는 사람, 아버지에 해당하는 건(乾)이므로 건의 방향인 술해(戌亥)이다. 사주에 술해(戌亥)가 있을 때를 회동제궐이라고 한다.

● 대덕의 해설

신살 중에서 천문성(天文星)의 일종으로, 임금을 만날 일이 생긴다고 보면 된다. 참모의 사주라고 할 수 있다.

POINT

동주입묘

동주 즉 같은 천간과 지지
가 십이운성의 묘에 들어간
다는 뜻이다.

동주입묘(同柱入墓)

같은 사주기둥, 즉 천간과 지지가 묘(墓)에 들어간다는 의미다. 묘는 무덤을 말한다. 동주입묘를 이해하려면 십이운성(十二運星), 즉 포태법(胞胎法)이나 절태법(絶胎法)을 잘 알고 있어야 한다. 십이운성과 포태법과 절태법은 같은 의미로, 사주의 주체인 인간이 태어나서 살다가 병들어 죽어 무덤에 들어갈 때까지의 과정을 12단계로 나눈 것이다.

십이운성 중 묘(墓)는 말 그대로 죽어서 무덤에 들어가는 것을 뜻한다. 동주(同柱)할 수 있는 경우는 병술(丙戌), 정축(丁丑), 무술(戊戌), 기축(己丑), 임진(壬辰), 계미(癸未)가 있다.

십이운성의 묘와 일간

일간	甲	乙	丙	丁	戊	己	庚	辛	壬	癸
십이운성의 묘	未	戌	戌	丑	戌	丑	丑	辰	辰	未

● 대덕의 해설

십이운성 중에서 남편이 묘궁에 해당하거나 부인이 묘궁에 해당하면 남편복과 부인복이 없다고 보는 등 묘궁에 대해 매우 부정적으로 해석한다. 그러나 묘궁 자체가 문제라기보다는 월지에 해당하는 진술축미(辰戌丑未) 속의 지장간 배우자가 자기 계절에 해당하지 않으면 제 구실을 못해 어려움을 겪게 된다. 자세한 내용은 『사주명리학 용신특강』에서 배우자복에 대한 설명(171~180쪽)을 읽어보기 바란다.

묘고봉충(墓庫逢沖)

십이운성의 묘(墓)나 진술축미의 토(土)는 충을 해야 열린다는 이론이다.

● 대덕의 해설

묘고(墓庫)가 충을 만나야 좋다는 학설이다. 진술축미(辰戌丑未)는 창고(倉庫)라고 하고, 창고는 충을 해야 열린다는 말이다. 창고가 열리면 재물이 튀어나와 좋다는 논리인데, 대운에서 중요한 역할을 한다. 다만, 매번 좋다기보다는 사주 구성에 따라 다르다고 보는 것이 타당하다.

충대운

POINT

묘고봉충

십이운성의 묘나 진술축미 (辰戌丑未)의 토(土)는 충을 해야 열린다는 이론이다. 즉, 묘고는 충을 만나야 좋다는 논리다.

부성입묘(夫星入墓)

여자 사주에서 남편에 해당하는 관성이 십이운성의 묘궁에 들어가 있음을 의미한다. 남편이 무덤으로 들어간다는 것이니 곧 사별한다는 의미다.

POINT

부성입묘

여자 사주에서 남편에 해당하는 관성이 십이운성의 묘궁에 들어가 있음을 의미한다. 남편이 무덤으로 들어가므로 곧 사별한다는 의미다.

● **부성입묘의 도표**

본인의 일간	관성	관성의 묘궁
甲乙	金	丑
丙丁	水	辰
戊己	木	未
庚辛	火	戌
壬癸	土	戌

여기서 관성의 입묘(入墓)는 음포태가 아닌 양포태만 사용한다. 옛 글에 이르기를, "사주 유귀지묘(有鬼之墓) 내부(乃夫) 기입황천(己入晃泉)"이라고 하였다. 사주의 관살이 묘 속에 있으면 반드시 그의 남편이 이미 황천에 들어갔다는 의미

로 남편의 사망을 암시한다. 따라서 여자 사주에 부성입묘가 있으면 부부가 해로하기 어렵거나, 남편이 질병으로 고생하거나, 폐쇄적인 자학 증세가 있어서 무기력하거나, 무능력하여 위신이 추락하고 반드시 몰락한다고 하였다.

● 대덕의 해설

이석영 선생은 『사주첩경(四柱捷徑)』에서 다음과 같이 설명하였다.

예)

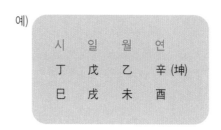

선생은 위 사주에서 일간 무토(戊土)의 관성 을목(乙木)이 월지 미(未)에 입묘하고 있으므로 부성입묘가 되어 20세 전에 남편을 잃었다고 설명하였다.

그러나 대덕 이론은 부성입묘가 아니라 월지 진술축미(辰戌丑未)에 암장된 관성의 상황에 따라 결혼생활을 판단할 수 있다고 본다. 즉, 월지에서 관성이 제 구실을 못하면 부부가 해로하지 못하고 여러 번 재혼하거나, 바람을 피워서 자신의 불행을 부르고 가정 파탄을 면하지 못하게 된다. 다시 말해 진술축미(辰戌丑未)가 토(土)로서 제 구실을 하지 못하거나, 월지 지장간 속의 관성이 월지의 기세에 심각한 공격을 받으면 반드시 관성 남편의 문제가 발생한다.

위 사주는 월지 지장간 속의 을목(乙木) 남편이 한여름 뜨거운 미(未)월에 타고 있다. 그러므로 남편복이 없다. 또한 월간의 을목(乙木) 또한 고립되어 있으므로 역시 남편복이 없다. 부성입묘라기보다는 남편 관성이 제 구실을 못한다고 보는 것이 더 정확하다. 부성입묘는 월지나 시지에 있을 때는 타당성이 있지만, 연지나 일지인 경우는 남편복의 유무와는 관련이 없을 때가 많다.

생사사취(生死相聚)

십이운성에서 생(生)과 사(死)에 해당하는 간지가 모여 있는 것을 말한다.

● 대덕의 해설

대덕 이론에서 십이운성은 임상과 통계적 타당성이 필요하므로 크게 의미를 두지 않는다. 앞으로 이 분야의 연구가 더 필요하다고 본다.

생왕사절(生旺死絶)

십이운성에서 생왕(生旺)하거나 사절(死絶)하는 것을 말한다. 생왕하면 기운이 왕성하고, 사절하면 허약하다.

● 대덕의 해설

십이운성 중에서 생(生)과 제왕(帝旺)과 사(死)와 절(絶)을 말한다. 생왕은 왕한 것으로 보고 사절은 약한 것으로 보는 이론인데, 일부분 타당성도 있지만 왕약을 십이운성으로 표현하지 말고 단순하게 오행의 상생상극으로 보면 된다.

신취팔법(神趣八法)

사주 구성의 형태를 여덟 종류로 구분하는 방법을 말한다. 귀상(鬼象), 반상(返象), 복상(伏象), 속상(屬象), 유상(類象), 종상(從象), 조상(照象), 화상(化象) 등으로 나눈다.

● 대덕의 해설

큰 의미는 없다.

지생천자(地生天者)

십이운성의 장생궁(長生宮)을 활용한 내용으로, 천간으로 보아 같은 사주기둥이 장생인 경우를 말하는데 병인(丙寅), 무인(戊寅), 임신(壬申) 등이 여기에 해당한다. 일주 위주로 본다.

● 대덕의 해설

사주명리학이 자평명리학의 일간론으로 발전하면서 일간이 신강한가 신약한가가 매우 중요해졌다. 그러다 보니 신강의 조건을 찾는 십이운성법(포태법)이 중요한 이론으로 등장하였고, 장생이나 건록이 신강한 사주를 구분하는 척도가 되었다. 그러나 현대명리학에서는 신강과 신약이 사주를 분석하는 중요한 척도가 아니므로 십이운성의 활용은 주의한다.

공작조화(功作造化)

노력하여 조화를 만든다는 의미로, 사주의 오행과 납음오행이 서로 교환한다는 이론이다. 즉, 사주와 납음오행의 육십갑자가 만나면 2개의 납음오행이 만들어져 허자로 작용하게 된다는 논리다.

예를 들어, 계묘(癸卯) 일주에 신유(辛酉)시는 묘유충(卯酉沖)으로 싸우는데, 납음오행으로 계묘(癸卯)는 금(金)이 되고 신유(辛酉)는 목(木)이 되어 서로 조화를 이룬다는 의미다.

● 공작조화 도표

	연월일시	연월일시	연월일시	연월일시	연월일시
간지납음	癸卯 金	丙午 水	丙申 火	辛巳 金	己卯 土
간지납음	辛酉 木	戊子 火	甲午 金	丁酉 火	己巳 木

● 대덕의 해설

현대에서는 납음오행 이론 자체를 많이 사용하지 않기 때문에 큰 의미가 없다.

암요제궐(暗邀帝闕)

암요(暗邀)는 몰래 맞이한다는 뜻으로 사주에 없는 것을 맞이한다는 의미고, 제궐(帝闕)은 임금의 궐문이란 뜻이다. 사주에서는 연주를 태세(太歲), 세군(歲君), 생년(生年), 제좌(帝座)라고 하고, 연지와 충을 하는 것을 제궐(帝闕), 단문(端門)이라고 한다. 따라서 암요제궐은 사주 내에 제궐이 없는데 삼합이나 방합이 있어서 없는 허자(제궐)를 불러들인다는 논리다. 예를 들어, 자(子)년생은 자(子)가 임금이고, 오(午)가 궁궐이 된다. 임술(壬戌)이 사주에 있고 오(午)가 없으면 자(子)가 인술(寅戌)을 인오술(寅午戌)합으로 불러온다는 논리다.

● 대덕의 해설

허자론의 하나로, 연지와 충을 하는 글자를 월일시에서 공협(拱夾)이나 비합(飛夾)의 형태로 불러들이는 것을 말한다. 삼합이나 방합의 허자는 붙어 있어야 하지만, 제귈의 허자는 떨어져 있어도 가능하다. 실제로 사건이 벌어지기보다는 사주 주인공에게 심리적, 정신적 변화가 나타나게 된다.

예)

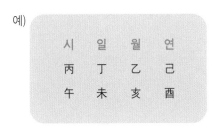

위 사주에서 연지는 유금(酉金)이다. 암요제귈은 유(酉)와 충을 하는 묘(卯)이다. 사주 내에 묘(卯)가 없고 월지와 일지에 해묘미(亥卯未) 삼합 중 묘(卯)를 제외한 해미(亥未)가 있으므로 묘(卯)를 허자로 불러들이게 된다.

전인후종(前引後從)

앞에서 이끌어주고 뒤에서 따라온다는 뜻. 육십갑자 순서에서 앞과 뒤를 말하는데, 태어난 생년이나 생일을 기준으로 앞으로 3개를 전인(前引), 뒤로 3개를 후종(後從)이라고 한다. 예를 들어, 갑자(甲子)생의 경우 전인은 을축(乙丑), 병인(丙寅), 정묘(丁卯)까지고, 후종은 계해(癸亥), 임술(壬戌), 신유(辛酉)까지다.

　일반 이론에서는 전인이 온전히 구비되어 있으면 후종은 지지만 존재해도 되고, 후종이 온전히 구비되어 있으면 전인은 지지만 구비되어 있으면 격으로서 가치가 있다고 본다. 또한 인(引)은 멀리 있고 종(從)은 가까이 있는 것을 매우 길하게 보는데, 이것을 인원종근(引遠從近) 또는 종근인원(從近引遠)이라고 한다.

　한편, 일반 이론에서는 사주원국에 전인과 후종이 존재해야 하는데, 허자론에서는 사주에 전인이 있으면 사주에 없는 후종을 불러들이고, 사주에 후종이 있으면 사주에 없는 전인을 불러들인다고 한다. 예를 들어, 연월일시 간지에 갑자(甲

子)와 을축(乙丑)이 있을 때 전인으로는 사주에 없는 병인(丙寅)을 불러들이고, 후종으로는 계해(癸亥)를 불러들인다는 것이다.

● 대덕의 해설

허자론(虛字論)의 일종으로, 허자론은 자신도 모르게 심리적으로 사주팔자에 없는 글자[虛字], 즉 허자의 오행(육친)에 이끌리는 현상을 말한다. 허자론은 주로 신살, 격국, 근묘화실의 구조 안에서 활용되어왔는데, 대덕 이론에서는 현실적으로 타당성이 부족하다고 본다. 다만, 사주에 없는 간지를 불러들이는 것은 현실적이고 실체적인 문제가 아닌 심리적이고 정신적인 문제를 불러온다고 본다.

예)

시	일	월	연
○	庚	丁	己
○	午	卯	巳

위 사주는 기사(己巳)년에 월주가 정묘(丁卯)이므로 중간에 무(戊)와 진(辰)이 빠져 후종이 되었고, 일주가 경오(庚午)이므로 천간 무(戊)와 기(己) 그리고 지지 진(辰)과 사(巳)가 빠져 전인이 되어 인원종근(引遠從近) 종근인원(從近引遠) 사주가 되었다.

전포후승은 포섭승계(包攝承繼)라고도 한다. 연주나 일주가 갑자(甲子)일 때 지지에 앞으로 축(丑)이 오면 전포(前包)이고, 뒤로 해(亥)가 오면 후승(後承)이다. 일위(一位)만 사용하는 경우와, 이위(二位)나 삼위(三位)를 사용하는 경우가 있다. 천간은 사용하지 않고 지지만 사용하는 것이 특징이다.

한편 허자론에서는 연주나 일주에 상관 없이 사주 내의 간지가 갑자(甲子)일 때 지지에 축(丑)이 있으면 사주에 없는 해(亥)를 불러내고, 지지에 해(亥)가 있으면 사주에 없는 축(丑)을 불러낸다.

● 대덕의 해설

이 이론 역시 허자론의 일종으로, 실제로 어떤 현상이 일어난다고 생각하기보다는 심리적, 정신적 문제가 나타난다고 보는 것이 옳다.

기존의 일반 이론에서는 허자를 모든 세상사를 보는 데 활용한다. 우리가 인생을 살면서 겪게 되는 모든 상황들, 예를 들어 시험 합격, 취업, 승진, 결혼, 이사, 매매, 사업 등 살면서 벌어지는 모든 상황을 허자로 설명할 수 있다고 한다.

그러나 대덕 이론의 입장은 다르다. 허자론은 살면서 실제로 일어나는 일들이 아니라 사주 주인공의 심리적 변화 또는 그 심리적 변화를 일으키는 환경을 파악할 때만 활용한다. 사람들은 자기가 가지고 있지 않은 것에 끌리기 마련인데, 대덕 이론은 사주에 없는 글자인 허자가 바로 그러한 이끌림을 나타낸다고 본다. 그리고 사주에 없는 허자에 집착하지 말고 사주에 있는 오행과 육친을 긍정적으로 발휘하기 위해 노력하는 것이 더욱 중요하다고 본다.

실전문제

(1~4) 다음 사주를 보고 질문에 답하시오.

시	일	월	연
戊	乙	己	庚 (乾)
寅	卯	卯	寅

→ 비견과 겁재는 많고 재성은 적으므로 군겁쟁재의 사주가 되었다.

1 위 사주에 해당하는 사주 구조는?

① 군겁쟁재　　　　② 재다신약
③ 재자약살　　　　④ 관다신약
⑤ 인다신약

→ 나무는 꼭 불이 될 필요가 없다. 열매를 맺을 수도 있고, 꽃을 피울 수도 있다.

2 위 사주에 해당하는 물상을 잘못 설명한 것은?

① 나무들이 무리지어 자라고 있다.
② 봄의 계절에 꽃과 나무가 무성하다.
③ 나무를 커다란 전지가위로 전지하고 있는 형상이다.
④ 나무가 자라기에는 흙의 양분이 너무 작다.
⑤ 나무는 반드시 화(火)를 태워야 하는데 이 사주는 화(火)가 없어 좋지 않다.

→ 봄에 나무가 무성하면 꽃은 아름답지만, 금(金)으로 가지치기를 하지 않으면 열매로 영양분이 가지 않아 결실보다는 꽃을 보는 것이 우선이다. 그러므로 연예, 예술, 방송 분야가 어울린다. 가수 조용필의 사주다.

3 위 사주에 어울리는 직업 적성은?

① 사업가　　　　② 예술인
③ 군인　　　　　④ 기술자
⑤ 발명가

4 위 사주를 설명하는 올바른 사주 용어는?

① 수대근심(樹大根深)　　　② 수소근천(樹小根淺)

③ 진기왕래(眞氣往來)　　　④ 기관팔방(氣貫八方)

⑤ 적수오건(滴水熬乾)

→ 수대근심은 나무가 무성하고 지지에 나무가 뿌리를 내리고 있는 물상이다.

(5~6) 다음 사주를 보고 질문에 답하시오.

시	일	월	연
丙	丁	丁	壬 (乾)
午	巳	未	寅

5 위 사주를 설명하는 올바른 사주 용어는?

① 전인후종(前引後從)　　　② 거탁유청(去濁留淸)

③ 적수오건(滴水熬乾)　　　④ 대목지토(帶木之土)

⑤ 목화통명(木火通明)

→ 사주의 연간 임수(壬水)가 사주의 화(火)에 의해 말라버리는 형상, 한 방울의 물이 심한 가뭄에 말라 있는 적수오건의 물상이다. 사주의 주인공은 정신병을 앓고 있다.

6 위 사주를 설명하는 올바른 사주 용어는?

① 춘양조열(春陽燥烈)　　　② 권재일인(權在一人)

③ 천지덕합(天地德合)　　　④ 일락서산(日落西山)

⑤ 자오쌍포(子午雙包)

→ 권재일인은 일간을 중심으로 모든 기가 집결되어 있는 형상이다. 일간이 정화(丁火)이고, 지지가 사오미(巳午未), 인오(寅午)로 모두 화국(火局)을 이루고 있다.

7 다음 중 격국용신(용신격)에 대한 설명으로 옳지 않은 것은?

① 격국용신은 억부용신격과 월지용신격으로 나눌 수 있다.
② 격국용신 중에서 월지용신격은 내격이라고도 한다.
③ 격국용신 중에서 억부용신격은 종격을 인정하지 않는다.
④ 격국용신 중에서 월지용신격은 십정격이나 팔정격으로 분석한다.
⑤ 억부용신의 명칭은 앞쪽은 육친 중에서 많은 것, 뒤쪽은 용신을 붙여 만든다.

8 다음 중 격국용신(용신격)의 억부용신격에 해당하지 않는 것은?

① 편관격　　　　　　② 신왕용식상격
③ 종강격　　　　　　④ 신약용정인격
⑤ 재자약살격

9 다음 중 벽갑인화에 대한 설명으로 옳지 않은 것은?

① 사주 천간에 갑목(甲木)이 있어야 한다.
② 사주 천간에 경금(庚金)이 있어야 한다.
③ 사주 천간에 화(火)가 있어야 한다.
④ 사주 지지에 인목(寅木)이 있어야 한다.
⑤ 사주 천간의 양목(陽木)을 경금(庚金)으로 쪼개야 땔감이 된다는 이론이다.

10 다음 중 탐합망충을 잘못 설명한 것은?

① 충과 합이 동시에 있을 때를 말한다.
② 충과 합이 동시에 있으면 합을 우선한다는 의미다.
③ 실제로는 충과 합이 동시에 있을 때 둘 다 동시에 작용한다.
④ 실제로는 충과 합이 동시에 있을 때 충이 우선 작용한다.
⑤ 현대에는 사용하지 않는 것이 좋다.

11 용신순잡에 대한 대덕 이론의 해설이 아닌 것은?

① 사주원국에서 고립이나 무존재일 때 운에서 용신이 간지로 들어오는 것을 선호한다.
① 사주원국에서 고립이나 무존재일 때 운에서 용신이 간지로 들어오는 것을 선호한다.
② 사주원국이 과다일 때 운에서 극하는 용신이 들어오되 간지로 들어오는 것을 선호한다.
③ 사주원국이 과다일 때 운에서 합이 되어 극도로 적어지거나 고립되면 긍정적으로 본다.
④ 사주원국에서 발달한 오행이 운에서 적당히 들어오면 긍정적으로 본다.
⑤ 사주원국에서 무존재나 적은 것이 운에서 합이 되어 너무과다해지면 부정적으로 본다.

> 고립이나 무존재는 운에서 간지로 들어오면 좋고, 과다는 너무 많이 줄어드는 것보다 적당히 줄어드는 것이 좋으며, 발달은 발달 상태를 유지하는 것이 좋다.

(12~13) 다음 사주를 보고 질문에 답하시오.

시	일	월	연
庚	庚	壬	壬 (乾)
辰	子	子	寅

12 위 사주에 해당되는 사자성어는?

① 금수쌍천　　　② 목화통명
③ 녹록종신　　　④ 진기왕래　　　⑤ 천관지축

> 경금(庚金)과 임수(壬水)가 나란히 있어 금수쌍천이다.

13 위 사주에 해당하는 사자성어는?

① 신왕용식상　　　② 일범세군
③ 금수상관　　　④ 화이불화　　　⑤ 체전지상

> 경금(庚金) 일간에 수(水) 식상이 강하므로 금수상관이 되었다.

목불을 불태우며 본질을 깨닫다

중국 송(宋)나라 도원(道院)이 편찬한 『경덕전등록(景德傳燈錄)』에는 단하소불(丹霞燒佛)이라는 유명한 이야기가 등장한다. 단하(丹霞) 스님이 목불(木佛)을 불태운 일화를 말한다.

어느 추운 겨울날, 세상을 떠돌며 도(道)를 깨우치려던 단하 스님이 혜림사(惠林寺)라는 절에 들러 하룻밤 묵어가기를 청했다. 이에 혜림사 주지는 탐탁치 않은 표정으로 단하 스님의 청을 거절하였다. 주지 스님의 방이 넓으니 같이 자도 좋고, 그게 안 되면 다른 스님들 방에서 끼어 자면 될 텐데 냉정하게 내친 것이다. 이에 단하 스님은 추운 겨울날 오도 가도 못하는 처지니 법당에서라도 자겠노라고 우겨서 하룻밤 거처하게 되었다.

막상 법당 안에서 잠을 청했지만, 너무 추워서 잠을 잘 수가 없었다. 잘못하면 얼어 죽을 판국이었다. 참다 못한 단하 스님은 법당 안에 있는 불상을 내려다 쪼개서 불을 피우기 시작했다. 법당에서 무엇이 타는 것 같은 느낌에 주지 스님이 뛰쳐나왔다가 단하 스님이 불상을 태워 추위를 녹이고 있는 모습을 보았다. 격노한 주지 스님이 소리쳤다.
"어찌 부처님 불상을 태우시는가?"
노발대발하는 주지 스님의 험상궂은 표정에도 단하 스님은 당황하지 않고 천연덕스럽게 대답했다.

"소승은 이 절의 부처님이 법력이 대단하다고 들었습니다. 그래서 사리를 얻어볼까 하고 다비식을 거행했습니다."

그러자 주지 스님이 단하 스님에게 쏘아붙였다.

"나무 불상에서 무슨 사리가 나오겠습니까?"

그러자 단하 스님이 말했다.

"사리도 나오지 않는 부처라면 불이나 피워 언 몸을 녹이는 게 마땅합니다."

단하 스님의 대답에 주지 스님을 비롯한 혜림사의 승려들은 큰 깨달음을 얻게 되었다. 목불인 불상을 신성하게 여겨왔지만 사실 목불은 그저 나무에 불과하다는 것, 믿음의 본질은 부처의 마음이지 목불이 아닌 것을 깨닫게 된 것이다. 더불어 그 동안 허상에 집착해온 스스로의 모습을 돌아보게 되었다.

사주팔자와 사주명리학을 공부하는 사람 역시 마찬가지다. 사주를 정확하게 알아맞히겠다는 허상에 집착하여 정작 사주를 보러 온 사람을 아프게 하거나 절망을 느끼게 하는 오류를 저지르지 않게 조심해야 한다.

사주팔자와 사주명리학의 진정한 목표는 사람들에게 희망과 행복을 나누어주는 것이다. 예를 들어, 의사가 병을 너무나도 정확하게 진단한다면서 보통사람들은 잘 알지도 못하는 전문적인 의학용어를 동원하여 증세를 설명했다. 그런데 환자의 증세는 더욱 악화되고 의사는 계속 별다른 치료법을 찾지 못하고 있다면 어떻게 될까. 무엇보다 환자는 믿을 곳이 없게 되어 더 큰 절망감을 느끼게 될 것이다. 더불어 의사가 돈욕심에 눈이 멀어 거짓 진단으로 환자를 겁먹게 하고, 반협박으로 수술을 강요하고, 아프지 않은 멀쩡한 장기를 잘라내려고 하는 그런 세상은 생각만 해도 끔찍한 세상이다.

사주팔자와 사주명리학을 공부하는 사람들은 돈벌이에 현혹되어 내담자에게 거짓 상담으로 겁을 주거나 협박하고 있지는 않는지 한번쯤 자문해볼 일이다. 진정 가슴 따뜻한 상담가의 자세로 상담하고 있는지 돌아보고, 그렇지 않다면 느슨해진 마음을 다시 한번 다잡아야 할 때이다.

사주명리학
물상론분석

글쓴이 l 김동완
펴낸이 l 유재영
펴낸곳 l 주식회사 동학사
기 획 l 이화진
편 집 l 나진이
본문 디자인 l 안소영
본문 일러스트 l 김문수

1판 1쇄 l 2010년 5월 13일
1판 8쇄 l 2024년 3월 29일
출판등록 l 1987년 11월 27일 제10-149

주 소 l 04083 서울 마포구 토정로 53 (합정동)
전 화 l 324-6130, 324-6131
팩 스 l 324-6135
E-메일 l dhsbook@hanmail.net
홈페이지 l www.donghaksa.co.kr
www.green-home.co.kr

ISBN 978-89-7190-313-1   03150